21世纪全国高等院校旅游管理系列实用规划教材

旅游政策与法规

袁正新　张国兴　主编

U1005776

中国林业出版社
China Forestry Publishing House
北京大学出版社
PEKING UNIVERSITY PRESS

内容简介

本书是高等院校旅游管理专业系列教材之一，其内容是根据旅游教育和旅游行业发展的实际需要进行安排的，同时又吸收了最新的科研成果和新近发布实施的旅游法律法规及规章。全书共有5篇20章，主要包括：旅游政策与法规概述、旅游法律关系；旅游主体（旅游消费者、旅游企业、旅行社、导游和领队人员、旅游饭店、旅游行政管理）法律法规制度；旅游经营和管理（合同、旅游资源、旅游交通、旅游安全、旅游保险、旅游市场、旅游纠纷与旅游投诉）法律法规制度；旅游相关法律法规制度（出入境管理、食品卫生管理、娱乐场所管理）；国际旅游法律制度，如国际旅游业立法、世界贸易组织与旅游等内容。本书在编排体系上注重旅游法规课程内在联系的逻辑性和完整性。每章还设有本章概要、关键性术语、章首案例、课堂讨论题、思考题、案例分析、本章推荐阅读书目等，帮助读者更好地巩固和牢记每章的基础知识和掌握其基本理论，因而增强了教材的适用性和实效性。

本书除可作为高等院校旅游管理专业教材外，也可作为旅游行业从业人员和管理人员的培训教材，还可作为科研人员和旅游行政管理人员的参考用书。

图书在版编目（CIP）数据

旅游政策与法规/袁正新，张国兴主编. —北京：中国林业出版社；北京大学出版社，2008.10（2013.8重印）

（21世纪全国高等院校旅游管理系列实用规划教材）

ISBN 978-7-5038-5306-7

Ⅰ. 旅… Ⅱ. ①袁…②张… Ⅲ. ①旅游业-方针政策-中国-高等学校-教材②旅游业-法规-中国-高等学校-教材 Ⅳ. F592.0 D922.296

中国版本图书馆CIP数据核字（2008）第139996号

书　　名：旅游政策与法规
著作责任人：袁正新　张国兴　主编
总　策　划：牛玉莲　林章波
策划编辑：郑铁志
责任编辑：吴　卉　孙　明

出　版　者：中国林业出版社（地址：北京市西城区德内大街刘海胡同7号　邮编：100009）
网址：http://lycb.forestry.gov.cn　E-mail：jiaocaipublic@163.com
电话：编辑部83220109　营销中心83227711
北京大学出版社（地址：北京市海淀区成府路205号　邮编：100871）
网址：http://www.pup.cn　http://www.pup6.com　E-mail：pup_6@163.com
电话：邮购部62752015　发行部62750672　编辑部62750667　出版部62754962
印　刷　者：北京市昌平百善印刷厂
发　行　者：中国林业出版社　北京大学出版社
经　销　者：新华书店
版次印次：2008年10月第1版　2013年8月第3次印刷
开　　本：850mm×1168mm　16开本　22印张　516千字
定　　价：37.00元

未经许可，不得以任何方式复制或抄袭本书之部分或全部内容。
版权所有　侵权必究

21世纪全国高等院校旅游管理系列实用规划教材
编写指导委员会

顾　问：吴必虎（北京大学）
马　波（青岛大学旅游学院）

主　任：程道品（桂林理工大学旅游学院）

副主任：王明星（肇庆学院旅游学院）
曹诗图（武汉科技大学管理学院）
赵恒德（渤海大学旅游学院）
黄远水（华侨大学旅游学院）
吴忠军（桂林理工大学旅游学院）

委　员：（按姓氏笔画排序）
尹华光（吉首大学旅游学院）
龙京红（郑州大学旅游管理学院）
叶　文（西南林学院旅游学院）
朱孔山（山东临沂师范学院环境与旅游学院）
孙丽坤（大连民族学院旅游管理系）
李珍刚（广西民族大学管理学院）
张利民（渤海大学旅游学院）
张淑贤（长春师范学院历史学院）
郑耀星（福建师范大学旅游学院）
胡碧芳（重庆三峡学院工商管理系）
钟永德（中南林业科技大学旅游学院）
耿莉萍（河南理工大学经济管理学院）
郭淑梅（湖州师范学院法商学院旅游管理系）
黄羊山（东南大学旅游学系）
黄解宇（山西运城学院经济管理系）
蒋长春（福建莆田学院旅游学院）
曾明华（福建漳州师范学院管理科学系）
潘贤丽（海南大学应用科技学院）

秘书长：吴忠军（桂林理工大学旅游学院）
牛玉莲（中国林业出版社教材中心）
林章波（北京大学出版社第6事业部）

编写人员名单

主　编：袁正新　张国兴

副主编：王　梓　陈　超　张金花

编　委：（按姓氏笔画排序）

王　挺（河南理工大学经济管理学院）

王　梓（渤海大学旅游学院）

刘辛田（湖南人文科技学院经管系）

刘淑娟（湖南涉外经济学院）

汤　静（湖南师范大学旅游学院）

陈　超（福建莆田学院旅游系）

张金花（河南理工大学经济管理学院）

张国兴（平顶山工学院管理工程系）

张　娟（河南理工大学经济管理学院）

袁正新（吉首大学旅游学院）

序

1845年，托马斯·库克成立世界上第一家旅行社，标志着世界旅游业的出现。但是作为真正意义上的现代旅游业，则始于20世纪50年代的欧美。从那时至今，旅游从少数上层阶层所能享受的活动发展到现今大众旅游和社会旅游时代，仅经历了50多年的时间。在这短短50多年的历程中，世界旅游业发展大大超出世界经济总体发展速度，成为世界上最大的产业之一。世界旅游组织的统计数字显示，2005年国际旅游人数首次突破8亿人次，全球平均增长率高达5.5%；2006年国际旅游人数达到8.42亿万人次，同比增长4.5%，超出了旅游业的预期。世界旅游组织预测，到2010年，全世界每年将有10亿多人出国旅游。旅游不仅对世界各国的经济发展产生积极而深远的影响，同时它已成为人们生活中的一部分，还是影响人们生活方式和生活观念的一个重要因子。

中国是一个旅游资源大国，有着得天独厚的自然旅游资源和人文景观优势。上下几千年的文明沉淀，方圆960万km^2的国土，使中国的旅游资源在世界上无与伦比。尽管我国旅游业起步于20世纪80年代初，但经过30余年的发展，中国正从一个旅游资源大国走向旅游接待大国，旅游业在国民经济中的地位和作用日益凸显，其强劲的发展势头受世界关注。2006年，我国国内旅游人数13.94亿人次，入境旅游人数12 494万人次，全国旅游外汇收入339.49亿美元，出境旅游总人数为3452.36万人次。世界旅游组织预测，到2015年中国将成为世界上第一大入境旅游接待国和第四大出境旅游客源国。届时中国入境旅游人数可达2亿人次，国内旅游人数可达26亿人次以上，出境旅游人数可达1亿人次左右，游客市场总量可达30亿人次左右，居民人均出游可达2次，旅游业总收入可达2万亿元人民币左右。“十一五”期间中国旅游业将每年新增直接就业70万人、带动间接就业350万人。到2015年，中国旅游直接拉动和间接就业总量将达1亿人左右。

蓬勃发展、无限生机的旅游业，给旅游教育，尤其是高等旅游教育带来了巨大的机遇和挑战。旅游管理是工商管理下面的一个小学科，却面向的是大产业，如何使旅游学科做大做强，更好地为旅游产业服务，为21世纪旅游业发展培养所需各类人才，是每一个旅游教育工作者所要思考的问题。做大做强旅游学科，使旅游教育要与旅游产业的发展同步，就必须加大旅游学科建设的力度，其中之一就是要搞好旅游教材的建设，因为，教材是体现教学内容和教学方法的知识载体，是进行教学的基本工具，也是深化教育教学改革，全面推进素质教育，培养创新人才的重要保证。中国林业出版社、北京大学出版社组织全国部分高校编写“21世纪全国高等院校旅游管理系列实用规划教材”就是推动旅游教学改革与教材建设的重要举措。

在本套教材的编写过程中，我们力求系统地、科学地介绍旅游管理专业的基本理论，基本知识和基本技能（“三基”），同时也力求将以下理念融入到教材的编写中：一是教育创新理念。

即以培养创新意识，创新精神、创新思维、创造力或创新人格等创新素质以及创新人才为目的的教育活动融入其中。二是现代教材观理念。传统的教材观以师、生对教材的“服从”为特征，由此而生成的对教学矛盾的解决方式表现为“灌输式”的教学关系。现代教材观是以教材“服务”师生，即将教材定义为“文本”和“材料”，提供了编者、教师、学生与真理之间的跨越时空的对话，为师生创新提供了舞台。三是培养大学生“四种能力”的理念。教材的编写充分体现强化学生的实践能力、创造能力和就业能力、创业能力的建设需要，以适应旅游业的快速发展对旅游人才的新要求。四是教材建设服从于精品课程建设的理念。精品课程是具有一流教师队伍、一流教学内容、一流教学方法、一流教材、一流教学管理等特点的示范性课程。精品课程建设是高等学校教学质量与教学改革工程的重要组成部分。本套教材的编写力求为精品课程建设服务，能够催生出一批旅游精品课程。

本套教材不仅是全国高等院校旅游管理专业教育教学的专业教材，而且也可作为旅游管理部门、旅游企业专业人员培训及参考用书。我们希望本套教材能够为培养21世纪旅游创新人才做出贡献。

最后，借此机会感谢北京大学吴必虎教授、青岛大学旅游学院马波教授对本套教材的指导，感谢中国林业出版社和北京大学出版社对本套教材所付出的辛勤劳动以及各位参与编写的专家和学者对本套教材所付出的心血！

编委会

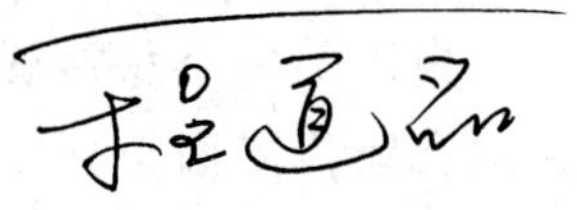

2007年10月

前　言

旅游政策与法规是20世纪中叶随着旅游业的快速发展在国际上被提出来的。我国旅游业起步较晚，尽管在近30年里得到了迅速发展，但以旅游业的发展为基础的旅游政策与法制建设一直相对滞后。在我国要实施和实现从旅游资源大国向旅游经济强国提升的战略，必须有健全、规范的旅游市场秩序，特别是我国加入WTO后，稳定的旅游政策，健全的旅游法律制度是旅游业健康、稳步向前发展必不可少的重要条件。我国的旅游教育始于20世纪80年代初，发展于90年代，到目前为止，我国已有470余所本科院校和1100余所专科和中专学校开办了旅游管理专业。我国旅游教育为加强旅游政策与旅游法制建设，增强全社会的旅游法制意识有义不容辞的责任。旅游政策与法规课程已成为高校旅游管理专业学生的专业课程。高校旅游政策与法规教材建设是加强旅游法制建设，增强全社会旅游法制意识的重要途径。旅游政策法规教材因受“入世”后法律法规不断调整的影响，原有教材有许多方面的内容亟待调整与规范，这样才能适应新世纪旅游业不断发展变化的现实需要。基于上述原因，有必要编写一本能及时反映新知识、新方法、新内容且具有特色的《旅游政策与法规》教材。

本书立足新世纪我国旅游业快速、健康、持续发展和对旅游管理人才培养的需要，吸收了大量最新科研成果和前沿动态信息。既遵循了旅游政策与法规课程体系的科学性，又结合旅游从业人员和管理人员应知应会的基本知识要求，在继承优秀传统的前提下，做到了与时俱进、开拓创新。本书主要有以下两个特点：① 新颖性。主要体现在两方面：一方面是体例新颖。本书在编排体系上注重旅游法规课程内在联系的逻辑性和完整性，因而更趋科学合理；按内在逻辑关系把全书内容分为旅游政策与法规总论、旅游法主体法律法规制度、旅游经营与管理法律法规制度、旅游业相关法律法规制度、国际旅游法律制度。另一方面是内容新颖。吸收了最新的科研成果和新近发布实施的旅游法律法规及规章。② 实用性。一方面本书每章设有本章概要、关键性术语、章首案例、课堂讨论题、思考题、案例分析、本章推荐阅读书目等，能有效地帮助读者更好地巩固和牢记每章的基础知识及掌握其基本理论；另一方面本书的案例针对性强，让抽象的法学理论变成了生动、直观的实例，贴近生活，通俗易懂，因而具有广泛的适用性和很大的实效性。

本书由袁正新、张国兴主编，袁正新负责设计教材编写大纲和全书的修订与统稿工作。各章执笔人员如下：第1章、第5章、第9章，袁正新；第2章、第12章，刘辛田；第3章、第4章，张金花；第6章，张娟；第7章、第8章，王挺；第10章、第17章、第18章，张国兴；第11章、第14章，王梓；第13章，汤静；第15章、第16章，刘淑娟；第19章、第20章，陈超。同时在此书编写过程中得到了许多专家、学者和同仁，特别是中国林业出版社的帮助和支持，也参考和吸收了许多专家、学者和同仁的一些成果，谨此一并表示衷心致谢！

由于编者水平有限，书中难免有不足之处或错误，敬请专家、学者和同仁及广大读者批评指正。

编　者

2008年5月

目　录

第1篇

旅游政策与法规总论

第 1 章

旅游政策与法规概述

【本章概要】

本章主要对法律、法规的概念，旅游法规、旅游政策等概念进行详细介绍，并对旅游法规与旅游政策的关系、旅游法规体系等进行阐述，对旅游业的发展政策、旅游法规的具体表现形式及其法律特征作了详细说明。

【学习目标】

- 了解法律、法规、旅游法规、旅游政策的含义；
- 掌握旅游法规与旅游政策的关系；
- 熟悉旅游发展政策；
- 了解旅游法规的立法体制；
- 掌握旅游法规的体系及其表现形式与特征。

【关键性术语】

法律、法规、旅游法规、旅游政策、旅游发展政策、旅游法规立法体制、旅游法规体系、旅游法规表现形式。

【章首案例】

旅游者要求调换景点该怎么办？

2004年5月，S旅行社导游小张接待来自烟台的华东线旅游团24名游客。根据旅行社下达的旅游计划，张导游在杭州带游客去最后一个景点时，有近半数的游客提出调换景点，要求将原该去的岳坟换成去灵隐寺，并愿补齐灵隐寺与岳坟的门票差价。征得烟台全陪同意后，张导游即带领全体游客去了灵隐寺。在汽车返回途中，张导游向游客收取调换景点后的门票差价款，有近半数的客人拒绝付款。争执中，双方搞得很不愉快。返回住宿酒店后，许多游客向S旅行社经理投诉，说张导游未按规定景点带团。问明情况后，S旅行社经理批评了张导游，并致歉烟台客人。小张也被扣掉了当月的部分奖金。

请问：导游员小张的做法有何不妥？为什么？

1.1 旅游政策与法规的概念

在我国，旅游政策与旅游法规的管理与实施主要由一个专门的行政职能部门负责，人们在习惯上将旅游政策、旅游法规统称为旅游政策法规或旅游政策与法规。这种称呼的根据在于，国务院可以制定旅游行政法规，国务院旅游行政管理部门可以制定旅游部门规章，各级政府可以制定旅游政策，而这些旅游政策、旅游法规、旅游规章由旅游主管部门的政策法规部门（如政策法规司、政策法规处、政策法规科等）统一管理。从行政法的角度而言，这些都属于旅游行政行为，其中制定旅游行政法规、旅游规章的行为属于旅游行政行为中的旅游立法行为，具有与立法机关的立法行为相同的功能与特点。因此，在实践中人们难以将旅游政策、旅游法律、旅游法规这些有特定内涵的专业术语加以严格区分，往往更容易接受旅游政策法规或旅游政策与法规这一俗称（本书采用旅游政策与法规）。旅游政策与法规并不是一个科学的概念，在此也难以给出一个科学的定义。它包含了旅游政策、旅游法律、旅游法规 3 个完全不同的概念，既有旅游政策与旅游法律的界限，又有旅游法律与旅游法规的区分，更有立法机关的旅游立法与行政机关的旅游立法在性质、效力、适用范围、具体表现形式等方面的差别。在出版的旅游政策法规教材中，不外 2 种情况：一是导游资格考试的培训教材（如国家旅游局组织编写的《政策与法规》），政策部分是以邓小平理论和社会主义市场经济理论为主，没有直接讲述旅游政策；二是部分高等院校教学用教材，使用了旅游政策法规的名称，但全书不涉及旅游政策。本书主要也是阐述旅游法律法规。

1.1.1　旅游政策的概念

（1）政策的概念

政策属于上层建筑的范畴，是一定阶级在一定的历史时期为实现一定的政治经济目的而制定的行动准则。在阶级社会里，政策是有阶级性的。每一个阶级都用政策来指导本阶级的行动，并力图在全社会推行。统治阶级是全社会的统治者，为了实现对全社会的统治，必须制定自己的政策，并通过本阶级所控制的国家机关，以国家强制力量来推行。而被统治阶级在它发展到一定阶段也会制定自己的政策，并通过本阶级的阶级组织来推行。因此，政策是一定阶级为达到一定的政治经济目的而规定的调整国家之间、民族之间以及本阶级内部关系的行动准则，并被用来组织、动员和调动其阶级力量完成自己确定的任务。

进入资本主义社会以后，出现了政党政治。在实行两党制或多党制的资本主义国家里，政府是由在选举中获胜的资产阶级政党组成的。国家政策是由执政党来制订的，执政党的政策与国家政策是一致的，国家的方针政策就是执政党的方针政策。

我国是中国共产党领导下的社会主义国家。中国共产党是中国工人阶级的先锋队，是中国各族人民的忠实代表，是中国社会主义现代化建设事业的领导核心。中国共产党的执政地位是在中国革命的长期历史时期中形成的，是全体中国人们的正确选择。中国共产党的政策，是中国共产党为了实现党的政治路线，以马列主义、毛泽东思想、邓小平理论和“三个代表”重要思想为指导，根据我国现阶段的客观情况和社会发展规律，在总结人们群众的实践经济的基础上制定的行动准则。中国共产党的政策是我国一切活动的重要依据。

（2）旅游政策的概念

旅游政策是指党和国家以及国家的各级旅游行政管理部门为实现我国的旅游业建设与发展的目标而制定的行动准则。旅游政策是党的政策在旅游建设与发展中的具体体现。在我国，一切政策的制定都离不开党的政策。党的政策是旅游政策制定的依据，旅游政策是党的政策在旅游业建设与发展中的具体贯彻与落实。

各级行政机关均可在自己的职权范围内根据党的政策、国家的法律制定适合本辖区的旅游政策。国务院依据党的政策和法律制订全国性的旅游政策。国务院旅游行政管理部门依据党的政策、法律、法规和国务院制定的旅游政策制定更为具体和更为广泛的旅游政策，指导全国的旅游工作。各级地方政府及其旅游行政管理部门依据党和国家的政策、法律、法规，结合本地区的旅游业发展的实际，制订本地区的旅游政策。

1.1.2 法律、法规与旅游法规的概念

（1）法律的概念

法律是个多义词，主要有2种含义。一是广义的法律，是指由国家制定和认可的、并由国家强制力保障实施的行为规范的总称，有时与“法”、“法规”具有相同的意义；二是狭义的法律，是专指国家立法机关制定的规范性文件，即专指全国人民代表大会及其常务委员会制定的规范性文件，用以区别行政法规和地方性法规等。本书中使用的旅游法律概念，它只是旅游法规中的一部分。法律只能由全国人民代表大会及其常务委员会制定，其他任何国家机关均无权制定法律。法律的名称往往以“法”来命名，如《合同法》。

（2）法规的概念

法规也是一个多义词。法规的含义大致有以下3种：

一是法规即规范性法律文件，是一个与规范性文件相对应的概念。规范性法律文件由法律概念、法律原则、法律技术性规定和法律规范四大要素构成。如《中华人民共和国森林法》中关于防护林、经济林、薪炭林、特种用途林的要领的规定，属于法律概念；《中华人民共和国刑事诉讼法》关于以事实为根据，以法律为准绳的规定，关于一切公民在适用法律上一律平等的规定，则属于法律原则；《中华人民共和国野生动物保护法》中关于该法的名称、适用范围、颁布与生效日期等规定，属于技术性规定。而法律规范则是行为规则，一般包括义务性规范、禁止性规范和授权性规范。而非规范性法律文件是指仅用于特定对象的法律文件，如判决书、处罚决定书等，虽然具有法律效力，但不具有普遍的法律效力，因而不能称为法规。根据《中华人民共和国宪法》（以下简称《宪法》）的规定，由有权立法的国家机关制定的规范性法律文件，都是法规。因而法规包括了全国人民代表大会及其常务委员会制定的法律、国务院制定的法规、地方立法机关制定的地方性法规、国务院各部委制定的规章和地方政府制定的规章、民族自治地方制定的自治条例和单行条例等。以上这些都是规范性法律文件，都具有普遍的法律效力，统称为法规。我们现在讲的“依法治国”的法，不仅仅是法律，而是包括一切具有普遍约束力的由国家强制力保证实施的所有的规范性法律文件。

二是法规指除宪法、全国人民代表大会其及常务委员会制定的法律以外的所有规范性法律文件，包括行政法规、地方性法规、规章、自治条例和单行条例等。

三是法规指行政法规和地方性法规。《宪法》明文规定，国务院可以根据宪法和法律制定行政法规；省、自治区、直辖市的人民代表大会和它们的常务委员会在不同宪法、法律、行政法规相抵触的前提下可以制定地方性法规。

值得注意的是，我国法律中对“法规”一词的表述，其含义不尽相同。如《宪法》中表述的“法规”指的是行政法规和地方性法规；《中华人民共和国刑法》第341条和第342条中，“违反狩猎法规”、“违反土地管理法规”的行为，分别构成“非法狩猎罪”和“非法占用农用地罪”。这些表述中的法规，显然包括了法律和法规两种规范性法律文件。

（3）旅游法规的概念

本书使用的“旅游法规”中的法规概念，属于上述法规含义中的第一种含义，即指所有的规范性法律文件。因此，本书使用的“旅游法规”是指国家制定和认可的、由国家强制力保证实施的、关于旅游业建设与发展、开发与保护的规范性法律文件的总称，是关于旅游业法律规范的总和。它包括国家权力机关、国家行政机关、地方权力机关以及地方行政机关制定和颁布的旅游法律、旅游行政法规、地方性旅游法规以及旅游部门规章，还包括关于旅游领域以外的其他法律中有关旅游的法律规范等。因此，旅游法规在本书是一个范围很广的概念，包括了宪法、民法、刑法、行政法、诉讼法、资源法等众多的法律部门，从旅游法规的角度，可见到我国法律体系的全貌。

1.2 旅游政策与旅游法规的关系

政策是属于上层建筑的范畴，是一定阶级在一定的历史时期为实现一定的政治和经济目的而制定的行动准则。进入资本主义社会以后，出现了政党政治，政府是由在选举中获胜的政党组成的。国家政策是由执政党来制定的，执政党的政策与国家政策是一致的。我国是中国共产党领导下的社会主义国家。党的政策是我国一切活动的依据。旅游政策是党和国家以及国家各级旅游主管部门为实现我国旅游业建设与发展的目标而制定的行动准则。旅游政策与旅游法规是一对既有紧密联系又应严格区分的概念。一方面，制定法规须以党和国家的旅游政策为依据；另一方面，在依法治国的前提下，制定政策又不得与现行有效的旅游法规相违背，在旅游活动中做到“有法可依”、“有法必依”、“执法必严”、“违法必纠”。因此，弄清旅游政策与旅游法规的辩证关系，具有十分重要的理论意义和实践意义。

1.2.1 旅游政策与旅游法规具有一致性

我国旅游政策和旅游法规，在理论基础、经济基础、体现的意志和利益及根本任务等方面都是相同的，因而是一致的。其一致性主要体现在以下几个方面：

（1）两者的理论基础相同

马列主义、毛泽东思想及邓小平理论和三个代表重要思想既是我们国家制定旅游政策的根本指导思想，也是我们国家进行立法的根本指导思想。因此，它们是旅游政策和法规制定的理论基础。

（2）两者的经济基础相同

我国的旅游法规和旅游政策都是我国社会主义上层建筑的重要组成部分，都是建立在社会主义经济基础之上，由社会主义经济基础决定并为之服务，同时还对社会主义经济基础产生积极的反作用。

（3）两者体现的意志和利益相同

我国旅游法规和旅游政策都是广大人民群众意志和利益的体现，都是维护和保障广大人民群众的利益，尤其是维护和保障广大人民群众在旅游方面的权利。

（4）两者的根本任务相同

我国的旅游法规和旅游政策都是以促进和保障社会主义旅游业的发展、有效满足人民群众的旅游需求，进而促进人的全面发展为已任的。

1.2.2 旅游政策与旅游法规的联系

旅游政策是旅游法规的基本依据，旅游法规是法律化了的旅游政策，是实现旅游政策的重要工具之一。

（1）旅游政策是制定旅游法规的基本依据

旅游立法，无论是立法机关的旅游立法，还是行政机关的旅游立法，必须以党和国家的旅游政策为依据，这是由旅游政策在旅游业建设和发展中的地位和作用决定的。中国共产党是我国的执政党，是我国一切事业的领导核心，而党的领导是通过党的路线、方针、政策来实现的。因此，党的政策是国家机关一切活动的基本依据，当然也是国家机关制定旅游法规的基本依据。

（2）旅游政策指导旅游法规的实施

旅游法规是根据旅游政策制定的，但是旅游法规并不包括全部旅游政策，只是一部分旅游政策的法律化。因此，必须认真领会和掌握旅游政策，才能准确把握旅游法规的精神实质和内容，予以正确的理解和实施。

旅游政策比旅游法规更具有灵活性，能够及时地、准确地反映不同时期的国家旅游发展的客观要求。在旅游法规保持稳定的时候，以旅游政策指导旅游法规的实施，才能既保持旅游法规的稳定性，又充分发挥旅游法规在旅游业健康发展中的作用和社会职能。在现阶段，我国旅游法规已初步形成自身体系，但仍有许多方面尚未制定出旅游法规。在没有旅游法规可循的情况下，旅游政策往往起到旅游法规的作用，弥补旅游法规的空白。时机一旦成熟，这些旅游政策可通过立法程序上升为旅游法规。

（3）旅游法规是旅游政策的法律化或定型化

旅游法规离不开旅游政策，旅游政策需要利用旅游法规的形式来贯彻，旅游法规是法律化了的旅游政策，是实现旅游政策的工具。旅游政策法律化，通过法律规定的程序，把旅游政策以旅游法规的形式表现出来，明确规定公民（自然人）、法人、其他组织和国家机关在旅游法律关系中的权利和义务，明确规定违反旅游法规的法律责任。通过旅游立法，旅游政策上升为国家意志，就能以国家强制力来保证旅游政策更有效地贯彻实施，促进旅游事业的发展。只有严格按照旅游法规办事，才能使旅游政策得到有效的贯彻实施。

1.2.3 旅游政策与旅游法规的区别

（1）制定的机关不同

党的旅游政策是党的领导机关制定的，是表现为旅游政策的党的意志。旅游法规是国家机关制定的，是表现为旅游法规的国家意志。虽然党的意志在实质上代表了人民的意志，并且党是国家政权的领导核心，但党不能代表国家政权，党的机关不能代表国家机关，即使是执政党，也没有法律上的立法权。党的旅游政策是党的意志，但不能成为国家意志。旅游政策要取得国家意志的属性，就必须通过国家机关把它制定或认可为旅游法规。

（2）表现形式不同

党的旅游政策能常以党组织的决议、批示、纲领、通知、报告、社论、文件、口号等具体形式来表现。最常见的表现形式就是党委的"红头文件"、各级党组织所领导的报刊上的社论以及各级党的代表大会的政治报告等，都带有指导性和号召力，原则性比较强，而且较为抽象，需要人们在实践中加以具体化和深化。旅游法规是由宪法（宪法中有旅游法律规定）、旅游法律、旅游行政法规、旅游规章和地方性旅游法规等规范性法律文件来表现的。绝大多数法律规范是具体而明确的规定，不能随意变动。

（3）内容的广泛性不同

执政党通过政策实现对国家的领导。党的领导在旅游领域的实现，主要是通过旅游政策来实现。因此，党的旅游政策体现在旅游建设的每一个方面。它不但体现在旅游法规中，包括保护环境，对旅游实行扶持，可持续发展战略，打击破坏旅游资源刑事犯罪，调整国家、集体与个人的经济利益等方面，而且，它还包括了科教兴旅、西部旅游扶贫、旅游区社会环境的综合治理、旅游产业政策等各个方面。旅游法规只是党实现领导方式的一种。对于旅游政策，还必须同时采取政治、思想、组织、教育等多种形式加以贯彻执行。另外，党的旅游政策并不需要全部制定为法律，有的旅游政策只对党员干部适用，无需通过上升为法律来要求全体社会成员遵守，因此，旅游政策的内容比旅游法规更为广泛，旅游法规所调整的社会关系，都是旅游政策所调整的范围。没有一部旅游法规不体现旅游政策，但确有许多旅游政策没有体现旅游法规。违反了旅游法规必然会违反旅游政策，而违反旅游政策则不一定违反旅游法规。

（4）稳定性和灵活性不同

党的旅游政策是党根据一定的政治经济形势的客观需要而制定的，有的旅游政策具有很强的时间性。正因为旅游建设与发展具有很强的阶段性，必然要求旅游政策既要有一定的稳定性，又要有一定程度的灵活性。旅游法规是旅游活动实践经验的总结，是旅游政策的法律化，也需要有稳定性和灵活性。但是，我国的立法实践往往是将比较成熟而稳定的、有制定成旅游法规必要的旅游政策制定为旅游法规，以便更全面地以法律手段贯彻执行旅游政策。因此，旅游法规更具有稳定性，旅游政策更具有灵活性。

（5）实施的方式和途径不同

党的旅游政策是党的领导机关制定的，全体党员必须遵守，党员违反党的旅游政策，党的组织要对违反党的旅游政策的党员进行批评教育或党纪处分，这是党的组织纪律的强制。但是对非党社会成员或党外组织，只能依靠党的旅游政策的正确性，并且通过宣传、教育和提倡，以及全体党员模范遵守和执行党的旅游政策。旅游法规是国家意志，由国家强制力保障实施，对全体社会成员具有普遍约束力，任何社会成员必须遵守。违反了旅游法规，无论是党员还是非党社会成员，都将受到旅游法规的制裁。对于党员来说，违反旅游法规的同时也违反了党的旅游政策，应该受到党的纪律和国家法律的双重制裁。旅游政策与旅游法规在本质上都是一样的，但我们不能将二者等同起来。

1.3 我国旅游业发展政策简介

旅游政策是党和国家在一定时期内，为实现一定旅游目标而制定的调整一定旅游关系的行为依据和准则。它主要由宏观经济政策、行业发展政策、环境影响政策等部分组成。本节主要是针对旅游行业发展的政策措施、《关于加快发展旅游业的意见》、发展假日旅游经济政策、中西部旅游发展政策等进行简要阐述。

1.3.1 发展旅游业的政策措施

（1）加大对旅游业的支持力度

一是增加对旅游业的基础设施建设的财政性资金投入，重点是为旅游景区（点）配套的交通设施、环保、卫生设施，供水、供电设施，安全保障设施，自然环境和文化遗产保护设施；二是进一步加大对旅游市场开发促销的资金投入，完善旅游发展基金的收缴和使用管理，重点用于国际市场开发；三是支持符合条件的旅游企业通过股票发行上市等方式融资，积极探索建立境内外旅游产业基金。

（2）深化改革，鼓励多种经济成分参与旅游业发展，积极培育多元化的旅游市场主体

要加快国有大中型旅游企业建立现代企业制度的步伐，建立健全有效的激励机制和约束机制，进一步增强企业活力。鼓励旅游企业通过资本运营等方式，向集团化、网络化、专业化发展。推进旅游社团机构改革，发挥其咨询服务、行业自律和市场中介作用。

（3）着力改善旅游交通配套条件

强化北京、上海、广州等机场的枢纽功能，新建、改建西部地区支线机场，完善主要国际定期航班机场的设施和服务功能，逐步增加国际和国内支线航线。建立和完善铁路旅客异地售票系统，增开旅游专列，改善列车、车站服务设施。要加快建设高速公路网，配套建设好沿线休息、餐饮、购物服务区，加强旅游用公路、旅游区（点）等停车场和公共汽车站的建设。

（4）发挥价格杠杆调节作用

发挥价格杠杆调节作用，进一步培育旅游市场需求，要运用旅游区（点）票价调节旅游淡旺季的游客流量，缓解游客过于集中对生态环境和文化遗产保护所产生的压力。逐步实行民航机票按季节、时段、航线分别定价。

（5）进一步扩大旅游业的对外开放

要适应我国对外开放的新形势，有计划、有步骤地吸引外资和港澳台资参与开发旅游资源、兴办旅行社和为旅游服务的中外合资道路运输企业。中西部旅游设施项目要列入《中西部地区外资投资优势产业目录》，鼓励外商进行投资。对有利于促进旅游产业发展的基础设施项目、生态环保项目，鼓励利用国外优惠贷款。积极稳妥地实施“走出去”的开放战略，鼓励有实力的企业到海外开办旅行社和其他旅游经营项目，拓展国际市场。

1.3.2 《关于加快发展旅游业的意见》内容简介

国务院2009年12月1日发布了《关于加快发展旅游业的意见》。这个《意见》是在总结了我国旅游业发展成就和经验的基础上，从全局的高度提出的推动旅游业发展的战略部署，是我国旅游业在今后一个发展时期的行动原则和行为准则，共包括总体思路、基本原则、主要任务及保障措施等主要内容。

1.3.2.1　旅游业发展政策的总体要求

（1）指导思想

以邓小平理论和“三个代表”重要思想为指导，深入贯彻落实科学发展观，进一步解放思想，深化改革开放，加强统筹协调，转变发展方式，提升发展质量，把旅游业培育成国民经济的战略性支柱产业和人民群众更加满意的现代服务业。

（2）基本原则

坚持改革开放，破除体制机制性障碍，充分发挥市场配置资源的基础性作用，走内涵式发展道路，实现速度、结构、质量、效益相统一；坚持以人为本，安全第一，寓管理于服务之中，不断满足人民群众日益增长的旅游消费需求；坚持以国内旅游为重点，积极发展入境旅游，有序发展出境旅游；坚持因地制宜，突出优势，推动各地旅游业特色化发展；坚持节能环保，合理利用资源，实现旅游业可持续发展。

（3）发展目标

到2015年，旅游市场规模进一步扩大，国内旅游人数达33亿人次，年均增长10%；入境过夜游客人数达9000万人次，年均增长8%；出境旅游人数达8300万人次，年均增长9%。旅游消费稳步增长，城乡居民年均出游超过2次，旅游消费相当于居民消费总量的10%。经济社会效益更加明显，旅游业总收入年均增长12%以上，旅游业增加值占全国GDP的比重提高到4.5%，占服务业增加值的比重达到12%。每年新增旅游就业50万人。旅游服务质量明显提高，市场秩序明显好转，可持续发展能力明显增强，力争到2020年我国旅游产业规模、质量、效益基本达到世界旅游强国水平。

1.3.2.2　旅游业发展政策的主要内容

（1）放宽旅游市场准入，鼓励社会资本和各种所有制企业公平参与

推进国有旅游企业改组改制，支持民营和中小旅游企业发展，积极引进外资旅游企业。

（2）优化旅游消费环境

加快以旅游交通、游客服务、旅游安全等为重点的基础设施建设。加强旅游景区门票价格管理。

（3）推动旅游产品多样化发展

实施乡村旅游富民工程等，培育新的旅游消费热点。

（4）倡导文明健康的旅游方式，加强旅游从业人员素质建设和旅游市场监管

（5）推进节能环保

1.3.3　发展假日旅游经济的政策

1.3.3.1　假日旅游经济的产生

假日旅游经济是以节假日为契机，实现旅游需求与旅游供给的互动扩张，从而拉动经济增长的一种新的假日经济形式。假日旅游经济的出现是社会文明进步的标志。

假日旅游经济是伴随着我国第一个“黄金周”而出现的。1999 年 9 月，随着我国国民经济的发展，人民生活水平的提高，国家在经过一段时间的双休日的试行后，决定增加广大劳动者的休闲时间，将春节、“五一”、“十一”3 个中国人民生活中最重要节日的休息时间延长为 7 天，这就形成了所谓的长假，而且长假消费开始升温。到了 2000 年，长假消费在当年的“五一”有了爆炸式的发展，出现了登长城要排队等候几个小时的情况。2000 年 6 月，国务院下发了《关于进一步发展假日旅游若干意见的通知》，2000 年的“十一”被正式定名为第一个“黄金周”。2007 年国家决定取消“五一”长假，与国家法定节假日形成两个 7 天的“黄金周”（春节和国庆节）和五个 3 天的“小长假”（元旦、清明、国际劳动节、端午、中秋），增加了假日的次数，节假日的分布更加合理，通过 7 天的黄金周与 3 天的小长假的搭配，以及职工带薪休假制度的落实，满足广大居民长途与中短途旅游的需要，适当分散居民出游密度，降低交通、安全、环境、企业经营的压力，有利于广大群众开展纪念、旅游、休息等各种活动。

1.3.3.2 适应假日旅游新形势需要，加强组织协调工作

发展假日旅游，对贯彻党中央、国务院确定的拉动内需方针，促进社会经济发展和人民物质文化生活水平提高具有重要意义。各地方人民政府和国务院有关部门要按照“因势利导、主动适应、加强协调、整体提高”的方针，积极采取有效措施，认真解决假日旅游存在的问题，加大协调工作力度，把各方面力量组织和动员起来，增强应急、应变能力，全面提高管理水平和服务水平。

1.3.3.3 认真做好运力组织安排，确保旅游运输安全

为尽可能满足旅游者出行的需要，在“黄金周”到来之前，铁道、交通、民航等部门要调配允足运力，制定好运输方案，并准备部分机动运力以应急需要。要进一步提高服务质量，方便旅游者购票，积极开展对旅游企业和旅游者预售往返票业务，并按照国际惯例给予适当优惠。

交通部门要加强运输市场管理，坚决打击欺客宰客、扒窃等行为，防止发生火灾、食物中毒，特别要防止发生重大旅游安全事故。

公安部门要加强疏导，维护良好交通秩序，保障道路畅通和交通安全；要改进“加班车进城通行证”及“景区车辆通行证”发放制度。

1.3.3.4 努力提高旅游服务水平，加强社会服务系统协作配合

旅游企业要加强管理，努力提高导游人员的思想素质和业务水平，搞好队伍建设；要抓好优质服务，把提高服务质量作为衡量工作好坏的一个重要指标；要加强大旅游安全工作的管理力度，防止出现重大安全事故。

商业网点要积极组织适销对路的货源，并根据市场需求适当延长营业时间。餐饮业要适当做好服务并抓好食品卫生工作。重点旅游城市和旅游景区的银行和邮电营业点，要根据市场需求，进一步搞好便民服务。重点地区要建立医疗急救中心，及时进行医疗救治。

1.3.3.5 加强假日旅游的管理

为了保护旅游者的利益，物价管理部门要加强对假日期间景区景点的门票及机票、车船票等价格的管理。任何单位和部门不得随意提价。确需提价的，要按物价管理规定报批，并提前2个月向社会公布。旅游、商业、餐饮等社会服务企业，都要明码标价。

公安、工商、卫生等行政管理部门要加强对景区景点和社会服务单位的治安、市场交易和食品卫生的管理，严厉打击欺客宰客、扒窃等行为，防止发生火灾、食物中毒，特别要防止发生重大旅游安全事故。

各级旅游行政管理部门要向社会公布投诉电话，及时受理和处理旅游者投诉，维护旅游经营秩序，打击违法经营，保护旅游者合法权益。要进一步发挥旅游质量监督队伍在旅游市场管理中的作用，加强执法监督。要引导旅游者文明旅游，保护环境，爱护文物。对破坏旅游资源环境、扰乱旅游秩序的，要及时进行处理。

由国家旅游局会同国家统计局，建立旅游信息统计制度和预报系统。交通（铁路、民航、公路、水运）、重点旅游城市、重点景区（景点）、商业等单位要给予大力支持和配合，及时通报信息。

要抓好宣传报道，准确反映旅游信息。中央电视台、中央人民广播电台要开辟午间和晚间专栏，免费发布由国家旅游局、国家统计局提供的旅游信息，正确引导旅游行为等。有条件的地区应参照实行这个办法，建立地方性的旅游信息发布和预报制度。

1.3.3.6 建立完善、协调、成熟、有序的假日旅游市场体系

我国旅游资源相当丰富，如何发展现有旅游资源，开发更多的新型旅游资源是全社会应该共同关心的问题。旅游是一个综合产业，与社会生活的各个层面密切相关，涉及社会生活的每一个领域。但是，由于我国长期的计划经济体制的约束，至今我国政府还没有一个旅游管理的权力部门，国家旅游局及各地方旅游局作为行业主管部门，职权范围只局限在旅游组织的范围内，而与之相关联的交通、景点、风景名胜全都分属于交通、铁道、民航、园林、文物等部门的管辖范围之内，这就很难做到统一管理、统一步伐；资源得不到合理配置，市场得不到有效调节，严重阻碍了我国假日旅游市场的形成，制约了假日经济的良好发展。为了改变这一状况，由国家旅游局牵头，国家计委、公安部、交通部、铁道部等14个部委局组成了“全国假日旅游协调部级会议办公室”，各省、自治区、直辖市及200多个重点旅游城市也分别组建了假日旅游专门机构，形成了条块结合、上下联动的工作网络，从组织上保障了假日旅游市场的健康有序发展。

1.3.4 中西部旅游发展的政策

1.3.4.1 中西部的范围

2000年1月，国务院成立了西部地区开发领导小组，并在北京召开西部地区开发会议。西部大开发吹响号角，中国经济结构的战略性调整从此发轫。国务院于2000年10月26日发布《关于实施西部大开发若干政策措施的通知》（国发［2000］33号），明确提出实施西部大开发战略，加快中西部地区发展，是我国现

代化战略的重要组成部分。2004 年 3 月，温家宝总理在政府工作报告中，首次明确提出促进中部地区崛起的计划。西部开发政策与中部崛起计划为中西部旅游业发展提供了强有力的政策支持。

中国西部由西南五省市（四川、云南、贵州、西藏、重庆），西北五省市（陕西、甘肃、青海、新疆、宁夏）和内蒙古、广西、以及湖南的湘西、湖北的恩施两个土家族苗族自治州组成。其土地面积 538 万平方公里，占全国国土面积 56%；目前有人口约 2.87 亿，占全国人口总数的 22.99%。

中部六省是指居于中国大陆腹地的六个省份，包括河南省、山西省、湖北省、安徽省、湖南省、江西省。

1.3.4.2　中西部旅游发展的政策要求

《关于加快发展旅游业的意见》明确提出，中西部和边疆民族地区要利用自然、人文旅游资源，培育特色优势产业。中西部地区资源丰富，要充分利用山上山下，地上地下的丰富资源，在各级人民政府统一规划下，进行合理开发，发展矿业、建材、小水电和旅游等资源性产业。各有关部门要帮助进行技术论证，提出可行性方案，提供必要的服务。

要适应我国对外开放的新形势，兴办旅行社和为旅游服务的中外合资道路运输企业。中西部地区旅游景（区）点保护、开发和经营及其配套设施建设项目，已列入《中西部地区外商投资优势产业目录》，鼓励外商进行投资。

认真贯彻西部大开发的决策。中央作出的西部大开发的决策，给我国旅游业带来了新的发展机遇。中西部地区地域辽阔，旅游资源独特而丰富，是我国旅游业跨世纪大发展的主要后劲所在。中西部地区的大开发，必将推动该地区经济社会的发展和对外开放的扩大，也将带动旅游业的大发展。中西部地区要充分认识在发展旅游业方面具有的资源优势，统一认识，下更大的决心开发旅游业，把旅游业作为西部大开发的重要产业抓紧抓实，努力把旅游资源优势转化为产业优势。西部大开发，对于东部地区来说也是个机遇。我国旅游市场的总体兴旺，将促进全国各地区旅游业的共同发展。随着西部大开发的推进，东西部合作也会出现新的局面。东部地区要抓住机遇，捕捉商机，进一步加快旅游业的发展，努力增强向中西部地区的辐射功能，在新形势下更好地发挥基地作用。

1.4　旅游立法体制与旅游法规体系

1.4.1　我国现行的旅游立法体制

（1）全国人民代表大会和全国人民代表大会常务委员会行使的旅游立法权

全国人民代表大会和全国人民代表大会常务委员会行使国家立法权，有权修改宪法、监督宪法的实施，制定和修改刑事、民事、行政等基本法律和其他法律，撤销国务院制定的同宪法、法律相抵触的行政法规、决定和命令，撤销省、自治区、直辖市国家权力机关制定的同宪法、法律和行政法规相抵触的地方性法规和决议等。旅游立法是国家立法的一个重要方面，相信作为旅游基本法——《旅游法》或《旅游发展法》不久的将来作为一部专门的旅游法律面世。

（2）国务院行使的旅游立法权

国务院根据宪法和法律，规定行政措施，制定行政法规，发布决定和命令，改变和撤销各部委发布的不适当的命令、指示和规章，改变和撤销地方各级国家机关的不适当的决定和命令等。国务院根据宪法和法律，已制定了一批旅游法规，主要有《植物检疫条例》(1983年)、《风景名胜区管理暂行条例》(1985年)、《中华人民共和国自然保护区条例》(1994年)、《旅行社管理条例》(1996年、2001年)、《导游人员管理条例》(1999年)、《风景名胜区条例》(2006年)。还根据宪法和法律批准了《中国公民自费出国旅游管理暂行办法》(1997年)、《旅馆业治安管理办法》(1987年) 等部门规章或由旅游主管部门起草的旅游行政法规。

(3) 国务院各部委行使的立法权

国务院各部委根据法律和国务院的行政法规、决定、命令，在本部门权限内，发布命令、指示和规章。国务院旅游主管部门根据旅游法律和国务院旅游行政法规，制定了大量的旅游部门规章。主要有《旅行社管理条例实施细则》(1996年、2001年)、《导游人员管理实施办法》(2001年)、《旅行社质量保证金暂行规定实施细则》(1995年)、《旅游安全管理暂行办法》(1990年)、《旅游安全管理暂行办法实施细则》(1994年)、《旅游投诉处理办法》(2010年) 等。

(4) 地方人民代表大会及其常务委员会行使的旅游立法权

省、自治区、直辖市人民代表大会及其常务委员会，可以根据宪法和法律的规定，制定地方性旅游法规，报全国人民代表大会常务委员会和国务院备案，在各自管辖的范围内贯彻实施。如湖南等省都制定了适用本省的地方性旅游法规——旅游管理条例。各省、自治区、直辖市均有类似的法规。

此外，省、自治区的人民政府所在地的市的人民代表大会及其常务委员会，经国务院批准的较大的市的人民代表大会及其常务委员会，可以结合本市的具体情况，根据宪法、旅游法律、旅游行政法规以及本省、自治区的地方性旅游法规的规定，制定地方性旅游法规，报省、自治区的人民代表大会常务委员会批准后实施，并由批准机关报全国人民代表大会常务委员会和国务院备案。

(5) 省、自治区、直辖市人民政府，省、自治区人民政府所在地的市人民政府，经国务院批准的较大的市人民政府行使旅游立法权

上述的人民政府，可以根据法律和国务院的行政法规，制定规章。这类规章又称地方规章。如《湖南省（旅馆业治安管理办法）实施细则》等地方规章在不与法律、行政法规相抵触的情况下，在人民政府管辖范围内有效。

(6) 民族自治地方的人民代表大会行使的旅游立法权

民族自治地方（民族自治区、自治州、自治县）的人民代表大会可以依照当地的民族政治、经济、文化特点拟定自治条例。自治区制定的，报全国人民代表大会常务委员会批准生效；自治州、自治县制定的报省或自治区人民代表大会常务委员会批准后生效，并报全国人民代表大会常务委员会备案。上述条例中关于旅游发展的法律规范，也属于旅游法规体系的范畴。

1.4.2 旅游法规体系

根据我国现行立法体制形成的旅游法律体系，是一个金字塔式的体系结构。塔尖是宪法，法律地位最高，是其他一切旅游法规的法律依据。以下分为基本法律、旅游法律、旅游行政法规以及旅游部门规章、地方性旅游法规、地方旅游规章、自治条例和单行条例。以下从制定和颁布机关、效力范围、效力等级等3个方面，分别作简要说明。

1.4.2.1 宪法

制定和颁布机关：全国人民代表大会。

效力范围：全国。

效力等级：具有最高法律效力，一切旅游法规不得与宪法相抵触。

1.4.2.2 基本法律（包括《中华人民共和国民法通则》《中华人民共和国刑法》及三大诉讼法等）

制定和颁布机关：全国人民代表大会。

效力范围：全国。

效力等级：低于宪法，高于其他法律。

1.4.2.3 旅游法律

制定和颁布机关：全国人民代表大会常务委员会。

效力范围：全国。

效力等级：低于宪法和基本法律，高于行政法规。

1.4.2.4 旅游行政法规

制定和颁布机关：国务院。

效力范围：全国。

效力等级：低于宪法和法律，高于旅游部门规章、地方性旅游法规、地方旅游规章。

1.4.2.5 旅游部门规章

制定和颁布机关：国务院旅游主管部门。

效力范围：本部门。

效力等级：低于宪法、旅游法律、旅游行政法规。

1.4.2.6 地方性旅游法规

制定和颁布机关：省、自治区、直辖市人民代表大会及其常务委员会。

效力范围：本省、自治区、直辖市。

效力等级：低于宪法、旅游法律、旅游行政法规。

1.4.2.7 地方旅游规章

制定和颁布机关：省、自治区、直辖市人民政府，省、自治区人民政府所在地的市人民政府，经国务院批准的较大的市的人民政府。

效力范围：本辖区。

效力等级：低于宪法、旅游法律、旅游行政法规、地方性旅游法规。

1.4.2.8 自治区的自治条例、单行条例

制定和颁布机关：自治区的人民代表大会。

效力范围：本自治区。

效力等级：报全国人民代表大会常务委员会批准后生效。

1.4.2.9　自治州、自治县的自治条例

制定和颁布机关：自治州、自治县的人民代表大会。

效力范围：本自治州、自治县。

效力等级：报省或自治区的人民代表大会常务委员会批准后生效，并报全国人民代表大会常务委员会备案。

1.5　旅游法规的具体表现形式及其法律特征

旅游法规的具体表现形式，也可以称为旅游法规的法律渊源，是指旅游法律规范以什么形式发生效力。上节我们讲的旅游法规体系，实际上就是讲旅游法规所有的具体表现形式所构成的体系。从宪法到自治条例，都是旅游法规的法律渊源，即具体表现形式。

这里应注意的是，对于没有接触过法学理论的人来说，可能会有一些概念上的困惑。例如，当我们讲到某一法规体系（如农业法规体系）的时候，也会将我们讲的这些具体表现形式纳入那个法规体系之中。实际上，任何法规体系都离不开宪法、法律、行政法规、地方性法规这些的具体表现形式。再如，每一种具体表现形式都有它自己的表现形式，如部门规章这一旅游法规的具体表现形式，又是以“实施细则”、“办法”、“暂行办法”、“规定” 等形式来体现的。

根据 1982 年《宪法》（即现行宪法）和有关规范性法律文件的规定，我国旅游法规的具体表现形式有宪法、基本法律、旅游法律、旅游行政法规、旅游部门规章、地方性旅游法规、地方性旅游规章以及民族自治地方的自治条例和单行条例等。以下主要讲述基本法律、旅游法律、旅游行政法规、旅游部门规章等 4 种最主要的旅游法规的具体表现形式。

1.5.1　基本法律是旅游法规的具体表现形式

基本法律是全面地、系统地规范某一方面的基本的社会关系的法律。如规范民事法律关系的民法、规范刑事法律关系的刑法，规范行政关系的行政法（目前我国尚无系统的行政法典），规定民事诉讼、刑事诉讼、行政诉讼法律关系的三大诉讼法，都是我国的基本法律。基本法律只能由全国人民代表大会拟定制定。

《中华人民共和国刑法》（以下简称《刑法》）是我国的基本法律，它对旅游资源犯罪作了一些规定。这些规定，本身就是旅游法规的组成部分。我国虽然还没有行政法典，但是制定了《中华人民共和国行政处罚法》（1996 年 3 月 17 日第八届全国人民代表大会第四次会议通过）等行政法律。旅游行政处罚等方面的旅游行政法规、部门规章的制定，旅游行政处罚等旅游行政执法活动的开展，都必须以行政法为依据。

《中华人民共和国民法通则》是我国的民事基本法律。旅游资源所有权、使用权法律制度、旅游承包法律制度、旅游企业法律制度、旅游合同法律制度等的实施，必须以民法为依据。

1.5.2　旅游法律的特征

旅游法律是指全国人民代表大会常务委员会制定的，专门调整人们在旅游活

动中以及在保护、培育和合理利用旅游资源而形成的各种社会关系的规范性法律文件。旅游法律的特征有：① 从法律性质上看，旅游法律既有专门性法律，又有综合性法律。旅游法律调整的对象是人们在旅游活动以及在保护、培育和合理利用旅游资源中形成的各种社会关系，因而既具有民法的性质，同时又具有行政法性质，又与经济法、刑法有紧密联系。② 从法律效力来看，旅游法律在全国范围内具有普遍的约束力，全体社会成员均须遵守。旅游法律是国务院旅游行政法规、地方性旅游法规等旅游法规发生效力的前提和基础。③ 从旅游法律的任务来看，它把合理利用旅游资源、保护旅游者合法权益放在第一位，注重旅游资源的生态效益、社会效益和旅游业的可持续发展。

由于我国现代意义上旅游业兴起的时间不长，旅游市场不成熟，如何建立完善的旅游市场体制，正在探索之中，所以，我国目前还没有专门独立的旅游法律。旅游法律主要是散见在民法、行政法、经济法，甚至刑法之中。

1.5.3 旅游行政法规的概念、特征与制定的法律依据

1.5.3.1 旅游行政法规的概念

行政法规是国务院根据宪法和法律授权制定和颁布的有关国家行政管理活动的各种规范性法律文件的总称。旅游行政法规是国务院根据宪法、行政法和旅游法律授权制定的有关国家旅游行政管理活动的各种规范性文件的总称，是旅游法规的主要表现形式之一，也是旅游行政法的最主要的具体表现形式和日常旅游行政执法活动的主要法律依据。

旅游行政法规的主要表现形式是“条例”或“暂行条例”，其发布方式是经国务院总理签署发布令，由《人民日报》《中国旅游报》等全文刊载。

1.5.3.2 旅游行政法规的特征

从法律性质来看，旅游行政法规属于国家最高行政机关制定的行政法。制定旅游行政法规的行为是旅游行政立法行为，是旅游行政行为的一种，而不同于专门的立法机关的立法。旅游行政立法权来自于宪法与旅游法律的授权。

从效力范围来看，旅游行政法规在全国范围内具有普遍约束力，全体社会成员均须遵守。

从效力等级来看，旅游行政法规的效力低于宪法和法律，全国人民代表大会常务委员会有权撤销同宪法、法律相抵触的旅游行政法规。

1.5.3.3 国务院制定旅游行政法规的依据

国务院制定的有关旅游的各种“条例”，在一定程度上弥补了国家立法机关的立法不足，并使国家机关对已有的立法在实践中更便于操作。制定“条例”的法律依据有以下几种情况：旅游法律的直接授权；国务院依照《宪法》第89条规定的职权范围，根据旅游法律的有关规定制定“条例”；在尚无旅游法律规范可循的情况下，国务院依照《宪法》第89条规定的职权范围，根据旅游行政管理的需要制定“条例”。如：为了加强旅行社的管理，1996年10月15日国务院发布了《旅行社管理条例》。

1.5.4　旅游部门规章的概念、特征、主要表现形式、制定的法律依据与法律效力

1.5.4.1　旅游部门规章的概念与特征

（1）旅游部门规章的概念

部门规章是国务院各部委根据法律和国务院的行政法规、决定、命令制定的规范性法律文件。旅游方面的部门规章，称为旅游部门规章或部门旅游规章，是指国务院旅游行政主管部门根据法律、国务院旅游行政法规的授权制定的各种规范性文件的总称。它是我国旅游法规的主要表现形式之一，数量多、涉及面很广，是各级旅游行政主管部门进行行政执法活动的重要依据。

（2）旅游部门规章的特征

旅游行政主管部门制定的规章，具有以下3个特征：

第一，制定部门规章是旅游行政行为，而不是行政立法行为。旅游行政行为可分为抽象旅游行政行为与具体旅游行政行为。制定规章是抽象旅游行政行为，在我国目前是不可诉的行为，法院无权审判。如果旅游部门规章与宪法、旅游法律、旅游行政法规相抵触，只能由国务院加以撤销。

第二，旅游部门规章必须符合宪法、旅游法律、旅游行政法规，否则没有法律效力。

第三，旅游部门规章的作用是规范各级旅游行政管理部门的具体行政行为，达到依法行政、依法治旅的目的。

1.5.4.2　旅游部门规章的主要表现形式

旅游部门规章的具体表现形式有实施细则、办法、暂行办法和规定等。实施细则：如1996年11月28日国家旅游局发布的《旅行社管理条例实施细则》；办法：如国家旅游局发布的并于2002年1月1日实施的《导游人员管理实施办法》；暂行办法和规定：如国家旅游局于1997年3月27日发布的《旅行社质量保证金赔偿暂行办法》，1991年6月1日发布的《旅游投诉暂行规定》，2001年5月15日发布《旅行社投保旅行社责任保险规定》等。

1.5.4.3　旅游行政主管部门制定旅游部门规章的法律依据

旅游法律的直接授权。因我国目前没有专门的旅游法律，所以当前的旅游部门规章都不是直接根据旅游法律的授权；国务院旅游行政法规的授权；代行旅游法律授权给国务院的立法权限。旅游行政主管部门直接依据旅游法律、国务院旅游行政法规的规定，根据规范旅游行政管理活动的实际需要，制定部门规章。

1.5.4.4　旅游主管部门制定的部门规章的法律效力

1989年4月4日第七届全国人民代表大会第二次会议通过的《中华人民共和国行政诉讼法》（以下简称《行政诉讼法》）第53条规定："人民法院审理行政案件，参照国务院部、委根据国务院的行政法规、决定、命令制定、发布的规章以及省、自治区、直辖市和省、自治区的人民政府所在地的市和经国务院批准的较大的市的人民政府根据法律和国务院的行政法规制定、发布的规章。人民法院认为地方人民政府制定发布的规章与国务院部、委制定发布的规章之间不一致的，

由最高人民法院送请国务院作出解释或者裁决。”所谓“参照”规章，是指人民法院在审理行政案件时，对合法的规章可以作为衡量具体行政行为是否合法的标准；对不合法的规定，人民法院不承认其效力，不予执行。

合法的规章（包括地方性规章），必须同时符合以下3个条件：第一，行政机关在其职权范围内制定的；第二，符合制定规章的法律程序；第三，内容与宪法、法律、行政法规和地方性法规不相抵触。部门规章之间，部门规章与地方规章之间不一致的，初审人民法院应当逐级上报最高人民法院后，送请国务院解释或者裁决。请示期间，中止案件审理，得到解释或者裁决结果，再恢复审理。国务院的解释或者裁决作为人民法院审理具体行政行为的依据。判决或者裁定参照规章时，应当在裁判文书中的理由部分写明根据《行政诉讼法》第53条，参照了哪个规章的哪一条（款、项）的规定。因此，根据行政诉讼法的规定，旅游部门规章发生效力的有2个前提：首先，不与宪法、旅游法律、国务院旅游行政法规相抵触；其次，只能作为审理具体旅游行政行为是否合法的依据，而不能作为审理旅游刑事、民事、经济案件的依据。

【课堂讨论题】

1. 举例说明旅游政策与旅游法规区别与联系？
2. 以某一部旅游法规为例，说明其制定机关、制定的法律依据、效力范围、效力等级等。

【思考题】

1. 如何理解法规、旅游法规、旅游政策的含义？
2. 如何理解旅游法规与旅游政策的关系？
3. 简述旅游法规的体系。
4. 简述旅游法规的表现形式及特征。

【案例分析】

旅行社原因耽误行程该如何承担责任？

刘某等3名游客与甘肃某旅行社联系并缴纳了去四川九寨沟旅游的单程费600元/人，由于该旅行社是与某旅行社合作组团，致使该旅游团的时间从5月19日7:30推迟到5月20日7:30，从而使刘某等游客在兰州滞留一天，花去费用140元。刘某等人因时间的原因，不得不取消去九寨沟的旅游计划。为弥补延误出发给刘某等旅游者造成的损失，该旅行社租车安排刘某等游客前去刘家峡炳灵寺游览，收取交通费120元（实际为80元），但因水库水位下降使刘某等游客未能上岸游览炳灵寺，只参观了刘家峡水电站。为此，刘某等游客向旅游质量监督管理部门投诉，要求该旅行社全额退还所交旅行费并赔偿由此造成的经济损失。

请问：刘某等的要求是否合理，为什么？

【本章推荐阅读书目】

法理学．姚建宗．中国政法大学出版社，2006.

法理学．张文显．法律出版社，2007.

旅游法教程．韩玉灵．高等教育出版社，2003.

政策与法规．国家旅游局人事劳动教育司．旅游教育出版社，2006.

第 2 章

旅游法律关系

【本章概要】

旅游法律关系是由旅游法律规范所确认和调整的在旅游活动中所形成的各方当事人享有的权利和承担的义务的关系。其具有不同于其他社会关系的特征。旅游法律关系同其他法律关系一样，都由主体、内容、客体三要素构成。主体的多元性和社会关系的复杂性决定了法律关系的多样性；法律事实引起法律关系产生、变更或消亡；旅游法律关系一经形成，就受国家法律的保护。

【学习目标】

- 掌握旅游法律关系的含义、特征、构成要素；
- 正确理解法律事实的内涵；
- 了解法律行为构成的必备条件；
- 正确理解旅游法律关系的产生、变更和终止；
- 掌握旅游法律关系的确立和保护措施。

【关键性术语】

旅游法律关系、旅游法律关系构成、法律事实、法律事件、法律行为、旅游法律关系的产生、旅游法律关系的变更、旅游法律关系的终止、旅游法律关系的保护。

【章首案例】

损害事实发生在境外，该由哪家旅行社承担责任？

洛阳某旅行社接待了 JBW－9710 日本旅游团，委派导游员谢某为全陪随团服务，谢某为了提取回扣，向客人建议将原定餐食改为“洛阳水席”，并进行了言过其实的宣传，当客人问是否需要增加费用时，谢某答复水席标准不会超过原定餐饮标准。但当客人面对“洛阳水席”的汤汤水水时，发觉与谢某的宣传不相符，连呼上当。不料，第二日，谢某又向客人宣布，“水席”标准超过原定标准，需加收少量餐费。对此，部份团员表示不满，但因已食用了“水席”，不得不交出超支餐费。事后，游艺机客投诉该旅行社。谢某则称，为了使客人品偿地方风味，作了夸大宣传，但动机是好的，而客人食用了“水席”加收餐费是理所当然，并无不妥。

请问：上述案例有哪几种旅游法律关系？各种旅游法律关系中构成要素分别是哪些？各种旅游法律关系中主体有哪些权利义务？

2.1 旅游法律关系概述

2.1.1 法律关系概述

法律关系是指基于法律事实，由法律规范所确认和调整的在人们行为过程中形成的特殊的社会关系，即法律上的权利和义务关系。由于各种法律规范确认和调整的社会关系及具体规定的权利、义务不同，因而法律关系的种类也有所不同。例如：由于调整平等主体的公民之间、组织之间以及公民与组织相互之间的财产关系和人身关系而形成的民事法律关系；由于侵害他人人身或财产，触犯刑律而形成被害人同犯罪嫌疑人之间的刑事法律关系等。

法律关系是社会关系的一种特殊形态。与一般的社会关系相比，它有3个最重要的特征。首先，法律关系是以法律规范为前提而产生的社会关系。没有法律的存在，也就不可能形成与之相应的法律关系。因此，凡纳入法律调整范围内的社会关系都可称为法律关系。其次，法律关系是以法律上的权利、义务为内容而形成的社会关系。法律关系与其他社会关系的重要区别，就在于它是法律化的社会关系，当事人之间按照法律规范分别享有一定的权利或承担一定的义务，以权利和义务为内容联结人们之间的关系。再次，法律关系是以国家强制力作为保障手段的社会关系。从实质上看，法律关系作为一定社会关系的特殊形式，正在于它体现国家的意志。这是因为，法律关系是根据法律规范有目的、有意识地建立的。所以，法律关系像法律规范一样必然体现国家的意志。在这个意义上，当法律关系受到破坏时，就意味着国家意志所授予的权利受到侵犯，意味着国家意志所设定的义务被拒绝履行。因此，一旦一种社会关系被纳入法律调整范围之内，就意味着国家对它的保护。

法律关系由法律关系主体（法律关系的参与者）、法律关系内容（权利和义务）和法律关系客体（权利和义务所指向的对象）三要素构成。按照对应的法律规范所属的法律部门不同，可将法律关系分为宪法法律关系、刑事法律关系、行政法律关系、诉讼法律关系等。

2.1.2 旅游法律关系的概念

旅游法律关系是法律关系的一种，是指由旅游法律规范所确认和调整的，在旅游活动中所形成的各方当事人享有的权利和承担的义务的关系。在现实生活中，自然人之间、法人之间、自然人与法人之间经常发生这样或那样的社会关系，法律关系主体在旅游活动中所形成的社会关系，一旦被旅游法律调整后，就具有旅游权利义务的内容，成为旅游法律关系。例如：旅游合同的约定，即是在旅行社和旅游者之间形成的旅游法律关系。

由于旅游领域的广泛性和关联性，决定了旅游法律关系的多样性，不同的旅游法律规范调整着不同的旅游法律关系，其中，既有横向主体之间的关系（如旅游企业和旅游者之间关系），又有纵向的管理与被管理之间的关系（如旅游行政管理部门依据《旅行社管理条例》对旅行社行使管理权而形成的法律关系）。当前，我国大量的旅游法律规范的表现形式为旅游行政法规、部门规章，显然，由此类法律规范调整的社会关系就不全是平等主体之间的关系。

旅游法律关系，一般是围绕旅游活动产生的，是有了相应的旅游法律规范，又有了旅游活动的参与者的行为或其他法律事实时，才能形成旅游法律关系。

2.1.3 旅游法律关系的特征

旅游法律关系作为法律关系的一种，具有以下5个方面的特征：

（1）旅游法律关系的产生以旅游法律规范为前提

旅游法律关系是经过旅游法规调整的社会关系。如果没有旅游法律规范，旅游法律关系就无从产生。如：有了旅游行政法律规范，才有可能产生旅游行政许可、旅游行政处罚、旅游行政复议等法律关系；有了刑事法律规范，才有可能产生旅游刑事关系，才会有可能防止各种与旅游有关的犯罪。相反，许多社会关系因没有相应的法律规范加以确认，就不可能形成法律关系，而只能是一般的社会关系。如恋爱关系、朋友关系、同志关系、同乡关系属于伦理道德规范调整范畴，不具有法律上的权利义务关系，因而不是法律关系，不属于旅游法规调整的范围。

（2）旅游法律关系以权利和义务为内容

旅游法律规范规定了人们在旅游活动和对旅游资源的合理利用和保护过程中的权利义务关系。权利和义务是统一的。一般来说，旅游法律关系主体享有权利的总和等于承担义务的总和，一方面享有权利，另一方面就要承担相应的义务。或者双方互相享有权利和承担义务；或者一方的权利就是另一方的义务，一方的义务就是另一方的权利。没有无权利的义务，也没有无义务的权利，享有权利以承担义务为前提，承担了义务就能得到相应的权利。当然，旅游法律规范规定的权利义务关系只是一般的模式，在更为具体的旅游法律关系形成过程中，绝大多数旅游法律关系主体总是努力创造条件，使旅游法律规范所确定的权利义务关系变得更加具体，更加充实。

（3）旅游法律关系的实现以国家强制力作为保证

既然法律体现国家意志，承担法律上权利、义务的主体就处于特殊地位，国家要支持、保证他们权利的实现、义务的履行，在各种旅游法律关系得不到正常实现的情况下，国家就运用强制力来保证其实现。国家强制力体现为审判机关（审判旅游纠纷和旅游犯罪）、旅游行政管理机关和旅游行政处罚机关等国家机关职权活动。例如，旅游合同关系一旦依法成立后，任何一方不得自行变更或终止，否则对方有权要求法律保护。

（4）旅游法律关系是属于思想范畴的社会关系，具有特殊的意志性

旅游法律关系的产生，要通过当事人真实的意思表示而建立。虽然有的旅游法律关系在形成时，没有当事人的意思表示，但最终实现仍需当事人表态。例如，旅游者参加旅游活动的意思表示和旅行社愿为其提供服务的意思表示而建立起来的权利、义务关系，如果旅行社提供的服务没有达到相应的要求，按法律规定便产生了损害赔偿的权利、义务关系，但此时依法行使权利或履行义务，仍需通过双方当事人的意思表示出来。如果任何一方都没有意思表示，实现损害赔偿的权利、义务的这种旅游法律关系便不会产生。

（5）旅游法律关系的范围具有广泛性

由于旅游业的依托性、关联性、综合性的特点，同时旅游活动主体的参与范围广，包罗了吃、住、行、游、购、娱等旅游要素的相关部门，因而旅游法律关系的范围具有广泛性。

2.2 旅游法律关系的构成

旅游法律关系同其他法律关系一样，都由主体、内容、客体三要素构成。三要素相互联系，缺一不可。

2.2.1 旅游法律关系的主体

2.2.1.1 旅游法律关系主体资格

作为旅游法律关系主体，与其他任何法律关系主体一样必须具有权利能力和行为能力。

权利能力是法律赋予法律关系主体享有权利和承担义务的资格或能力。无论是公民或是单位，要成为法律关系主体，首先必须具有权利能力。公民的权利能力分为一般权利能力和特殊权利能力。一般权利能力每个公民都终生享有。《中华人民共和国民法通则》（以下简称《民法通则》）规定，我国公民从出生时起到死亡时止，具有民事权利能力，即使是犯罪分子也依法享有。特殊权利能力是公民在特定条件下才享有的，往往受到法定年龄和政治条件的限制。如选举权和被选举权要受到年龄和政治权利的限制（如依法被剥夺政治权利的人，就不能行使选举权和被选举权）。单位的权利能力始于其依法成立，终于其撤销或解散，其权利能力的内容和范围，由有关法律规定或法律所确认的章程加以规定，如旅游行政主管部门的职权范围、旅游企业的经营范围。

行为能力是法律赋予法律关系主体通过自己的行为去享有权利或承担义务的资格或能力，以权利能力的存在为前提。公民的行为能力因其年龄、智力、精神状况的不同而有所不同。《民法通则》规定，年满 18 周岁、智力健全的公民具有完全民事行为能力，可独立进行民事活动，为完全民事行为能力人；16 周岁以上不满 18 周岁的公民，以自己的劳动收入为主要生活来源的，视为完全民事行为能力人；10 周岁以上的未成年人以及不能完全辨认自己行为的精神病人，为限制民事行为能力人，可进行与他年龄、智力相适应的民事活动，其他民事活动由其法定代理人代理；不满 10 周岁的未成年人以及完全不能辨认自己行为的精神病人，为无民事行为能力人，由其法定代理人代理民事活动。

单位的行为能力和权利能力是同时存在的，必须在其成立时所依据的法律或法律所确认的章程规定的目的和任务范围内进行民事活动。《民法通则》规定，法人的民事权利能力和民事行为能力，从法人成立时产生，到法人终止时消失。1991 年 4 月 9 日第七届全国人民代表大会第四次会议通过的《中华人民共和国民事诉讼法》第 3 条和 1999 年 3 月 15 日第九届全国人民代表大会第二次会议通过的《中华人民共和国合同法》（以下简称《合同法》）第 2 条中，又增加了“其他组织”这一概念，1997 年 3 月 14 日第八届全国人民代表大会第五次会议修订的《刑法》，将法人和其他组织这两个主体统称为单位，作为犯罪主体，既包括旅游行政主管部门，又包括旅游公司等经济组织。

2.2.1.2 旅游法律关系主体的范围

在我国，旅游法律主体包括在旅游法律关系中依法享有权利和承担义务的公民、法人或其他组织。法人和其他组织在刑法中被称为单位，包括法人单位和非法人单位。国家机关也是法人。公民在民法中包括自然人、个人合伙、个体工商户和农村承包经营户。此外，国家在行政法上是行政法律关系的主体，在民法上是国有旅游企业、国有旅游资源所有权主体。因此，旅游法律关系的主体包括国家、各级旅游行政管理部门及其工作人员、与保护和合理开发及利用旅游资源有关的国家机关及其工作人员（如建设行政主管部门、土地资源主管部门、环境主管部门）、各种所有权类型的旅游企业和旅游经济组织、外国旅游组织、旅游者等。在我国作为旅游法律关系主体常见的主要有以下几类：

（1）旅游者

旅游者是旅游法律关系的重要主体，没有旅游者，旅游活动就无法实现。旅游者既有国内旅游者，也有境外旅游者。

国内旅游者主要是指参加国内各地旅行游览的中国公民，也包括出国旅行游览的中国公民。境外旅游者主要是指来我国、回国或到内地参观、旅行游览、探亲、访友考察、探险、从事商务、体育、休学、学术交流以及参加会议、宗教等活动的外国人、外籍华人、华侨和我国港澳台同胞。

（2）旅游行政主管机构

旅游行政主管机构也是旅游法律关系的重要主体之一，主要有国家旅游局和地方旅游局两种形式。国家旅游局是国务院主管全国旅游行业的部门，但在行政级别上略低于部委，行使旅游管理职能，统一管理国内和国际旅游事务。地方旅游局是地方人民政府旅游工作的行政主管机构，受地方人民政府和国家旅游局的双重领导，业务上主要受国家旅游局领导。

（3）旅游企业

旅游企业是各类旅行社、宾馆（饭店）、旅游交通运输部门、旅游商店等的总称。旅游企业作为旅游法律关系的主体，依法具有权利能力和行为能力，但这种能力要受其业务范围的限制。

（4）旅游组织

旅游组织分为国内旅游组织与外国旅游组织。外国旅游组织同我国旅游组织发生业务往来时，即成为我国旅游法律关系的一方当事人。旅游组织一般都具有法人资格，有依法处置资产的权利，可与其他有关组织建立业务联系，依各自章程处理内外部关系。在我国的国际旅游业务中，一般都是由我国旅游组织同外国旅游组织接洽进行的。

（5）旅游资源管理部门

旅游资源管理部门，是指对名胜古迹、园林、文物和自然风光等旅游资源进行管理的部门。这些部门在我国大多是属于事业单位性质，其任务是管理游览场所，为旅游者观赏、凭吊、瞻仰和娱乐等提供优质安全的服务。

（6）与旅游事业密切相关的政府管理部门

与旅游事业密切相关的政府管理部门，包括工商、公安、税务、海关、外事、财政、物价、城建、宗教等部门。

2.2.2 旅游法律关系的内容

旅游法律关系的内容，指旅游法律关系的主体依法享有的权利和承担的义务，反映着旅游法律关系主体的具体要求，决定着旅游法律关系的实质。

2.2.2.1 权利

权利是指法律规定的旅游法律关系主体所享有的某种权能或利益。它表现为可以为一定的行为，可以要求义务人为或不为一定的行为，在义务人不履行义务时可以请求法院或有关国家机关采取强制手段保护其权利，使自己的法定利益得到实现。公民的权利表现为政治权利、人身权利、经济权利、社会权利、文化教育权利、诉讼权利等。法人的权利由法律规定或由法人所确认的法人章程来确定。如国家机关的法人的权利表现为依法执行公务的职权或权力，旅游企业单位的权利表现为旅游生产经营权及与旅游生产经营密切相关的名誉权、名称权等权利。

应当注意的是，国家机关及其工作人员的职权与公民、法人的权利是有区别的。旅游行政主管部门行使旅游行政管理权等，都是宪法和法律赋予的职权。职权与权利的区别在于：第一，权利体现平等的关系，而职权代表国家，体现命令和服从的关系；第二，权利与公民个人利益或特定单位的利益直接相联系，而职权只能代表国家或集体的利益，决不意味着行使职权是为了个人的利益；第三，权利可以行使，可以转让，也可以放弃，而职权意味着职责，必须行使，放弃职权就是失职，要受到法律的追究；第四，公民或法人的权利受到侵犯时只能请求国家机关予以保护，不能通过自己的力量或借助其他私人力量进行强制保护，而职权总是与国家强制力联系在一起的。

旅游权利的含义包括 2 个方面：一是旅游法律关系主体可以依法作出或不作出一定的行为。例如，旅游者有权购买或不购买某个旅游产品；旅游行政主管部门有权对旅游经营者进行监督检查；旅游经营组织有权拒绝人、财、物的摊派。二是旅游法律关系主体可以依法要求他人作出或不作出一定的行为。例如，旅游者有权要求旅行社对旅游行程、价格进行明确说明；旅游景区、景点经营商有权要求旅游者不要在禁止拍照的地方拍照。

2.2.2.2 义务

义务是指法律规定的法律关系主体所承担的必须履行的责任。它表现为一定的行为或不为一定的行为的必要性；如果不履行义务，或实施侵权行为，应承担法律责任，接受国家给予的法律制裁。法律义务的规定，是为了使权利人的权利得到实现。

义务根据内容的不同分为积极义务和消极义务。积极义务是必须为一定行为的义务，消极义务是必须不为一定行为的义务。法律义务根据义务人的范围不同分为一般义务和特定义务。一般义务是任何人或组织都负有不作为的义务，特定义务是特定义务人对特定权利人为或不为一定行为的义务，如旅游合同中债务人对债权人负有偿还债务的义务。

旅游义务，是旅游法律关系主体依法承担的义务，是旅游法律关系主体依据旅游法律规范必须履行的责任。负有义务者不履行，要受到法律制裁。旅游义务的含义包括两个方面：一是旅游法律关系主体必须依法作出一定的行为。例如，旅行社在收取旅游者支付的费用后，必须按约定组织旅游者旅行游览，为旅游者提供相应服务，不得擅自改变旅游路线、增加费用、减少活动项目；二是旅游法律关系主体必须依法不作出一定的行为。例如，旅行社不得擅自使用其他旅行社的注册商标。

2.2.2.3　旅游权利和旅游义务的关系

不同的旅游法律关系主体负有不同的旅游义务，旅游义务不仅是多样的，而且往往和旅游权利相对应。旅游权利和旅游义务是密切联系、不可分割的，不存在只享受旅游权利而不承担旅游义务或只承担旅游义务而不享有旅游权利的旅游法律关系主体，享有权利以承担义务为前提，承担了义务就能得到相应的权利。例如，在旅游者租赁旅游大巴，在此租赁关系中，汽车租赁公司享有向旅游者收取租金的权利，同时负有提供大巴汽车给旅游者使用的义务；旅游者享有使用租赁公司汽车的权利，同时负有向租赁公司交付租金的义务。可见，旅游权利和旅游义务彼此相互联系、相互依存，从而构成旅游法律关系的实际内容。

2.2.3　旅游法律关系的客体

旅游法律关系的客体，是旅游法律关系主体的旅游权利和旅游义务共同指向的对象，也称为标的。通常主体都是围绕一定事物设定权利和义务的，没有客体，主体的权利、义务就会失去目标，权利、义务是否实现也无法衡量，成为“无的之矢”。旅游法律关系的客体有：

（1）物

物是指实现存在的人们可以控制、支配的和具有一定使用价值的一切自然物和劳动创造的物，如自然旅游资源和人文旅游资源等。人们为物而发生着各种民事经济法律关系，所以物是旅游法律关系最为普遍的客体。

（2）行为

行为是指旅游法律关系主体实施的具有法律意义的行为，而不是人的任何行为。行为分为作为和不作为两种基本形式。作为是积极的行为，如签订旅游合同；不作为是消极的行为，如不履行旅游合同约定的义务。

（3）智力成果

智力成果是指人类脑力劳动的成果，属于精神财富，如作为旅游产品专利权客体的发明、实用新型和外观设计；作为旅游企业商标专用权客体的商标；旅游文学作品著作权客体的科学、文学、艺术成果等。实现旅游可持续发展离不开科学技术，因此就需要保护旅游科技成果，智力成果也是旅游法律关系的客体。

（4）特定的精神利益

特定的精神利益是指宪法和法律所保护的人身权利和人格利益，如人身自由、姓名、肖像、名誉、荣誉等精神利益。一般作为人身权法律关系的客体。

2.3　旅游法律关系的确立和保护

2.3.1　法律事实的概念

法律事实是指由法律规定的能够引起法律关系产生、变更或消亡的各种事实的总称。法律事实与一般意义上的事实有重要区别，主要表现在以下 3 个方面：① 法律事实是一种规范性事实。它是法律规范社会的产物，没有法律就不会有法律事实，所以法律事实这一概念在一定程度上体现了法律规范所设计的事实模型。② 法律事实是一种能用证据证明的事实。这意味着法律事实不仅是客观事实，而且它还应是能用证据证明的客观事实。许多事实也许是客观存在的，但由于事过境迁拿不出证据证明，对这样的事实就不能认定为法律事实（法律明确规定可以推定的除外）。③ 法律事实是一种具有法律意义的事实。如果事实没有对法律产生任何影响就不能称为法律事实。例如，旅游者在旅游目的地每日常规的起居、用餐等活动，一般不被认为是法律事实。但如果由于饭店提供了不符合卫生标准的餐饮导致旅游者食物中毒，则可被认为是法律事实，从而引起侵权责任的法律后果。

法律事实与旅游法律关系形成因果关系，法律事实是原因，旅游法律关系的产生、变更和消灭是结果。法律事实包括事件和行为。在旅游法律关系客体中，旅游法律行为是比较常见和重要的一种。

2.3.2 法律事实的分类

能够引起旅游法律关系的法律事实按其性质可分为两类，即法律事件和法律行为。

2.3.2.1 法律事件

法律事件是指法律规定的、不以人的意志为转移的能够引起法律关系的产生、变更、消亡的客观事实，如出生、死亡、自然灾害、战争等。在旅游活动中，自然灾害等不可抗力、战争和国家政局的变化都可能引起旅游法律关系的产生、变更和消亡。

2.3.2.2 法律行为

法律行为是指法律所调整的、具有法律意义的行为。是当事人根据个人的意愿形成的一种有意识的活动，它是包含旅游活动在内的所有社会生活中引起法律关系产生、变更、消亡的最经常的事实。法律行为包括积极的法律行为和消极的法律行为。法律行为的成立必须具有下列条件：第一，必须是出于人们自觉的作为和不作为。无意识能力的幼年人、疯癫、白痴，以及一般人在暴力胁迫下的作为和不作为，都不能被视为法律行为。第二，必须是基于当事人的真实意思而具有外部表现的举动，单纯心理上的活动不产生法律上的后果，如虽有犯罪意思而无犯罪行为的，不能视为犯罪，也不能视为法律行为。第三，必须为法律规范所确认、并发生法律上效力的行为。不由法律调整、不发生法律效力的，如通常的社交、恋爱等不是法律行为。旅游法律行为按其内容与形式是否符合法律规定分为合法行为和违法行为。

（1）合法行为

合法行为是指旅游法律关系主体依据法律规定所实施的行为。例如，当事人双方依法签订旅游合同；旅游企业依法按照营业执照规定的范围从事旅游经营活动，按旅游目的地管理单位规定的旅游线路进行参观游览活动等。合法行为引起法律关系产生、变更和终止的情况极为普通。法律规定是检验行为是否合法的唯一标准，是合法行为的本质特征。只有合法行为才能受到国家的保护，也只有合法行为才能产生旅游法律关系主体预期的法律后果。

合法行为可以分为以下几种：

民事法律行为 民事法律行为是指旅游经营企业、旅游者或旅游组织为了实现引发、更改或终止权利义务的目的而发生的行为。例如，旅游者与旅行社签订旅游合同，旅行社向饭店订购客房，旅游者在饭店结账退房等，它们都是合法行为，都受到国家法律的保护。

行政行为 行政行为指国家旅游行政管理机构依法实施行政管理权而发生的法律后果的行为。例如，旅游局对经营管理和服务水平达不到与星级标准相符合的星级饭店进行相应的行政处罚等。

司法行为 司法行为指法院或仲裁机构的调解、仲裁和判决行为。例如，旅游者在旅游活动中的权益受到损害，其接受的服务与合同中约定的标准不符，到旅游质量监督部门投诉，质量监督部门依法对其做出合理裁决。

(2) 违法行为

违法行为是指旅游法律关系主体违反旅游法律法规所实施的行为。例如，在运输过程中，承运方因野蛮装卸，毁坏了旅客的行李物品，便发生了损害赔偿关系的行为。违法行为从性质上也可以分为以下几类：

民事违法 如旅行社不按合同标准为旅游者提供服务，旅游者在旅游活动中无故不配合旅行社工作等。

行政违法 如旅游局对旅行社、饭店或其他旅游企业的不当罚款行为或其他不当的行政处罚行为。

刑事违法 如在旅行游览或旅游经营活动中盗窃公私财产、贪污、盗伐滥伐森林、非法捕猎等。

无论是何种违法行为，都应受到追究，都必须承担相应的法律责任。

2.3.3 旅游法律关系的产生、变更和终止

2.3.3.1 旅游法律关系的产生

旅游法律关系的产生指的是因某种法律事实，使旅游法律关系主体间一定的权利义务关系的形成。例如，合法旅游合同的签订就会在旅游者和旅游经营者之间产生权利义务关系，这种关系受国家法律的保护和监督。

2.3.3.2 旅游法律关系的变更

旅游法律关系的变更指的是因某种法律事实的存在，使已经形成的旅游法律关系主体、客体和内容的改变。由于主体的增加、减少或变化，客体范围或形式的改变，都会引起相应的权利和义务的变化。如旅行社在组织旅游活动时，改变与旅游者约定的旅游线路、交通方式、住宿条件等，则会引起双方权利和义务的变更。同其他法律关系一样，旅游法律关系的变更绝不是随意的，它受到了法律的严格限制。除不可抗力或主体间事先协商取得一致以外，不得随意变更法律关系，否则违约方要承担相应的法律责任。

2.3.3.3 旅游法律关系的终止

旅游法律关系的终止指的是因某种法律事实的存在，旅游法律关系主体间权利义务关系的完全终结。在实践中，旅游法律关系的终止主要表现为各主体权利义务的实现，如旅游合同的圆满履行。

法律关系的产生、变更或终止不是随意的，必须符合两方面的条件：一是抽象的条件，即法律规范的存在，这是法律关系形式、变更与终止的前提和依据；

二是具体的条件，即法律事实的存在，它是法律规范中假定部分所规定的各种情况，一旦这种情况出现，法律规范中有关权利和义务的规定以及有关行为法律后果的规定就发挥作用，从而使一定的法律关系产生、变更或终止。

2.3.4 旅游法律关系的保护

旅游法律关系一经形成，就受国家法律的保护。旅游法律关系的保护是指国家机关监督旅游法律关系的主体正确行使权利、切实履行义务，并对旅游法律关系主体合法权利或不履行法定义务的行为追究法律责任的活动。

2.3.4.1 旅游法律关系的保护机构

国家旅游行政管理机关 国家各级旅游行政管理机关是管理旅游业的政府职能部门，它有权依据旅游法规，在其职责范围内运用奖励或处罚的方法保护旅游法律关系。

相关的国家行政管理机关 主要指工商、公安、税务、卫生、环保、物价、文物、国土、海关等管理部门也可以依法对旅游活动的主体作出奖励或处罚的决定。

司法机关 人民检察院和人民法院根据法律法规的规定，分别对在旅游活动中的违法行为行使检察权和审判权。各级法院还可以对旅游活动中的民事法律行为作出判决。

2.3.4.2 旅游法律关系的保护措施

(1) 行政措施

行政措施主要包括奖励的方法和处罚的方法。对于模范遵守国家法律法规，对旅游业作出显著贡献的，由行政管理机关予以奖励；对于违反国家法律法规的，可以给予处罚。行政处罚的种类有：警告；罚款；没收违法所得、非法财物；责令停产停业；暂扣或者吊销许可证、暂扣或者吊销执照；行政拘留；法律、行政法规规定的其他行政处罚。

(2) 民事措施

根据我国民事法律的规定，判令有过错方停止侵害；排除妨碍；消除危险；返还财产；恢复原状；修理、重做或更换；赔偿损失；支付违约金；消除影响、恢复名誉；赔礼道歉。在旅游法律关系的保护中，判令支付违约金和赔偿金及赔礼道歉是经常采取的措施。

(3) 刑事措施

刑事措施是指对于构成犯罪的依法追究刑事责任。刑事责任主要通过刑罚来实现，是一种严厉的法律关系保护措施。

【课堂讨论题】

1. 社会关系是否就是法律关系？
2. 旅游法律规范本身能否导致旅游法律关系的产生、变更或消灭？为什么？
3. 以亲身经历的或是阅读过的旅游案例为例，说明旅游法律关系的构成要素。

【思考题】

1. 旅游法律关系的概念及特征是什么？

2. 旅游法律关系的构成要素是什么？
3. 法律行为构成的必要条件是什么？
4. 旅游法律关系的保护机构和措施有哪些？
5. 怎样理解法律关系的产生、变更和终止？

【案例分析】

合同不是本人签字是否要负法律责任？

春节前夕，章女士想带全家出国旅游，委托好友李小姐帮她选择旅行社。经过反复的选择，章女士决定参加一家颇有名气的旅行社所组织的出国游活动。并全权委托李小姐操办报名手续、交纳了预付款项和签订了旅游合同等。临近出游期还有5天时，章女士突然接到公司春节加班的通知，出国游只好作罢，于是她又让李小姐办理相关退团手续，然而旅行社提出要她赔偿10%的损失费以及因违约造成的其他相关损失。章女士对10%的损失费勉强接受，但对其他损失无论如何不接受，其理由有：① 旅游质量问题赔偿标准规定只有10%赔偿金，10%的赔偿是包括所有损失，不存在其他损失费用；② 出国游合同不是本人签字因而不负法律责任。要求旅行社退还其余的预付款部分。

请问：旅行社与章女士之间依旅游合同形成的法律关系是否成立？章女士的要求是否会得到法律的支持？

【本章推荐阅读书目】

法理学．姚建宗．中国政法大学出版社，2006.
法理学．张文显．法律出版社，2007.
旅游法教程．韩玉灵．高等教育出版社，2003.

第2篇 旅游主体法律法规制度

第 3 章

旅游消费者法律制度

【本章概要】

本章阐述了旅游者、消费者以及旅游消费者的概念及其特征，旅游消费者的法律地位；根据《中华人民共和国消费者权益保护法》（以下简称《消费者权益保护法》）及相关法律的规定，阐述旅游消费者的合法权益和经营者的义务。从国家、社会、国际的角度对旅游消费者权益的保护作了讲述，对侵害旅游消费者合法权益的法律责任作了分类。

【学习目标】

- 了解旅游者和旅游消费者的概念；
- 掌握国内旅游消费者和外国旅游消费者的法律地位；
- 掌握旅游消费者的权益和旅游经营者的义务；
- 掌握消费者权益保护等相关知识。

【关键性术语】

消费者、旅游者、消费者权益保护法、消费者协会、经营者、消费者权利、经营者义务。

【章首案例】

旅游者的安全权受法律保护

2001 年 7 月 28 日，南开学子张小新及 6 名同学一起到陕西太白山国家级自然保护区游玩，张小新在探险路途中跌下悬崖不幸身亡。其父母为此状告太白山国家级自然保护区管理局，并要求赔偿精神损失费 30 余万元。

法院经审理认为，被告陕西太白山国家级自然保护区管理局开发的生态旅游区报请上级（省林业厅、林业部）审核，并且省物价局对此也作了门票价格的批文，但没有旅游行政部门的审批，属于违法经营。另外，在景区提供的设施方面，景区所开辟的铁甲树旅游线路是自然形成的人行栈道，路上标志不明显，对危险地区未设置护栏、禁行牌，所以景区应对张小新在旅游区所发生的伤亡事故负全部民事责任。法院最终判决景区向张小新的父母赔偿精神抚慰金 4 万元及其他赔偿，共计人民币 72 743 元。

从该案来看，应明确如下问题：首先旅游景区的经营是否合法的；其次，在维护旅游消费者人身、财产安全方面，旅游景区没有履行应尽的哪些义务；第三，作为一名旅游者有哪些权利并如何维护自身的权利。

3.1　旅游消费者的概念及其法律地位

3.1.1　消费者与旅游消费者

3.1.1.1　消费者的概念及其特征

根据《权益保护法》第 2 条的规定，消费者是指为满足生活消费需要而购买、使用商品或者接受服务的人。消费者具有如下法律特征：① 消费者的主体是指个人或单位。个人这里是指公民个人和家庭。作为生活消费的主体进入消费者行列，个人消费不受年龄、性别、民族、职业、财产状况、受教育程度等限制；家庭以满足日常的物质生活和文化生活需要为目的而购买、使用商品或者接受服务，也是消费者。单位是指购买生活消费品供个人使用的单位。② 消费者的消费性质属于生活消费。生活性消费的直接目的是延续和发展人类自身。生活消费包括物质产品消费，诸如购买米面以供食用，购买房屋以供居住；还包括劳动服务消费，诸如参加旅游、欣赏表演等。③ 消费者的消费客体是商品和服务。商品是指市场上买卖的为人们的物质生活和文化生活所需要的物品，包括成品、半成品和原料。服务是指为方便人们日常的物质生活和文化生活而有偿做出的工作或者劳动，包括文化娱乐服务、交通运输服务、旅游服务、餐饮服务等，涉及的范围相当广泛。但商品和服务限于法律允许的范围之列，凡法律禁止购买、使用的商品和禁止接受的服务，不能作为消费客体向消费者提供。④ 消费者的消费对象由经营者提供。经营者以营利为目的向他人提供商品或者服务。消费者为满足其生活需求，通过一定的方式从经营者那里获得商品和服务。⑤ 消费者的消费方式包括购买、使用和接受。购买、使用作为生活消费的方式，相对于商品而言，既有联系又有区别，其目的都是为了满足日常的物质和文化生活需要。购买是人们直接有偿获取商品的手段。使用是人们实际消耗商品的行为和过程。对于同一商品而言，购买者和使用者有时是一致的，有时是相分离的；接受服务是人们直接获得服务的手段，也是利用服务的过程。接受作为生活消费的方式，相对于服务而言，是人们直接地、有偿地获得服务、享用服务并将其实际消耗于生活过程之中的行为。承担服务费用的人，有时是服务的实际享受者，有时则承担服务费用而让他人实际享受。

3.1.1.2　旅游者的概念

随着旅游业的蓬勃发展，参与旅游活动的人越来越多，旅游的种类也越来越多样，什么是“旅游者”这个概念也就越来越复杂。在现代，要想制定一个被世界各国所公认的、在各种情况下都能适用的“旅游者”的概念，已经显得非常困难。下面，从旅游者概念的发展历程来看国际和国内对这个概念的认识。

(1) 国际社会对旅游者概念的界定

“旅游者（tourist）”最早见于 1881 年出版的英文牛津辞典上，意思是“以观光旅游为目的的外来旅客”；1876 年，瑞士的一部字典上出现了一个“The History Tourism”条目，将旅游者解释为是出于一种好奇心，为了得到愉快而进行旅行的人。1876 年出版的《十九世纪通用字典》对旅游者的解释是“人们为享受旅游乐趣、出于好奇而且认为再没有比旅行更好的事了。”

1937年国际联盟专家统计委员会对旅游者作了一个很有影响、较为权威的界定：旅游者就是离开自己所住的国家到另一个国家访问超过24h的人。并列举了5种不能称之为旅游者的人：一是前来某国参加一项工作，或从事任何商业活动的人（不论其是否签有合同）；二是前来某国定居的人；三是寄宿于企业或学校的留学生和青年人；四是住在边境的居民及定居者，越过边界到邻国去工作的人；五是临时过境而因工作逗留的旅行者。据此所确定的旅游者范围包括：① 为了寻求娱乐、消遣或为健康、家庭原因而进行旅行的人；② 参加国际会议的人；③ 为洽谈商业务而旅行的人；④ 海上巡游者（尽管在某地区逗留不超过24h）。

1963年在罗马举行的联合国旅行和旅游会议上，对旅游者概念作了进一步的修改和补充，提出了3种人：① 游客，是指出于任何原因（不包括为从事带有报酬的职业）而访问一个除其居住国以外的人，均可称为国际游客；② 游览者，是指在访问国停留不足24h的人；③ 旅游者，是指在访问国至少逗留24h的人。这就是著名的“1963年罗马概念”。这个概念到1967年，得到了联合国统计委员会召集的专家研究小组的一致认可，并建议世界各国使用。

1989年4月10～14日，各国议会联盟和世界旅游组织在荷兰海牙联合召开“各国议会旅游大会”，会上通过了著名的《海牙旅游宣言》。该宣言对国际旅游者概念作了如下界定：① 拟前往或前住一个与其居住国不同的国家；② 旅游的主要目的是访问或逗留，时间不超过3个月，除非超过3个月的逗留经过允许或得到延期；③ 在所访问的国家中，不得从事任何有薪活动，无论是否受命从事这种活动；④ 在访问或逗留期满后应离开访问的国家，返回居住国或前往另一个国家。凡不属于上述定义中的任何人，特别是以旅游者的身份进入他国从事访问或旅游逗留而设法延长访问或逗留时间，以谋求定居或从事有薪活动的任何人，都不算国际旅游者。

1991年6月25～28日，在加拿大渥太华，WTO（世界旅游组织）召开“旅游统计国际大会”，形成了《旅游统计国际大会建议书》，该建议书对国际旅游和国内旅游普遍使用的概念达成共识：旅游，指的是一个人到他或她的通常环境以外的地方，时间不少于一段指定的阶段，主要目的不是为了在所访问的地区获得经济利益的各种活动。在此基础上形成了旅游消费的核心概念。此后，世界旅游组织根据其于1991年在加拿大渥太华会议发布、1993年3月联合国统计委员会通过的内容，制定了5本技术手册，以帮助各国执行其有关旅游统计的概念、定义和分类的国际标准的建议。其中有关国际旅游消费者的类型划分为4类：

居民 如果一个人在他到另一个国家不满1年以前，在前一个国家生活了至少1年或者延续了12个月，他被认为是这前一个国家的居民。

游客 一个人到他通常居住的国家以外的另一个国家旅行，时间不超过12个月，主要目的不是为了从访问国获得经济利益。

旅游者 一个游客至少在访问国住宿1晚，最多不超过1年，主要目的不是为了从访问国获得经济效益。

一日游游客 一个游客在访问国停留不超过24小时并不过夜，主要目的不是为了从访问国获得经济利益。

国际社会对于旅游者（无论是国际旅游者还是国内旅游者）的界定，有3个共同点：① 离开常驻地到异地；② 一定的时间性；③ 不是为了就业或者其他经济目的而从事旅行游览的人。

（2）我国对旅游者概念的界定

目前，我国尚未通过立法对旅游者的概念做出界定。对旅游者的概念较为公认的表述是：旅游者指离开常驻地到异地，时间不超过1年，进行观光、游览、休闲、度假、探亲、访友或者其他形式旅游活动的人。旅游者的概念有3个特征：①空间的移动性，指离开常住地或者居住地；②一定的时间性，这是为了排除长久的移民活动，也是为了涵盖当日游而不在外过夜的旅游者；③明确的目的性，即为了参加各种旅游活动，这是为了排除因就业或者其他经济目的而离开常住地的人。

对于旅游者概念的表述，学者们分歧的焦点是如何确定外出旅游的停留时间，具体地说是否以24h作为衡量标准。旅游者应当是一个广义的概念，作为旅游者应当具备下列条件：有可支配的收入；一定的闲暇时间；有旅游的动机或者兴趣。三者的关系是：旅游动机决定了旅游者去什么地方旅游，可支配的收入决定了旅游者的支付水平，一定的时间决定了旅游的半径和期限。具备上述条件，参加旅游活动，就应当被确认为是旅游者。如果在时间上必须超过24h，当日游而不在外过夜的人，就不能包含在旅游者的范围之内。

根据我国的具体情况，并不是任何一个暂时离开自己常住地区、到外地逗留了24h的人都是国内旅游者。以下6种人员不属于国内旅游者：到外地巡视指导工作的中央和各省、市地区的领导人员；某地区驻其他地区的办事处工作人员；到外地学习和工作的人员；中央和各省、市地区临时组织并派往外地的工作组、调查组成员；曾支援边疆和三线建设人员；到外地参加劳动和蹲点的人员。

3.1.1.3 旅游消费者

旅游者作为旅游活动的重要主体，从经济学的范畴来说，首先是一名消费者。他们主要是从旅游市场购买、使用旅游商品和接受服务，满足其旅游需求的个体。旅游消费属于生活消费，是满足人们高层次需求，满足人的发展与享受需要的消费，包括人在旅游过程中所获得的物质产品、精神产品以及旅游服务。旅游消费只有在满足了人对衣食住等方面的基本需求、具有了相应的支付能力之后才可能产生。随着社会经济的发展以及人们生活水平的不断提高，基本生存需求在人的全部需要中所占比例将越来越小，满足个人发展和享受需要方面的消费比例会愈来愈大。旅游消费是为了提高人们的文化素质，陶冶情操，发展人的智力与体力，从而达到劳动力内涵扩大再生产的目的。因此，旅游消费者具有消费者的属性，也具有旅游者的属性。

3.1.2 旅游消费者的法律地位

所谓旅游消费者的法律地位，就是指世界旅游组织通过召开旅游国际会议，或国家与国家通过双边、多边会议，以及国家通过法律确认旅游者在旅游活动中的性质、作用、权利和义务。

3.1.2.1 国内旅游者的法律地位

国内旅游者的法律地位是旅游者在旅游活动中所处地位的法律表现。换言之，指旅游消费者享受权利、承担义务以及受法律保护的资格。这个地位决定作为旅游消费者在特定情况下的权利和义务。旅游消费者在法律上的地位由法律规定，而不是靠选择和协议来决定。因此，任何人不得非法剥夺旅游者的合法权益，也不得强迫其接受不合理待遇。

旅游消费具有在生疏的环境、陌生的地域上进行的特点，且旅游商品具有特殊性，旅游经营者在交易中承担的是经济风险，旅游消费者不仅承担经济风险，还要承担生存风险。旅游经营者的利益在旅游消费者交付货币后可以得到即时满足，旅游消费者的利益只有在旅游活动进行中甚至结束后才能实现。在旅游消费活动中，旅游消费者利益的有效实现必须仰仗旅游经营者，因为经营者控制着整个经营信息。这种利益形态的差异、利益满足方式的不同以及旅游消费者对旅游经营者的依赖性，导致了旅游消费者的弱者地位，由此决定旅游消费者需要特殊的法律保护。另一方面，法律地位平等，旅游者与旅游企业之间的权利义务也是对等的，旅游者享受权利，也必然要履行义务，诸如参加旅游活动要付费，应当遵守旅游合同中约定的出发时间等。

3.1.2.2 国际旅游者的法律地位

旅游者离开本国前往他国旅游，是否应当遵守前往国家的法律，这个国家的法律是否保护外国旅游者的权利并限制其不法行为，这些问题是涉及该旅游者法律地位的问题，同时也关系到国际旅游业的发展。

(1) 外国旅游者法律地位的含义

外国旅游者的法律地位一般是指外国旅游者离开本国到别国参与旅游活动，入境、出境，通过别国过境以及到别国旅行游览期间的权利、义务。

确定外国旅游者的法律地位，首先是根据他的外国人身份，其次才考虑他作为旅游者的特定身份。外国旅游者的法律地位适用于国际法规定的外国人法律地位的一般原则。外国人的法律地位，通常由国内法规定，有时也由双边或多边条约规定。

(2) 国家对外国人的管辖权

管辖权，是国家对其领域内的一切人（包括外国旅游者）和物行使主权的表现。国家管辖权有属地管辖权、属人管辖权、保护性管辖权以及普遍性管辖权4种，通常以属地管辖权和属人管辖权为主，保护性管辖权和普遍性管辖权只具辅助的性质。国家对外国人的管辖是根据主权原则派生出来的属地优越权的 部分。按照国际法，所有在一国境内的外国人，除享有外交特权和豁免权之外，都处于所在国管辖之下。无论他们在所在国作短期旅行还是长期居住，他们必须遵守所在国的法律、法规，对他在该国所作的一切负责。而所在国则应对其人身安全和合法权益给予保护。在一国境内的外国人，受着双重管辖。国际旅游者具有特定的法律地位就是指他受两个主权国家的管辖。一方面强调外国人的属地管辖权，外国人的所属国应当尊重所在国的管辖，属人管辖权的行使要受到所在国的属地管辖的限制。另一方面强调外国人的属人管辖权，外国人国籍所属国基于属人优越权对该外国人的管辖，驻在国不能涉及，这是国际法上普遍实行的国际法准则。当二者冲突时，应该通过外交途径、国际条约或双方协商解决。

(3) 外国人待遇的一般原则

国际旅游者在旅行目的地国一般被称为外国人。因此，国际旅游者待遇标准通常遵循国际上外国人待遇的一般原则，但给外国人什么待遇，这是一国的主权，别国无权干涉，除非受双边或多边国际条约约束。当然在制定国内法时，不能与国家承担的国际义务相违背，同时还应考虑国际关系、国际原则及国际惯例。目前各国对外国人的民事权利和法律保护一般有国民待遇、最惠国待遇、互惠待遇和差别待遇等原则。

旅游者是否享有优于一般外国人的待遇，现今国际社会大多趋向于规定旅游者在若干方面享有优待，例如，准许办理签证、简化海关手续、自用车辆不需要申报、互相承认驾照等。一些国家为旅游者设立免税商店，放宽携带外币、商品数额；有些国家采取保护旅游者的专门措施，专门规定外国旅游者事故处理程序，规定为旅游者投保意外险，建立保证金制度、建立小额申诉裁判庭等。但在享有优待的同时，外国旅游消费者又要受到必要的限制：只能前往旅游目的地国；一般不予延长旅游签证；不能在当地谋求职业；团队游客必须集体出入境等。这些都是由旅游者特定身份决定的。

（4）外国旅游者在中国的法律地位

我国给予在境内的外国人（含外国旅游消费者）的待遇，是依据我国所承担的国际义务，参照国际惯例，以国内法的形式加以规定的。外国旅游者在中国的法律地位，具体体现在中国的国内法及中国签署的双边或多边协定等法律文件之中。

《宪法》第32条规定，中华人民共和国保护在中国境内的外国人的合法权利和利益，在中国境内的外国人必须遵守中华人民共和国的法律。据此，我国政府既保护外国旅游者的合法权益，不允许歧视他们，同时也规定外国旅游者不得享有超越法律的特权，外国人在中国从事违法或犯罪活动，要承担法律责任。

《民法通则》第8条规定：本法关于公民的规定，适用于在中华人民共和国境内的外国人、无国籍人，法律另有规定的除外。据此，外国人在民事权利、义务方面享受国民待遇，与我国公民具有同等的法律地位。我国旅游者享有的权利、义务，也适用于外国旅游者。外国旅游消费者在旅游方面的权利、义务也享受国民待遇，但在某些方面，外国旅游者会受到一定的限制。例如，外国旅游者在中国旅游期间享受与中国旅游者一样的票价、车船价以及住宿价，但前往不对外国人开放的地区旅行、考古发掘等要遵守相应的法律限制。

我国《外国人入境出境管理法》，对外国人（含旅游者）在中国的法律地位也作了相应的规定。

3.2 旅游消费者的合法权益和经营者的义务

3.2.1 保护旅游消费者合法权益的主要法律依据

随着对旅游者合法权益保护问题的认识不断提高，各级政府纷纷以各种有力的措施真正落实在行动上。其中最为有效的措施便是法律措施。包括一般法律的保护和旅游行业专门的法律保护。

3.2.1.1 宪法保护

宪法的保护是最根本的保护，是其他一切法律保护的依据。例如，《宪法》规定，中华人民共和国劳动者有休息的权利。国家发展劳动者休养、休息的设施，规定职工的工作时间和休假制度。在这里，休息权应当包括旅游权。《宪法》规定，国家发展休息和休养的设施，据此不能认为中国宪法中没有对旅游者旅游权保护的规定。《宪法》对外国人的规定，中华人民共和国保护中国境内的外国人的合法权利和利益。在中国境内的外国人必须遵守中华人民共和国的法律，这里的“外国人”当然包括外国旅游者，此处所指的合法权利和利益，也自然包括外国旅游者的旅游权。

3.2.1.2 消费者权益保护法的保护

消费者权益保护法，是调整国家在保护消费者权益过程中发生的社会关系的法律规范的总称。消费者权益保护法有其独特的保护对象，即在保护消费者权益过程中所发生的社会关系。可见，《消费者权益保护法》的调整范围既包括消费者，又包括经营者，既包括商品，也包括服务，它是一部以消费者权利为核心的法律。消费者权益保护法的最重要主体是消费者，而保护的核心则是消费者权益。消费者权益保护法从理论上讲有广义和狭义之分。广义的消费者权益保护法，是指所有涉及消费者权益保护的各种法律规范的总和，而狭义的消费者权益保护法，是指国家有关保护消费者权益的专门立法文件，即1993年10月31日第八届全国人大常委会第四次会议通过的《消费者权益保护法》，自1994年1月1日起施行。这是我国第一部保护消费者的法律。旅游者作为广大消费者中的一群特殊消费者，他们的合法权益理所当然地受到该法的保护。我们应从广义上来理解消费者权益保护法。

3.2.1.3 有关旅游消费者合法权益的专门规定

随着旅游业的迅速发展，旅游活动中的问题也日益突出起来。尤其是旅游者合法权益遭到侵害的事件时有发生。为解决这一问题，确保我国旅游业稳步、健康地向前发展，为了保护旅游消费者合法权益，国务院及其旅游主管部门专门制定了旅游法规、部门规章，建立和完善了一批保护旅游消费者合法权益的管理制度。1991年6月1日，中华人民共和国国家旅游局根据我国民法、民事诉讼法、行政诉讼法等法律的有关规定，制定和发布了《旅游投诉暂行规定》，并在第1条中确凿无误地表明它的宗旨是“为了保护旅游者、旅游经营者的合法权益，及时、公正处理旅游投诉，维护国家的声誉”。该法是我国第一部规定旅游投诉和投诉程序的具有行政法规性质的部门规章。此后，相继发布了《旅行社质量保证金暂行规定》《旅行社质量保证金暂行规定实施细则》《旅行社质量保证金赔偿暂行办法》《旅行社质量保证金赔偿试行标准》等，又在组织保证、赔偿来源、依据、标准等方面不断完善投诉制度。

另外，《旅行社质量保证金制度》《旅游安全管理制度》《旅游保险制度》等，这些法律、法规及其管理制度为保护旅游消费者合法权益提供了坚实的基础，也是保护旅游消费者合法权益的重要依据。

3.2.1.4 消费者权益保护法与其他法律、法规的关系

消费者的权利与保护措施，是《消费者权益保护法》的两大核心内容。《消费者权益保护法》在消费者权利问题上起着统帅和核心作用，并以消费者权利为基础完善了有关保护措施，特别是在民事责任制度、消费者寻求保护的途径、国家及社会团体的保护等方面作了专门、系统、有针对性的规定。既体现了该法的

立法基础，也成为该法与其他法律相区别的重要标志。正因为如此，该法处于消费者权利保护的基本法和特别法的地位，在法律的适用上，该法的规定优于其他法律、法规的规定。即：该法及其他法律、法规都有规定的，适用该法；该法及其他法律、法规都有规定，但规定不一致时适用该法；该法未作规定，其他法律、法规有规定的，适用其他法律、法规。

3.2.2 旅游消费者的合法权益

《消费者权益保护法》第7条至第15条规定了消费者的权利，当然这些权利也适合于旅游消费者。

3.2.2.1 旅游者作为一般消费者的基本权利

（1）安全保障权

安全保障权是指旅游消费者在购买、使用商品或者接受服务时，享有人身、财产安全不受侵犯的权益。为保障消费者安全权的实现，消费者有权要求经营者提供的商品和服务，符合保障人身、财产安全的要求。安全保障权包括人身安全权和财产安全权。人身安全权，具体是指生命安全权和健康安全权。例如，某旅游者参加旅游活动，因游乐场所设施不安全导致其死亡，则其生命权受到侵犯；旅游者由于食用不卫生的团餐而引起中毒，则其健康权受到侵犯。财产安全是旅游消费者顺利参加旅游活动的物质基础，也是法律保护的内容。

为保护旅游消费者安全权的实现，旅游经营者提供的商品和服务，应当符合保障旅游消费者人身、财产安全的要求。旅游经营者应当注意：提供的商品或服务应当符合保障人体健康和人身、财产安全的国家标准或者行业标准；对于暂没有标准的，应保证符合人身健康、财产安全的要求；对可能危及人体健康和安全的商品或服务要事先向消费者作出真实和明确的警示，并标明或说明正确使用商品或接受服务的方法；发现提供的商品或服务有严重缺陷，即使消费者采用正确使用方法仍可能导致危害的，应及时告知消费者，并采取切实行动防止危害发生的措施。

（2）知情权

知情权是指旅游者购买、使用商品或接受服务时，享有知悉其所购买使用的商品的真实情况的权利。知情权的内容包括消费者有权要求经营者提供商品的价格、产地、生产者、用途、性能、规模、等级、主要成分、生产日期、有效日期、检验合格证明、使用方法说明书、售后服务或者服务内容、规格、费用等有关情况并有权索要服务单据。

旅游者有权根据商品或者服务的不同情况，要求旅游经营者按照法定的方式表明其相关内容。旅游消费者知情权主要包括：有权要求经营者按照法律、法规规定的方式标明商品或者服务的真实情况，诸如住宿饭店的星级标准、团队餐饮标准等；有权在购买、使用商品或者接受服务时，询问和了解商品或者服务的有关情况；有权知悉商品和服务的真实情况。在旅游活动中，这项权利的内容是指旅游者在接受旅游服务中，旅游经营者负有为旅游者提供相关知识和真实信息的义务，诸如旅游广告的内容应该与提供服务的内容、景点景区的真实情况以及线路实际安排的情况相一致。

(3) 自主选择权

自主选择权是指旅游消费者在购买商品或接受服务时，享有自主选择商品或者服务的权利。例如，旅游者参加旅游对旅游线路的自主选择；购物中对旅游商品的自主选择；旅游活动中对自费旅游项目的自主选择。旅游消费者的自主选择权的内容是：旅游者有权自主选择提供商品或者服务的经营者，例如，旅游者外出旅游可选择A旅行社也可选择B旅行社为其服务；自主选择商品的品种或者服务的方式；自主决定是否购买任何一种商品，接受或者不接受任何一项服务；在选择商品或者接受服务时，有权进行比较、鉴别和挑选。

旅游消费者行使自主选择权应注意：第一，是旅游消费者必须合法行使权利，不得滥用自主选择权，如不得强行要求旅游商店出售仅供陈列的展品。即是要求旅游消费者必须依照法律的规定，遵守社会公德，不侵害国家、集体和他人的合法权益。第二，旅游消费者的自主选择并不排除经营者向消费者进行商品、服务的介绍和推荐。

(4) 公平交易权

公平交易权是指消费者购买商品或者接受服务时享有公平交易的权利。消费者的公平交易权体现在：在购买商品或接受服务时，有权获得质量保障、价格合理、计量准确、公平交易的条件。这些条件符合平等、自愿的条件，有价有偿、诚实信用等市场交易的基本原则；在购买商品或者接受服务时，有权拒绝经营者的强制交易行为。

在旅游消费中，公平交易的核心是旅游消费者以一定的货币可以换得同等价值的旅游商品和服务，这是衡量旅游者的利益是否得到保护的重要标志。此外，衡量交易是否公平，还包括当事人对交易是否出于自愿，有无强制性交易或者歧视性交易。例如，某旅游者参加的自费旅游项目的确是按景点公开牌价付费，但该旅游者之所以付费参加，是以导游员“不参加就甩团”的强制条件为前提的，显然，这种貌似公平交易的消费实际上是不公平的。

(5) 求偿权

求偿权是指旅游消费者因购买、使用商品或者接受服务受到人身、财产损害的，享有依法律或合同规定向旅游企业索赔的权利。如果旅游者获得的赔偿得不到满足，有权在当地寻求可行的法律援助。享有求偿权的主体是因购买、使用商品或接受服务而受到人身、财产损害的人，即受害人，具体包括商品购买者、商品使用者、接受服务者以及第三人。旅游消费者提起求偿的范围，通常应当包括财产损害赔偿和精神损害赔偿，损失不仅有被侵害人的财产减少，还应包括被侵权人可得利益的损失。在我国，财产损失的范围包括直接对财产造成的损失，以及因造成当事人身体上的损害而支出的费用。在直接造成财产损失的情况下，侵权人只需简单弥补旅游者所遭受的损失；造成人身伤害时，须按一定的计算方法承担损失。赔偿损失是求偿权最基本、最常见的实现方式，此外，还包括恢复原状、赔礼道歉、重做、消除影响、恢复名誉等民事责任的承担方式。

(6) 结社权

《消费者权益保护法》第12条规定，消费者的结社权是指“消费者享有依法成立维护自身合法权益的社会团体的权利”。目前，作为保护消费者合法权益的社会团体，主要是中国消费者协会和地方各级消费者协会。它们是依法成立的对商品和服务进行社会监督的保护消费者合法权益的社会团体。

消费者协会，在各级政府支持下履行如下8个方面的职能：向消费者提供消费信息和咨询服务；参与有关行政部门对商品和服务的监督、检查；就有关消费者合法权益的问题，向有关行政部门反映、查询、提出建议；受理消费者的投诉，并对投诉事项进行调查、调解；投诉事项涉及商品和服务质量问题可以提请鉴定部门鉴定，鉴定部门应当告知鉴定结论；就损害消费者合法权益的行为，支持受损害的消费者提起诉讼；对损害消费者合法权益的行为，通过大众传播媒介予以揭露、批评；消费者组织不得从事商品经营和获利性服务，不得以牟利为目的，不得向社会推荐商品和服务。

（7）获取知识权

获取知识权也称接受教育权，指旅游消费者在接受旅游服务中，享有获得与旅游有关的消费知识以及旅游者合法权益保护方面知识的权利。获得有关知识既是知情权、自主选择权等其他权利实现的重要保障，也是旅游消费者的主要权利。

消费知识一般是指有关商品、服务、市场以及消费态度、消费心理等方面的知识。最基本的消费知识应当包括：有关消费态度的知识、有关商品和服务的基础知识、有关市场的基本知识。在旅游消费中，消费知识主要体现在：正确的消费态度；有关旅游目的地的风俗、习惯、禁忌；相关法律、政策；旅游六要素中涉及旅游消费的有关知识等内容。

（8）受尊重权

受尊重权是指消费者在购买、使用商品或接受服务时，享有其人格尊严和民族风俗习惯得到尊重的权利。尊重旅游消费者的人格尊严和民族风俗习惯，是社会文明进步的表现，也是尊重和保障人权的重要内容。

人格尊严表现为姓名权、名誉权、荣誉权、肖像权和人身自由权等。在市场交易过程中，这是公民最起码的权利。《宪法》和《消费者权益保护法》对于人格尊严的权利是没有限制的，对于侵犯消费者人格尊严的行为，可视不同的情况给予法律制裁。

少数民族的风俗习惯大量地表现在饮食、服饰、婚葬、节庆、礼仪、禁忌等方面，在不同程度上反映了各民族的历史传统和心理素质。尊重于少数民族风俗习惯，对于保护不同民族消费者的合法权益、维护各民族团结，具有重要意义。旅游经营者和旅游消费者都应当自觉地尊重这些风俗习惯。

（9）监督权

监督权是指旅游消费者享有对商品和服务以及保护旅游消费者权益工作进行监督的权利。《消费者权益保护法》赋予消费者监督权，其目的在于保护广泛的消费者群体，同时，也有利于经营者提高服务质量，有助于相关国家机关改进工作作风。

监督权可具体分解为4项权能：① 检举权，指旅游消费者有权对旅游行政管理部门及其工作人员在保护旅游消费者权益工作中的违法失职行为和经营者侵犯旅游消费者合法权益的违法行为进行检举和揭发。我国各级旅游行政管理部门为便于旅游消费者实现检举权均设立了投诉电话。② 控告权，指旅游消费者对旅游行政管理部门的工作人员的违法失职行为和经营者的侵权行为，既可向司法机关起诉，也可向行政机关要求处理。③ 批评权，指旅游消费者有权对旅游行政管理部门工作人员工作中的缺点和错误提出批评意见。④ 建议权，指旅游消费者对有关消费者权益保护机构的各项工作，有权提出意见。

3.2.2.2 旅游者特殊的旅游权利

（1）旅游自由权

这是旅游者最基本的权利，是劳动权和休息权的必然延伸。旅游自由权包括旅行自由权和逗留权。对一个国家的国内游客来说，他有权在劳动之余、闲暇时间享受本国的自然风光、名胜古迹、旅游设施带给他的美感和舒适，从而提高精神生活质量。在不违背有关法律规定和履行了必要的手续的前提下，可以根据自己的意愿前往各地旅行，其旅行方式、时间和地点均不受任何不合理的干预。逗留权是指旅游者有权在旅游目的地合法停留，其逗留时间、逗留方式等不受不合理的限制。对于外国旅游者来讲，根据有关国际法原则，他可以在履行一定手续的前提下，自由出入旅游目的地国国境，不因种族、肤色、国籍、宗教等方面原因而受歧视。

（2）医疗、求助权

旅游者在旅游过程中如发生疾病、受伤等，有权享受旅游目的地医疗机构提供的服务。旅游者在旅游期间遇到困难时，有请求获得帮助的权利。在旅游者和当地居民之间，本国旅游者和外国旅游者之间，不应有歧视性差别待遇。

（3）残疾人的旅游权

由于残疾人的生理缺陷，他们在享用旅游权时会出现某些特殊的困难。因此，需要法律上作出特别规定，要求有关旅游企业为残疾人顺利地享受旅游权采取特别措施，比如，改建现有的旅游设施，创造新的旅游设施，增添“特殊设备”和“必要条件”等。目前，不少国家专门有残疾人权益保护法，国际社会也在作出努力，制定一些共同遵守的原则或规则，要求各国采用，切实保障残疾人的旅游权。

另外，在旅游者权益保护法规中，尽管旅游者通常是以权利主体的身份出现的，但是，这并不等于说旅游者只享有权利，不承担任何义务。旅游者作为消费者在大多数情况下，既是权利主体，同时又是义务主体，不可能无偿取得旅游商品和服务，也不可能不受任何约束，为所欲为，还必须在旅游活动中履行相应的义务。如按约定支付费用的义务；遵守有关法律、法规和规章的义务；保护旅游资源和爱护旅游经营单位财物的义务；尊重旅游地民族习惯的义务和不侵害他人人身、财产权利的义务等。

3.2.3 旅游业经营者的义务

经营者的义务是经营者在经营活动中应履行的责任，即经营者依法必须作出一定行为或者抑制自己的某种行为。经营者的义务与消费者的权利相对应，消费者权利的实现在一定程度上是通过经营者履行义务来实现的。《消费者权益保护法》第16条至第25条规定了经营者必须履行的义务。

（1）依法或依约定履行义务

经营者向消费者提供的商品或者服务，应当依照《中华人民共和国产品质量法》（以下简称《产品质量法》）和其他有关法律、法规的规定履行义务，经营者和消费者有约定的，应当按照约定履行义务，约定不得违背法律、法规的规定。按《产品质量法》的规定，生产、销售者应保证产品质量，维护消费者的合法权益。并接受国家质量监督部门的监督。生产、销售者对因提供伪劣产品造成消费者人身伤亡、财产损失的要承担经济和法律责任。这里指的其他法律、法规主要是指《价格法》《计量法》《食品卫生法》《商标法》《广告管理条例》《环境保护法》《民航法》《铁路法》《公路法》等。经营者与消费者签订协议（合同）的，应按照合同规定履行义务，其法律依据是《民法通则》和《合同法》。

（2）听取意见和接受监督的义务

经营者应当听取消费者对其提供的商品或服务的意见。这一义务对应于消费者的监督权，有听取意见和接受监督的义务，包括以下两层含义：经营者要通过有效途径或方式接受消费者的批评和建议，诸如设立专门机构在职人员收集、听取消费者的批评和建议，与消费者对话等，对消费者的合理要求，要予以充分的满足；把向消费者提供商品服务的活动置于消费者及新闻媒体的有效监督之下。实践中，一些旅行社通过问卷调查了解领队人员、导游员的服务情况，通过回访了解对旅游线路的意见，通过随团实地了解旅游活动的安排，都是主动接受监督的表现。

（3）保障人身和财产安全的义务

经营者应当保证提供的商品或者服务符合保障人身、财产安全的要求。保障人身和财产安全的义务有以下四层含义：

● 提供的商品和服务应当符合国家标准或者行业标准，国家标准和行业标准是国家强制性标准，必须遵守，否则应当承担相应的责任。例如导游人员提供服务应当符合国家制定的导游服务标准等。

● 对于暂时没有标准的，应保证符合人身健康、财产安全的要求。例如，下榻某饭店的游客因使用饭店提供的没有任何防滑处理的拖鞋摔伤，可以要求饭店赔偿。

● 经营者向消费者提供的商品或服务必须符合保障人身、财产安全的要求，对可能危及人身、财产安全的商品和服务，应当向消费者做出真实的说明和明确的警示，并说明和标明正确使用商品或者接受服务的方法以及防止危害发生的方法。

● 商品或者服务存在危及人身、财产安全的隐患，即不符合同家或行业规定的安全标准，对于正确使用商品或者接受服务，仍可能对人身、财产安全造成危险的，必须立即采取果断措施，防止和阻止危险的发生，尽可能地减少消费者的损失。同时，要向有关行政管理部门、行业主管部门、技术监督部门如实报告，请求采取措施，防止危险发生，并迅速有效地通知消费者。

（4）提供商品或服务的真实信息的义务

经营者应当向消费者提供有关商品或者服务的真实信息，不得作引人误解的虚假宣传。经营者对消费者就其提供商品或者服务的质量和使用方法等问题提出的询问，应当作出真实明确的答复。商店提供的商品应当明码标价。提供商品或服务的真实信息的义务有以下三层含义：不作引人误解的虚假宣传；对消费者提出的有关商品或者服务质量、使用方法等问题做出真实、明确的答复；提供商品应明码标价。

（5）标明真实名称和标记的义务

经营者应当标明其真实名称和标记；租赁他人柜台或场地的经营者，应当标明其真实名称。标明真实名称和标记的义务有以下两层含义：经营者、租赁他人柜台或营业场所的经营者，应当如实标明企业名称和营业标记；只能使用自己真实的企业名称或营业标记，不得使用未经核准登记的企业名称，不准擅自改动使用经核准登记的企业名称，不准假冒他人企业名称和他人持有的营业标记，不准仿冒或使用与他人企业名称或营业标记相似、足以造成消费者误认的企业名称或营业标记。

(6) 出具相应的凭证和单据的义务

经营者提供商品或者服务，应当按照国家有关规定或者商业惯例向消费者出具购货凭证或者服务单据；消费者索要购货凭证或者服务单据时，经营者必须出具。经营者向消费者出具购货凭证或服务单据，具有重要的意义。购货凭证或者服务单据是证明经营者与消费者之间履行合同的凭证，是双方权利、义务记载的证明和排解纠纷的基本依据。

(7) 保证商品或服务质量的义务

经营者应当保证在正常使用商品或者接受服务的情况下，其提供的商品或者服务应当具有的质量、性能、用途和有效期限，但消费者在购买该商品或者接受该服务前已经知道其存在瑕疵的除外。经营者以广告、产品说明、实物样品或者其他方式表明商品或者服务的质量状况应当保证其提供的商品或者服务的实际质量与标明的质量状况相同。

(8) 承担“三包”和其他责任的义务

承担“三包”和其他责任的义务要求经营者按规定或约定对商品承担包修、包换、包退的责任或其他责任；根据不同的服务特点，按照有关国家规定或约定对其提供的服务承担责任；不得故意拖延或无理拒绝履行有关义务。

关于规定或约定经营者承担其他责任的问题，视各种不同的具体情况，按《民法通则》的规定，分别承担违约责任、侵权责任和不履行其他义务的责任。

(9) 保证交易活动公平合理的义务

经营者应该自觉履行合同义务，按合同约定的期限、路线、航班、车次和标准提供交通工具、住宿、接送、导游讲解、商品选购、娱乐服务等。不得在合同中规避义务，违反公平条款；不得以格式合同、通知、声明、店堂告示等方式做出对消费者不公平、不合理的规定，限制旅游者权利；不得减轻、免除其损害旅游者合法权益应承担的民事责任；格式合同、通知、声明、店堂告示等含有前款所列内容的，其内容无效。

(10) 尊重消费者的人身权利的义务

尊重消费者的人身权利的义务有以下三层含义：① 不得对消费者进行侮辱、诽谤。对消费者进行侮辱、诽谤，是指经营者自己或利用他人，散布捏造虚假事实，侮辱、诋毁消费者的人格尊严。② 不得搜查消费者的身体及其携带的物品。搜查消费者的身体及其携带物品，是指经营者由于缺乏对商品安全保护的措施，以商品丢失为名，无根据地搜查消费者身体及其携带物品。这是严重的侵权行为。③ 不得侵犯消费者的人身自由。侵犯消费者人身自由是指经营者商业道德水平低下，对消费者实行“强卖”，不如销售者意愿就辱骂或殴打消费者甚至滞留消费者，严重侵犯消费者人身自由及合法权益，破坏正常的工作生活秩序。

3.3 旅游消费者权益的保护

3.3.1 国家对旅游消费者权益的保护

保护消费者合法权益是国家应尽的职责，国家由立法机关、行政机关、司法机关通过采取相应措施来实现。

（1）国家对消费者合法权益的立法保护

完善的法律、法规、政策体系是国家保护消费者合法权益的基础和依据。国家对消费者合法权益的立法保护表现在：第一，法律规定国家采取立法措施保护消费者合法权益；第二，国家制定有关消费者权益的法律、法规和政策时，应当根据不同情况，通过不同方式听取消费者的意见和要求。我国旅游业发展20多年来，颁布了一批保护旅游者合法权益的法律、法规，建立了诸如旅行社质量保证金制度、旅行社责任险制度、旅游安全制度等在内的法规制度，为保护旅游者合法权益提供了法律依据。

（2）国家对消费者权益的行政保护

国家行政机关按照法定职权，通过行政执法活动，监督管理商品生产经营者或服务者的活动，保护消费者的合法权益。

工商行政管理机关对消费者合法权益的保护，主要是在其职权范围内通过各种管理手段来实现。它不受行业范围和地域的限制，也不受单一职能的局限，因而是一个很有力的保护消费者合法权益的机构。工商行政管理机关对消费者合法权益的保护的主要措施有：通过企业登记管理，控制不具备生产经营合格产品条件的企业的登记开业；通过商标管理，制裁粗制滥造、以次充好、欺骗消费者的商标使用者，对生产和经销假冒伪劣商品的行为予以严惩；通过广告管理，处罚利用广告作虚假商品和服务宣传，欺骗消费者的行为；通过市场管理，督促商品生产经营者依法活动，遵守商业道德，惩处违法行为，保护消费者合法权益，维护正常的社会经济秩序。

卫生管理机关通过对食品卫生的监督、检验和技术指导，监督食品生产经营人员的健康检查，宣传食品卫生知识；进行现场检查、巡回监督，调查食品中毒和食品污染事故，查处违反《食品卫生法》的行为，以保证消费者购买的商品和接受的服务健康、卫生、无毒无害。

计量管理机关通过计量监督，禁止、查处商品生产者、经营者破坏计量器具的准确度，使用短斤缺两的计量器具，坑害消费者的违法行为。

物价管理机关主要是制止和查处违反国家物价管理规定，在价格、收费等方面坑害消费者的违法行为。

（3）国家对消费者权益的司法保护

人民法院作为国家审判机关，对消费者合法权益的保护是通过其审判活动来实现的。对于损害消费者合法权益的行为，受害人均可以向人民法院起诉，请求法律保护，人民法院应当采取有效措施，方便消费者起诉；对于符合《中华人民共和国民事诉讼法》条件的，人民法院应立案受理，及时审理，作出公正判决。对拒不执行法院判决的授权人，人民法院可以采取强制措施予以执行，使消费者的合法权益得到保护。

3.3.2 社会对旅游消费者权益的保护

（1）旅游者本人应重视自己合法权益的保护

实际生活中大量存在的现象是：旅游者本人日常不重视自己合法权益的保护，甚至不知道自己有哪些合法权益。这样的事情不乏其例。例如：某些旅游者报名参加了某旅游社的旅游活动，旅行社违反约定，擅自改变旅游路线或取消部分项目或以价值低的项目取代价值高的项目。其目的本来是赚取不义之财，但却对旅游者施以花言巧语，极尽欺诈蒙骗之能事，而旅游者反而对旅行社的"新安排"表示理解，甚至满意。因此，要做一个合格的旅游者，要真正从旅游中得到应有的享受，必须具备起码的旅游知识，懂得自我保护，了解自己在旅游中应有哪些合法权益，学会在不同情况下采用不同的手段保护自己的合法权益。

（2）旅游企业也必须重视旅游者合法权益的保护

旅游者合法权益的保护问题，对旅游企业的重要性体现在两方面：其一，保护旅游者合法权益是旅游企业重要的法律义务。双方根据平等自愿等价有偿的原则缔结旅游服务合同。旅游企业一方面有权收取服务费，另一方面有义务向旅游者提供各种旅游服务。它们应切实履行旅游合同规定的各项内容，使旅游者的合同权利得以充分实现。其二，有效地保护旅游者合法权益就能够为旅游企业带来源源不断的客源。企业只有从消费者的需求和利益出发，以一切可能的手段满足其愿望和要求，才能赢得他们的信任和光顾，从而保证企业的经济效益。

（3）消费者组织对旅游消费者权益的保护

消费者协会和其他消费者组织，是依法成立的对商品和服务进行社会监督的保护消费者合法权益的社会团体。全国有成立于1984年12月26日的中国消费者协会，地方也成立有相应的消费者协会。消费者协会在反映消费者的呼声，接受消费者的投诉，支持向人民法院起诉，会同有关行政部门实实在在地帮助消费者解决困难，切实维护消费者合法权益方面发挥着重要的作用。

维护消费者合法权益是消费者组织的宗旨，法律通过赋予其职能来实现消费者权利的保护。为保证消费者组织的公正性和独立性，发挥其应有的主要作用，很好地担当起法律赋予的重任，《消费者权益保护法》对消费者组织作了以下禁止性规定：消费者组织不得从事商品经营和营利性服务活动。这是由其社会团体的性质决定的。若允许消费者协会从事经营活动，则它本身就成为与消费者利益相对立的经营者，难免会受利益驱动而损害消费者的利益；消费者组织不得以牟利为目的向社会推荐商品和服务。向社会推荐商品和服务，是消费者组织的一项工作职能，但是消费者组织的推荐活动不得带有任何的商业色彩，即不得以牟取利润为目的。

3.3.3 侵害旅游消费者权益的法律责任

《消费者权益保护法》用专章规定了侵害消费者合法权益应承担的各项法律责任。根据侵害方式和程度的不同，一般将法律责任分为民事责任、行政责任和刑事责任3种类型。

（1）侵害消费者合法权益应承担的民事责任

经营者损害消费者权益行为的民事责任。经营者和消费者同为平等的民事主体，在经营过程中，因为经营者的服务不符合约定，或者经营者的行为侵害了消费者的人身、财产权利，经营者因此向消费者承担的责任即为民事责任。对于民事责任的承担，可以适用《民法通则》《合同法》等法律的规定。《消费者权益保护法》对经营者所承担的民事责任，作了更为具体的规定。

● 经营者提供商品或者服务有下列情形之一的，应当按照《产品质量法》等规定承担民事责任。商品存在缺陷的；不具备商品应当具备的使用性能而出售时未作说明的；不符合在商品或其包装上注明采用的商品标准的；不符合商品说明、实物样品等方式表明质量状况的；生产国家明令淘汰的商品或销售失效、变质的商品的；销售的商品数量不足的；服务的内容和费用违反约定的；对消费者提出的修理、重做、更换、退货、补足商品数量、退还货款和服务费用或者赔偿损失的要求，故意拖延或者无理拒绝的；法律、法规规定的其他损害消费者权益的情形。

● 致人伤亡的民事责任。经营者提供商品或者服务，造成消费者或者其他受害人人身伤害的，应当支付医疗费、治疗期间的护理费、因误工减少的收入等费用。造成残疾的，还应当支付残疾者生活自助用具费、生活补助费、残疾赔偿金，以及由其扶养的人所必需的生活费等费用。经营者提供商品或者服务，造成消费者或者其他受害人死亡的，应当支付丧葬费、死亡赔偿金，以及由死者生前扶养的人所必需的生活费等费用。

● 侵犯消费者其他人身权利的民事责任。经营者对消费者进行侮辱、诽谤、搜查消费者的身体及其携带的物品、侵犯消费者的人格尊严、人身自由的，应当停止侵害、恢复名誉、消除影响、赔礼道歉，并赔偿损失。

● 造成财产损害的民事责任。经营者提供商品或者服务，造成消费者财产损害的，应当按照消费者的要求，以修理、重做、更换、退货、补足商品数量、退还货款和服务费用或者赔偿损失等方式承担民事责任。消费者与经营者另有约定的，按照约定履行。

● 违反约定的民事责任。对国家规定或者经营者与消费者约定包修、包换、包退的商品，经营者应当负责修理、更换或者退货。在保修期内两次修理仍不能正常使用的，经营者应当负责更换或者退货。对包修、包换、包退的大件商品，消费者要求经营者修理、更换、退货的，经营者应当承担运输等合理费用。经营者以邮购方式提供商品的，应当按照约定提供。未按约定提供的，应当按照消费者的要求履行约定或者退回货款，并应当承担消费者必须支付的合理费用。经约定以预收款方式提供商品或者服务的，应当按照约定提供。未按照约定提供的，应当按照消费者的要求履行约定或者退回预付款，并应当承担预付款的利息、消费者必须支付的合理费用。

● 欺诈行为的民事责任。经营者提供商品或者服务有欺诈行为的，应当按照消费者的要求增加赔偿其受到的损失，增加赔偿的金额为消费者购买商品的价款或者接受服务的费用的一倍。

（2）侵害消费者合法权益应承担的行政责任

行政责任是指当事人违反行政法规所应承担的法律后果。当事人违反行政法规，不履行有关义务，就会受到国家行政机关行政处罚。《消费者权益保护法》对经营者违反《产品质量法》和其他有关法律、法规，造成消费者损害的，引起违法经营的行为，违反了有关行业管理的规定，行政机关可以在自身职权的范围内，根据法律的有关规定，追究经营者的行政责任。

工商行政管理机关、质量监督机关、旅游行政管理机关等是对旅游经营者行使管理权的行政机关，根据法律规定，对经营者的违法经营行为可以责令改正、警告、没收违法所得、罚款、责令停业整顿、吊销经营许可证以及营业执照。

（3）侵害消费者合法权益应承担的刑事责任

刑事责任是指当事人违反刑法，构成犯罪所应承担的法律后果。刑事责任是各种法律责任中最严厉的一种责任。它只适用于行为严重违法，依法应当受到刑法处罚的犯罪分子。为更有效地保护消费者的合法权益，对于那些侵害消费者权益、造成严重后果的经营者或其他有关责任人，必须追究其刑事责任。为此，《消费者权益保护法》规定，在下列情况下，应当追究有关责任人的刑事责任：经营者提供的商品或者服务，造成消费者或者其他受害人人身伤害或死亡，构成犯罪的，依法追究刑事责任；以暴力、威胁等方法阻碍有关行政部门工作人员依法执行任务的，依法追究刑事责任；国家机关工作人员玩忽职守或者包庇经营者侵害消费者合法权益的行为，由其所在单位或者上级机关给予行政处分；情节严重，构成犯罪的，依法追究刑事责任。

3.3.4 旅游消费者权益的国际保护

鉴于旅游是一项跨越国界的综合性社会活动，旅游业发展的客观规律在各国各地都是一样的，整个国际社会也必须重视对旅游者合法权益保护问题。从旅游者主观愿望看，他希望在所到各国各地都得到大致相同的待遇，希望他在旅游国的各项合法权益都得到充分有效的保护。但是出于各国旅游业发展历史、发展模式和所追求的主要目标不尽相同，各国经济发展水平、文化传统、价值观念、法制状况各不相同，因此在旅游者合法权益保护问题上又很难完全相同，甚至大相径庭。若听之任之，显然与旅游者的愿望不相吻合，这对全球旅游事业的发展会产生不利影响。因此，国际社会，特别是旅游利害关系最为密切的国家之间和有关国际组织，要对旅游者合法权益在全球范围内得到合理保护问题给予足够重视。采取合理措施、协调各国在此问题上的立场、观点、法律、政策，促使有关方面通过双边或多边国际条约的形式或有约束力的组织决议，主动承担国际义务，切实保护旅游者合法权益（有关内容见第19章）。

【课堂讨论题】

以亲身经历或者从报纸、电视等新闻媒体上收集的有关侵犯旅游消费者合法权益案例，讨论在旅游过程中旅游者应如何维护自身的合法权益？经营者应如何履行相应的义务？

【思考题】

1. 如何理解旅游者、消费者的概念？
2. 如何理解旅游消费者的法律地位？
3. 根据《消费者权益保护法》，消费者享有哪些权利？经营者应承担哪些义务？
4. 保护旅游消费者合法权益的主要法律依据是什么？
5. 如何保障旅游消费者实现其合法权益？
6. 国家和全社会如何实现对旅游消费者合法权益的保护？

【案例分析】

欺诈游客无理　双倍赔付有据

张某在某报纸上见到某旅行社新推出的一条旅游线路广告。该广告称，这条线路在目前同类旅游线路中价格最便宜、项目最齐全。张某又来到该旅行社，仔细阅读了该旅游线路的介绍说明书，内容与广告上的完全一致。于是，张某当场交付了此线路的旅游费用，并按时参加了该旅行社组织的旅游活动。可是在旅游过程中，张某发现实际情况与广告和说明书并不相符，有许多景点根本没有游览。因此，张某要求退还部分费用，但旅行社拒绝退款。张某遂向法院起诉，要求旅行社退款。

请问：

1. 本案例中，该旅行社侵犯了张某何种权利？
2. 法院依据何法对旅行社进行处罚，对张某会更有利？

【本章推荐阅读书目】

旅游法教程. 韩玉灵. 高等教育出版社，2003.

政策与法规. 国家旅游局人事劳动教育司. 旅游教育出版社，2006.

旅游法规教程. 韩寿祥. 中国商业出版社，2002.

第 4 章

旅游企业法律制度

【本章概要】

主要讲述了旅游企业的概念，旅游企业的分类，旅游企业法的基本内容；什么是公司，公司有哪些特点和分类；有限责任公司和股份有限公司的概念、特征，有限责任公司和股份有限公司的区别，二者设立条件和程序、组织机构等。另外，还对有限责任公司的两种特殊情况，即一人有限责任公司和国有独资公司作了简要说明。

【学习目标】

- 了解企业的概念，旅游企业的概念；
- 熟悉旅游企业法的基本内容；
- 了解公司的概念、特点及其分类；
- 掌握公司法对有限责任公司和股份有限公司的基本规定；
- 掌握有限责任公司和股份有限公司各自的特征；
- 了解公司法对一人有限责任公司的和国有独资公司的一般规定。

【关键性术语】

企业、旅游企业、有限责任公司、公司、上市公司、股份有限公司、股票。

【章首案例】

擅自使用公司名称应承担何种法律责任？

张某与李某合伙在县城郊区开办了一家榨油厂，半年下来获利可观，次年便以10万元注册资金到工商管理机关以“兴业榨油厂”名称申请了工商登记，并取得了营业执照。2002年10月，张某与李某在未经批准登记的情况下，将原厂牌换成“某省兴业油业股份有限公司”的牌子，并以便于经营为由分别以“公司”董事长和总经理名义印制精美的名片，从事收购油桐籽、榨油和销售一条龙服务。2003年2月，他们收下了外省一企业2万元定金后，由于行情变化未能按时交货，被对方告上法庭。法庭在审理中发现，他们的企业不具备公司法人的条件，未经工商登记，实为两人合伙的非法人企业。法院在判令他们承担违约责任的同时，依法向工商机关提出司法建议。当地工商机关经调查，发现张某、李某冒用股份有限公司名称，便作出责令其改正，罚款1万元的处罚决定。他们在接到处罚决定书后，不禁傻了眼：政府不是鼓励发展股份制企业吗？我们有《营业执照》，开个股份制公司犯什么法？

请问：我国公司法所确认的公司含义如何？如何理解公司的本质特征？有限责任公司、股份有限公司等公司名称是否可以随意使用？擅自使用公司名称应承担何种法律责任？

4.1 旅游企业法概述

4.1.1 企业与旅游企业

4.1.1.1 企业的概念和特征

企业一词是由日本传入中国，是从日语翻译来的词语，而日语中的词语又源于英语中的“enterprise”，原意是指企图冒险从事某项事业，且具有持续经营的意思，后来引申为经营组织或经营体。我国学者一般认为企业是指依法成立的、以营利为目的、利用各种生产要素提供服务的自主经营、自负盈亏的经济实体。企业作为一种经济组织形态，是社会生产力和商品经济发展到一定阶段的产物。现代企业有多种不同的类型，有的是从事物质资料生产的企业，如制造业、与采掘相关的企业；有的是从事商品流通的企业，如商业、贸易企业；有的是从事金融和保险业务的企业，如银行、保险公司；还有许多从事信息、咨询和劳务服务的企业，如旅游企业等。企业是市场经济的基本单位，具有以下特征：

企业必须依法设立 即企业应当依照法律、法规规定的条件和程序设立并取得权利能力和行为能力。

企业是一种社会经济组织 这一特征表现了企业的经济性和组织性。经济性是指它是经济领域内的一种组织，是国民经济体系中的基层组织和经济细胞，从事的是生产经营的经济活动，追求的是经济效益。企业主是以营利为目的，作为从事经营性生产、流通或服务的主体，企业参与市场竞争的目的在于获取利润，这是企业和国家机关、事业单位、社会团体等组织之间的最大区别；组织性是指它是依照法定程序组成的组织体，是经济管理、技术工艺、生产经营上统一的组织体。企业有自己的组织机构。企业作为组织，其组织机构以及有关工作人员对内进行企业决策，对外代表企业，其行为由企业来承担责任。

企业是从事商品生产经营活动的经济组织 这一特征表现了它的商品性和经营管理性。商品性是指它是商品生产、经营单位，是市场经济的组织；经营管理性是指其经济活动的性质，由此而产生的经济关系，便成为法律调整的对象。企业所从事的活动主要是经济活动，即从事生产经营或服务性活动。它包括从事物质资料的生产、经营活动，也包括适应生产及生活需要的服务性活动。

企业具有独立或相对独立的法律人格 这是对企业法律地位的概括。不同类型的企业，其法律地位各不相同。公司企业具有独立的法律人格，表现在公司的财产、债务责任与股东的财产、债务责任完全分开。个人独资企业、合伙企业属自然人企业，不具有法人资格，企业的财产与企业主、合伙人的财产不完全分离，企业主对企业债务承担无限责任，合伙人对企业债务承担连带无限责任。然而，非法人企业，法律仍赋予其一定的主体资格，企业可以以自己的名义签订合同，对外进行经营活动，可以以自己的名义起诉、应诉，在财产和责任上也表现为相对的独立性。

4.1.1.2　旅游企业的概念和特征

旅游企业，是指以旅游资源为依托，以有形的空间设备、产品和无形的服务效用为凭借，从事旅游生产、经营或服务业务，为旅游者提供观赏和愉悦性的产品和经历，依法设立的自主经营、自负盈亏、独立核算的经济组织。旅游企业无论其存在形态如何，其经营内容都是为旅游者提供旅游服务；旅游企业除了受一般通用性法律制约之外，还要受专门旅游法律法规制约。旅游企业和其他有关主体之间的法律关系都与旅游活动密切相关。旅游企业除具有上述一般企业的主要特征外，还具有区别于其他各类企业的特征：

对基础设施和环境的依赖性及其发展的适当超前性　旅游企业主要是利用旅游资源和设施设备的功能、空间和其他产业所提供的产品为旅游者提供服务。根据产业关联理论划分，旅游产业符合最终需求型产业（又称下游产业）的特征。它在生产过程中显著地依赖其他产业的产品作为中间投入的生产要素，与先行产业的产业关联性较强，旅游业的发展会拉动其先行产业相关部门的发展，因此，一个地区的基础设施建设、市政工程配套、资源环境、设备物资配置、旅游者所需各种生活用品的生产和供应，以及水电能源消耗等，对该地区旅游企业的发展具有重要影响。同时，由于旅游业在促进国际经济、文化和科技的交流，吸收外汇，拉动内需，积累资金等方面的突出作用，旅游企业又可以适当超前发展。其超前的程度取决于国民经济的承受能力、外汇偿还能力以及客源增长速度，不能盲目建设。

旅游企业经营的敏感性　由于旅游活动本身受国内外政治、经济、文化、外交以及汇率变动、恐怖事件、自然灾害、疾病流行等多种因素的影响，旅游企业经营活动往往具有较强的敏感性。这需要旅游企业准确把握宏观环境、预测相关地区经济发展趋势，更多地关注各种危机事件发生的可能性，不断提高企业的抗风险能力，同时对旅游业的发展应保持充分的信心。

旅游企业经营的关联性和竞争性　旅游企业是以客人的旅行游览活动为主线提供服务的，在客源市场上，旅游企业间的经营具有较强的关联性，需要旅游企业间的有效合作，不同的旅游企业在旅游活动的不同环节为客人提供不同的服务。如旅行社负责组织客源，旅游交通公司提供运输服务，饭店则提供住宿服务，餐馆、旅游商店及其他企业提供各种相关配套服务。另一方面，出于一定时期旅游客源市场的有限性和旅游企业设施设备的不可储存性，旅游企业间的经营也会形成激烈的竞争关系，尤其是同一个地区相同类型的旅游企业。旅游企业经营的这种特点，一方面要求国家和地区的旅游企业相互配套，合理安排；另一方面也要求旅游企业注重市场需求及其变化，多方开发市场，加强旅游企业之间的联系，正确处理好联合和竞争的关系，以促进旅游企业的健康有序发展。

先进设备和劳务服务并存，工艺技术性较强　旅游企业是为游客提供享受服务的企业，因而大多具有先进的设施设备。但先进设施不能完全取代手工操作和劳务活动，必须与劳务活动融为一体，才能相得益彰。如饭店室内装饰艺术、烹调艺术、导游艺术等，都要靠劳务服务来完成。另外，一些景区、景点必须保留古老的设施和原始的手工操作，才具有民族特色，才能吸引旅游者，这也是对自然文化遗产的保护。在设施、设备基本完善的条件下，企业员工的工艺技术水平和劳务服务质量，直接影响着旅游企业产品质量的好坏。

4.1.2 旅游企业的种类

为旅游者提供的完整的旅游产品包括吃、住、行、游、购、娱6个方面，因此涉及到的旅游企业就十分广泛，为了研究方便，我们可以用不同标准对旅游企业进行分类。

(1) 按出资人所承担的责任不同分

按出资人所承担的责任不同，可以将旅游企业分为公司、合伙企业和独资企业。在现代旅游业经营中，多数旅游企业采取公司这一企业组织形式。

独资企业 是指依照《独资企业法》在中国境内设立，由一个自然人投资，财产为投资人个人所有，投资人以其个人财产对企业债务承担无限责任的经营实体。

合伙企业 是指依照《合伙企业法》在中国境内设立的由各合伙人订立合伙协议，共同出资、合伙经营、共享收益、共担风险，并对合伙企业债务承担无限连带责任的营利性组织。

公司 是指一般以营利为目的，从事商业经营活动或某些目的而成立的组织。根据现行公司法规定，其主要形式为有限责任公司和股份有限公司。两类公司均为法人，投资者可受到有限责任保护。

(2) 按旅游企业之间的业务分工不同分

按旅游企业之间的业务分工，可以将旅游企业分为旅游批发商、旅游零售商和旅游代理商。这是对旅行社业务的重要分类形式。

旅游批发商 是一些从事批发业务的旅行社或旅游公司，是连接生产者和零售商或者最终消费者的桥梁和纽带。

旅游零售商 是指直接面向广大的旅游消费者从事旅游产品的零售业务，它与旅游消费者联系最为紧密。

旅游代理商 是指那些只接受旅游产品生产者或供应者的委托，在一定区域内代理销售其产品的旅游中间商，它通过与买卖双方的洽谈，促使产品的买卖活动得以实现，但从中并不取得产品的所有权或者使用权。

(3) 按从事旅游接待服务的程度不同分

依据从事旅游接待服务的程度，可分为直接旅游企业、辅助旅游企业和开发性组织等三类。

直接旅游企业 按旅游企业提供服务的内容，又可以将直接旅游企业分为旅行社、以饭店为代表的住宿业、交通运输企业、景区与景点经营企业、餐饮企业、文化娱乐企业等。为旅游者提供综合服务的各经济部门中，起骨干作用的是旅行社、交通和以饭店为代表的住宿业，它们是现代旅游业的三大支柱。

辅助旅游企业 包括管理公司、服务公司、影视公司、出版单位、通信设施以及食品、卫生等生活服务部门和行业。

开发性组织 包括相关的政府机构、旅游院校、旅游科研机构等。

(4) 按旅游企业的投资主体不同分

根据《中国旅游统计年鉴》的标准，旅游企业可以分为国有、集体、私营、联营、有限责任、股份合作、股份有限、其他内资、外商投资、港澳台投资等多种。改革开放以来，旅游企业投资已由过去单一由国家投资为主转向多元化发展，尤其是沿海地区，如广东省的国有星级饭店比重已低于50%；外商投资饭店和我国港澳台地区投资饭店逐年增加，给旅游企业带来了新的管理体制和活力。

（5）按旅游企业的经营规模不同分

按旅游企业的经营规模（由经营业务项目多少、营业额、职工人数、固定资产价值等指标决定）来划分，可以分为大型、中型及小型旅游企业等。如饭店企业通常按饭店客房数的多少来划分其规模，客房数不超过300间的为小型酒店，客房数在300~600间的为中型酒店，客房数在600间以上的为大型酒店。而旅行社则按注册资本和质量保证金的多少划分为国际社和国内社。国际社注册资本不少于150万元人民币，质量保证金为60万元人民币；国内社上述两项分别为30万元人民币和10万元人民币。

（6）按旅游企业的法律地位分

按旅游企业是否具备独立的法人人格，旅游企业可以分为法人企业和非法人企业。法人企业是指依法成立，有独立的法人财产权，能够作为一个独立的实体对外承担责任。公司、全民所有制企业、中外合资经营企业都是法人企业。合伙企业和个人独资企业是以其个人财产承担无限责任的，所以不具备独立的法人财产权，是非法人企业。中外合作经营企业可以是法人企业，也可以是非法人企业。

法人概念：法人是相对于自然人（公民）的另一种民事权利主体。《民法通则》第36条规定："法人是具有民事权利和民事行为能力，依法独立享有民事权利和承担民事义务的组织。"

法人分类：《民法通则》将我国法人分为企业法人、机关法人、事业法人和社会团体法人。企业法人是指以营利为目的、从事商品生产和经营活动的各类企业。如工业、农业、商业、交通运输、金融、房地产等企业法人。机关法人是指从事国家管理或行使国家权力，以国家预算作为独立活动经费，具有法人地位的中央和地方各级国家机关。事业单位法人是指依靠国家预算拨款或其他法人组织提供资金来源，从事各项业务活动的组织。社会团体法人是指为一定目标和有一定数量的社会组织或个人参加的群众组织。包括各级工、青、妇组织及各类学会、协会、基金会等社会公益、学术研究的群体、团体。

法人的基本特征：首先，法人是一种社会性组织。其次，法人必须有独立的财产和经费。独立的财产和经费，是法人组织赖以存在的物质基础。最后，法人依法独立享有民事权利和承担民事义务。

法人设立的条件：依照《民法通则》第37条规定，设立法人须具备下列条件：依法成立；有独立的财产或者经费；有自己的名称和固定的办公地点或营业场所；有相应的组织机构；能够以自己的名义享受权利、独立承担民事责任。

企业法人设立的条件：有符合规定的名称和章程；有国家授予企业法人经营管理的财产或者企业所有的财产，并能够独立承担民事责任；有与生产经营规模相适应的经营管理机构、财务核算机构、劳动组织以及法律或者章程规定必须建立的其他机构；有必要的并与其经营范围相适应的经营场所和设施；有与生产经营规模和业务相适应的从业人员，其中专职人员不得少于8人；有健全的财会制度，能够独立核算，自负盈亏，独立编制资金平衡表和资产负债表；有符合规定数额并与经营范围相适应的注册资金，国家对企业注册资金数额有专项规定的按规定执行；有符合国家法律、法规和政策规定的经营范围；法律、法规规定的其他条件。

4.1.3 旅游企业法的基本内容

企业法是调整国家管理企业和企业在生产经营活动或服务活动中，所发生的经济关系的法律规范的总称。十一届三中全会以来，为适应经济体制改革的需要，我国制定了一系列法律、法规，初步形成了较完备的企业法律体系，这些法律、法规，诸如全民所有制企业法、集体企业法、个人独资企业法和外商投资企业法、合伙企业法、企业法人登记管理条例、企业破产法、公司法等，同样适用旅游企业。

企业法包括的内容主要有：企业的出资（出资的方式、期限、出资与投资的区别）；企业的设立（企业设立的条件和程序）；企业的内部管理机构（董事长、厂长、经理、职工代表大会的产生和职权）；对外责任的承担等。

有关旅游企业的立法主要规定各类旅游企业在设立、变更、经营过程中的权利、义务和法律责任。

4.1.3.1 旅游企业设立的立法原则

各国对企业设立的立法原则有不同的规定，概括起来主要有许可主义原则、准则主义原则、特许主义原则和自由主义原则等立法原则。

（1）许可主义原则

许可主义又称“核准主义”、“审批主义”，它是指企业的设立除了需要符合法律规定的条件外，还须个别地报请政府主管部门审核批准，方能申请登记成立。例如，设立国有企业必须经政府及政府主管部门的审批；设立股份有限公司，须由国务院授权的部门或省级人民政府审批。对企业的设立由政府预先核准或许可，是控制企业进入市场的基本手段，也是目前我国在企业设立上传统的管理制度。

（2）准则主义原则

准则主义又称“登记主义”，它是指企业设立不需要报有关主管机关批准，只要符合法律规定的成立条件，即可向企业登记机关申请登记，经登记机关审查合格后授予合法主体的资格。

（3）特许主义原则

特许主义是指根据特别法、专门法规或行政命令设立企业，或由国家领导人特许设立企业。其中又可分为两种情况：一是为个别企业制定专门的法律，由该法律予以特别调整，这种情况称为“法定主义”；二是制定特别法或专门法规，对符合条件者，经主管机关或领导人特许而设立企业。企业特许设立或特许经营，也是市场准入的一种方式，但它通常是针对公用事业等领域的重要企业所实行的制度。

4.1.3.2 旅游企业设立的条件

根据法律的规定，企业的设立应当具备以下条件：① 应有自己的名称。名称是企业的标记，拥有一定的名称，是企业具有法律主体资格的必要条件。企业的名称必须符合法律规定，才能依法获得登记。② 应当制定章程。章程是企业组织活动的基本规章，它既是规范投资者相互关系和企业内部关系的准绳，又是国家和社会对企业实施监督的依据。但设立非法人企业则可以不制定章程。③ 应有符合规定的资金数额以及与企业经营范围相适应的资金。④ 法人企业必须能够以企业的财产独立地承担民事责任。⑤ 非法人企业的投资者对企业的债务，也要承担民事责任。⑥ 应有符合法律规定的组织机构和从业人员。⑦ 企业应当有与其生产经营规模相适应的经营场所和设施。

4.1.3.3 旅游企业的变更

狭义的企业变更是指企业在注册、登记事项上的变化。而广义的企业变更是指企业在名称、住所、组织形式、经营内容等任何一个方面发生变化并引起相应的法律后果，包括狭义的变更，以及企业的合并、分立。

（1）旅游企业注册登记事项的变更

企业主要登记事项的变更，包括企业名称、企业住所、经营范围、组织形式或者是企业法定代表人、股东、发起人、经营方式、注册资本、经营期限等方面的变更。

旅游企业的变更必须遵守有关企业法的规定。旅游企业的变更符合法律规定的，应当在允许变更的条件成立后30日内，或必须由主管部门或审批机关批准的，在批准后30日内，向登记机关办理有关登记。如需公告的应当依法进行变更公告。

（2）旅游企业合并

企业合并是指两个或两个以上的企业依法合并为一个企业。企业合并的形式有两种：一是吸收合并；二是新设合并。前者是指一个企业接纳其他企业加入本企业，在这种情况下，加入方解散并取消原企业法人或企业资格，接纳方依然存续。后者是指某企业与其他企业合并，成立新的企业，原合并各方解散，取消原企业在法律上的主体资格。

在旅游业经营中，由于市场机制下优胜劣汰的法则，也由于旅游企业随市场形势变化需要调整企业规模、经营内容，企业合并是经常发生的事情。我国旅游经营中的企业兼并就是一个较为典型的例证。企业兼并发生后，原来合并各方的主体资格发生变化，合并后的旅游企业要承担合并前的旅游企业的债权债务关系。

（3）旅游企业分立

企业分立是指一个企业依法分为两个或两个以上的企业。分立的形式也有两种：一种是一个企业分出部分财产和业务另设企业，原企业仍然存续；另一种是企业将全部财产分别归入两个以上的新设企业，原企业解散。同企业合并一样，分立后的企业应承担分立前企业所有的债权债务关系。

4.1.3.4 旅游企业的终止

企业终止是企业因各种原因而解散并从此消灭法律主体资格。企业解散的原因常包括以下几种：

（1）企业终止的原因

歇业 旅游企业歇业常因企业章程规定的事由发生。例如，企业经营目的达成、经营期限届满、企业出资者或者股东做出企业解散的决议等情况。另外，也可出于以下原因而发生，例如，政府有关部门在其权限范围内决定撤销或解散某国有企业、企业因发生不可抗力事件无法继续营业而解散等。

依法被撤销 这种情况常见于旅游企业因从事违法活动，被责令解散。企业的违法行为会导致有关主管部门依法吊销其许可证照，以及工商机关吊销营业执照。该企业因此则被强制撤销。

依法被宣告破产 旅游企业如不能有效清偿全部到期债务，由该企业或其债权人向法院提出破产申请，经法院审理，依照有关企业破产的法律规定，宣告该企业破产。

（2）旅游企业的清算

旅游企业无论由于什么原因解散，都应依法进行清算。清算是指对拟解散的企业的未了结的债权债务进行清理，使企业的人格归于消灭的过程。

在清算期间，企业应依法组成清算组，清算组负责对企业的债权债务进行清理，编制会计表册，偿还企业债务，分配企业剩余财产，以企业的名义参与诉讼。尤其值得注意的是，在此期间，企业的法律人格虽未消灭，但企业的权利能力受到限制，不得再从事生产经营活动，只能以企业的名义从事和清算有关的活动。

(3) 企业终止的程序

旅游企业解散，经过向登记机关办理企业注销登记而终止或消灭。企业被核准注销后，由登记机关吊销其企业法人营业执照，撤销注册号，收缴执照的正、副本和企业公章，将注销情况通知其开户银行并进行公告。

旅游企业成立后，满 6 个月未开始经营活动或者停止经营活动满 1 年的，视同歇业，由企业登记机关依法予以注销。

4.2　公司法律制度

4.2.1　公司的概念、特点及其分类

4.2.1.1　公司和公司法的概念

按传统定义，西方国家，特别是大陆法系国家的公司法通常把公司看作“依公司法设立、以营利为目的的社团法人”。这一定义揭示了公司的 4 层含义：公司依法设立，即公司是按法律规定的条件和程序成立的；公司是以营利为目的的，即公司是以最少的投资获得最大限度利润；公司具有独立法人资格，即公司是具有权利能力和行为能力的民事组织；公司具有社团性质的法人，即公司是由两个或两个以上股东共同出资经营的法人组织。

在社会主义市场经济条件下，我国的公司是依照法律规定设立的、以营利为目的的具有法人资格的经济组织，它是企业的一种组织形式，具有企业所共有的特征。

公司法是调整公司的设立、组织、活动、终止以及其他对内对外关系的法律规范的总称。公司法有广义和狭义之分。广义的公司法指一切有关公司的法律、行政法规和规章等。狭义的公司法仅指以公司法命名的专门公司法，在我国特指 1993 年 12 月 29 日第八届全国人民代表大会常务委员会第五次会议通过的《中华人民共和国公司法》。该法分别于 1999 年 12 月 25 日由第九届全国人民代表大会常务委员会第十三次会议和 2004 年 8 月 28 日第十届全国人民代表大会常务委员会第十一次会议做了修改；2005 年 10 月 27 日第十届全国人民代表大会常务委员会第十八次会议又做了较大的修改。修改后的《中华人民共和国公司法》（以下简称《公司法》）于 2006 年 1 月 1 日起实施。《公司法》中所称的公司，是指依照《公司法》的规定，在中国境内设立的有限责任公司和股份有限公司。

4.2.1.2　公司的特点

根据《公司法》的规定，公司具有以下 4 个法律特征：

公司是依照公司法设立的经济组织　第一，公司的设立必须合法。公司必须依法定条件、法定程序设立。一方面要求公司的章程、资本、组织机构、活动原则等必须合法；另一方面，要求公司设立要经过法定程序，进行工商登记。第二，

公司成立后，其经营活动必须合法。公司是从事经营活动的组织，其经营活动也必须在国家法律、行政法规、法人章程和工商行政管理部门登记核准的经营业务范围内经营活动。

公司是以营利为目的的经济组织 所谓营利，就是指公司是以营利为目的的经济组织，股东即出资者设立公司的目的是为营利，即从公司经营中取得利润。因此，营利目的不仅要求公司本身为营利而活动，而且要求公司有盈利时应当分配给股东。

公司是具有法人资格的经济组织 公司是企业法人，应当符合《民法通则》规定的法人条件，最主要的是有独立的法人财产和独立承担民事责任。《公司法》规定的有限责任公司和股份有限公司均具有法人资格，股东以其认缴的出资额或认购的股份为限对公司承担有限责任。

公司是由法定数额的股东共同出资形成的经济组织 公司由股东的投资行为设立。股东投资行为形成的权利是股权。股权是一种独立的特殊权利，不同于所有权，也不同于经营权等他物权，更不同于债权。依据《公司法》第 4 条规定，公司股东依法享有资产受益、参与重大决策和选择管理者等权利。

4.2.1.3 公司的分类

公司根据不同的标准，可以进行不同的分类。

（1）按公司资本结构和股东对公司债务承担的责任分类

按公司资本结构和股东对公司债务承担的责任可分为有限责任公司、股份有限公司、无限公司、两合公司和股份两合公司。有限责任公司又称有限公司，是股东以其认缴的出资额为限对公司承担责任，公司以其全部财产对公司的债务承担责任的公司。股份有限公司又称股份公司，是将其全部资本分为等额股份，股东以其认购的股份为限对公司承担责任，公司以其全部财产对公司的债务承担责任的公司。无限公司指由两个以上的股东组成，全体股东对公司的债务承担无限连带责任的公司。两合公司是由负无限责任的股东和负有限责任的股东组成，无限责任股东对公司债务负无限连带责任，有限责任股东仅就其认缴的出资额为限对公司债务承担责任的公司。其中，无限责任股东是公司的经营管理者，有限责任股东则是不参与经营管理的出资者。所谓“两合”，是指经营资本与管理劳务的结合，或是指无限责任股东与有限责任股东的结合。股份两合公司 由负无限责任的股东和负有限责任的股东组成，资本分为等额股份的公司。其股东承担法律责任情况与两合公司相同，区别则在于公司的资本分为等额股份。

（2）按公司外部组织关系分类

按公司外部组织关系，即公司体制结构分为母公司和子公司。这是在不同公司之间存在控制与依附关系时，处于控制地位的是母公司，处于依附地位的则是子公司。母子公司之间虽然存在控制与被控制的组织关系，但它们都具有法人资格，在法律上是彼此独立的企业。《公司法》第 14 条第二款规定：“公司可以设立子公司，子公司具有法人资格，依法独立承担民事责任。”

（3）按公司信用基础分类

按公司信用基础分为资合公司、人合公司和资合兼人合的公司。资合公司是指以资本的结合作为信用基础的公司。此类公司仅以资本的实力取信于人，股东个人是否有财产、能力或信誉与公司无关。资合公司通常具有健全的制度与法人治理机制，藉此保障相关利害关系人的利益。人合公司是指以股东个人的财力、能力和信誉作为信用基础的公司，其典型形式为无限公司。人合公司的财产及责任与股东的财产及责任没有完全分离，其不以自身资本为信用基础，法律上也不规定设立公司的最低资本额，股东可以用劳务、信用和其他权利出资，企业的所有权、经营权一般也不分离。资合兼人合的公司是指同时以公司资本和股东个人信用作为公司信用基础的公司，其典型形式为两合公司和股份两合公司。

（4）按公司所属国籍分类

按公司所属国籍可以将公司分为本国公司和外国公司。各国确定公司国籍的标准不同，有的以公司成立地（即注册登记地）为标准，有的以公司住所地（或管理中心地、基本商业地）为标准，有的以控制人国籍为标准，有的以股东国籍地为标准，有的以设立依据法律地为标准，还有的综合采用几种标准。根据《公司法》第2条、第192条的规定，我国采用以公司注册登记地和设立依据法律地为结合标准确定公司的国籍。

（5）按公司的组织结构和经营活动是否局限于一国标准分

以公司的组织机构和经营活动是否局限于一国为标准，可以将公司分为国内公司和跨国公司。跨国公司往往并不是一个单独的公司，而是一个由控制公司与设在各国的众多附属公司形成的国际公司集团。

（6）按公司财产所有制分类

按公司财产所有制可分为国营公司、集体经营公司、私营公司、混合公司。

按公司股票发行方式分

按公司股票发行方式可分为封闭式公司（不上市公司）、开放式公司（上市公司）。

4.2.2　有限责任公司

4.2.2.1　有限责任公司的概念

有限责任公司是指按照公司法要求设立，由不超过50个股东出资组成，每个股东以其所认缴的出资额为限对公司承担责任，公司以其全部资产对公司的债务承担责任的企业法人。有限责任公司根据股东人数的不同可以分为一人有限责任公司和两人以上有限责任公司。一人有限责任公司又根据投资人的不同，还可以进一步分为自然人、法人创办的一人有限责任公司和国家授权的国有资产监督管理机构单独投资设立的有限责任公司。

4.2.2.2　有限责任公司的特征

有限责任公司具有以下法律特征：

责任有限性　这指的是：一是公司的责任有限，即公司只以其全部资产为限，对公司债务承担责任；二是股东责任有限，即股东权以其认缴的出资额为限对公司承担责任，对公司债务不承担个人责任。这种责任有限性是有限责任公司最基本的特征。

闭锁性　有限责任公司的股东人数，均有最高人数限制，一般不允许超过50人。股东人数的限制，决定了公司在募集和经营方面的闭锁性。有限责任公司不能发行股票，不能公开募集资本，只有在少数甚至特定的人中筹资，股份不须等额。同时，由于有限责任公司股东人数有限且相对稳定，其经营状况不涉及社会公众的利益，因此其财务状况可以不公开。

设立程序及组织结构简单　有限责任公司的设立方式只有发起设立而无募集设立，设立程序因此较为简化。同时，有限责任公司的机构设置具有一定的随意性，比如可设股东会而不设董事会，或可设董事会而不设股东会。此外，监事会也可设可不设，因此，其组织结构相对比较简单。

资合性与人合性相统一　有限责任公司是一种资合公司，同时也具有人合公司的特点。其资合性表现在：公司注册资本为全体股东缴纳股本的总和，股东的出资以现金及财产为限，不得以信誉及劳动出资，股东必须以自己的出资对公司负责。其人合性表现在：股东是基于相互间的信任而集合在一起的，股东间的关系较为紧密。

出资转让严格限制　股东对外转让出资受到严格限制，须经全体股东过半数同意；不同意转让的股东应该购买该股东转让的出资，如不购买，则视为同意转让；经股东同意转让的出资，在同等条件下，其他股东对该出资有优先购买权。

4.2.2.3　有限责任公司设立的条件

根据《公司法》第23条规定，设立有限责任公司，应当具备以下5项条件。

股东符合法定人数　我国有限责任公司股东的人数要件规定于《公司法》第24条：“有限责任公司由50人以下股东出资设立”。由此可见，有限责任公司股东的法定人数是50人以下，如果超过50人（不包括50人），则不能设立有限责任公司。

股东出资达到法定资本最低限额　根据《公司法》第26条的规定，有限责任公司注册资本的最低限额为：一般公司是人民币3万元；一人有限责任公司为人民币10万元。法律、行政法规对有限责任公司注册资本的最低限额有较高规定的，从其规定。公司全体股东的首次出资额不得低于注册资本的20%，其余部分由股东自公司成立之日起2年内缴足。全体股东的货币出资金额不得低于有限责任公司注册资本的30%。

股东共同制定公司章程　根据公司法的要求，章程应当由有限责任公司的全体股东来共同制定，以使章程反映全体投资者的意志。而“共同制定”并不等同于共同起草，只要股东在章程上签字或者盖章，就表示同意了所签字或者盖章的文本，承认了该章程表达了自己的真实意思，就应当认为该章程是“共同制定”的。此外，公司法还对公司章程的记载事项予以了明确规定，即有限责任公司章程应当载明下列事项：公司名称和住所；公司经营范围；公司注册资本；股东的姓名或者名称；股东的出资方式、出资额和出资时间；公司的机构及其产生办法、职权、议事规则；公司法定代表人；股东会会议认为需要规定的其他事项。

有公司名称，建立符合有限责任公司要求的组织机构　设立有限责任公司应当依法确定公司名称，并按照法律规定建立内部组织机构。依《公司法》的规定，有限责任公司的内部组织机构分为股东会、董事会和监事会等。其中，股东会由全体股东组成，是公司的权力机构；董事会对股东会负责；监事会由股东代表和适当比例的公司职工代表组成。

有公司住所　《公司法》修改之后，取消了原来关于设立有限责任公司必须具备“固定的生产经营场所和必要的生产经营条件”的限制，而只要求具备有公司住所的条件即可，这实际上旨在降低公司设立的标准，另一方面也有利一人公司制度的顺利执行。

4.2.2.4 有限责任公司设立的程序

有限责任公司是一种封闭性的法人，其设立方式只能以发起设立为限，不得采用募集设立方式，所以，相对于股份公司的设立而言，有限责任公司的设立程序比较简单，一般而言要经过以下步骤：

订立公司章程 公司章程是公司设立的基本文件，只有严格按照法律要求订立公司章程，并报经主管机关批准后，章程才能生效，也才能继续进行公司设立的其他程序。

申请公司名称预先核准 《公司登记管理条理》第17条规定："设立公司应当申请名称预先核准。法律、行政法规或者国务院决定规定设立公司必须报经批准，或者公司经营范围中属于法律、行政法规或者国务院决定规定在登记前须经批准的项目的，应当在报送批准前办理公司名称预先核准，并以公司登记机关核准的公司名称报送批准。"采用公司名称的预先核准制，可以使公司的名称在申请设立登记之前就具有合法性、确定性，从而有利于公司设立登记程序的顺利进行。

股东缴纳出资并经法定的验资机构验资后出具证明 有限责任公司除具有人合性外，还具有一定的资合性，股东必须按照章程的规定，缴纳所认缴的出资。股东的出资还应当按照法律的规定，采取法定的出资形式，并经法定的验资机构出具验资证明。

向公司登记机关申请设立登记 为了获得行政主管部门对其法律人格的认可，公司设立程序中一个必不可少的步骤，即是向公司登记机关申请设立登记。根据《公司登记管理条例》的规定，设立有限责任公司，应当由全体股东指定的代表或者共同委托的代理人向公司登记机关申请设立登记。设立国有独资公司，应当由国务院或者地方人民政府授权的本级人民政府国有资产监督管理机构作为申请人，申请设立登记。申请设立有限责任公司的，应当向公司登记机关提交下列文件：公司法定代表人签署的设立登记申请书；全体股东指定代表或者共同委托代理人的证明；公司章程；依法设立的验资机构出具的验资证明，法律、行政法规另有规定的除外；股东首次出资是非货币财产的，应当在公司设立登记时提交已办理其财产权转移手续的证明文件；股东的主体资格证明或者自然人身份证明；载明公司董事、监事、经理的姓名、住所的文件以及有关委派、选举或者聘用的证明；公司法定代表人任职文件和身份证明；企业名称预先核准通知书；公司住所证明；国家工商行政管理总局规定要求提交的其他文件。法律、行政法规或者国务院决定规定设立有限责任公司必须报经批准的，还应当提交有关批准文件。

登记发照 对于设立申请，登记机关应当依法进行审查。对于不符合公司法规定条件的，不予登记；对于符合公司法规定条件的，依法核准登记，发给营业执照。营业执照的签发日期为有限责任公司的成立日期。公司可以凭登记机关颁发的营业执照申请开立银行账户、刻制公司印章、申请纳税登记等。只有获得了公司登记机关颁发的营业执照，公司设立的程序才宣告结束。

4.2.2.5 有限责任公司股东的出资

《公司法》第26条规定，有限责任公司的注册资本为在公司登记机关登记的全体股东认缴的出资额。公司全体股东的首次出资额不得低于注册资本的20%，也不得低于法定的注册资本最低限额，其余部分由股东自公司成立之日起2年内缴足；其中，投资公司可以在5年内缴足。有限责任公司注册资本的最低限额为人民币3万元。法律、行政法规对有限责任公司注册资本的最低限额有较高规定的，从其规定。

《公司法》第27条规定，股东可以用货币出资，也可以用实物、知识产权、土地使用权等可以用货币估价并可以依法转让的非货币财产作价出资；但是法律、行政法规规定不得作为出资的财产除外。对作为出资的非货币财产应当评估作价，核实财产，不得高估或者低估作价。法律、行政法规对评估作价有规定的，从其规定。全体股东的货币出资金额不得低于有限责任公司注册资本的30%。

股东应当按期足额缴纳公司章程中规定的各自所认缴的出资额。股东以货币出资的，应当将货币出资足额存入有限责任公司在银行开设的账户；以非货币财产出资的，应当依法办理其财产权的转移手续。股东不按照前款规定缴纳出资的，除应当向公司足额缴纳外，还应当向已按期足额缴纳出资的股东承担违约责任。

根据《公司法》第32条的规定，有限责任公司成立后应当向股东签发出资证明书。出资证明书应当载明下列事项：公司名称；公司成立日期；公司注册资本；股东的姓名或者名称、缴纳的出资额和出资日期；出资证明书的编号和核发日期。出资证明书由公司盖章。

4.2.2.6 有限责任公司股东的权利和义务

有限责任公司的股东基于缴纳出资享有的权利称为股东权。在公司中，股东享有下列权利：参加股东会并按照出资比例行使表决权；选举和被选举为董事会成员、监事会成员；查阅股东会会议记录和公司财务会计报告，以便监督公司的运营；按照出资比例分取红利，即股东享有受益权；依法转让出资；优先购买其他股东转让的出资；优先认购公司新增的资本；公司终止后，依法分得公司剩余财产；公司章程规定的其他权利。

股东同时承担以下义务：足额缴纳所认缴的出资；以其出资额为限对公司承担责任；公司设立登记后，不得抽回出资；公司章程规定的其他义务，即应当遵守公司章程，履行公司章程规定的义务；对公司及其他股东诚实信任；其他依法应履行的义务。

4.2.2.7 有限责任公司的组织机构

（1）权力机构

依照《公司法》的规定，有限责任公司的权力机构是股东会。股东会由全体股东组成，它是代表公司意志的非常设机构。股东会对外不代表公司，对内也不执行业务。其依法行使下列职权：决定公司的经营方针和投资计划；选举和更换非由职工代表担任的董事、监事，决定有关董事、监事的报酬事项；审议批准董事会的报告；审议批准监事会或者监事的报告；审议批准公司的年度财务预算方案、决算方案；审议批准公司的利润分配方案和弥补亏损方案；对公司增加或者减少注册资本作出决议；对发行公司债券作出决议；对公司合并、分立、解散、清算或者变更公司形式作出决议；修改公司章程；公司章程规定的其他职权。

首次股东会会议由出资最多的股东召集和主持。通常情况下，股东会由董事会召集，董事长主持。股东会会议分为定期会议和临时会议。定期会议应当依照公司章程的规定按时召开。代表1/10以上表决权的股东，1/3以上的董事，监事会或者不设监事会的公司的监事提议召开临时会议的，应当召开临时会议。

依照《公司法》的规定，召开股东会会议，应当于会议召开15日以前通知全体股东，但是，公司章程另有规定或者全体股东另有约定的除外。股东会应当对所议事项的决定作成会议记录，出席会议的股东应当在会议记录上签名。

股东会会议由股东按照出资比例行使表决权，但是，公司章程另有规定的除外。股东会的议事方式和表决程序，除《公司法》有规定的外，由公司章程规定。股东会会议作出修改公司章程、增加或者减少注册资本的决议，以及公司合并、分立、解散或者变更公司形式的决议，必须经代表2/3以上表决权的股东通过。

（2）执行机构

依照《公司法》规定，有限责任公司的执行机构是董事会或执行董事，股东人数较少或者规模较小的有限责任公司不设董事会，只设1名执行董事。董事会是由股东会选举产生的，对内执行公司的业务、对外代表公司的常设机构。

《公司法》第47条规定，董事会对股东会负责，行使下列职权：负责召集股东会，并向股东会报告工作；执行股东会的决议；决定公司的经营计划和投资方案；制订公司的年度财务预算方案、决算方案；制订公司的利润分配方案和弥补亏损方案；制订公司增加或者减少注册资本的方案；拟订公司合并、分立、变更公司形式、解散的方案；决定公司内部管理机构的设置；聘任或者解聘公司经理（总经理），根据经理的提名，聘任或者解聘公司副经理、财务负责人，决定其报酬事项；制定公司的基本管理制度；公司章程规定的其他职权。

有限责任公司董事会成员为3～13人，但是股东人数较少或者规模较小的有限责任公司不设董事会，只设1名执行董事。两个以上的国有企业或者其他两个以上的国有投资主体投资设立的有限责任公司，其董事会成员中应当有公司职工代表；其他有限责任公司董事会成员中也可以有公司职工代表。董事会设董事长1人，可以设副董事长。董事长、副董事长的产生办法由公司章程规定。

董事任期由公司章程规定，但每届任期不得超过3年。董事任期届满，连选可以连任。董事会会议由董事长召集和主持。董事会的议事方式和表决程序，一般由公司章程规定。董事会应当对所议事项的决定做成会议记录，出席会议的董事应当在会议记录上签名。董事会决议的表决，实行1人1票。

经理是由董事会聘任的主持公司日常管理工作的高级职员，对董事会负责。经理列席董事会会议。不设董事会的公司，执行董事可以兼任公司经理。

（3）监督机构

依照《公司法》规定，有限责任公司的监督机构是监事会或监事。它是对公司执行机构的业务活动进行专门监督的机构。依照《公司法》规定，监事会或者监事行使下列职权：检查公司财务；对董事、高级管理人员执行公司职务的行为进行监督，对违反法律、行政法规、公司章程或者股东会决议的董事、高级管理人员提出罢免的建议；当董事、高级管理人员的行为损害公司的利益时，要求董事、高级管理人员予以纠正；提议召开临时股东会会议，在董事会不履行本法规定的召集和主持股东会会议职责时召集和主持股东会会议；向股东会会议提出提案；依照《公司法》第152条的规定，对董事、高级管理人员提起诉讼；公司章程规定的其他职权。

有限责任公司设立监事会，其成员不得少于3人。股东人数较少或者规模较小的有限责任公司，可以设1~2名监事，不设立监事会。监事会应当包括股东代表和适当比例的公司职工代表，其中职工代表的比例不得低于1/3，具体比例由公司章程规定。监事会中的职工代表由公司职工通过职工代表大会、职工大会或者其他形式民主选举产生。监事会设主席1人，由全体监事过半数选举产生。监事会主席召集和主持监事会会议。

董事、高级管理人员不得兼任监事。

监事的任期每届为3年。监事任期届满，连选可以连任。监事可以列席董事会会议，并对董事会决议事项提出质询或者建议。监事会、不设监事会的公司的监事发现公司经营情况异常，可以进行调查；必要时，可以聘请会计师事务所等协助其工作，费用由公司承担。

4.2.3 一人有限责任公司和国有独资公司

4.2.3.1 一人有限责任公司的特别规定

一人有限责任公司，是指只有一个自然人股东或者一个法人股东的有限责任公司。一人有限责任公司的注册资本最低限额为人民币10万元。股东应当一次足额缴纳公司章程规定的出资额。一个自然人只能投资设立一个一人有限责任公司。一人有限责任公司应当在公司登记中注明自然人独资或者法人独资，并在公司营业执照中载明。一人有限责任公司章程由股东制定。一人有限责任公司不设股东会。一人有限责任公司应当在每一会计年度终了时编制财务会计报告，并经会计师事务所审计。一人有限责任公司的股东不能证明公司财产独立于股东自己财产的，应当对公司债务承担连带责任。本节没有规定的，适用有限责任公司的有关规定。

4.2.3.2 国有独资公司的特别规定

国有独资公司，是指国家单独出资、由国务院或者地方人民政府委托本级人民政府国有资产监督管理机构履行出资人职责的有限责任公司。国有独资公司章程由国有资产监督管理机构制定，或者由董事会制订报国有资产监督管理机构批准。国有独资公司不设股东会，由国有资产监督管理机构行使股东会职权。国有资产监督管理机构可以授权公司董事会行使股东会的部分职权，决定公司的重大事项，但公司的合并、分立、解散、增减注册资本和发行公司债券，必须由国有资产监督管理机构决定；其中，重要的国有独资公司合并、分立、解散、申请破产的，应当由国有资产监督管理机构审核后，报本级人民政府批准。前款所称重要的国有独资公司，按照国务院的规定确定。

国有独资公司设立董事会，董事每届任期不得超过3年。董事会成员中应当有公司职工代表。董事会成员由国有资产监督管理机构委派；但是，董事会成员中的职工代表由公司职工代表大会选举产生。董事会设董事长1人，可以设副董事长。董事长、副董事长由国有资产监督管理机构从董事会成员中指定。

国有独资公司设经理，由董事会聘任或者解聘。经国有资产监督管理机构同意，董事会成员可以兼任经理。国有独资公司的董事长、副董事长、董事、高级管理人员，未经国有资产监督管理机构同意，不得在其他有限责任公司、股份有限公司或者其他经济组织兼职。

国有独资公司监事会成员不得少于5人，其中职工代表的比例不得低于1/3，具体比例由公司章程规定。监事会成员由国有资产监督管理机构委派；但是，监事会中的职工代表由公司职工代表大会选举产生。监事会主席由国有资产监督管理机构从监事会成员中指定。监事会行使职权：检查公司财务；对董事、高级管理人员执行公司职务的行为进行监督，对违反法律、行政法规、公司章程或者股东会决议的董事、高级管理人员提出罢免的建议；当董事、高级管理人员的行为损害公司的利益时，要求董事、高级管理人员予以纠正；国务院规定的其他职权。

4.2.4 股份有限公司

4.2.4.1 股份有限公司的特征

股份有限公司是指依照公司法的有关规定由一定人数的股东发起设立，其全部资本分为等额股份，股东以其所持股份为限对公司承担责任，公司以其全部资产对公司的债务承担责任的企业法人。股份有限公司的特征有如下几个方面：

股份有限公司股东的责任是有限的 股东对公司的债务仅以自己股本额为限承担有限责任。公司法人也仅以公司本身的全部资产为限对债务承担有限责任。

股份有限公司的设立条件和程序较为严格 股份公司的设立条件，如最低资本限额、发起人人数及住址等都较有限责任公司更为严格，其设立程序也较有限责任公司严格，须由国务院授权部门或省级人民政府审批。

股份有限公司的股东不得少于法律规定的最低限额，但无最高数额限制 《公司法》规定“应有2人以上200人以下为发起人”。由于股份公司是通过发行股票的方式把社会上分散的资本集中起来经营，因此股权是相当分散的，股东人数是无需有最高限额规定的。

股份有限公司的资本划分为若干等额股份，股权平等 股份公司通过发行股票筹集资本，股东按持股比例拥有相应的权利和义务。一股一权、一权一利一责，股权平等。

股份有限公司的股份体现为股票形式 股票是一种有价证券，可以在证券市场流通，任何人购买股票都可以成为公司的股东。股票不可退回，但可自由转让和买卖股票，股票一旦转让或卖出，相应的权利和义务也随之转让和卖出。

股份有限公司实行财务公开原则 各国公司法一般都规定股份有限公司必须定期公布其财务状况和经营状况，定期将年度报告和有关的财务报表，如经营报告书、资产负责表、损益表、盈利分配表、财产目录等公诸于众，以便加强社会公众对公司的了解和监督，保护股东和债权人利益。

股份有限公司有严密科学的内部组织机构 董事会、股东代表大会、总经理、监事会等机构，权、责、利明确，形成了相互制衡的高效运转的机制，从而保证了企业具有长期行为，保证了所有者、经营者、劳动者各方面的利益。

股份有限公司是典型的资合公司 公司的信用完全建立在资本的基础上。

4.2.4.2 股份有限公司的设立

(1) 设立的条件

根据《公司法》的规定，股份公司设立一般应具备以下条件：发起人符合法定人数。发起人应为2人以上200人以下，其中须有半数以上的发起人在中国境内有住所；发起人认购和募集的股本达到法定资本最低限额；股份有限公司的注册资本的最低限额为人民币500万元；股份发行、筹办事项符合法律规定；发起人制订公司章程，采用募集方式设立的经创立大会通过；有公司名称，建立符合股份有限公司要求的组织机构；有公司住所。

（2）设立的方式

根据《公司法》的规定，股份公司设立的方式分为发起设立和募集设立两种。发起设立是指由发起人认购公司应发行的全部股份而设立公司；募集设立是指由发起人认购公司应发行股份的一部分，其余部分向社会公开募集而设立公司。

（3）设立程序

根据《公司法》规定，股份有限公司的设立须经以下几项程序：发起人的发起；订立公司章程；申请设立的行政审批；认购股份；募集设立时召开创立会；建立管理机关即选任董事、监事等。

4.2.4.3 发起人的出资

股份有限公司采取发起设立方式设立的，注册资本为在公司登记机关登记的全体发起人认购的股本总额。公司全体发起人的首次出资额不得低于注册资本的20%，其余部分由发起人自公司成立之日起2年内缴足；其中，投资公司可以在5年内缴足。在缴足前，不得向他人募集股份。

股份有限公司采取募集方式设立的，注册资本为在公司登记机关登记的实收股本总额。发起人认购的股份不得少于公司股份总数的35%；但是，法律、行政法规另有规定的，从其规定。

股份有限公司注册资本的最低限额为人民币500万元。法律、行政法规对股份有限公司注册资本的最低限额有较高规定的，从其规定。

4.2.4.4 股份有限公司的组织机构

（1）股东大会

股份有限公司股东大会由全体股东组成，股东大会是公司的权力机构和议事机构，公司的一切重大事项均由股东大会做出决议。关于有限责任公司股东会职权的规定，适用于股份有限公司股东大会。股东大会应当每年召开1次年会。有下列情形之一的，应当在2个月内召开临时股东大会：董事人数不足本法规定人数或者公司章程所定人数的2/3时；公司未弥补的亏损达实收股本总额1/3时；单独或者合计持有公司10%以上股份的股东请求时；董事会认为必要时；监事会提议召开时；公司章程规定的其他情形。

股东大会会议由董事会召集，董事长主持；召开股东大会会议，应当将会议召开的时间、地点和审议的事项于会议召开20日前通知各股东；临时股东大会应当于会议召开15日前通知各股东；发行无记名股票的，应当于会议召开30日前公告会议召开的时间、地点和审议事项。

股东出席股东大会会议，所持每一股份有一表决权。股东大会作出决议，必须经出席会议的股东所持表决权过半数通过。但是，股东大会作出修改公司章程、增加或者减少注册资本的决议，以及公司合并、分立、解散或者变更公司形式的决议，必须经出席会议的股东所持表决权的2/3以上通过。

（2）董事会

所谓董事会，就是指依照公司法规定必须由股份有限公司设置、股东选举的董事组成，对内管理公司事务，对外以公司名义开展活动的常设机构。股份有限公司设董事会，其成员为 5～19 人。董事会成员中可以有公司职工代表。董事会中的职工代表由公司职工通过职工代表大会、职工大会或者其他形式民主选举产生。关于有限责任公司董事任期的规定，适用于股份有限公司董事。关于有限责任公司董事会职权的规定，适用于股份有限公司董事会。董事会设董事长 1 人，可以设副董事长。董事长和副董事长由董事会以全体董事的过半数选举产生。董事长召集和主持董事会会议，检查董事会决议的实施情况。董事会每年度至少召开 2 次会议，每次会议应当于会议召开 10 日前通知全体董事和监事。代表 1/10 以上表决权的股东、1/3 以上董事或者监事会，可以提议召开董事会临时会议。董事长应当自接到提议后 10 日内，召集和主持董事会会议。董事会召开临时会议，可以另定召集董事会的通知方式和通知时限。董事会会议应有过半数的董事出席方可举行。董事会作出决议，必须经全体董事的过半数通过。董事会决议的表决，实行一人一票。董事应当对董事会的决议承担责任。董事会的决议违反法律、行政法规或者公司章程、股东大会决议，致使公司遭受严重损失的，参与决议的董事对公司负赔偿责任。但经证明在表决时曾表明异议并记载于会议记录的，该董事可以免除责任。股份有限公司设经理，由董事会决定聘任或者解聘。

经理由董事会聘任或解聘。董事会可以决定由董事会成员兼任经理，经理对董事会负责。关于有限责任公司经理职权的规定，适用于股份有限公司经理。

（3）监事会

股份有限公司设立监事会，其成员不得少于 3 人。监事会应当包括股东代表和适当比例的公司职工代表，其中职工代表的比例不得低于 1/3，具体比例由公司章程规定。监事会中的职工代表由公司职工通过职工代表大会、职工大会或者其他形式民主选举产生。监事会设主席 1 人，可以设副主席。监事会主席和副主席由全体监事过半数选举产生。监事会主席召集和主持监事会会议。监事会行使职权所必需的费用，由公司承担。监事会每 6 个月至少召开一次会议。监事可以提议召开临时监事会会议。监事会的议事方式和表决程序，除《公司法》有规定的外，由公司章程规定。监事会应当对所议事项的决定作成会议记录，出席会议的监事应当在会议记录上签名。

董事、高级管理人员不得兼任监事。

4.2.4.5　股份有限公司的股份发行和转让

（1）股份与股票

股份，是指按相等金额或者相同比例，平均划分公司资本的基本计量单位，它是股份有限公司资本的构成单位，是股东权利与义务的产生依据。股份在形式上表现为股票。股票是公司签发的证明股东所持股份的凭证。股份是以股票为表现形式的、体现股东权利和义务的、公司资本的组成部分。股份具有等额性、不可分性、平等性、可转让性等特征。按股份所反映的股东的权益和风险，可分为普通股和优先股；按股票上是否记载股东姓名，可分为记名股和无记名股；按股票上是否记载一定金额，可分为面额股和无面额股（又称比例股）；按股东有无表决权，可分为有表决权股和无表决权股。除此以外，还有其他一些分类方法。

股票，是股份有限公司签发的证明股东所持股份的凭证。股票具有如下性质：股票是有价证券；股票是表明公司与持票人之间关系的凭证；股票是一种要式证券。股票应当载明：公司名称；公司登记成立日期；股票种类、票面金额及代表的股份数；股票的编码。发起人的股票应标明发起人股票字样。股票应有法定代表人签名，公司盖章。

（2）股份的发行

股份的发行，实行公平、公正的原则，同种类的每一股份应当具有同等权利。同次发行的同种类股票，每股的发行条件和价格应当相同；任何单位或者个人所认购的股份，每股应当支付相同价额。股票发行价格可以按票面金额，也可以超过票面金额，但不得低于票面金额。股票采用纸面形式或者国务院证券监督管理机构规定的其他形式。

（3）股份的转让

股份转让是指股份有限公司的股份持有人依法自愿将自己的股份转让给他人，使他人取得股份，成为股东的法律行为。股份转让自由是股份有限公司性质决定的，但股份转让自由不是绝对的。发起人持有的本公司股份，自公司成立之日起一年内不得转让。公司公开发行股份前已发行的股份，自公司股票在证券交易所上市交易之日起一年内不得转让。

公司董事、监事、高级管理人员应当向公司申报所持有的本公司的股份及其变动情况，在任职期间每年转让的股份不得超过其所持有本公司股份总数的25%；所持本公司股份自公司股票上市交易之日起一年内不得转让。上述人员离职后半年内，不得转让其所持有的本公司股份。公司章程可以对公司董事、监事、高级管理人员转让其所持有的本公司股份做出其他限制性规定。

4.2.4.6 上市公司

上市公司是指其股票在证券交易所上市交易的股份有限公司。

（1）申请股票上市的条件

申请股票上市的条件：股票经国务院证券管理部门批准已向社会公开发行；公司股本总额不少于人民币5000万元；开业时间在3年以上，最近3年连续盈利；持有股票面值达人民币1000元以上的股东人数不少于1000人，向社会公开发行的股份达公司股份总数的25%以上；公司股本总额超过人民币4亿元的，其向社会公开发行股份的比例为15%以上；公司在最近3年内无重大违法行为，财务会计报告无虚假记载。

（2）暂停和终止股票上市的法定情形

上市公司的股票，依照有关法律、行政法规及证券交易所交易规则上市交易。上市公司必须依照法律、行政法规的规定，公开其财务状况、经营情况及重大诉讼，在每会计年度内半年公布一次财务会计报告。但有下列情形之一的，暂停上市：公司股本总额、股权分布等发生变化不再具备上市条件；公司不按规定公布其财务状况，或者对财务会计报告作虚假记载；公司有重大的违法行为；公司最近3年连续亏损。

上市公司有上述第一、第二项情形之一经查实后果严重的，或者有上述第三、第四项情形之一，在限期内未能消除，不具备上市条件的，终止其股票上市。公司决议解散、被行政主管部门责令关闭或被宣告破产的，终止其股票上市。

【课堂讨论题】

请同学们组成5人小组，假如你们准备成立一家旅游企业，应该做哪些工作？（企业类型由小组成员讨论决定）

【思考题】

1. 简述旅游企业的概念和分类。
2. 什么是旅游企业的变更？旅游企业的终止要符合哪些条件和程序？
3. 公司的特征是什么？有限责任公司和股份有限公司各有什么特征？
4. 有限责任公司和股份有限公司的设立有哪些条件？
5. 有限责任公司的股东会和董事会各有哪些职权？

【案例分析】

上市公司连续3年亏损是否应暂停股票上市

某公司是由多种所有制企业发起设立的股份有限公司，2000年公司股票在上交所上市，交易一度很活跃。但2001年初以来，因产品结构、质量不适合市场需求等原因，公司效益每况愈下，2001、2002、2003连续3年亏损。2004年5月上交所发出通知，暂停该公司股票的上市。

请问：

1. 上交所的决定源于《公司法》的哪一条规定？
2. 设想一下该公司未来将何去何从？其依据是什么？

【本章推荐阅读书目】

旅游法规教程. 孙子文. 东北财经大学出版社，2007.
旅游法规教程. 韩玉灵. 东北财经大学出版社，2004.
旅游法规. 袁正新. 机械工业出版社，2004.

第5章

旅行社管理法规制度

【本章概要】

作为旅游业三大支柱产业之一的旅行社业，是以营利为目的的，在其业务范围内，与社会联系非常紧密。为了进一步规范旅行社业，更好地促进旅游业的发展，我国制定和颁布了一系列有关旅行社管理的法规制度。本章在介绍旅行社概念及分类的基础上，对旅行社设立的条件、资金、人员要求、旅行社的审批程序以及旅行社的权利和义务等方面进行了阐述。

【学习目标】

- 掌握旅行社的经营范围和业务经营规则；
- 掌握旅行社的权利与义务；
- 了解旅行社设立条件与程序；
- 了解质量保证金的赔偿标准。

【关键性术语】

旅行社、经营范围、保证金、权利、义务。

【章首案例】

游客溺水身亡，旅行社要负什么责任？

2006年7月16日，上海市一家科技集团公司组织员工参加浙江桐庐三日游，职工刘某参加了这次旅游活动。第二天下午5时许，导游带领着旅游团乘竹筏到富春江旅游公司开办并管理的"珍珠滩浴场"。刘某在下水后不久便溺水，浴场工作人员赶到现场进行抢救，但刘某终因抢救无效而死亡。

死者家属认为导游并未告知必须乘竹筏到规定区域后才能下水游泳，浴场工作人员也没有对游客进行说明、指导和制止。所以对刘某的溺水身亡应承担全部的赔偿责任。

组织这次旅游的大通之旅公司称，刘某下水和溺水的地点均在浴场范围之外，刘某受过高等教育，对在天然浴场游泳具有的危险性应有一定的认知，其溺水完全是由于主观上的疏忽和客观上的逞强所致。而且导游只是起到代买门票的作用，在游客下水前已经进行了安全教育，所以大通之旅公司不应承担责任。

富春江旅游公司则称，浴场范围内有明显的浮标标志、有巨型彩带及巨幅名称字牌，竹筏漂过的必经之处又有大块的"游客须知"标牌，明确告知游客须在规定的水域内游泳，并须听从管理人员的指挥。事故发生后，浴场工作人员也及时开展了抢救工作。一审判决认定富春江旅游公司未用有效的控制措施防止损害后果的发生与事实不符，所以不应承担赔偿责任。

请问：旅行社对刘某的死是否应承担责任？为什么？

5.1　旅行社概述

5.1.1　旅行社的概念及特征

依据《旅行社条例》（以下简称《条例》）的第2条规定："旅行社是指从事招徕、组织、接待旅游者等活动，为旅游者提供相关旅游服务，开展国内旅游业务、入境旅游业务或者出境旅游业务的企业法人。"这一概念全面、高度概括了旅行社经营业务的性质与内涵、旅行社经营业务的范围及旅行社的法人属性。对这一概念可以从以下三方面来加以理解。

首先，旅行社从事旅游服务活动须经许可。旅行社从事旅游服务产品的生产与销售业务必须经过旅游行政管理部门的审核批准；未经有审批权的旅游行政管理部门审批，任何单位或个人均不得经营旅游业务。这与世界上许多国家的做法是相通的。旅行社是以营利为目的的企业。营利是旅行社活动的目的，旅行社为了实现营利的目的，为了合理地做到有偿服务，应当开拓旅游招揽和接待业务，增加旅游收入，开展精确的核算活动，节省经营中的人力、物力、财力消耗，做到以收抵支，并有盈余，取得较好的经济效益。

其次，旅行社业务经营的范围是从事招徕、组织、接待旅游者等活动，为旅游者提供相关旅游服务。

依据《旅行社条例实施细则》（以下简称《实施细则》）的规定，旅行社招徕、组织、接待旅游者并为其提供的相关旅游服务主要包括：①安排交通服务；②安排住宿服务；③安排餐饮服务；④安排旅行游览、休闲度假等服务；⑤导游、领队服务；⑥旅游咨询、旅游活动设计服务。

旅行社还可以接受委托，提供下列旅游服务：①接受旅游者的委托，代订交通客票、代订住宿和代办出境、入境、签证手续等；②接受机关、事业单位和社会团体的委托，为其差旅、考察、会议、展览等公务活动，代办交通、住宿、餐饮、会务等事务；③接受企业委托，为其各类商务活动、奖励旅游等代办交通、住宿、餐饮、会务、观光游览、休闲度假等事务；④其他旅游服务。旅行社是从事旅游业务的企业。旅游业务是旅行社为旅游者代办出境、入境和签证手续，招揽、接待旅游者，为旅游者提供和安排交通、游览、住宿、饮食、购物、娱乐、导游等服务的经营活动。旅游业务可概括为代办手续、招揽旅游者、接待旅游者。

第三，旅行社的法律地位是法人企业。法人企业与非法人企业的主要区别是能否独立承担民事责任，法人企业因具有自主经营、自负盈亏、自我发展能力，能够以自己所有或管理的财产独立承担民事责任，非法人企业不能独立承担民事责任。旅行社是从事旅游业务经营、获取有偿服务、实现经营利润的社会经济组织，具有法人资格。

5.1.2　旅行社的经营范围

旅行社的经营范围是指旅行社经营的服务项目和开展业务活动的地域范围。旅行社须在核定的经营范围内开展业务。《条例》的第2条规定，旅行社的业务经营范围包括国内旅游、入境旅游或者出境旅游三种业务。

依据《实施细则》第3条的规定："所谓国内旅游业务，是指旅行社招徕组织和接待中国内地居民在境内旅游的业务；入境旅游业务，是指旅行社组织、接待外国旅游者来我国旅游，包括香港特别行政区、澳门特别行政区旅游者来内地旅游，中国台湾地区居民来大陆旅游，以及招徕、组织、接待在中国内地的外国人，在内地的香港特别行政区、澳门特别行政区居民和在大陆的中国台湾地区居民在境内旅游的业务；出境旅游业务，是指旅行社招徕、组织、接待中国内地居民出国旅游，赴香港特别行政区、澳门特别行政区和台湾地区旅游，以及招徕、组织、接待在中国内地的的外国人、在内地的香港特别行政区、澳门特别行政区居民和在大陆的中国台湾地区居民出境旅游的业务。”

5.2 旅行社设立的条件与审批

旅行社的设立必须符合国家的规章，接受国家及旅游行政管理部门的监督，因此，设立旅行社必须符合一定的条件。世界各国根据本国旅游业发展的实际情况，对旅行社的设立规定了各种条件。由于各国的旅游业发展状况不同，旅行社对本国或本地区的旅游业发展所起的作用也存在一定的差异，所以，规定的旅行社设立的条件也不尽相同。如美国旅行社开办这必须要有两年销售客运与相关事务的经历，或替其他旅行社充当两年销售人员的经历等，同时还要求旅行社必须加入某个行业组织方可营业。

根据《旅行社条例》和《旅行社条例实施细则》规定，设立旅行社应具备下列条件。

5.2.1 旅行社经营场所与设施

5.2.1.1 经营场所

营业场所是企业从事生产经营活动的主要地方，是旅行社经营的基本条件。为了经营活动的正常运行及有关部门对企业的监督管理，旅行社就必须拥有固定的营业场所和足够的营业用房。固定的营业场所是指在较长的一段时间内能够为旅行社所拥有或使用，而不是频繁变动的营业场所。《细则》规定旅行社的经营场所应当符合下列条件：①申请者拥有产权的营业用房，或者申请者租用的、租期不少于1年的营业用房；②营业用房应当满足申请者业务经营的需要。

5.2.1.2 经营设施

根据旅行社的业务特点，《细则》规定营业设施应当至少包括下列设施、设备：①两部以上的直线固定电话；②传真机、复印机；③具备与旅游行政管理部门及其他旅游经营者联网条件的计算机。

5.2.2 旅行社资金要求

旅行社应由符合条例规定数额的注册资本和质量保证金，从而保证旅行社经营管理活动的正常运行和保护旅游者的合法权益。

《条例》对各类旅行社的注册资本和质量保征金作了明确的规定。

有不少于30万元的注册资本（本章中未作特别说明的，均指人民币金额）。所谓注册资本，则是在法定资本制下，记载在公司章程的、并经过登记机关登记的、在公司成立时认足并于公司成立时或者成立后一定时间内缴足的、以金钱表示的金额。《条例》对申请成立旅行社确定注册资本数额的目的是基于旅行社的性质不同于一般企业，它们提供的旅游服务往往直接关系到广大旅游者的生命财产安全，因此须规定特殊的注册资本要求，以确保其具备足够的经费开展业务经营，并能承担相应的法律责任，也有利于保障旅游者的合法权益。

经营国内旅游业务和入境旅游业务的旅行社，应当存入质量保证金20万元；经营出境旅游业务的旅行社，应当增存质量保证金120万元。

5.2.3 申请设立旅行社应提交的材料

依据《细则》第8条的规定，申请设立旅行社，应当向省、自治区、直辖市旅游行政管理部门（简称省级旅游行政管理部门，下同）提交下列文件：（一）设立申请书。内容包括申请设立的旅行社的中英文名称及英文缩写，设立地址，企业形式、出资人、出资额和出资方式，申请人、受理申请部门的全称、申请书名称和申请的时间；（二）法定代表人履历表及身份证明；（三）企业章程；（四）依法设立的验资机构出具的验资证明；（五）经营场所的证明；（六）营业设施、设备的证明或者说明；（七）工商行政管理部门出具的《企业名称预先核准通知书》。

5.2.4 旅行社的审批

5.2.4.1 经营国内旅游业务和入境旅游业务旅行社的审批

(1)《旅行社业务经营许可证》的取得

申请人具备了上述设立旅行社的经营场所、经营设施和资金等基本条件后，应当向有审批权的旅游行政管理部门提出申请，报请审批。如《条例》第7条规定："申请设立旅行社，经营国内旅游业务和入境旅游业务的，应当向所在地省、自治区、直辖市旅游行政管理部门或者其委托的设区的市级旅游行政管理部门提出申请，并提交符合本条例第六条规定的相关证明文件。"

依照《条例》第7条规定，有权受理申请并且做出许可或者不予许可决定的主体只能是省级人民政府旅游行政管理部门或者其委托的设区的市级旅游行政管理部门，设区的市级以下旅游行政管理部门无权受理申请和做出许可或者不予许可的决定。

且《条例》第7条还对审查的时限条件做出了具体规定，如："受理申请的旅游行政管理部门应当自受理申请之日起20个工作日内做出许可或者不予许可的决定。"

收到申请的旅游行政管理部门，首先应当审查申请是否属于本旅游行政管理部门的管辖范围。对不属于本机关管辖的，应当及时做出不予受理的决定，并告知申请人向有关旅游行政管理部门提出申请。对属于本旅游行政管理部门职权范围内的申请，只要材料齐全、符合法定形式的，应当予以受理。

旅游行政管理部门受理申请后，应当根据申请的具体内容，对申请人提交的证明材料或文件的真实性、有效性和合法性进行审查，如对申请人的经营场所、营业设施、设备进行现场检查，或者委托下级旅游行政管理部门检查等。旅游行政管理部门的审查应当在自受理申请之日起20个工作日内完毕。审查完后，旅游行政管理部门应对符合条件予以许可的申请人，颁发《旅行社业务经营许可证》；不予许可的，必须以书面形式通知申请人，并说明理由。

旅行社因业务经营需要，可以向做出许可的旅游行政管理部门申请核发《旅行社业务经营许可证》副本。

《旅行社业务经营许可证》及其副本，由国务院旅游行政主管部门制定统一样式，国务院旅游行政主管部门和省级旅游行政管理部门分别印制。

（2）工商登记

申请设立旅行社的单位应在收到“许可证”的60个工作日内，持批准设立的文件和“许可证”，到所在地工商行政管理部门办理注册登记。工商行政管理部门对申请者提交的旅游行政管理部门的批准文件及“许可证”予以核准，凡符合有关规定的，应在受理申请30个工作日内准予注册登记。旅行社登记注册的主要事项有企业法人名称、住所、经营场所、法定代表人、经营性质、经营范围、经营方式、注册资本、经营限制、分支机构等。申请者经注册登记、领取营业执照，旅行社即告成立。

（3）税务登记

旅行社正式成立后，应在领取营业执照的30个工作日内，向当地税务部门办理开业税务登记，并在办妥银行账号后申请税务执照。旅行社向税务部门领取税务登记表，如实填写表中各项内容，经税务部门审核同意，可获得税务登记证。税务登记完成后，旅行社即可正式开始营业。

5.2.4.2 经营出境旅游业务旅行社的审批

旅行社依法成立并正式对外营业之际，业务范围仅限于国内旅游和入境旅游市场。如果旅行社具备了一定的竞争实力，想进一步拓展国际市场，经营中国公民的出境游业务，在具备了《条例》所规定的许可条件后，可依以下程序申请经营出境旅游业务。

（1）申请的提出

《条例》第8条规定：“旅行社取得经营许可满两年，且未因侵害旅游者合法权益受到行政机关罚款以上处罚的，可以申请经营出境旅游业务。”此条款明确规定了旅行社成立后需申请经营出境旅游业务的，必须达到《条例》规定的两个许可条件。

第一，旅行社取得经营许可满两年。这个许可条件的规定，主要是因为出境旅游业务是为中国公民提供赴境外旅游的服务。因此，旅行社应有较为丰富的旅游业务经营经验，才能较好地组织、安排、协调有关出境旅游事宜，应对可能发生的突发事件，所以《条例》对旅行社申请经营出境旅游业务做出了一个期限限制，即取得经营许可满两年。

第二，未因侵害旅游者合法权益受到行政机关罚款以上处罚的。这个许可条件的规定，是对旅行社在申请经营出境旅游业务之前的经营过程当中是否存在的违法行为的记录要求。对这一许可规定应理解以下三层意思：①“侵害旅游者合法权益”的行为主要是指旅行社提供的旅游服务信息不真实、不可靠，以低于旅游成本的报价招徕旅游者，未经旅游者同意擅自在旅游合同约定之外提供其他有偿服务，拒绝履行旅游合同约定的义务，欺骗、胁迫旅游者购物或者参加需要另行付费的游览项目等直接侵犯旅游者合法权益的行为；②此处所规定的“处罚”种类是指行政处罚；③“罚款以上处罚”则是指罚款、没收违法所得、没收非法财物、责令停业停产、暂扣或者吊销许可证、暂扣或者吊销营业执照的行政处罚。这一条件的设立表明，国家只允许那些拥有良好行业信誉，没有出现过侵犯旅游者合法权益行为的旅行社从事出境旅游业务经营活动。

(2) 申请人须提交申请及证明文件

依据《条例》第9条规定："申请经营出境旅游业务的，应当向国务院旅游行政主管部门或者其委托的省、自治区、直辖市旅游行政管理部门提出申请。"在提出申请时，依据《细则》的规定，旅行社申请经营出境旅游业务的，还应当向国务院旅游行政主管部门提交原许可的旅游行政管理部门出具的、证明其经营旅行社业务满两年、且连续两年未因侵害旅游者合法权益受到行政机关罚款以上处罚的文件。

(3) 申请的受理

《条例》第9条规定，有权受理申请并做出许可或者不予许可决定的主体是国务院旅游行政主管部门或者其委托的省、自治区、直辖市旅游行政管理部门。与国内旅游业务和入境旅游业务的许可主体相比，出境旅游业务许可主体的级别较高。《条例》将出境旅游业务许可权授予这些主体，是为了更有利于规范出境旅游市场，保障旅游者合法权益，维护国家形象的目的。

(4) 审查与许可

《条例》第9条规定："国务院旅游行政主管部门或者其委托的省、自治区、直辖市旅游行政管理部门应当自受理申请之日起20个工作日内审查完毕，做出许可或者不予许可的决定。予以许可的，向申请人换发旅行社业务经营许可证；不予许可的，书面通知申请人并说明理由。"这里"换发旅行社业务经营许可证"是指由于受理申请的旅游行政管理部门做出了许可决定，旅行社在原有的国内旅游业务和入境旅游业务外，增加了出境旅游业务，旅游行政管理部门必须给该旅行社换发相应的《旅行社业务经营许可证》。

(5) 变更登记

依据《条例》第9条规定，予以许可的，旅游行政管理部门向申请人换发旅行社业务经营许可证。旅行社应当持换发的旅行社业务经营许可证到工商行政管理部门办理变更登记。也就是说，旅行社取得出境旅游业务经营许可后，应当持换发的《旅行社业务经营许可证》，到工商行政管理机关办理变更登记手续。

5.2.5 旅行社分支机构的设立

旅行社的分支机构是指旅行社因业务需要所设立的非法人分社和服务网点。

5.2.5.1 旅行社分社的设立条件及程序

旅行社分社是指由设立社设置的、在设立社的经营范围内从事经营活动、不能独立承担民事责任的分支机构。

(1) 分社设立的条件

依据《实施细则》的规定，旅行社设立分社应当具备以下条件：①拥有产权的营业用房，或者申请者租用的、租期不少于1年的营业用房。②营业用房应当满足申请者业务经营的需要。③2部以上的直线固定电话；传真机、复印机；具备与旅游行政管理部及其他旅游经营者联网条件的计算机等营业设施。

另外，在设立分社的名称中，应当包含设立社名称、分社所在地地名和"分社"或者"分公司"字样。

(2) 分社设立的程序

● 登记、备案。拟设立分社的旅行社首先应当持旅行社业务经营许可证副本到分社所在地的工商行政管理部门办理设立登记。其次，自设立登记之日起3个工作日内设立分社的旅行社应当持以下证件向分社所在地与工商登记同级的旅游行政管理部门备案；若没有同级的旅游行政管理部门的，向上一级旅游行政管理部门备案：①设立社的《旅行社业务经营许可证》副本和企业法人营业执照副本；②分社的《营业执照》；③分社经理的履历表和身份证明；④增存质量保证金的证明文件（旅行社每设立一个经营国内旅游业务和入境旅游业务的分社，应当向其质量保证金账户增存5万元；每设立一个经营出境旅游业务的分社，应当向其质量保证金账户增存30万元）。

● 受理。受理备案的旅游行政管理部门应是分设所在地的、与工商登记同级的旅游行政部门。这些旅游行政管理部门受理备案后应当向旅行社颁发“旅行社分社备案登记证明”。此时，旅行社分社合法设立，可以开始从事旅游业务活动。

旅行社分社的设立不受地域的限制，但分社的经营范围不得超出设立分社的旅行社的经营范围。这也说明，旅行社分社是不能独立承担民事责任的非法人的分支机构。且设立社应当加强分社的管理，对分社实行统一的人事、财务、招徕、接待管理。

5.2.5.2　旅行社服务网点的设立条件及程序

旅行社服务网点是指旅行社设立的、为旅行社招徕旅游者、并以旅行社的名义与旅游者签订旅游合同的门市部等机构。旅行社设立服务网点的区域范围，应当在旅行社所在地的设区的市的行政区划内。

（1）服务网点设立的条件

依据《旅行社条例实施细则》的规定，服务网点应当设在方便旅游者认识和出入的公众场所。服务网点的名称、标牌应当包括设立旅行社的名称、服务网点所在地地名等，不得含有使旅游消费者误解为是旅行社或者分社的内容，也不得作易使旅游消费者误解的简称。服务网点应当在设立社的经营范围内招徕旅游者、提供旅游咨询服务。

（2）服务网点设立的程序

旅行社首先应当向服务网点所在地工商行政管理部门办理服务网点设立登记。其次，在登记后的3个工作日内，持下列文件向服务网点所在地与工商登记同级的旅游行政管理部门备案：①设立社的《旅行社业务经营许可证》副本和企业法人营业执照副本；②服务网点的《营业执照》；③服务网点经理的履历表和身份证明。与设立分社相同，没有同级的旅游行政管理部门的，向上一级旅游行政管理部门备案。服务网点备案后，受理备案的旅游行政管理部门应当向旅行社颁发“旅行社服务网点备案登记证明”。此时，旅行社服务网点就可以在规定的经营范围内招徕旅游者、提供旅游咨询服务。

旅行社服务网点应当在旅行社所在地的设区的市的行政区划内，不得在其所在地的设区的市的行政区划的区域范围外设立。旅行社的服务网点不得从事招徕、咨询以外的活动。旅行社应当加强对服务网点的管理，对服务网点实行统一管理、统一财务、统一招徕和统一咨询。

依据《旅行社条例实施细则》的规定，旅行社及其分社、服务网点，应当将《旅行社业务经营许可证》、《旅行社分社备案登记证明》或者《旅行社服务网点备案登记证明》与营业执照一起，悬挂在经营场所的显要位置。

旅行社设立的办事处、代表处或者联络处等办事机构，不得从事旅行社业务经营活动。

5.2.6 外商投资旅行社

根据《条例》规定，外商投资旅行社，包括中外合资经营旅行社、中外合作经营旅行社和外资旅行社三类。这三类企业的投资方式、分配方式、风险方式、回收投资方式、承担责任方式、清算方式等都有所不同。

5.2.6.1 外商投资旅行社设立的条件

依据《旅行社条例》规定，我国对外商投资旅行社的设立已经实行了国民待遇，因此，外商投资旅行社设立的条件与我国内资旅行社的设立条件相同，在此不再赘述。

5.2.6.2 外商投资旅行社设立的程序

外商投资旅行社的设立需经过提交申请、受理、审批、许可、登记等程序。

依据《条例》第22规定："设立外商投资旅行社，由投资者向国务院旅游行政主管部门提出申请，并提交设立旅行社应具备条件的相关证明文件。国务院旅游行政主管部门应当在自受理申请之日起30个工作日内审查完毕。同意设立的，出具外商投资旅行社业务许可审定意见书；不同意设立的，书面通知申请人并说明理由。"

申请人持外商投资旅行社业务许可审定意见书、章程，合资、合作双方签订的合同向国务院商务主管部门提出设立外商投资企业的申请。国务院商务主管部门应当依照有关法律、法规的规定，做出批准或者不予批准的决定。予以批准的，颁发《外商投资企业批准证书》，并通知申请人向国务院旅游行政主管部门领取《旅行社业务经营许可证》，申请人持《旅行社业务经营许可证》和《外商投资企业批准证书》向工商行政管理部门办理设立登记；不予批准的，书面通知申请人并说明理由。

与内资旅行社设立的申请与许可相比，外商投资旅行社具有四个方面的特点：一是提出申请者可以是境外服务提供者，也可以是境内投资、合作者；二是做出许可的主体级别较高，是国家旅游局和我国商务部；三是审查时限相对较长，如《条例》规定，对外商投资旅行社申请的审查时限为30个工作日，对内资设立旅行社申请的审查时限只需20个工作日；四是企业登记需提交双重许可的证明——申请人须持国家旅游局颁发的《旅行社业务经营许可证》和商务部颁发的《外商投资企业批准书》，方可向工商行政管理部门办理企业登记。

5.2.6.3 外商投资旅行社的经营范围

依据《条例》第23条的规定："外商投资旅行社不得经营中国内地居民出国旅游业务以及赴香港特别行政区、澳门特别行政区和中国台湾地区旅游的业务，但是国务院决定或者我国签署的自由贸易协定和内地与香港、澳门关于建立更紧密经贸关系的安排另有规定的除外。"

作为旅行社经营业务范围之一的出境旅游，在我国旅游业发展的现阶段仍具有一定的特殊性，《条例》在"国民待遇限制"部分已明确规定"合资或独资旅行社和旅游经营者不允许从事中国公民出国游及赴港、澳、台的旅游业务"，即外商投资旅行社不得申请、经营中国公民出境旅游业务。

5.3 旅行社的主要权利义务

旅行社的权利与义务，是指由旅游法律、法规所规范的旅行社在其经营活动中的权利和责任。旅行社依靠为旅游者实现其消费需要提供服务而生存和发展，所以旅行社与旅游者之间产生权利义务关系。同时，旅行社作为旅游中介机构是不可能单独进行业务活动的，它要依靠众多的旅游服务供应者如交通运输部门、饭店、餐馆、各地的接待旅行社、旅游景区、购物商店等为其旅游者提供服务，旅行社就与这些相关部门产生权利义务关系。另外，旅行社与旅游行政管理部门之间又有纵向的法律关系。

5.3.1 旅行社的主要权利

权利是指法律关系的主体依法享有的权能和利益，表现为权利的享有者可以自己作出一定的行为或要求他人作出或不作出一定的行为。根据《条例》规定，旅行社的主要权利包括以下几方面。

（1）旅游业务经营的权利

旅行社的业务经营权主要有招徕、接待旅游者，开展广告宣传。旅行社有权与旅游者签订合同，保护双方合法权益。在合同关系中，旅行社与对方在法律上是平等的。

另一方面，旅行社依法享有自主经营权，正当权益受保护，这些权利的行使不应受到无理干涉，更不能被剥夺。旅游行政管理部门的检查人员对旅行社进行检查时，应当出示有效证件，检查人员未出示有效证件的，旅行社有权拒绝其进行检查。对旅游行政管理部门作出的错误行政决定和处罚，旅行社有权向上一级主管部门提出申诉，要求纠正错误，或直接依照《行政诉讼法》向法院起诉。

（2）收取合理费用的权利

旅行社是以营利为目的的企业，其有为旅游者提供服务而收取合法合理费用的权利，旅游者应尊重旅行社收取服务费的权利。个别旅游者无视旅行社的合理利润空间，追求零利润的组团，是不现实、不合理的。

（3）要求违反合同的旅游者或其他单位承担相应责任的权利

旅游者未按合同的约定的时间参加旅游，旅行社可按规定或约定取得违约金；旅游者因违约给旅行社造成了经济损失的，旅行社有权要求其承担赔偿责任等。

同时，旅行社有权要求饭店向旅游者提供的服务质量与相同条件下的其他客人相同；饭店不履行其义务，不提供相应服务，饭店应向旅行社支付赔偿金。

饭店接受旅行社的预订后无力接待旅游者时，旅行社有权要求饭店安排旅游者入住距离近的、相等的或较高等级的饭店，由此引起的收费差价及费用由饭店承担。

旅行社有权要求饭店向自己支付佣金，或者按约定的比例从旅行社客人的总价款中扣除应付给旅行社的那部分佣金。

（4）商业秘密不受侵犯的权利

旅行社的独特经营方式和管理模式、经营技巧、技术手段、产品加工方式等能带来巨大的经济效益，都属于旅行社的商业秘密，受到法律的保护。《条例》也作了明确的规定，经营人员未经旅行社同意，不得批露、使用或者允许他人使用其掌握的旅行社的商业秘密。这也为制止当前旅行社工作人员频繁换工作单位而带走旅行社的客户市场提供了法律保护的依据。

另外依据《细则》第43条规定，旅行社及其委派的导游人员、领队人员在经营、服务中享有下列权利：要求旅游者如实提供旅游所必需的个人信息，按时提交相关证明文件；要求旅游者遵守旅游合同约定的旅游行程安排，妥善保管随身物品；出现突发公共事件或者其他危急情形，以及旅行社因违反旅游合同约定采取补救措施时，要求旅游者配合处理防止扩大损失，以将损失降低到最低程度；拒绝旅游者提出的超出旅游合同约定的不合理要求；制止旅游者违背旅游目的地的法律、风俗习惯的言行。

5.3.2 旅行社的主要义务

义务是指法律关系的主体依法应尽的责任，表现为义务的承担者必须作出或不作出一定的行为。按照《条例》及《细则》明确规定，旅行社应当维护旅游者的合法权益。

（1）与旅游者签订旅游合同义务

依据《条例》第28条规定，旅行社为旅游者提供服务，应当与旅游者签订旅游书面合同并载明下列事项：旅行社的名称及其经营范围、地址、联系电话和旅行社业务经营许可证编号；旅行社经办人的姓名、联系电话；签约地点和日期；旅游行程的出发地、途经地和目的地；旅游行程中交通、住宿、餐饮服务安排及其标准；旅行社统一安排的游览项目的具体内容及时间；旅游者自由活动的时间和次数；旅游者应当交纳的旅游费用及交纳方式；旅行社安排的购物次数、停留时间及购物场所的名称；需要旅游者另行付费的游览项目及价格；解除或者变更合同的条件和提前通知的期限；违反合同的纠纷解决机制及应当承担的责任；旅游服务监督、投诉电话；双方协商一致的其他内容。

（2）为旅游者提供约定的各项服务

旅行社的约定服务包括旅行社对旅游者的约定服务、旅行社对交通运输企业的约定服务以及旅行社对饭店的约定服务等。

旅行社最基本的义务是关心旅游者的利益，按照合同约定的活动项目向旅游者提供各项服务，认真组织好旅游，保证旅游活动的顺利进行。旅行社在旅游者动身之前，就要周密安排好旅游项目，使计划的旅游路线、日程、项目能顺利地得到实施。

旅行社为旅游者提供的各项服务，不得低于国家标准或行业标准，并且是质价相等。旅行社应按照合同的约定保质保量地履行对旅游者的承诺，如保证饭店档次、餐饮质量、车辆规格、景点数量、导游水平等。除不可抗力的因素外，旅行社不能改动或降低服务内容。如果被迫对旅游计划作出变更，必须做好耐心的解释，并承担旅游者因此受到的损失。

旅行社对交通运输企业的义务是，应根据合同向交通运输企业提供客源，如向航空公司预订机票、向火车站预订客车票。交通运输企业则根据旅行社预定航班或车次提供交通运输服务，以解决旅游者的交通运输问题。

旅行社对饭店的义务首先是按合同规定向饭店输送客人。在团体旅行者到达饭店约定的时间之前向饭店提供客房分配名单。在旅行社无法按时履行合同规定的输送客人义务时，旅行社应在饭店要求的期限内通知饭店，使饭店能将这部分客房或床位租给他人。否则，旅行社应赔偿饭店所受的实际损失。其次，旅行社对饭店所提供的客房和相关服务，应按合同约定的价格，向饭店支付费用。

（3）所提供的服务符合保障旅游者人身、财物安全的要求

旅行社应当为旅游者提供符合保障旅游者人身、财物安全需要的服务。这些安全保障服务，不仅仅是设施、设备、项目的安全保障，还包括警示与预防危险。即旅行社对有可能危及旅游者人身财物安全的项目、环境，应当向旅游者做出真实说明和明确警示，并采取防止危害发生的措施；对旅游地可能引起旅游者误解或产生冲突的法律规定，风俗习惯、宗教信仰等，应当事先给旅游者以明确的说明和忠告。

（4）聘用合格导游和领队

合格导游和领队是指持有旅游行政管理部门颁发导游证和领队证的人员，仅有导游资格证书无导游证和领队证的人员不是合格导游和领队。《条例》第30条规定："旅行社组织中国内地居民出境旅游的，应当为旅游团队安排领队全程陪同。"第31条规定："旅行社为接待旅游者委派的导游人员或者为组织旅游者出境旅游委派的领队人员，应当持有国家规定的导游证、领队证。"

（5）旅行社有义务对由于自身的过错使旅游者蒙受的损失承担赔偿责任

除了不可抗力的因素和法律另有规定之外，旅行社对自己的过错行为，无论是故意还是过失，都应该承担相应的法律责任，凡造成旅游者人身和财产损失的，应予以赔偿。

（6）旅行社须明码报价，按规定或约定收取旅游费用

《条例》第27条规定："旅行社不得以低于旅游成本的报价招徕旅游者。未经旅游者同意，旅行社不得在旅游合同约定之外提供其他有偿服务。"

在目前的旅游市场上，旅行社在旅游合同约定之外提供有偿服务的危害性在于，由于事先没有合同约定，旅游者对新增有偿服务的内容、价值缺乏了解，完全依赖旅行社提供的信息，合同外有偿服务往往成为旅行社欺诈、误导旅游者，牟取非法收入的手段。因此，本条款设定的目的也就在于，一是消除旅行社之间的无序竞争、恶性竞争，把旅行社努力从"价格战"引导到提高服务质量和产品创新等可持续的发展方向上；二是为了从源头治理"零、负团费"问题，从一定程度上减弱旅行社侵害旅游者合法权益牟取非法利益的驱动力，为合法经营的旅行社创造发展的空间；三是保障旅游者的知情权，促进旅游者的理性消费。旅行社提供的服务应当明码标价，质价相符，不得有价格欺诈行为，旅行社对旅游者提供的服务项目，按照国家规定收费；旅行中增加服务项目需要加收费用的，应当事先征得旅游者同意；旅行社提供有偿服务，应当按照国家的有关规定向旅游者出具服务单据。

（7）接受旅游行政管理部门管理、检查和监督的义务

县级以上地方人民政府管理旅游工作的部门按照职责负责本行政区域内旅行社的监督管理工作。县级以上各级人民政府工商、价格、商务、外汇等有关部门，应当按照职责分工，依法对旅行社进行监督管理。

检查监督的内容，包括旅行社业务经营、对外报价、资产状况、服务质量、旅游安全、财务管理、资格认证等方面的情况。旅行社应当按照旅游行政管理部门的要求提供有关报表、文件和资料，不得提供虚假数据或伪造统计报表。

5.4 旅行社质量保证金制度

5.4.1 旅行社质量保证金概述

质量保证金是指由旅行社缴纳，用于保障旅游者权益的专用款项。质量保证金制度是对旅行社进行质量监督和管理的一种重要措施。世界上许多国家如日本、新加坡针对旅行社设立由质量保证金制度，美国和许多欧洲国家通过行业协会都设有类似的制度。

我国有关旅行社管理制度，也要求旅行社设立一项专项基金，以保护旅游者的合法权益。《国务院办公厅关于对旅行社实行质量保证金制度的复函》中指出，为加强对旅游行业服务质量的监督和管理，保护旅游者的合法权益，原则同意对旅行社实行质量保证金制度。旅行社质量保证金是保障旅游者权益的专用款项，旅游行政管理部门要建立严格的财务管理制度，纳入每年的财务检查和审计。

《条例》第13条规定："旅行社应当自取得旅行社业务经营许可证之日起3个工作日内，在国务院旅游行政主管部门指定的银行开设专门的质量保证金账户，存入质量保证金，或者向做出许可的旅游行政管理部门提交依法取得的担保额度不低于相应质量保证金数额的银行担保。"

经营国内旅游业务和入境旅游业务的旅行社，应当存入质量保证金20万元；经营出境旅游业务的旅行社，应当增存质量保证金120万元。

旅行社每设立一个经营国内旅游业务和入境旅游业务的分社，应当向其质量保证金账户增存5万元；每设立一个经营出境旅游业务的分社，应当向其质量保证金账户增存30万元。

《条例》对旅行社质量保证金的缴纳规定了两种方式。一是首先由国务院旅游行政主管部门选定若干家商业银行作为管理旅行社质量保证金的指定银行。经营国内旅游业务和入境旅游业务的旅行社按照规定存入质量保证金20万元；经营出境旅游业务的旅行社按照规定增存质量保证金120万元。二是由旅行社向做出许可的旅游行政管理部门提交担保数额不低于以上质量保证金交纳标准的银行担保。旅行社分社的质量保证金应当由旅行社在设立分社时存入本社的质量保证金专用账户，或者向做出许可的旅游行政管理部门提交新的银行担保。

质量保证金属于旅行社所有。作为保障旅游者合法权益的备用资金，存储在银行的质量保证金所产生的利息，也属于旅行社。《旅行社条例》第13条第3款对此做出了明确规定。且依据《旅行社条例》第19条规定："旅行社不再从事旅游业务的，凭旅游行政管理部门出具的凭证，可以向银行取回质量保证金作为自己财产的一部分进行处置。"

5.4.2 旅行社质量保证金管理

5.4.2.1 质量保证金管理的原则

旅游行政管理部门对质量保证金实行"统一制度、统一标准、分级管理"的原则：国家旅游行政管理机关统一制定保证金的制度、标准和具体办法；各级旅游行政管理机关在规定的权限内，依据有关法规、规章和程序，做出支付保证金金额的决定。

旅行社在银行存入质量保证金的，应当设立独立账户，存期由旅行社确定，但不得少于1年。账户存期届满，旅行社应当及时办理续存手续。

旅行社存入、续存、增存质量保证金后7个工作日内，应当向做出许可的旅游行政管理部门提交存入、续存、增存质量保证金的证明文件，以及旅行社与银行达成的使用质量保证金的协议。协议应当包含下列内容：①旅行社与银行双方同意依照《旅行社条例》规定使用质量保证金；②旅行社与银行双方承诺，除依照县级以上旅游行政管理部门出具的划拨质量保证金，或者省级以上旅游行政管理部门出具的降低、退还质量保证金的文件，以及人民法院做出的认定旅行社损害旅游者合法权益的生效法律文书外，任何单位和个人不得动用质量保证金。

5.4.2.2 质量保证金动态管理

旅行社自交纳或者补足质量保证金之日起3年内未因侵害旅游者合法权益受到行政机关罚款以上处罚的，旅游行政管理部门应当将旅行社质量保证金的交存数额降低50%，并向社会公告。旅行社可凭省、自治区、直辖市旅游行政管理部门出具的凭证减少其质量保证金。旅行社在旅游行政管理部门使用质量保证金赔偿旅游者的损失，或者依法减少质量保证金后，因侵害旅游者合法权益受到行政机关罚款以上处罚的，应当在收到旅游行政管理部门补交质量保证金的通知之日起5个工作日内补足质量保证金。

5.4.3 旅行社质量保证金赔偿制度

5.4.3.1 质量保证金赔偿的适用范围

质量保证金的使用范围是指旅游行政管理部门不经司法机关判决、裁定，依法决定使用特定旅行社的全部或者部分质量保证金来赔偿该旅行社给旅游者合法权益造成的损害的具体情形。在《条例》中也首次对质量保证金的使用范围做出了清晰、明确的限定。《条例》规定，有下列情形之一的，旅游行政管理部门可以使用旅行社的质量保证金：①旅行社违反旅游合同约定，侵害旅游者合法权益，经旅游行政管理部门查证属实的；②旅行社因解散、破产或者其他原因造成旅游者预交旅游费用损失的。最高人民法院2001年1月8日发布《关于执行旅行社质量保证金问题的通知》中指出，在人民法院判决、裁定及其他生效法律文件认定的旅行社损害旅游者合法权益的情形，适用该“保证金”赔偿。除上述情形之外，不得执行旅行社质量保证金赔偿。

5.4.3.2 质量保证金的赔偿程序

各级旅游质监所具体负责质量保证金的赔偿工作。质监所在审理赔偿案时应遵循的原则是：以事实为依据，以法律法规为准绳，公正办案，保护双方当事人的合法权益；办案中遵循先行调解原则，调解无效再依法进行审理，办案中不受任何组织和个人的非法干涉。

质监所接到赔偿请求书后，经审查符合质量保证金赔偿条件的：符合质量保证金赔偿范围，请求人是旅游合法权益直接受到侵害的旅游者或其合法代理人的；有明确的被投诉旅行社、具体的要求和事实根据的，都要及时做出受理决定。不符合受理条件的从接到赔偿请求书之日起，在规定的时间内通知请求人不受理的理由。

质监所处理赔偿请求案件，能够调解的应在查明事实、分清责任的基础上60

日之内做出调解，或做出划拨旅行社质量保证金赔偿的处理决定。调解不成的，或者调解书生效后没有执行的，或当事人对赔偿决定不服的，当事人可以按照国家法律、法规的规定，向仲裁机构申请仲裁或者向人民法院提起诉讼。

5.5　旅行社经营规范与监督检查

5.5.1　旅行社经营原则

旅行社在经营活动中应当遵循自愿、平等、公平、诚实信用的原则，遵守商业道德。

自愿原则　自愿原则是指旅行社不得通过欺诈、胁迫等手段强迫旅游者和其他企业在非自愿的情况下与其发生旅游法律关系。我国《民法通则》把自愿原则作为一项基本原则，即一切民事活动都必须遵守这一原则。凡以欺诈、胁迫等手段或者乘人之危，使对方在违背真实意愿的情况下所作的民事行为均为无效的民事法律行为。

平等原则　平等原则是指旅行社在经营活动中，与旅游者或其他企业法人之间发生业务关系，必须平等协商，不得将自己的意志强加给对方。不论经营者一方是法人还是自然人，或双方在经济力量上存在的差别多大，或即使一方交易者属某行政机关管辖，交易者双方都是平等的，在双方权利与义务的约定上必须平等协商。同时平等原则要求法律、法规对交易者双方提供平等的法律保障与保护。

公平原则　公平原则是指设立权利义务、承担民事责任的等方面应当公正、平等，合情合理。此原则要求旅行社应本着公平的观念从事经营活动，正当行使其权利义务；在经营活动中兼顾他人和社会利益，保证公正交易和公平竞争。

诚实信用原则　诚实信用原则是指要求旅行社对旅游者和其他企业诚实不欺，恪守诺言，讲究信用。旅行社应以友好合作的方式行使权利，在获得利益的同时，不损害他人利益和社会利益，并以诚实信用方式履行义务。此外，旅行社在开展业务经营活动中，还应遵守社会公认的商业道德。

5.5.2　旅行社经营要求

企业在市场竞争中的目的是为了占有更大的市场份额以获取利益，但在这一过程中，企业的经营行为不得违背市场规则，破坏市场秩序。体现在法律规定上，就是旅行社在经营活动中应当遵循自愿、平等、公平、诚实信用的原则，遵守商业道德。因此，旅行社应当在核定的经营范围内开展业务，不得采取不正当的手段进行市场竞争，同时要接受旅游行政管理部门的监督与检查。

5.5.2.1　严禁超范围经营

旅行社应按照核定的经营范围开展业务经营活动，这里包括两个方面的要求：

- 旅行社，包括其分支机构，未获准从事经营出境旅游业务资格的，不得招徕、组织、接待我国内地公民赴境外旅游。
- 依据《条例》第25条的规定："经营出境旅游业务的旅行社不得组织旅游者到国务院旅游行政主管部门公布的中国公民出境旅游目的地之外的国家和地区旅游。"

所谓出境旅游包括港澳台游、边境游和出国旅游三部分。中国公民出境旅游目的地国家和地区是指旅行社组织内地居民出境旅游时可以选择的、经国务院批准的、国务院旅游行政管理部门公布的国家和地区。

因此，作为可以经营出境旅游业务的旅行社应当按照国家旅游局核定认可的经营范围开展经营活动，不得开展到国家旅游局公布的我国公民出境旅游目的地之外的国家和地区的旅游经营活动。

在此需要说明的是，内地居民个人自行办理签证等出境手续文件，进行自助旅游或者探亲、出差等活动的，不受中国公民出境旅游目的地国家和地区的限制。旅行社应当按照核定的经营范围开展经营活动，严禁超范围经营。

5.5.2.2 严禁不正当竞争行为

旅行社不得采用下列不正当竞争手段从事旅游业务。

假冒其他旅行社的注册商标、品牌和质量认证标志，擅自使用其他旅行社的名称 企业的注册商标、品牌和质量认证标志是企业的无形资产，其价值来源于企业优良的产品质量、长期的商业信誉和资金投入。假冒其他旅行社的注册商标、品牌和名称的行为，会使消费者产生误认，并因此损害拥有该注册商标、品牌或名称的旅行社的合法利益。质量认证标志是得到公认的质量证明，它说明了旅行社所提供的服务品质，获得该标志必须通过严格的认证程序。未经过质量认证却使用该标志的，则会导致消费者对旅行让服务质量的错误认识，因此损害其他合法经营的旅行社的利益。

旅行社不得转让、出租或者出借《旅行社业务经营许可证》 依据《实施细则》的规定，旅行社业务经营许可证不得转让、出租或者出借。如果旅行社准许其他企业、团体或者个人，以部门或者个人承包、挂靠的形式经营旅行社业务的，或者旅行社除招徕旅游者和旅行社需要将在旅游目的地接待旅游者的业务委托给旅游目的地的旅行社并签订委托接待合同的接待旅游者的情形外，准许或者默许其他企业、团体或者个人，以自己的名义从事旅行社业务经营活动的行为等都属于转让、出租或者出借《旅行社业务经营许可证》的行为。这些行为不仅违反了《条例》的规定，更为严重的是扰乱了旅游市场的经营秩序，因此，旅行社在开展业务经营时应严格遵循这一规则。

与其他旅行社串通起来制定垄断价格，损害旅游者和其他旅行社的利益 与其他旅行社串通起来制定垄断价格，损害旅游者和其他旅行社的利益的行为，属于价格垄断行为。实施该行为的旅行社，往往是一个或几个大型的旅行社，因为他们占有较大的市场份额，能够操纵市场价格。通过垄断价格，客观上使其他中、小企业处于不利地位，无法与大企业抗衡，市场的竞争因此受到了抑制。

以低于正常成本价的价格参与竞销 正常价格竞争可以有效地抑制价格上扬，维护消费者的利益，而且可以促使企业提高产品和服务质量，但是，低价竞销行为却背离了价值规律，不仅侵害了合法经营者的利益，也会损害旅游消费者的利益。目前在旅游业中随处可见的“零团费”或“负团费”现象，就是低价竞销行为的典型表现。旅行社通常需要通过其他不正当的手段，如降低服务标准、强制购物和高额回扣等方式来弥补损失。

制造和散布有损其他旅行计的企业形象和商业信誉的虚假消息 经营者实施商业诽谤行为，在主观上出于故意，在客观上实施了诽谤行为，其目的在于通过损害竞争对手的商业信誉，以扩大自己的市场份额，谋取不正当利益。如果旅行社将自己的服务与其他旅行社的服务作比较，向消费者说明自己的服务“优于”其他经营者的产品，或者向消费者乃至全社会说明其他旅行社的服务存在“缺陷”，该行为极易被认为是商业诽谤，因此引发权利争议。

为招徕旅游者，向旅游者提供虚假的旅游服务信息 旅行社向旅游者提供虚假旅游服务信息，诱使旅游者参加旅游，损害了旅游者的合法权益，同时在客观上，还使其他旅行社的客源流失，因此该行为也是一种不正当竞争行为。

其他被国家旅游局认定为扰乱旅游市场秩序的行为 旅行社除不得从事不正当竞争行为外，在其经营过程中还不得向旅游者介绍和提供下列旅游项目：含有损害国家利益和民族尊严内容的旅游项目；含有民族、种族、宗教、性别歧视内容的旅游项目；含有淫秽、迷信、赌博内容的旅游项目；含有其他被法律、法规禁止的内容的旅游项目。

5.5.2.3 旅行社不得为旅游者安排或介绍下列旅游活动

依据《条例》第26条的规定：“旅行社为旅游者安排或者介绍的旅游活动不得违反有关法律、法规规定的内容：①不得含有损害国家利益和民族尊严的内容。②不得含有民族、种族、宗教歧视的内容。③不得含有淫秽、赌博、涉毒的内容。④不得有其他含有违反法律、法规规定的内容。”

首先，旅行社和导游人员担负着“民间外交”的重任，是“友好使者”的代表，在经营和服务中应当时刻维护国家、民族的利益和尊严，在原则上绝不允许出现任何有损国家利益和民族尊严内容的纰漏。

其次，旅行社接待的游客来自世界各地和不同的民族，由于游客的文化背景、宗教信仰、民族传统不同，个人素质参差不齐，男女生理、心理的差异，造就了游客需求的千差万别，不可能整齐划一。这就要求旅行社提供的服务要一视同仁，不能因为游客的个性差异而进行歧视对待。

再次，凡含有淫秽、赌博、涉毒内容的旅游活动都和我国社会主义精神文明建设背道而驰，破坏了社会风气，腐蚀了人们的心灵和意志，影响了社会的稳定，对社会危害极大。因此，要求旅行社在经营当中应向游客提供符合我国精神文明建设要求的服务活动。

5.5.2.4 旅行社的旅游业务委托行为应规范

在旅行社的业务经营活动中，一家旅行社将其接待旅游者的业务委托给另一家旅行社实施是非常普遍的事情，也是旅行社经营的一个重要特点。但是，旅游业务委托的不规范在实际旅游经营中引发了很多问题，较为严重的影响了我国旅游市场的有序发展，《条例》因此对旅行社的旅游业务委托行为做出了明确的规定，要求旅行社须依此规范经营。

《条例》第36条规定：“旅行社需要对旅游业务做出委托的，应当委托给具有相应资质的旅行社，征得旅游者的同意，并与接受委托的旅行社就接待旅游者的事宜签订委托合同，确定接待旅游者的各项服务安排及其标准，约定双方的权利、义务。”此条款包含有三层意思：一是旅行社应当将旅游业务委托给具有相应资质的旅行社。二是旅行社应当就委托行为征得旅游者的同意。在旅行社的业务操作中，如果旅行社在订立合同前向旅游者披露所有接待业务的受托人，将旅游目的地接受委托的旅行社的名称、地址、联系人和联系电话告知旅游者，旅游者在知晓接待业务受托人后签署旅游合同的，视为旅行社取得了旅游者的同意。三是旅行社应当与接受委托的旅行社就接待旅游者的事宜签订委托合同，确定接待旅游者的各项服务安排及其标准，约定双方的权利、义务。

《条例》第37条规定："旅行社将旅游业务委托给其他旅行社的，应当向接受委托的旅行社支付不低于接待和服务成本的费用；接受委托的旅行社不得接待不支付或者不足额支付接待和服务费用的旅游团队。""接受委托的旅行社违约，造成旅游者合法权益受到损害的，做出委托的旅行社应当承担相应的赔偿责任；做出委托的旅行社赔偿后，可以向接受委托的旅行社追偿。接受委托的旅行社故意或者因重大过失造成旅游者合法权益受到损害的，做出委托的旅行社应当承担连带责任。"此条款明确了旅行社之间的业务委托责任，为政府加强治理"零负团费"现象提供了法律保障，能更加有效地维护旅游者的合法权益。

5.5.3 旅行社经营的监督检查

5.5.3.1 监管主体

全国旅行社的监督管理工作由国务院旅游行政主管部门负责。县级以上地方人民政府管理旅游工作的部门按照职责负责本行政区域内旅行社的监督管理工作。县级以上各级人民政府工商、价格、商务、外汇等有关部门，应当按照职责分工，依法对旅行社进行监督管理。

根据《条例》规定，对旅行社及旅行社业务经营活动的行政管理，实行以旅游行政管理部门为主体的分级管理体制，即以国家、省（自治区、直辖市）、市（州、盟）和县（县级市）四级旅游行政管理部门为主，工商、价格、商务、外汇等有关部门为辅，按照各自的职责分工，共同对旅行社及旅行社业务经营行为实行分级管理。依据规定，县级以上有旅游局的地方由旅游局承担监管职责；没有设旅游局的地方，由地方人民政府确定的管理旅游工作的部门承担监管职责，该部门即为本级人民政府的旅游行政管理部门。

《条例》第41条还规定："旅游、工商、价格、商务、外汇等有关部门应当依法加强对旅行社的监督管理，发现违法行为，应当及时予以处理。"并且县级以上旅游行政管理部门可以在其法定权限内，委托符合法定条件的同级旅游质监执法机构实施监督检查。

5.5.3.2 监管的具体要求

依据《实施细则》的规定，县级以上旅游行政管理部门对旅行社及其分支机构实施监督检查时，可以进入其经营场所，查阅招徕、组织、接待旅游者的各类合同、相关文件、资料以及财务账簿、交易记录和业务单据等材料，旅行社及其分支机构应当给予配合。县级以上旅游行政管理部门对旅行社及其分支机构监督检查时，应当由两名以上持有旅游行政执法证件的执法人员进行。不符合规定要求的，旅行社及其分支机构有权拒绝检查。

旅行社及其分社应当接受旅游行政管理部门对其旅游合同、服务质量、旅游安全、财务账簿等情况的监督检查，并按照国家有关规定向旅游行政管理部门报送经营和财务信息等统计资料。且根据《实施细则》的规定，旅行社应当按年度将下列经营和财务信息等统计资料，在次年3月底前，报送原许可的旅游行政管理部门：①旅行社的基本情况，包括企业形式、出资人、员工人数、部门设置、分支机构、网络体系等；②旅行社的经营情况，包括营业收入、利税等；③旅行社组织接待情况，包括国内旅游、入境旅游、出境旅游的组织、接待人数等；④旅行社安全、质量、信誉情况，包括投保旅行社责任保险、认证认可和奖惩等。对以上资料中涉及旅行社商业秘密的内容，旅游行政管理部门应当予以保密。

旅游、工商、价格等行政管理部门应当及时向社会公告监督检查的情况。公告的内容包括旅行社业务经营许可证的颁发、变更、吊销、注销情况，旅行社的违法经营行为以及旅行社的诚信记录、旅游者投诉信息等。

5.5.3.3 旅行社行业组织的作用

旅行社行业组织是指旅行社企业按照平等自愿的原则联合成立的、经社会团体登记管理部门核准的、非营利性的社会团体法人。其宗旨是通过行业自律、自我约束、自我发展，代表和维护旅行社行业的共同利益和会员的合法利益，为会员提供必要的服务，发挥政府与行业之间、行业与社会之间的桥梁和纽带作用，努力促进旅行社行业的持续、健康发展。

《条例》第5条规定："旅行社行业组织应当按照章程为旅行社提供服务，发挥协调和自律作用．引导旅行社合法、公平竞争和诚信经营。"这不仅明确了旅行社行业组织的地位和作用，也为旅行社行业组织的建设及其作用的发挥，提供了极为有利的依据。我国的旅行社行业组织应与旅游行政管理部门密切配合，加强对旅行社市场的共同监管，以加快旅行社行业的健康持续发展。

5.6 旅行社的法律责任

旅游法律责任。是指旅游法律关系主体违反法律法规，而必须承担的法律后果。旅行社在经营活动中不履行或不适当履行义务，或违反法律、法规，造成相关人利益的损害，应当承担相应的法律责任。

5.6.1 旅行社的民事责任

(1) 因合同违约而产生的法律责任

根据《合同法》的规定，有效合同签订后对签约各方都具有约束力，任何一方无正当理由不履行、不完全履行或不恰当履行合同条款，就构成违约行为，对方就有权要求违约方支付违约金或赔偿损失。由于旅行社自己的过错，使旅游合同未履行或未完全履行的，根据法律的规定或合同的约定，旅行社应承担由此而产生的违约赔偿责任。

违约有全部违约和部分违约的区分

某旅行社推出一条旅游路线，在报纸上刊登广告定于某日晚18时出发。一对年轻夫妇报名参加，并预交了全部费用。但到出发之日，报名参加此项旅游的游客仅有这两名，旅行社认为组织这次旅游经济上不合算，便于原计划出发之日下午以电话方式告诉那对年轻夫妇，旅游计划因故取消，预交的费用全部退回。这对夫妇不答应，投诉至旅游局旅游质量监督管理所。质监所经调查，认定该旅行社违反合同约定，应承担全部违约责任，除全部退回游客预交费用外，一次性补偿每位客人综合服务费200元。

部分违约如果不影响合同其他条款的履行，只承担部分违约责任。如某旅行社为旅游者预订某饭店住宿，住宿条件为双人间，有空调、彩电、冷热水、独立卫生间。但旅游者列饭店后，发现人住的客房无空调和独立卫生间，很不满意。旅行社主动承担了责任，解释饭店因临时有特殊原因，为游客调换了预订的客房，希望大家谅解，并向游客宣布今天晚上的住宿费全部退还旅游者。求得旅游者谅解后，第二天的行程计划按期进行，以后的日程安排也都很顺利。

（2）因侵权行为而产生的法律责任

由于旅行社及其工作人员的过错，致使旅游者发生人身伤亡或财产的损失，就构成了对旅游者人身权和财产权的侵害，即应承担侵权的民事法律责任。旅游者有权要求旅行社赔偿损失，旅行社负有赔偿的义务。如某旅行社组织旅游者乘大客车前往某景点游览，中途发生了交通事故，造成几名客人受伤和几件行李破损。发生这种情况，不论责任是否在旅行社一方，旅行社都应向旅游者承担民事法律责任，向受到人身、财产损失的旅游者赔礼道歉、赔偿损失。赔偿的主要方面包括：受伤者的医疗费和必要的营养费，因受伤而减少的工资收入；因身体残废失去劳动力而造成的收入损失；破损行李的补偿等。当然，如果这次交通事故的责任经有关部门确定为第三方时，也应先由旅行社赔偿旅游者的人身和财产损失，然后由旅行社向第三方追偿。

但是，要使旅行社对其工作人员的侵权行为所造成的损害结果承担责任，必须以该工作人员执行职务为前提。旅行社对外承担责任后，并不因此免除有过错的工作人员的责任，旅行社有权在内部对其工作人员作出行政或经济方面的处罚。

5.6.2 旅行社的行政责任

根据《条例》规定，旅行社主要应承担下列行政责任。

● 有下列情形之一的，由旅游行政管理部门或者工商行政管理部门责令改正，没收违法所得，违法所得10万元以上的，并处违法所得1倍以上5倍以下的罚款；违法所得不足10万元或者没有违法所得的，并处10万元以上50万元以下的罚款：未取得相应的旅行社业务经营许可，经营国内旅游业务、入境旅游业务、出境旅游业务的；分社的经营范围超出设立分社的旅行社的经营范围的；旅行社服务网点从事招徕、咨询以外的活动的。

● 旅行社转让、出租、出借旅行社业务经营许可证的，由旅游行政管理部门责令停业整顿1~3个月，并没收违法所得；情节严重的，吊销旅行社业务经营许可证。受让或者租借旅行社业务经营许可证的，由旅游行政管理部门或者工商行政管理部门责令停止非法经营，没收违法所得，并处10万元以上50万元以下的罚款。

● 旅行社未在规定期限内向其质量保证金账户存入、增存、补足质量保证金或者提交相应的银行担保的，由旅游行政管理部门责令改正，拒不改正的，吊销旅行社业务经营许可证。

旅行社不投保旅行社责任险的，由旅游行政管理部门责令改正；拒不改正的，吊销旅行社业务经营许可证。

旅行社为旅游者安排或者介绍的旅游活动含有违反有关法律、法规规定的内容的，由旅游行政管理部门责令改正，没收违法所得，并处2万元以上10万元以下的罚款；情节严重的，吊销旅行社业务经营许可证。

旅行社未经旅游者同意在旅游合同约定之外提供其他有偿服务的，由旅游行政管理部门责令改正，处1万元以上5万元以下的罚款。

● 旅行社有下列情形之一的，由旅游行政管理部门责令改正；拒不改正的，处1万元以下的罚款：变更名称、经营场所、法定代表人等登记事项或者终止经营，未在规定期限内向原许可的旅游行政管理部门备案，换领或者交回旅行社业务经营许可证的；设立分社未在规定期限内向分社所在地旅游行政管理部门备案的；不按照国家有关规定向旅游行政管理部门报送经营和财务信息等统计资料的。

● 外商投资旅行社经营中国内地居民出国旅游业务以及赴香港特别行政区、澳门特别行政区和台湾地区旅游业务，或者经营出境旅游业务的旅行社组织旅游者到国务院旅游行政主管部门公布的中国公民出境旅游目的地之外的国家和地区旅游的，由旅游行政管理部门责令改正，没收违法所得，违法所得10万元以上的，并处违法所得1倍以上5倍以下的罚款；违法所得不足10万元或者没有违法所得的，并处10万元以上50万元以下的罚款；情节严重的，吊销旅行社业务经营许可证。

● 旅行社有下列情形之一的，由旅游行政管理部门责令改正，处2万元以上10万元以下的罚款；情节严重的，责令停业整顿1~3个月：未与旅游者签订旅游合同；与旅游者签订的旅游合同未载明本《条例》第28条规定的事项；未取得旅游者同意，将旅游业务委托给其他旅行社；将旅游业务委托给不具有相应资质的旅行社；未与接受委托的旅行社就接待旅游者的事宜签订委托合同。

● 旅行社组织中国内地居民出境旅游，不为旅游团队安排领队全程陪同的，由旅游行政管理部门责令改正，处1万元以上5万元以下的罚款；拒不改正的，责令停业整顿1~3个月。

旅行社委派的导游人员和领队人员未持有国家规定的导游证或者领队证的，由旅游行政管理部门责令改正，对旅行社处2万元以上10万元以下的罚款。

旅行社不向其聘用的导游人员、领队人员支付报酬，或者所支付的报酬低于当地最低工资标准的，按照《中华人民共和国劳动合同法》的有关规定处理。

● 有下列情形之一的，对旅行社，由旅游行政管理部门或者工商行政管理部门责令改正，处10万元以上50万元以下的罚款；对导游人员、领队人员，由旅游行政管理部门责令改正，处1万元以上5万元以下的罚款；情节严重的，吊销旅行社业务经营许可证、导游证或者领队证：拒不履行旅游合同约定的义务的；非因不可抗力改变旅游合同安排的行程的；欺骗、胁迫旅游者购物或者参加需要另行付费的游览项目的。

● 旅行社要求导游人员和领队人员接待不支付接待和服务费用、支付的费用低于接待和服务成本的旅游团队，或者要求导游人员和领队人员承担接待旅游团队的相关费用的，由旅游行政管理部门责令改正，处2万元以上10万元以下的罚款。

造成旅游者合法权益受到损害，不采取必要的补救措施的，由旅游行政管理部门或者工商行政管理部门责令改正，处1万元以上5万元以下的罚款；情节严重的，由旅游行政管理部门吊销旅行社业务经营许可证。

● 有下列情形之一的，由旅游行政管理部门责令改正，停业整顿1~3个月；情节严重的，吊销旅行社业务经营许可证：旅行社不向接受委托的旅行社支付接待和服务费用的；旅行社向接受委托的旅行社支付的费用低于接待和服务成本的；接受委托的旅行社接待不支付或者不足额支付接待和服务费用的旅游团队的。

● 旅行社及其委派的导游人员、领队人员有下列情形之一的，由旅游行政管理部门责令改正，对旅行社处2万元以上10万元以下的罚款；对导游人员、领队人员处4000元以上2万元以下的罚款；情节严重的，责令旅行社停业整顿1~3个月，或者吊销旅行社业务经营许可证、导游证、领队证：发生危及旅游者人身安全的情形，未采取必要的处置措施并及时报告的；旅行社组织出境旅游的旅游者非法滞留境外，旅行社未及时报告并协助提供非法滞留者信息的；旅行社接待入境旅游的旅游者非法滞留境内，旅行社未及时报告并协助提供非法滞留者信息的。

5.6.3 旅行社法律责任的减轻或免除条件

旅游活动包括交通、住宿、餐饮、游览、购物、娱乐等6个环节，旅行社只能以合同的方式依靠众多的旅游服务供应者如航空公司、车船公司、饭店、旅游景点等为其客人提供旅游服务。而跨国、跨地区的旅游活动，一般也不是由一家旅行社独立承担的，而是要有多家旅行社共同完成。因此，在一定条件下，可以减轻或者免除相应旅行社所应承担的责任。这些减轻或免除的条件主要有：

（1）因不可抗力造成的损害

不可抗力是指发生不能预见、不能避免并不可克服的客观情况。它既包括自然的因素，如地震、台风、海啸、山体滑坡等；也包括社会重大事件，如战争、罢工等。这些不可抗力的事件若发生在旅游活动过程中，由此给旅游者造成的后果和损害，除了法律有特别规定外，旅行社可以免除法律责任。

（2）因旅游者自身过错造成的损害

根据合同的约定，旅游者有义务听从旅行社的统一安排，按照事先选定的路线进行游览活动。如果旅游者不按旅行社和导游人员的安排、要求参加旅游活动，造成其财产损失或人身伤害的，由旅游者自己承担损害责任。如旅游团成员都要求增加一天游览内容，可能造成原来预订的交通票需要签字或作废，旅行社向游客讲明后果，旅游团成员仍要求增加一天并愿意承担后果，旅行社可免除与交通部门的合同违约责任。

（3）因第三方的责任而造成的损害

有时因旅行社以外的第三方如旅游饭店或旅游交通运输部门的责任，而给旅游者造成损失的，旅行社也可免除责任。但是，由于旅游者与第三方之间并不直接发生关系，只是因旅行社的代理行为，才在他们之间产生了法律上的权利与义务关系，因此，当旅游者请求旅行社承担因第三方的过错造成的损害时，旅行社可先行向旅游者进行偿付，然后再向有过错的一方进行追偿。这样就能使有过错的一方承担法律责任。

（4）由于混合过错而造成的损害

在有些情况下，旅行社与旅游者之间、旅行社与第三方之间都有过错。在承担法律责任时，对不属于旅行社方面的那部分原因，旅行社不承担责任，即按照各方过错的大小分别承担相应的法律责任。

（5）旅行社工作人员非职务行为而造成的损害

对于旅行社工作人员与职务无关的行为而给对方造成损害的，旅行社可免除责任。如果受损害提起赔偿请求，应由该工作人员自己承担赔偿责任；其行为构成犯罪的，由司法机关追究刑事责任。

【课堂讨论题】

1. 旅行社如何保护旅游者的合法权益？
2. 旅行社组织国内旅游，因故取消团队行程时，应承担什么责任？

【思考题】

1. 我国各类旅行社的经营范围是什么？
2. 国内旅行社设立的条件是什么？
3. 旅行社应当享有哪些权利，承担哪些义务？

4. 旅行社经理资格认证需要哪些条件？
5. 旅游质量保证金的赔偿范围有哪些？

【案例分析】

旅游者在列车上意外坠车死亡，责任该谁负？

2002年7月3日，程太珍所在单位与胜利油田豪威旅行社仙河分社签订赴西安7日旅游合同。合同签订当日，程太珍及其所在单位的职工共9人在仙河分社的组织下到达淄博，于晚上乘坐淄博到西安的2130次火车。次日清晨6点左右，同行人员发现程太珍不在铺上，寻找不见后报告列车长，最终在两下店车站附近发现程太珍尸体。经公安部门现场勘验，认定其为意外坠车死亡。

请问：

1. 旅行社在此案中应提供的服务是否应当包含铁路运输服务？
2. 旅行社对程某意外坠车死亡是否要承担责任？为什么？

【本章推荐阅读书目】

旅行社经营管理．程遂营，刘荣．郑州大学出版社，2002.
旅行社经营与管理．黄明亮，赵利民．中国财政经济出版社，2005.
旅游法规教程．韩玉灵．东北财经大学出版社，2004.
旅游法教程．帅建华．湖南大学出版社，2005.
旅游法规与职业道德．汤静．湖南科学技术出版社，2010.

第 6 章

导游与领队人员管理法规制

【本章概要】

导游人员在旅行社中具有基础性地位，为了加强对导游人员的管理，规范旅游市场秩序，本章讲述了我国对导游人员及领队人员的概念、分类、任职条件、职责、权利和义务、等级考核、年审制度等内容。

【学习目标】

- 掌握导游人员的权利和义务；
- 掌握导游人员及领队人员的法律责任；
- 了解导游人员等级考核制度；
- 了解领队人员的职责。

【关键性术语】

导游人员、领队人员、等级考核、权利义务、法律责任。

【章首案例】

“误机”责任谁承担?

1998 年 9 月，刘某等 8 名旅游者，报名参加北京某旅行社组织的海南五日游，双方口头约定，9 月 30 日中午 12 点乘机赴海南。10 月 4 日下午 3 点多乘机返京，派全陪导游全程服务。后因为旅行社未买到全陪导游的机票，没有派全陪导游随团前往海南。但承诺已与地接社联系好，保证接待质量。旅游团乘机赴海南。北京组团社派导游送机，并将返程机票交给刘某，告知时间为 10 月 4 日下午 3 点多，晚 7 点之前就可回到北京。10 月 3 日，旅游团在从三亚返回海口的途中，地陪导游询问乘机返京的时间。刘某答复是次日下午 3 点。

10 月 4 日上午 9 点多，刘某拿出机票，想看看下午飞机的确切时间，突然，发现机票的时间是上午 8 点 10 分，而并非组团社所说的下午 3 点多。刘某当即与旅行社交涉，经过地接社的多方努力，重新购买了 12 点 5 分的返程票。但是，由于该旅游团购买的是不得转签、退换的优惠票，原票全部作废。刘某等旅游者，考虑单位尚有急事需办理，只好先承担了误机的责任，支付了机票款共 12 600 元。

旅行社认为，返程机票已交给刘某，由其自行保管；在旅游过程中，地接社导游多次询问，旅游者始终回答，是 10 月 4 日下午 3 点的飞机，由于旅游者的疏忽大意，造成误机，其损失不应该由旅行社承担。但考虑旅游者的实际利益，出于对旅游者的同情和安抚，北京的组团社同意补偿机票损失的 10%。刘某则持相反意见，双方各执己见，协商不能达成一致。“误机”责任谁承担?

6.1 导游人员管理概述

6.1.1 导游人员的概念

为了加强对导游人员的管理，1987年11月14日经国务院批准，同年12月1日国家旅游局发布《导游人员管理暂行规定》。这一行政法规的发布和实施对导游人员的管理发挥了极为重要的作用。除该规定以外，国家旅游局还先后发布了《关于颁发中华人民共和国导游证书的暂行办法》《关于严格禁止在旅游业务中私自收受回扣和收取小费的规定》以及《关于对全国导游员实行等级评定的意见》和《导游员职业等级标准》等一系列法规。国务院于1999年5月14日发布了修订的《导游人员管理条例》，同年10月1日，国家旅游局又发布了《导游证管理办法》。国家旅游局于2001年12月27日，发布了《导游人员管理实施办法》，它强化了对导游人员的日常管理，并进一步细化《导游人员管理条例》中的有关规定。这些导游管理法规，对导游管理原则和管理内容、手段进行了较为详细的规定，为我国导游人员队伍的建设和发展完善了法规上的依据，是我国旅游法制建设的重要组成部分。随着出境旅游的不断发展，为了加强对出境游市场的管理，维护我国旅游行业声誉和国家形象，2002年10月28日，国家旅游局发布了《出境旅游领队人员管理办法》，它对《中国公民出国旅游管理办法》中有关领队人员的规定进一步细化，以便维护出境旅游者的合法权益。

依照我国《导游人员管理条例》（以下简称《条例》）的规定，导游人员是指取得导游证，接受旅行社委派，为游客提供向导、讲解及相关旅游服务的人员。这一概念，包括以下3层含义：

第一，导游人员是依照法定程序取得导游证的从业人员。只有依照《条例》规定的条件、程序取得导游证的人员才能从事导游活动。导游证是从业导游人员的执业许可证。这样规范了我国导游人员的资格准入制度，另外，持证从业也有利于旅游部门加强对导游活动的监督管理，旅游者权益保护。

第二，导游人员是指旅行社委派的从业人员。职业导游人员不论是专职还是兼职，从事导游活动，必须经旅行社委派，是旅行社经营活动的一个组成部分，而不是导游人员的个人行为。导游服务质量问题，旅行社最终必须承担责任，防止导游人员私自承揽或者以其他任何方式直接承揽业务，规范旅游市场秩序。

第三，导游人员是为旅游者提供向导，讲解及相关旅游服务的从业人员。为旅游者提供向导，讲解及相关旅游服务是导游人员的工作内容，是导游人员的义务。其中相关旅游服务是指为旅游者代购交通票据，安排旅游行程，住宿，就餐等与旅游整个活动过程相关的各种服务。

只有以上3个条件同时满足，才是《条例》所称的导游人员。

6.1.2 导游人员的分类

导游人员由于业务范围与业务内容不同，服务对象和使用的语言各异，其业务性质和服务方式也不尽相同。根据目前的实际情况，中国导游人员可以从不同的角度进行分类：

(1) 按业务范围划分

按业务范围划分，导游人员可分为海外领队、全程陪同导游人员（简称“全陪”）、地方陪同导游人员（简称“地陪”）和景区景点导游人员。

海外领队 是指受国家旅游行政主管部门批准，可以经营出境旅游业务的旅行社的委派，全权代表该旅行社带领旅游团从事旅游活动的工作人员。

全程陪同导游人员 是指受组团旅行社委派，作为组团社的代表，在领队和地方陪同导游人员的配合下实施接待计划，为旅游团（者）提供全程陪同服务的工作人员。这里的组团社或组团旅行社是指接受旅游团（者）或海外旅行社预订，制定和下达接待计划，并可提供全程陪同导游服务的旅行社。领队是指受海外旅行社委派，全权代表该旅行社带领旅游团从事旅游活动的工作人员。

地方陪同导游人员 是指受接待旅行社委派，代表接待社实施接待计划，为旅游团（者）提供当地旅游活动安排、讲解、翻译等服务的工作人员。这里的接待社或接待旅行社是指接受组团社的委托，按照接待计划委派地方陪同导游人员负责组织安排旅游团（者）在当地参观游览等活动的旅行社。

景区景点导游人员 又称讲解员，是在旅游景区、景点为游客进行导游讲解的工作人员。

(2) 按导游人员的隶属关系划分

按照导游人员的隶属关系，导游人员可分为专职导游人员和兼职导游人员。

专职导游人员 是指专门从事导游工作，以其工作收入为主要生活来源的人员。专职导游隶属旅行社，通过合同形式与旅行社建立权利义务关系，旅行社要对导游承担全部的教育和管理职责，特别是对带团过程中违规违纪行为要承担后果和责任。

兼职导游人员 主要是指利用业余时间在旅游旺季担任临时导游工作的人员。这部分人主要是旅游院校导游专业的教师和学生，他们精通各种语言，并通过全国导游资格考试，取得了导游证。社会导游由专门的导游服务机构承担日常管理、教育培训和奖罚清退的管理责任。

(3) 按导游人员的使用语言划分

按照导游人员的使用语言，导游人员可分为中文导游和外国语导游。

中文导游 是指能够使用普通话、地方话或者少数民族语言从事导游服务的人员，中文导游一般是为国内旅游者、回内地或回国探亲的港澳台同胞、华人华侨服务的人员，目前，中文导游主要提供普通话、方言、少数民族语言的服务。

外国语导游 是指能够运用外语从事导游服务的人员。目前，我国已有一大批英、法、日、德、西班牙、俄、越、泰、阿拉伯、韩等语种的外语导游人员。

(4) 按导游人员的技术等级划分

按技术等级划分，导游人员可分为初级导游人员、中级导游人员、高级导游人员和特级导游人员（详细内容见导游人员等级考核制度部分）。

6.2 导游人员资格

导游职业资格准入制度由资格考试制度和导游证制度两部分组成。从事导游职业必须持有导游证，导游证的取得以导游资格证书为前提，导游资格证书通过导游资格考试的方式取得。《条例》规定，国家实行导游人员资格考试制度，这是该条例最基本的管理制度。

6.2.1　导游资格证

从事导游业务必须经过导游考试，通过后才能获得导游资格和导游证。因此，导游人员的考试制度是职业准入的资格制度，其目的在于提高导游人员的知识、业务水平和素质，维护旅游者的利益。导游资格考试的科目主要包括：《政策法规与职业道德》《导游业务》《导游基础知识》等，各省的具体科目略有不同。

各国都根据本国情况对导游人员的考试作了较为严格的规定，不同的是考试的内容和形式。如法国，在《翻译导游法》中明确规定了各类导游的考核科目，日本有关法律也规定了导游必须参加有关外语、日本地理、日本历史及相关方面知识的考试。菲律宾在其《旅游法规》中明确规定："申请导游执照的人必须有两年以上的实际工作经验，参加旅游局或由旅游局批准的其他组织或个人举办的导游培训班，并通过考试合格才发结业执照。"

根据《条例》的规定，报考导游人员应具备以下 4 个最基本条件，这是参加导游资格考试的前提。

国籍条件　必须是中华人民共和国公民。所谓公民，通常是指具有某个国家国籍的个人。在我国，凡是按照《中华人民共和国国籍法》规定取得中国国籍的人，都是中华人民共和国公民。许多国家对此都作了规定，即申请导游执照者必须是本国公民或者已获得永久居留许可的侨民。

学历条件　必须具有高级中学、中等专业学校或者以上学历。接受过何种程度的教育，具有何种学历，是衡量一个从业人员的知识结构及文化程度的一个客观标准，也是某种职业对从业人员的要求。由于职业的特点，导游人员必须具备较广泛的文化知识，高级中学、中等专业学校以下学历很难达到这一要求。有两点需要明确：其一，高中及中专肄业者不得报考导游资格，因此高中及中专毕业是学历条件的下限；其二，高学历或取得高职称者，没有任何减免考试科目或给予考核授予资格的优待。

健康条件　必须身体健康。导游工作非常辛苦，它是复杂的脑力劳动和艰苦的体力劳动的结合，同时由于各地气候条件、生活习惯等不同，使导游人员经常处于精神和肉体的高度紧张状态，作息极不规律。因此，没有良好的身体条件难以保持精力的旺盛。这也是该职业具有年轻化特点的重要原因。

良好的组织能力、应变能力和语言表达能力　组织能力表现在导游人员对整个旅游活动节奏的掌控，要根据游览活动的内容，协调旅行中的行进、讲解的速度；应变能力表现在对突发事件和特殊问题的处理，是否能够在出现意外时果断及时、正确的处理；语言表达能力是导游人员的基本功，它体现在对景观知识的介绍、与旅游者和其他部门的交流沟通等。

具备以上 4 个条件的人员才可以参加导游资格考试，经考试合格的，由国家旅游局或国家旅游局委托省、自治区、直辖市人民政府旅游行政部门颁发国家旅游局统一印制的导游人员资格证书。

6.2.2　导游证

6.2.2.1　取得导游证是从事导游活动的前提

通过考试取得导游资格，只是证明已经具备了从事导游业务的知识水平和技能要求，而要实际从事导游活动还需要符合其他条件。只有符合《条例》规定的条件，经过相应的旅游行政部门审批，取得导游证后，才能开展导游活动。《条例》规定："在中华人民共和国境内从事导游活动，必须取得导游证。"导游证是国家准许从事导游工作的证件。根据从业特征和管理需要，分为正式导游证和临时导游证两种。

6.2.2.2 导游证的颁发机关

导游证是持证人已依法进行中华人民共和国导游人员注册，能够从事导游职业的法定证件。根据《条例》规定，颁发导游证和临时导游证的部门是省、自治区、直辖市旅游行政管理部门，而对导游证和临时导游证的样式规格，则由国务院旅游行政部门即国家旅游局规定。

6.2.2.3 申请、领取导游证的条件和程序

（1）符合颁证的条件

取得导游资格证书，即参加导游人员资格统一考试，获得省级以上旅游行政管理部门颁发的导游人员资格证书，这是申请领取导游证书的前提条件；与旅行社订立劳动合同或者在导游服务公司登记；必须参加颁发导游证的旅游行政管理部门举办的岗前培训、考核。

（2）不予颁证的情形

根据《条例》第5条规定，有下列情形之一的，不得颁发导游证：无民事行为能力或者限制民事行为能力的；患有传染性疾病的；受过刑事处罚的，过失犯罪的除外；被吊销导游证的。

（3）申请导游证的程序

参加导游人员资格考试并合格，取得导游人员资格证书；与旅行社订立劳动合同或者在导游服务公司登记；本人提出书面申请；参加省级旅游行政管理部门举办的岗前培训考核并合格；申请人持劳动合同或导游服务机构证明及有关材料向省级旅游行政管理部门提出办证申请；省级旅游行政管理部门在收到申请之日起15日内作出处理决定，给符合条件者颁发导游证，不予颁发导游证的，应当书面通知申请人。

6.2.2.4 申请领取临时导游证的条件和期限、程序

临时导游证是指具有特定语言能力的人员，虽未取得导游人员资格证书，但因旅行社需要聘请临时从事导游活动，由旅行社向省、自治区、直辖市人民政府旅游行政管理部门申请领取的导游证。其核心内容是申请领取临时导游证的人员可以是未取得导游人员资格证书的人员。根据《条例》规定，申请领取临时导游证有两个条件：一是准备从事导游活动者具有特定语言能力；二是旅行社需要聘请临时从事导游活动的，对这个条件要注意两点，即一是需要二是临时。

6.2.2.5 导游证的有效期限

根据《条例》第8条第二款规定，导游证的有效期限为5年，临时导游证的有效期限最长不超过3个月，即可以是数天，也可以是1个月或2个月，但最长不得超过3个月。此外，导游证有效期满后，可以申请办理换发导游证手续，而临时导游证有效期限届满后，不得展期。

6.2.2.6 导游证的编号和版式

（1）导游证的编号规则

导游证的编号规则为“D—0000—000000”。“D”为“导”字的拼音字母的缩写，代表导游，前4位数字为省、城市、地区的标准国际代码，后6位数字为计数编码。不同等级的导游证卡号依各自顺序编号。

（2）导游证实行统一版式

2002年新版导游证为IC卡形式，可借助读卡机查阅卡中储存的导游人员基本情况和违规扣分情况等内容。导游证的正面设置中英文对照的“导游证（CHINA TOUR GUIDE）”、导游证编号、导游人员姓名和语种等项目；导游证的中间为持证人近期免冠2寸彩照。导游证背面印有注意事项和卡号。

导游证以4种不同的颜色来区分导游人员的等级：初级为灰色，中级为粉米色，高级为淡黄色，特级为金黄色。

6.2.3 导游人员资格证与导游证的关系

（1）导游人员资格证与导游证的联系

导游人员资格证是取得导游证的必要前提。也就是说要取得导游证，首先必须获得导游人员资格证；但持有导游人员资格证，并不意味着必然取得导游证。

（2）导游人员资格证与导游证的区别

两证的性质不同 导游人员资格证是从事导游职业的资格证明，导游证是国家准许某人从事导游职业的许可证。

两证的领取程序不同 导游人员资格证书是公民参加导游人员资格考试并合格，方可向旅游行政管理部门领取的；而导游证的领取必须是申领人先取得导游人员资格证，再与旅行社订立劳动合同或在导游管理服务机构签订协议进行注册，方可向旅游行政管理部门申请领取。

两证的作用不同 导游人员资格证仅表明持证人具备了从事导游职业的资格，但并不能从事导游职业；导游证表明持证人可以实际从事导游职业。

两证的期限不同 《导游人员管理实施办法》规定，获得导游人员资格证3年未从业的，资格证自动失效。导游证的有效期为3年。导游证持有人需要在有效期满后继续从事导游活动的，应当在有效期限届满3个月前，向省、自治区、直辖市旅游行政管理部门申请办理换发导游证手续。

6.3 导游人员管理

为了加强导游队伍的建设，维护旅游市场秩序和旅游者的合法权益，国家旅游局依据《导游人员管理条例》和《旅行社管理条例》，于2001年12月26日制订公布了《导游人员管理实施办法》（以下简称《办法》）其中确定了导游人员的计分管理和年审管理两项制度。

6.3.1 导游人员计分管理制度

导游人员计分管理是指旅游行政管理部门为了对导游人员的从业行为进行监督管理，根据其违规行为的性质，情节严重与否，经查证核实后予以扣分的一项管理制度，其主要内容如下。

（1）计分管理部门及其职责

导游人员的计分管理部门是旅游行政管理机关。国务院旅游行政管理部门负责制定全国导游人员计分管理政策并组织实施、监督检查；省级旅游行政管理部门负责本行政区内导游人员计分管理的组织实施和监督检查；所在地旅游行政管理部门在本行政区域内负责导游人员计分管理的具体执行。

（2）导游人员计分管理的实施

根据《办法》规定，导游人员计分办法实行年度10分制，按照其违规行为的性质、情节严重，分别给予不同扣分。

予以一次扣除10分的情形 有损害国家利益和民族尊严的言行的；诱导或安排旅游者参加黄、赌、毒活动项目的；有殴打或谩骂旅游者行为的；欺骗、胁迫旅游者消费的；未通过年审继续从事导游业务的；因自身的原因造成旅游团重大危害和损失的。

予以一次扣除8分的情形 拒绝、逃避检查，或者欺骗检查人员的；擅自增加或减少旅游项目的；擅自终止导游活动的；讲解中掺杂庸俗、下流、迷信内容的；未经旅行社委派私自承揽或者以其他任何方式直接承揽导游业务的。

予以一次扣除6分的情形 向旅游者兜售物品或购买旅游者物品的；以明示或者暗示的方式向旅游者索要小费的；因自身原因漏送或误接误送旅游团的；讲解质量差或不讲解的；私自转借导游证供他人使用的；发生重大安全事故不积极配合有关部门救助的。

予以一次扣除4分的情形 私自带人随团游览的；无故不随团活动的；在导游活动中未佩戴导游证或未携带计分卡的；不尊重旅游者宗教信仰和民族风俗的。

予以一次扣除2分的情形 未按规定时间到岗的；10人以上团队未打接待社社旗的；未携带正规接待计划的；接站未出示旅行社标识的；仪表、着装不整洁的；讲解中吸烟、吃东西的。

导游人员10分分值被扣完后，由最后扣分的旅游行政执法单位暂时保留其导游证，并出具保留导游证证明，并于10日内通报导游人员所在地旅游行政管理部门和登记注册单位。正在带团过程中的导游人员，可持旅游执法单位出具的保留证明完成团队剩余的行程。对导游人员的计分管理，是旅游行政管理部门的一项行政管理措施，不属于行政处罚，所以，对导游人员的违法、违规行为，除扣减相应分值外，还应根据有关法律给予处罚。

6.3.2 导游人员的年审管理制度

根据《办法》规定，导游人员的年审管理，是指旅游行政管理部门对导游人员当年从事导游业务情况，扣分情况，接受行政处罚情况，游客反映情况等进行考评的制度。其主要内容有以下两个方面。

6.3.2.1 年审的管理部门及其职责

- 《办法》规定，国家对导游人员实行年度审核制度，导游人员必须参加年审。
- 国务院旅游行政管理部门制定全国导游人员年审工作政策，组织实施并监督检查。省级旅游行政管理部门负责组织、指导本行政区域内导游人员的年审工作并监督检查。所在地旅游行政管理部门具体组织实施对导游人员的年审工作。

● 导游人员必须参加所在地的旅游行政管理部门举办的年审培训。且每年累计培训的时间不得少于 56h。

● 旅行社或者导游人员服务机构应为注册的导游人员建立档案，对导游人员进行工作培训和指导，建立对导游人员工作情况的检查、考核和奖惩的内部管理机制，接受并处理对导游人员的投诉，负责对导游人员年审的初评。

6.3.2.2　年审等级

根据《办法》规定，年审以考评为主，年审的内容主要是导游人员当年从事导游业务情况、扣分情况、受到行政处罚情况和游客反映情况等。年审等级分为通过年审、暂缓通过年审和不予通过年审。具体如下：

按导游人员计分管理办法一次扣分达到 10 分，不予通过年审；累计扣分达到 10 分，暂缓通过年审；一次扣分 8 分者，全行业通报；一次扣 6 分者，警告批评。暂缓通过年审的，通过培训和考核后，方可重新上岗。导游人员通过年审后，年审单位应核消其遗留分值，重新转入初始分值。

6.4　导游人员等级考核制度

6.4.1　导游人员等级考核评定的组织管理

导游人员等级考核评定采取由国家旅游局统一政策、统一领导，与地方旅游局分工负责组织实施的办法。各省（自治区、直辖市）旅游局要完善导游人员资格考试的组织机构，加强对这项工作的组织领导和监督、检查，以保证导游员等级评定工作的质量。为了加强对等级导游员的管理，国家旅游局和省（自治区、直辖市）旅游局建立导游员等级注册登记制度。各级资格有效期一般为 5 年。有效期满后，持证者要按有关规定主动到发证机构办理注册登记，并进行相应的培训和考核。逾期不办者，其证件自动作废。

导游员等级证书由国家旅游局统一制作并核发。每次等级考试后，国家旅游局通过新闻媒介向国内外公布特级、高级和中级导游员名单及旅行社、导游公司导游员的等级构成情况。各旅行社、导游公司应在待遇方面对不同级别的导游员加以区别，拉开档次。已实行岗位技能工资的单位，应以导游员等级作为岗位技能工资的评审依据。

6.4.2　导游人员等级考核方法

6.4.2.1　特级导游员的考核评定

特级导游员的考核评定，采取以评审考核为主、考试为辅的方式。评审采用论文答辩、跟团实查和专家审议 3 种形式；考核工作表现、导游技能、遵纪守法和游客反映；考试第二外语或一种方言。评定工作不定期进行。工作步骤为省（自治区、直辖市）旅游局初评，国家旅游局评定。

6.4.2.2　高级导游员的考核评定

高级导游员的考核评定，采取考试、考核和评审相结合的方式。考试科目为导游词创作和口译（中文导游员不考）2 科。考核、评审方式和工作步骤与特级员相同；对高级导游员的评定每3年进行一次。

6.4.2.3 中级导游员的考核评定

中级导游员的考核评定，采取考试和考核相结合的方式。考试科目为导游专业知识（含政策与法规、导游基础知识、汉语言文学知识3个部分内容）、现场导游两科。考核方式与高级导游员相同。中级导游员的评定每2年进行一次。考试以国家旅游局为主组织实施，考核以省（自治区、直辖市）旅游局为主组织实施。

6.4.2.4 初级导游员的考核评定

初级导游员的考核评定，采取考核方式。凡取得导游人员资格证书后工作满一年的人，经考核合格，即可成为初级导游员。

根据《办法》的规定，由省部级以上单位组织导游技能大赛获得最佳名次的导游人员，报全国导游人员等级考核评定委员会批准后，可晋升一级导游等级。一人多次获奖只能晋升一次，晋升的最高等级为高级。

6.4.3 导游人员等级考核标准

1994年国务院旅游行政管理部门颁布了《关于对全国导游员实行等级评定的意见》和《导游人员执业等级标准》，这一制度的颁布标志着我国开始对导游人员实施等级考核评定。对导游人员实施等级考核评定旨在加强导游人员队伍建设，提高导游人员素质和服务接待水平，客观公正的评价和选拔人才，调动导游人员钻研业务和努力工作的积极性，引入竞争机制，为改革全国导游人员管理制度，建立导游人才市场及旅行社服务等计划创造条件。

6.4.3.1 导游人员等级考核评定的部门

导游人员等级考核评定机关为旅游行政管理部门。

初级导游人员和中级导游人员考核由省级旅游行政管理部门或其委托的地、市级旅游行政管理部门组织评定，高级导游人员和特级导游人员由国务院旅游行政管理部门组织评定。

6.4.3.2 导游人员等级考核评定的划分及适用范围

导游人员等级分为2个系列、4个等级。所谓2个系列是指等级考核分为外语导游员系列和中文导游员系列；4个等级是指通过考试考核，将导游人员划分为初级导游员、中级导游员、高级导游员和特级导游员。

6.4.3.3 导游人员等级考核评定的标准

导游人员等级考核评定不同等级的导游人员考核评定的标准不同，具体规定如下：

（1）初级导游员

知识要求 要求了解我国的大政方针和旅游政策法规，熟悉旅游业务和工作规范，了解市场动态和风俗民情。

技能要求 了解业务要求，能独立处理各种工作事务，有一定的业务技巧。

业绩要求 能完成工作任务，无服务质量方面的重大投诉，游客反映良好率不低于85%。

学历与学识要求 外语导游员具有外语专业大专或非外语专业本科及其以上学历；中文导游员须具有高中及其以上学历。

资历要求 取得导游人员资格证书后工作满1年。

（2）中级导游员

知识要求 熟悉我国的大政方针，掌握旅游政策法规，熟悉旅游业务和工作规范，了解市场动态和风俗民情。

技能要求 熟悉业务要求，有相当的工作经验和比较娴熟的导游技巧（能够根据具体情况处理实际问题，如团队或游客提出的一些服务要求等），有各自类别的语言听说能力。

业绩要求 工作成绩明显，成为企业的业务骨干；无服务质量方面的重大投诉，游客反映良好率不低于90%。

学历与学识要求 外语导游员的学历与初级导游员要求相同，但其实际能力必须达到外语专业本科毕业水平；中文导游员要求具有大专及其以上学历。

资历要求 取得初级导游员资格证2年以上。

（3）高级导游员

知识要求 全面领会我国的大政方针及旅游政策法规，熟悉掌握旅游业务和工作规范，掌握市场运行规律，知识面比较宽广。

技能要求 全面熟悉业务要求，不仅导游技巧娴熟，而且有相当的创新能力和导游艺术，能培训和指导中级导游员。

业绩要求 工作能力强、影响大、成绩突出；无服务质量方面的重大投诉，游客反映良好率不低于95%。

学历与学识要求 具有大专或以上学历。外语导游员除能熟练掌握一门外语外，还要求初步掌握一门第二外语；中文导游员要求熟练掌握汉语言文学的有关知识，初步掌握一门常用方言。

资历要求 取得中级导游员资格证4年以上。

（4）特级导游员

知识要求 全面、深入和准确地理解与旅游有关的方针、政策和法规，透彻了解旅游业务、工作规范和市场运行规律，有自己独到的业务专长，知识面宽广。

技能要求 对业务精通并有研究，导游技能高超，艺术精湛，形成个人风格，能培训和指导高级导游员。

业绩要求 职业道德高尚，工作成绩优异，贡献突出，有高质量的研究成果，在国内外旅游行业享有较大声誉；无服务质量方面的重大投诉，游客反映良好率不低于98%。

学历与学识要求 具有大专或以上学历。外语导游员精通一门外语，基本掌握一门第二外语；中文导游员要求全面掌握汉语言文学的有关知识，基本掌握一门常用方言。

资历要求 取得高级导游员资格证5年以上。

6.5 导游人员的权利和义务

导游人员作为中华人民共和国公民，依法享有广泛的政治、经济、文化等各种权利。依据《条例》和有关法律规定，导游人员享有相应的权利，并履行相应的义务。

6.5.1 导游人员的权利

（1）享有人身自由权

人身自由是指公民的人身不受非法侵犯的自由，包括公民的人身不受非法逮捕、拘禁、搜查、审问、限制和侵害，还包括公民的人格尊严不受侵犯等。

导游人员在旅游活动中的人身自由不得因旅行社之间或旅行社与其他相关经营者之间的经济纠纷而受到非法限制或剥夺，其人格尊严不受侵犯，名誉不受损害。

在旅游活动中，导游人员代表受委托的旅行社履行导游职责，直接与旅游者接触，很容易成为个别旅游者迁怒的对象。另外，在旅行游览过程中，出现了个别旅游者向导游人员带有侮辱其人格尊严或违反其职业道德的不合理要求的现象。因此，为了保障导游人员的人身自由权，《条例》第10条规定："导游人员进行导游活动中，其人格尊严应当受到尊重，其人身安全不受侵犯。导游人员有权拒绝旅游者提出的侮辱其人格尊严或违反其职业道德的不合理要求。"

（2）享有履行职务权

履行职务权主要指导游人员进行导游活动时不受地域限制的权利、讲解权，按规范操作过程中的组织权、建议权，以及在引导旅游者旅行游览过程中，遭遇可能危及旅游者人身安全紧急情况时，经征得多数旅游者同意，可以调整或变更接待计划的权利。

《条例》第13条第二款规定："导游人员在引导旅游者旅行、游览过程中，遇有可能危及旅游者人身安全的紧急情形时，经征得多数旅游者的同意，可以调整或变更接待计划，但是应当立即报告旅行社。"

根据该条法规的规定，导游人员享有调整或变更接待计划的权利。但是，导游人员行使这一权利时，必须符合下列条件：

第一，必须是在引导旅游者旅行、游览过程中。即在旅游活动开始后、结束前。在旅行、游览活动开始之前，导游人员不得行使这一权利。在旅游合同订立之后，旅游活动开始之前，如果出现不利于旅游活动的情形，应当由旅行社与旅游者进行协商，达成一致意见后，由旅行社调整或者变更旅游接待计划。

第二，必须是遇到有可能危及旅游者人身、财产安全的紧急情况。由于导游人员只身执行带团任务，为了避免可能危及旅游者人身安全情形的发生，导游人员就需要当机立断地调整或变更旅游行程计划。

第三，必须征得多数旅游者的同意。在旅行、游览中，遇有可能危及旅游者人身安全的紧急情形时，导游人员如果要调整或变更接待计划，必须要征得旅游团中多数旅游者的同意。因为旅游合同包括旅游接待计划一经双方确认订立后，就应当严格按照合同约定履行。如果需要调整或变更旅游计划，应当经过双方协商一致。但是，由于临时发生了可能危及旅游者人身安全的紧急情形，所以导游人员只要征得多数旅游者的同意，就可以调整或变更旅游接待计划，而不是全体旅游者。

第四，必须立即报告被委派的旅行社。旅游接待计划是经旅行社和旅游者双方在旅游合同中确认的，而导游人员是受旅行社的委派带团执行旅游接待计划，调整或变更旅游接待计划并不是导游人员的职责权限。但是，由于导游人员在执行带团旅游任务的途中，遇到可能危及旅游者人身安全的紧急情形，为了避免旅游者人身安全发生危害，在征得多数旅游者同意后，导游人员依法可以调整或变更接待计划。导游人员在调整或者变更接待计划后，必须立即报告旅行社，以得到旅行社的认可。

（3）享有获得救济权

救济权主要包括投诉权、申请复议权和诉讼权。《条例》规定了对导游人员违反条例的行政处罚。如果导游人员对旅游行政部门所给予的行政处罚不服时，依照我国《行政复议法》的规定，有权向旅游行政机关申请复议。当导游人员对旅游行政部门的具体行政行为不服时，享有向人民法院提起行政诉讼权。同时，在导游活动过程中，旅游者如有侵犯导游人员人身权或损害其财产的行为，导游人员依法享有向人民法院提起民事诉讼的权利。

6.5.2 导游人员的义务

导游人员在享有各项权利的同时，还必须履行相应的义务。根据《条例》规定，导游人员的义务和违反应承担的义务时要受到相应的处罚，主要有：

（1）导游人员应当不断提高自身业务素质和职业技能

导游人员自身素质的高低，职能、技能的优劣，直接关系到导游服务质量，影响到能否为旅游者提供优良的导游服务。旅游者在旅游过程中，基本上都与导游人员在一起，导游人员的服务，往往影响了旅游者的旅游经历，所以，《条例》将此作为导游人员的一项义务加以确定。

（2）必须取得导游证并在导游活动中佩戴导游证

我国公民从事导游工作，应参加导游人员资格考试；经考试合格的，由国务院旅游行政管理部门或者国务院旅游行政管理部门委托省、自治区、直辖市人民政府旅游行政管理部门颁发导游人员资格证书。无导游证进行导游活动的，由旅游行政管理部门责令改正并予以公告，处1000元以上3万元以下罚款；有违法所得的，并处没收违法所得。

导游人员进行导游活动时，应当佩带导游证。导游证的有效期为3年，有效期满后继续从事导游活动的，应当在有效期限届满3个月前，向省、自治区、直辖市人民政府旅游行政部门申请办理换发导游证手续。导游人员进行导游活动时未佩戴导游证的，由旅游行政部门责令改正；拒不改正的，处500元以下的罚款。

（3）导游人员的导游活动必须经旅行社委派

导游人员不得私自承揽或以其他任何方式直接承揽导游业务，进行导游活动。这一规定是为了规范市场秩序，为了避免对旅行社行业的冲击，并影响国家对旅行社行业实行许可证制度的管理，另外，由于导游人员个人根本不具备旅行社所能承担责任的能力，旅游者的权利难以得到有效保障。这同时也表明了导游人员向旅游者提供服务的行为不是个人行为而是代表着委派其向旅游者提供服务的旅行社，其行为的后果是由旅行社向旅游者来承担责任的。导游人员未经旅行社委派，私自承揽或者以其他方式直接承揽导游业务进行导游活动的，由旅游行政管理部门责令改正，处1000元以上3万元以下的罚款；有违法所得的，并处没收违法所得；情节严重的，由省、自治区、直辖市旅游行政管理部门吊销其导游证并予以公告。

（4）自觉维护国家利益和民族尊严

导游人员进行导游活动时，应当自觉维护国家利益和民族尊严，不得有损害国家利益和民族尊严的言行；应当遵守职业道德，尊重旅游者的宗教信仰、民族风俗和生活习惯。

导游人员进行导游活动时，有损害国家利益和民族尊严言行的，由旅游行政部门责令改正；情节严重的，由省、自治区、直辖市人民政府旅游行政部门吊销导游证并予以公告；对该导游人员所在的旅行给予警告直至责令停业整顿。

（5）按照接待计划接待

导游人员应当严格按照旅行社确定的接待计划，安排旅游者的旅行、游览活动，不得擅自增加、减少旅游项目或者中止导游活动。

导游人员在引导旅游者旅行、游览过程中，遇到可能危及旅游者人身安全的紧急情形时，经征得多数旅游者的同意，可以调整或者变更接待计划，但是应当立即报告旅行社。

有下列情形之一者，由旅游行政部门责令改正，暂扣导游证3~6个月；情节严重的，由省、自治区、直辖市人民政府旅游行政部门吊销导游证并予以公告：擅自增加或者减少旅游项目的；擅自变更接待计划的；擅自中止导游活动的。

（6）应当遵守职业道德，着装整洁，礼貌待人，尊重旅游者的宗教信仰、民族习俗和生活习惯

这种要求是其职业规范所需，是对旅游者的尊重也是对自己的尊重。导游人员在导游活动时，应当侧重于介绍旅游地点的人文和自然情况，介绍当地的风土人情和习俗。但是，不得迎合个别旅游者的低级趣味，在讲解介绍中，掺杂庸俗下流的内容。

（7）应注意旅游者的人身财物的安全

导游人员在引导旅游者旅行游览过程中，应当就可能发生危及旅游者人身财物安全的情况，向旅游者作出真实说明和明确警示。说明和警示要求真实准确、通俗易懂，不至于发生歧义，并按照旅行社的要求采取防止危害发生的措施。

（8）不得兜售任何物品和向旅游者索要小费

导游人员进行导游活动，不得向旅游者兜售物品或者购买旅游者的物品，不得以明显或者暗示的方式向旅游者索要小费。

导游人员进行导游活动，向旅游者兜售物品或者购买旅游者物品的，或者以明示或者暗示的方式向旅游者索要小费的，由旅游行政部门责令改正，处1000元以上3万元以下的罚款；有违法所得的，并处没收非法所得；情节严重的，由省、自治区、直辖市人民政府旅游行政部门吊销导游证并予以公告；对委派该导游人员的旅行社给予警告直至责令停业整顿。

（9）不得欺骗、胁迫旅游者消费

导游人员进行导游活动，不得欺骗、胁迫旅游者消费或者与经营者串通欺骗、胁迫旅游者消费。

导游人员进行导游活动，欺骗、胁迫旅游者消费或者与经营者串通欺骗、胁迫旅游者消费的，由旅游行政部门责令改正，处1000元以上3万元以下的罚款；有违法所得的，并处没收非法所得；情节严重的，由省、自治区、直辖市人民政府旅游行政部门吊销导游证并予以公告；对委派该导游人员的旅行社给予警告直至责令停业整顿；构成犯罪的，依法追究刑事责任。

6.6 领队人员管理法规制度

6.6.1 领队人员概述

国家旅游局于2002年10月28日颁布了《出境旅游领队人员管理办法》，其中明确规定："出境旅游领队人员（以下简称'领队人员'），是指依照本办法规定取得出境旅游领队证（以下简称'领队证'），接受具有出境旅游业务经营权的国际旅行社（以下简称'组团社'）的委派，从事出境旅游领队业务的人员"。

尽管领队人员和导游人员都是接受旅行社的委派，为旅游团队提供服务的人员，但是导游的工作范围只能在境内，为旅游者提供向导、讲解等服务；而领队人员的工作范围在境外，即专门为出国团队提供包括为出境旅游团提供旅途全程陪同以及协调各方面关系的服务。

6.6.1.1 领队人员资格要求

各国或各地区对领队人员的职业资格认证不尽相同。根据《中国公民出国旅游管理办法》和有关规定，国家旅游局制定了《出境旅游领队人员管理办法》。依照该办法的规定，领队人员是从事出境旅游领队业务的人员。所谓领队业务，是指为出境旅游团提供旅途全程陪同和有关服务；作为组团社的代表，协同境外接待旅行社（以下简称"接待社"）完成旅游计划安排；以及协调处理旅游过程中相关事务等活动。

（1）申请领队证应具备的条件

领队证由组团社向所在地的省级或授权的地市级以上旅游行政管理部门申领。申请领队证的人员应当符合下列条件：

第一，有完全民事行为能力的中华人民共和国公民。此要求与导游人员资格认证的要求相同。

第二，热爱祖国，遵纪守法。领队人员是为出国团队提供服务的人员，在出国途中，领队人员不仅代表着旅行社，其行为也代表着一个国家的形象。因此，领队人员应当具有良好的政治素质。领队人员要熟悉有关法律的规定，在处理具体问题时，能够按照法律办事，维护旅游者和旅行社的权利。

第三，可切实负起领队责任的旅行社人员。领队人员是旅行社委派的，要求领队人员是旅行社的人员，使旅行社能够掌握该人员的工作素质，为旅游者提供优质的服务；同时在客观上也起到了旅行社信誉担保的作用。

第四，掌握旅游目的地国家或地区的有关情况。领队人员虽然不负责当地具体的接待工作，但是领队人员只有对当地的有关情况有基本的了解，才能有效地为旅游者提供服务。尤其在发生突发事件时，如旅游者受伤、生病、证件丢失时，领队必须掌握处理上述事件的基本程序，及时向我驻外使领馆求助。

（2）申请领队证人员的资格审查和业务培训

《出境旅游领队人员管理办法》规定："组团社要负责做好申请领队证人员的资格审查和业务培训"。

业务培训的内容包括：思想道德教育；涉外纪律教育；旅游政策法规；旅游目的地国家的基本情况；领队人员的义务与职责。

对已经领取领队证的人员，组团社要继续加强思想教育和业务培训，建立严格的工作制度和管理制度，并认真贯彻执行。

领队证由组团社向所在地的省级或经授权的地市级以上旅游行政管理部门申领，并提交下列材料：申请领队证人员登记表；组团社出具的胜任领队工作的证明；申请领队证人员业务培训证明。

旅游行政管理部门应当自收到申请材料之日起15个工作日内，对符合条件的申请领队证人员颁发领队证，并予以登记备案。旅游行政管理部门要根据组团社的正当业务需求合理发放领队证。

6.6.1.2 领队证的管理

领队证由国家旅游局统一样式并制作，由组团社所在地的省级或经授权的地市级以上旅游行政管理部门发放。领队证不得伪造、涂改、出借或转让。

领队证的有效期为3年。凡需要在领队证有效期届满后继续从事领队业务的，应当在届满前半年由组团社向旅游行政管理部门申请登记换发领队证。

领队人员遗失领队证的，应当及时报告旅游行政管理部门，并声明作废，然后申请补发；领队证损坏的，应及时申请换发。被取消领队人员资格的人员，不得再次申请领队登记。未取得领队证的人员，不得从事出境旅游领队业务。

6.6.2 领队人员的职责

领队人员是经国家旅游行政主管部门批准组织出境旅游的旅行社的代表，是出境旅游团的领导者和代言人。因此，境外领队在团结旅游团全体成员、组织旅游者完成旅游计划方面起着全陪、地陪往往难以起到的作用。领队人员在带团过程中，必须依照法律的规定，按照旅行社的要求为旅游者提供服务，切实维护旅游者的利益，完成旅行社委派的工作。因此，领队人员应当履行下列职责：

（1）遵守《中国公民出国旅游管理办法》中的有关规定，维护旅游者的正当权益，保证旅游者在境外旅游时的安全和服务质量。《中国公民出国旅游管理办法》对在出国旅游过程中，旅游者所享有的合法权益，领队人员的工作职责有详细的规定，如果领队人员违反管理办法规定的。应当按照管理办法的规定进行处罚。

（2）接受委派进行领队工作。领队人员从事领队业务，必须经组团社正式委派。与导游人员职责相同的是，领队人员的行为不是领队的个人行为，它是旅行社经营行为的构成部分。一方面，领队必须严格按照旅行社的要求提供服务；另一方面，领队的行为由旅行社承担相应的法律后果。

（3）为旅游者提供旅游行程服务，协同接待社实施旅游行程计划，协助处理旅游行程中的突发事件、纠纷及其他问题。在旅游过程中，随时可能出现各种紧急情况，领队人员的职责就是及时解决矛盾，使纠纷导致的损失降到最小。领队人员在处理纠纷时，要采取恰当的措施，安抚客人的情绪，使纠纷得到有效的解决。

（4）自觉维护国家利益和民族尊严，并提醒旅游者抵制任何有损国家利益和民族尊严的言行。出国旅游团队的行为代表一个国家的国际形象，所以维护国家利益和民族尊严的行为，是领队人员的当然职责。领队有义务自觉维护国家利益和民族尊严，同时还要提醒旅游者抵制有损国家利益和民族尊严的言行。

领队在履行上述职责时，作为组团社应当对领队进行有效的管理。如组团社对申请领队证人员不进行资格审查或业务培训，或审查不严，或对领队人员、领队业务疏于管理，造成领队人员或领队业务发生问题的，由旅游行政管理部门视情节轻重，分别给予组团社警告、取消申领领队证资格、取消组团社资格等处罚。

6.6.3 领队人员的法律责任

- 对申请领队证人员不进行资格审查或业务培训，或审查不严，或对领队人员、领队业务疏于管理，造成领队人员或领队业务发生问题的，由旅游行政管理部门视情节轻重，分别给予组团社警告、取消申领领队证资格、取消组团社资格等处罚。

● 未取得领队证，从事领队业务的，由旅游行政管理部门责令改正；有违法所得的，没收违法所得，并可处违法所得3倍以下不超过人民币3万元的罚款；没有违法所得的，可处人民币1万元以下罚款。

● 领队人员伪造、涂改、出借或转让领队证，或者在从事领队业务时未佩戴领队证的，由旅游行政管理部门责令改正，处人民币1万元以下的罚款；情节严重的，由旅游行政管理部门暂扣领队证3个月至1年，并不得重新换发领队证。

● 领队人员违反《中国公民出国旅游管理办法》中有关领队职责规定的，按该办法处罚。

● 领队人员违反《出境旅游领队人员管理办法》中有关领队职责的，由旅游行政管理部门责令改正，并可暂扣领队证3个月至1年；造成重大影响或产生严重后果的，由旅游行政管理部门撤销其领队登记，并不得再次申请领队登记，同时要追究组团社责任。

● 旅游行政管理部门工作人员玩忽职守、滥用职权、徇私舞弊，构成犯罪的，依法追究刑事责任；未构成犯罪的，依法给予行政处分。

【课堂讨论题】

某国际旅行社，组织了一个去泰国的旅游团，在出境前，该旅行社负责团的领队人员未对旅游者讲解有关所去国家的风俗和禁忌，一位旅游者参与了街头的扑克赌博，结果被当地警方处以重罚，并驱逐出境。旅游者认为是旅行社没有讲清楚，所以要求旅行社赔偿。请问如果你是该旅行社的负责人，你该如何处理这件事？

【思考题】

1. 导游人员是如何划分的？
2. 初、中级导游人员应具备什么条件？
3. 导游人员考核的标准是什么？
4. 申请领队证应具有什么条件？
5. 领队人员应承担什么法律责任？

【案例分析】

游客摘吃野果不适，旅行社是否应承担责任？

天津某旅行社接待了一个从山西来的30个人的旅游团。在游览天津蓟县的过程中，导游告诉游客山上有很多野果可以食用，如果游客愿意，可以随便摘着吃。有一位游客吃了一种野果后，便觉得不舒服，回来途中即发高烧，经诊断是轻度中毒，和他在一起的其他游客也吃了这种果子却都安然无恙。后来，该游客投诉了旅游社，并要求赔偿。经交涉，旅行社赔偿其医药费3000元。

请问：该案中导游人员有哪些不当之处，为什么？

【本章推荐阅读书目】

旅游法规概论．向三久．高等教育出版社，2001.
旅游法规教程．孙子文．郑州大学出版社，2002.
旅游法规与实务．姚晓玲．旅游教育出版社，2002.

第 7 章

旅游饭店管理法规制度

【本章概要】

通过本章学习，了解旅游饭店管理法规产生与发展，掌握旅游饭店的建设与审批管理、旅游饭店行业管理、旅游饭店治安与消防管理和旅游饭店的食品卫生管理的相关内容，熟悉旅游饭店星级评定制度，认识旅游饭店与旅客之间的权利和义务，并进一步掌握旅游饭店的法律责任类型。

【学习目标】

- 掌握旅游饭店的建设与审批管理；
- 熟悉旅游饭店治安与消防管理；
- 掌握旅游饭店星级评定制度；
- 掌握旅游饭店与旅客之间的权利和义务；
- 了解旅游饭店的法律责任。

【关键性术语】

旅游饭店业、旅游饭店管理法规、建设与审批管理、行业管理、治安与消防管理、食品卫生管理、星级评定制度、权利和义务、法律责任。

【章首案例】

饭店应如何处置旅客遗留物？

2000 年 8 月 9 日，来某市旅游的聂先生结束旅程，离开了他所下榻的某饭店。客房服务员小李打扫房间时，在床下拾到一双半新的皮凉鞋，便以征询意见的口气对领班小杨说："这双鞋八成是客人不要的。"领班小杨回答说："客人不要的物品通常都随手扔进垃圾桶里。这双鞋有可能是客人整理行装时被遗忘了。"于是要求小李在客房服务登记本上作了记录，将鞋交给服务中心收存。

半个月后，客房服务中心值班员小王接到聂先生打来的电话，他说在半个月前曾在饭店住过。临走时，由于忙乱和疏忽，将一双皮凉鞋遗忘在房间，不知还能否找到。小王记下了聂先生的通信地址和电话号码，然后查阅了"宾客遗忘物品捡拾登记本"，果然上面记载着这双凉鞋的捡拾经过。

小王找出这双皮凉鞋后，便马上通知了聂先生。在电话中聂先生感慨地说："没想到贵店服务工作如此仔细，真令我敬佩。"

请问：旅游饭店对旅客遗留的物品应当如何处理？

7.1 旅游饭店管理法规制度概述

旅游饭店是现代旅游业的三大支柱之一。它的发展规模、建筑档次、管理水平和服务质量如何，在一定程度上直接制约着一个国家旅游业的发展速度。因此，世界各国在发展旅游业的过程中，总是把旅游饭店建设纳入法制化的轨道，对旅游饭店业进行依法管理。

7.1.1 旅游饭店业概述

7.1.1.1 饭店业的起源和发展

欧洲的饭店业起源于古罗马时代，我国在商朝也出现了官办的驿站，而且随着商品生产和商品交换的发展，饭店业逐渐发展起来。美国饭店大王斯塔特拉（E. M. Statleu）在1908年1月建立斯塔持拉旅馆后，便揭开了现代旅游饭店业序幕。随后，昆拉德·希尔顿继承了先辈的事业，在全世界铺开了希尔顿饭店网，形成了现代旅游饭店业。一般认为，饭店业的发展经历了4个发展时期：设备简易、只供食宿的客栈时期；专为王室、贵族享乐而建筑豪华的大饭店时期；为商业、旅行者服务的方便、舒适、价格合理的商业旅馆时期；为消费者提供住宿、餐饮、购物、商务等综合性服务的新型住宿业时期。

希尔顿饭店的发展史

1919年，康拉德·希尔顿在德克萨斯州与其母亲、一位经营牧场的朋友和一位石油商合伙买下仅有50间客房的莫布雷（Mobley）旅馆。从而开始了希尔顿饭店的成长之路。

莫布雷旅馆是一家经营状况良好的廉价客栈，希尔顿买下后对其进行了改造。关闭了餐馆，增加客房数量。通过降低无效经营面积，如将服务台缩小一半，客房大小仅容下一张床和梳妆台，并将节约的空间出售报纸和香烟，希尔顿通过改变资产的经营结构，挖掘闲置的空间，获得了高额回报。从第一家经济型饭店开始，希尔顿就实施了挖掘饭店价值的经营做法。

随后希尔顿收购了德朗、沃斯堡的梅而巴旅馆（68个客房），租赁了德州达拉斯的市中心的华道尔夫饭店，沃斯堡特米诺饭店，可西卡纳的比顿饭店，沃瑟姆等，共计获得了8家定位于经济型饭店。

自1925年开始，希尔顿逐渐将经济型饭店转手，以自建（租赁）的方式，拓展高档饭店领域。希尔顿进入高档饭店领域时，期间经历经济危机、珍珠港事件；希尔顿都以其独到的战略眼光进行投资，并用其“微笑服务”在危机过后迅速复苏，到1946年建立希尔顿饭店公司的时候又恢复到了9家。

从希尔顿在高档饭店领域站稳了脚跟，通过并购、租赁、管理输出等方式，一步一步成为美国高档饭店领域的“旅馆大王”。不过，希尔顿的发展速度一直不快，如果从1919年算起，希尔顿在80年内，高档饭店还不超过250家。相对而言，由于希尔顿是豪华型饭店，市场相对小，增长速度也慢，这些因素就导致了希尔顿发展速度较慢。不过，从1999年，希尔顿收购Promus酒店集团后，饭店数量就迅速超过了1700家，希尔顿通过收购获得经济型连锁饭店和部分规模不大的高档酒店品牌。到2004年，希尔顿饭店数已经接近了2300家。

我国现代饭店业的发展，离不开改革开放政策的实施。自改革开放以来，我国对外交流逐渐增多，这为饭店业的发展提供了客观条件；而且先进的管理设备和管理技术，以及规范的饭店业服务手段的引进，为饭店业的发展提供了有力的保证。我国星级饭店和饭店接待旅客的数量有了飞越性的增长。中国加入 WTO 之后，在市场主体地位方面，饭店（包括公寓楼）和餐馆行业所作的承诺是：① 跨境交付没有限制。② 境外消费没有限制。③ 外国服务提供者可以合资企业形式在中国建设、改造和经营饭店和餐馆设施，允许外资拥有多数股权。中国加入 WTO 后 4 年内，取消限制，允许设立外资独资子公司。④ 允许与在中国的合资饭店和餐馆签订合同的外国经理、专家，包括厨师和高级管理人员在中国提供服务。我国饭店业的发展面临着新的契机。

7.1.1.2 饭店的定义

通常在使用“饭店”一词时，还有“旅馆”、“旅社”、“旅店”“宾馆”、“酒店”等同义或近义词。从日常用语至立法中，这些词语经常混同使用。在分析“饭店”这一行业特点时，通常认为饭店是提供住宿服务的企业。但是随着饭店业的不断发展，饭店的功能也不断扩大，饭店可以向公众提供餐饮、娱乐等综合性服务。

> 美国于 1915 年 5 月在俄亥俄州召开了饭店业大会，会议上通过了饭店的定义：“凡是一所大厦或其他建筑物，曾公开宣传为众所周知，专供旅客居住和饮食而收取费用的，在人口不到 1000 人的乡镇里有 5 间以上的卧室，人口不到 10 000 人的城市里有 15 间以上的卧室，超过 10 000 人口的市镇有 25 间以上的卧室。且在同一场所或其附近设有一间或一间以上的餐厅或会客室以供旅客饮食者，即认定为饭店。”而且还规定：“任何私人商号、公司均得利用一所大楼或其他建筑物经营旅游业务，但必须向有关主管机关登记核准，始称为饭店。”这个概念概括了饭店的内涵，而且写明了精确的数字标准。

上述有关饭店的定义说明，饭店是以提供住宿服务为主，并因此提供相关综合性服务的企业。但是在法律上考虑饭店的概念，更多地侧重于饭店作为市场经营的主体，以及基于饭店的服务功能所产生的饭店和旅客、饭店和其他主体之间的权利义务关系。因此，对饭店功能的概括虽然有所不同，但在法律上不会产生实质性的影响。例如，我国香港地区的《旅馆业条例》第 2 条规定，“旅馆（hotel、guesthouse）指任何处所，其占用人、东主或租客显示在他可提供的住宿的范围内，他会向到临该处所的任何人提供住宿的地方，而该人看似是有能力并愿意为所提供的服务及设施缴付合理款项，并且是在宜于予以接待的状况的”。1987 年 9 月 23 日国务院批准的《旅馆业治安管理办法》则在第 2 条规定：“凡经营接待旅客住宿的旅馆、饭店、宾馆、招待所、客货栈、车马店、浴池等（以下统称旅馆），不论是国营、集体经营，还是合伙经营、个体经营、中外合资、中外合作经营，不论是专营，还是兼营，不论是常年经营，还是季节性经营，都必须遵守治安管理的规定，接受公安机关的治安管理。”上述法律规定表明，只要是提供住宿服务的企业，均被纳入了旅馆业的范畴，在立法上对“旅馆”或“饭店”采取了一个宽泛的概念。

另外，在实践中，虽然按照不同的标准，可以将饭店分为不同的种类，但由于饭店的基本功能是相同的，因此这些分类一般也不会对饭店在法律上所享有的权利和所承担的义务产生实质性的影响。

7.1.2 旅游饭店管理法规产生与发展

饭店法是调整饭店在设立、变更、终止和经营过程中所产生的各种法律关系的法律规范的总和。因为饭店的行业特点，饭店法主要调整的是饭店和旅客之间的权利义务关系，与饭店综合性的服务功能相对应，饭店法还需要调整饭店和非旅客之间的权利义务关系。此外，饭店在存续以及经营过程中还要接受有关行政机关，如公安、卫生、旅游等行政部门的管理，二者之间的管理关系也构成了饭店法的重要内容。由此可见，饭店法的内容涉及民法、行政法、刑法等法律部门，这也必然导致各国对饭店的立法体例不甚统一。

最早产生饭店法的国家是中世纪的英国。在英、美、法、比等国的法律百科全书中，都有“饭店法”这一条目，详细论述旅客同饭店、餐厅之间有关接待、服务、人身以及财产安全等方面的权利义务关系。英、美等普通法系的国家还有大量关于饭店法的判例和单行法规。我国香港地区也有关于饭店的单行条例，如香港的《旅馆业条例》和《酒店东主条例》。而大陆法系的德国则在其《民法典》的债务关系法中规定了“旅店主处物的携入”，明确了饭店对旅客财产的责任。我国澳门地区对饭店的立法包括澳门第 83/96/M 号训令、第 173/97/M 号训令、第 7/2000 号行政命令，上述法例详细规定了各级酒店的设施，包括酒店的功能区以及相应的内部配置。从大陆法系的立法上看，对饭店业的专门性的立法并不多，尤其在确认饭店和旅客之间的权利义务关系的问题上，着重适用民法的规定。

在国际上，1978 年国际私法协会起草了《关于旅馆合同的国际协定草案》，该协定由 26 国代表组成的专家委员会起草。协定对住宿合同的生效、饭店经营者对旅客的人身、财产损害所导致的赔偿责任、饭店责任的限额以及留置权等问题作了规定。另外，国际饭店与餐饮协会执行委员会 1981 年在尼泊尔的加德满都批准了《国际饭店法》，并获得了国际饭店业的普遍承认。《国际饭店法》是关于饭店和旅客契约关系的法规，其中较重要的部分有“序言”、“契约关系”和“双方责任”。该法在宗旨中明确写明，“这个法规可作为各国有关饭店住宿契约立法的辅助性条款”，如有关国家立法中无具体关于饭店住宿契约方面的条款，应履行《国际饭店法》中的规定。

与饭店行业的发展相比，我国有关饭店业的立法相对滞后。以目前较常见的旅客在入住饭店后发生人身、财产损失为例，在纠纷发生后，一般适用的是《民法通则》中的“民事责任”、《合同法》以及《消费者权益保护法》的有关规定。但是上述法律缺乏对饭店业的专门规定，尤其在归责原则、饭店的责任范围、责任限额和免责事由等方面，由于没有专门性的规定，给实际案件的处理造成困难。

相对于民事立法，有关饭店业的行政立法较多，其中包括《旅馆业治安管理办法》《中华人民共和国评定旅游饭店星级的规定》等行政规章，但有关行政管理的内容和手段，应当随着政府职能的转变而有所调整，对有关法规，应当加以清理。另外，为了规范饭店业的服务，在饭店行业还出台了一系列技术标准，如《旅游饭店星级的划分与评定》《绿色饭店等级评定规定》等，但此类标准都属于推荐性标准，是通过经济手段或市场调节而自愿采用的一类标准，除非饭店自愿接受该标准的质量考核，否则此类标准不具有强制性。

除了国家的立法之外，《中国旅游饭店行业规范》也是调整饭店行为的重要行为规范。中国旅游饭店业协会是经民政部登记的饭店行业的行业组织，通过该组织实现饭店企业的行业自律，促进饭店行业的健康发展。《中国旅游饭店行业规范》是中国旅游饭店协会依据国家有关法律、法规制定的行业规范。就其性质而言，它不是国家法律，没有强制执行的效力、但该行业规范可以约束旅游饭店协会的会员饭店。

7.2 旅游饭店的管理

对旅游饭店的经营活动进行监督与管理，既是保障旅游饭店的正常经营、健康发展及维护社会治安的需要，也是保护旅游者合法权益的客观要求。因此，制定相应的法律、法规来规范旅游饭店的经营活动是国家机关的重要职能和任务。从我国目前的情况看，除国家旅游行政管理部门颁布的法规外，国家立法机关及其他行政机关也都颁布了相应的法规，如《中华人民共和国食品卫生法》《中华人民共和国治安管理处罚条例》《旅馆业治安管理办法》等，这些法律、法规为规范旅游饭店的经营活动提供了依据。

7.2.1 旅游饭店的设立与审批管理

饭店的设立，是促使饭店成立，使其具备法律主体资格的一系列行为的总称。作为企业，饭店的设立必须经过工商机关的注册登记，申领营业执照，饭店自营业执照签发之日起成立。但是在办理工商登记之前，设立饭店应当经过有关行政机关的行政审批。

行 政 审 批

在《国务院关于取消第一批行政审批项目的决定》的国务院文件中，国务院决定取消789项行政审批项目。其中，公安机关对娱乐场所经营单位设立治安审核（设定依据为《娱乐场所管理条例》）、建筑消防设施监测和维修保养资格许可证（设定依据为《建筑工程消防监督审核管理规定》）、设立生产性废旧金属收购企业特种行业许可（设定依据为《废旧全属收购业治安管理办法》），旅游局对饭店管理公司审批（设定依据为《国家旅游局关于下发饭店管理公司管理暂行办法的通知》）、经营“香港游”业务旅行社审批（设定依据为《国家旅游局关于加强“香港游”管理工作的通知》）等行政审批项目已被取消。所以在学习有关行政审批的内容时，应当关注行政审批制度的改革。

由于旅游饭店是独立的法人，因此其设立的条件应该满足法人设立的基本条件。《民法通则》第37条规定：法人应当具备下列条件：① 依法成立；② 有必要的财产或者经费；③ 有自己的名称、组织机构和场所；④ 能够独立承担民事责任。

由于旅游饭店企业有其特殊性，因此公安部1987年11月10日发布《旅馆业治安管理办法》第4条规定：申请开办旅馆，应经主管部门审查批准，经当地公安机关签署意见，向工商行政管理部门申请登记，领取营业执照后，方准开业。

由于旅游饭店企业具有涉外性，国家旅游局1988年8月发布的《中华人民共和国评定旅游（涉外）饭店星级的规定》第25条规定：国家对旅游（涉外）饭店实行由旅游行政管理部门，即旅游局颁发旅游（涉外）营业许可证制度。第26

条规定：所有新建饭店必须得到饭店星级评定机构给予的预备星级和旅游（涉外）营业许可证，方能进行旅游（涉外）营业。

此外，经批准开业的旅游饭店，还需要具备卫生许可证、消防安全验收等手续后方可开业。如有歇业、转业、合并、迁移、改变名称等情况，应在工商行政管理部门办理变更登记后3日内，向当地的县、市公安局、公安分局备案。

7.2.2　旅游饭店行业管理

旅游饭店在经营过程中应自觉依照行业规范来提供服务。旅游饭店业的行业规范是饭店自律的行为规则，不具有国家法律的地位。但是，旅游饭店业的行业规范中所体现旅游饭店行业的行业惯例——在商业交往的过程中所形成的习惯性规则，符合商业交往的需求。因此，秉承尊重惯例的原则，在司法实践中行业惯例可以适用。

2002年，中国旅游饭店业的行业协会——中国旅游饭店协会汇集了在旅游饭店经营过程中的惯例，颁布了《中国旅游饭店行业规范》。该规范适用于中国境内开办的各种经济性质的旅游饭店，含宾馆、酒店、度假村等，且上述旅游饭店是中国旅游饭店协会的会员。会员饭店如果违反了该行业规范，中国旅游饭店协会可以对会员予以内部通报批评；会员饭店和旅客发生纠纷的，应当参照规范的规定和旅客协商解决。非会员饭店可以自行决定是否适用行业规范的规定，可以不受该行业规范的约束。因为是对行业习惯性做法的汇总，该行业规范规定的内容非常细致，主要针对在旅游饭店经营过程中经常出现的法律问题，提出饭店的具体应对措施。该规范颁布后，其中有些规定引起了广泛的争论。

（1）饭店住宿合同订立和履行

饭店住宿合同是指饭店与旅客之间明确彼此间的权利义务关系的协议。饭店和旅客之间的提供服务和接受服务的关系，必须经过双方同意而形成的合同关系予以确立。但是，旅客和饭店之间通常不会签订一个合同书，判定两者之间合同关系成立的条件有2个：一是旅客到饭店办理了住宿登记手续，或者拿到了客房钥匙；二是旅客向饭店预订了客房。也就是说，如果旅客向饭店发出了预订客房的要约，而饭店若接受了这一要约，则饭店与旅客之间的合同关系便宣告成立。此时，任何一方如果不按合同规定履行自己的义务，就负有赔偿对方损失的责任。

饭店合同的主体是饭店和旅客，即租用饭店客房住宿并进行住宿登记的人员。基于饭店综合性的服务功能，进入饭店的人员有住宿、就餐、购物、游玩、办事等不同的目的，所以进入饭店的人员并不都属于“旅客的范畴”。区分旅客和非旅客的目的，是为界定饭店对不同的接待对象所承担的不同义务。从合同的角度看，饭店和旅客之间，通过合同来明确彼此间的权利义务关系；而饭店与非旅客之间，只有接受饭店服务的人员，如来饭店就餐、娱乐的人员，才可能与饭店存在合同关系。此外，饭店对所有使用其设施、并接受其服务的人员均负有法定的或约定的义务。但一般认为饭店对旅客所承担的责任比较大，饭店应当对旅客提供充分的、合理的照顾；而对非旅客的人身安全是一般性的照顾，以及由此引起的不同的举证责任。

（2）饭店应当保护客人的人身安全

为了保护客人的人身安全，饭店要保障其设备设施的完好和安全，采取必要的防护措施，向旅客说明正确使用设施的方法，并明确告知可能存在的危险。这些措施包括：① 饭店要配备基本的防护措施。饭店客房房门应当装置防盗链、门镜、应急疏散图，卫生间内应当采取有效的防滑措施；客房内应当放置服务指南、住宿须知和防火指南；饭店应当采取措施，防止客人放置在客房内的财物灭失、毁损；有条件的饭店应当安装客房电子门锁和公共区域安全监控系统。② 饭店要对其设备进行必要的维护。饭店应当确保健身、娱乐等场所设施、设备的完好和安全。③ 饭店要对旅客尽必要的告知义务。对可能损害客人人身和财产安全的场所，饭店应当采取防护、警示措施。警示牌应当中外文对照。

（3）饭店应当保护客人的财产安全

饭店应当采取措施，防止客人放置在客房内的财物灭失、毁损。由于饭店的原因造成客人财物灭失、毁损的，饭店应当承担责任。由于客人自己的行为造成损害的，饭店不承担责任。双方均有过错的，应当各自承担相应的责任。

一般物品可存放在客房内设置的保险箱内。如果交饭店保管，饭店应当检查行李物品的包装是否完好、安全，询问有无违禁物品，并经双方当面确认后签发给客人行李寄存牌。对于贵重物品的保管，该规范也作了明确的规定：饭店应当在前厅处设置有双锁的客人贵重物品保险箱。贵重物品保险箱的位置应当安全、方便、隐蔽，能够保护客人的隐私。饭店应当按照规定的时限免费提供住店客人贵重物品的保管服务。客人寄存贵重物品时，饭店应当对住店客人贵重物品的保管服务作出书面规定，并要求客人填写贵重物品寄存单，办理有关手续。饭店违反规定，造成客人贵重物品灭失的，饭店应当承担赔偿责任。

（4）服务有瑕疵所导致的责任

饭店为客人提供洗衣服务时，应当要求客人在洗衣单上注明洗涤种类及要求，并应当检查衣物状况有无破损，客人如有特殊要求或者饭店员工发现衣物破损的，双方应当事先确认并在洗衣单上注明。客人事先没有提出特殊要求，饭店按照常规进行洗涤，造成衣物损坏的，饭店不承担赔偿责任；客人的衣物在洗涤后即时发现破损等问题，饭店无法证明该衣物是在洗涤以前破损的，饭店承担相应责任。饭店应当在洗衣单上注明，要求客人将衣物内的物品取出。对洗涤后客人衣物内物品的丢失，饭店不承担责任。

在提供停车服务的过程中，饭店应当保护停车场内饭店客人的车辆安全。由于保管不善，造成车辆灭失或者毁损的，饭店承担相应责任；但因为客人自身的原因造成车辆灭失或者毁损的除外。双方均有过错的，应当各自承担相应的责任。对汽车内的物品，饭店有提示注意义务，对汽车内放置的物品的灭失，饭店不承担责任。

（5）饭店可督促旅客遵守饭店规章

《中国旅游饭店行业规范》第 30～33 条规定：在饭店已经向旅客尽了提示义务之后，旅客私留他人住宿或者擅自将客房转让给他人使用及改变使用用途，或未经饭店同意对客房进行改造、装饰，或旅客损坏饭店的财物，以及旅客醉酒后在饭店内肇事造成损失的，饭店可以要求旅客承担相应的赔偿责任。这些规定都集中表明，旅客有履行合同、遵守饭店有关规章的义务，对于造成饭店损失的旅客，饭店可以通过协商、调解以及诉讼等方式来主张自己的权利。

《中国旅游饭店行业规范》中有关尊重饭店财产权的规定，比较容易得到认同。但是对有关饭店可以谢绝客人自带酒水和食品进入餐厅、酒吧、舞厅等场所享用的规定，引起了社会各界广泛的争论。

认为该规范违法的主要理由是：该规范是强制顾客消费饭店的酒水，侵害了消费者的自主选择权；而且饭店行业规范只能约束饭店的行为，无权约束旅客的行为，不能为旅客设置义务。

认为该规范合法的观点则认为：在明确告知的前提下，"谢绝自带酒水"是饭店和旅客之间的合同约定，旅客在饭店消费即表示接受了这一合同条款，因此不存在强制交易的行为；饭店酒水的价格虽然高于市场价格，但这是饭店所有服务成本核算的结果，因此没有暴利的问题；最后，该行业规范是为饭店设定义务，即饭店可以根据自己的经营状况决定是否谢绝客人自带酒水，所以是完全合法的。而且从国际惯例来看，饭店行业对客人自带酒水和食品普遍采取了限制性态度，因此，该行业规范的内容具有其合理性。

(6) 对违反行业规范的饭店的处理

作为行业自律组织，行业协会可以对会员进行处理，以实现行业自律的目的。中国旅游饭店业协会会员饭店违反行业规范的行为，可以视情节和后果，给予协会内部通报批评、公开批评等处理。对于会员饭店违反规范，给客人人身造成重大伤害或者给客人的财产造成重大损失且情节特别严重的，除按规定进行赔偿外，经中国旅游饭店业协会常务理事会通过后，可以将该会员饭店从饭店协会中除名。

7.2.3 旅游饭店治安管理

旅游饭店是向旅游者提供食宿和其他服务的公共场所，其治安状况如何直接关系到旅游者的人身、财产安全。对此，我国的《治安管理处罚条例》和《旅馆业治安管理办法》就旅馆的开办，旅客的人身、财产安全等事项作出了明确的规定，这些规定同样适用于旅游饭店。

(1) 对开办旅游饭店的治安管理要求

开办旅游饭店，其房屋建筑、消防设备、出入口和通道等，必须符合《中华人民共和国消防条例》等有关规定，并且要具备必要的防盗安全设施。申请开办旅游饭店，应经主管部门审查批准，经当地公安机关签署意见，向工商行政管理部门申请登记，领取营业执照后方准开业。经批准开业的饭店，如有歇业、转业、合并、迁移、改变名称等情况，应当在工商行政管理部门办理变更登记后3日内，向当地的县（市）公安局、公安分局备案。

(2) 对经营旅游饭店的治安管理要求

● 经营旅游饭店，必须遵守国家的法律，建立各项安全管理制度组织或指定安全保卫人员。

● 饭店接待旅客住宿必须登记。登记时，应当查验旅客的身份证件，按规定的项目如实登记。接待境外旅客住宿，还应当在24h内向当地公安机关报送住宿登记表。

● 饭店应当设置旅客财物保管箱、柜或者保管室、保险柜，指定专人负责保管工作。对旅客寄存的财物，要建立登记、领取和交接制度；饭店对旅客遗留的物品，应当妥为保管，设法归还原主或揭示招领；经招领3个月后无人认领的，要登记造册，送当地公安机关按拾遗物品处理。对违禁物品和可疑物品，应当及时报告公安机关处理。

● 在饭店开办舞厅，音乐茶座等娱乐、服务场所的，除执行《旅馆业治安管理办法》外，还应当按照国家和当地政府的有关规定管理。

（3）对饭店工作人员及旅客的治安管理要求

饭店工作人员发现违法犯罪分子、形迹可疑的人员和被公安机关通缉的罪犯，应当立即向当地公安机关报告，不得知情不报或隐瞒包庇；严禁旅客将易燃、易暴、剧毒、腐蚀性和放射性等危险物品带入饭店；饭店内，严禁卖淫、嫖宿、赌博、吸毒、传播淫秽物品等违法犯罪活动；饭店内，不得酗酒滋事、大声喧哗，影响他人休息，旅客不得私自留客住宿或转让床位。

对违反上述要求的饭店及有关人员，公安机关有权依照有关规定进行处罚，对发生重大事故，造成严重后果构成犯罪的，依法追究有关责任人的刑事责任。

7.2.4 旅游饭店的食品卫生管理

旅游饭店除向旅客提供住宿服务外，其最基本的职能之一是向旅客提供饮食服务，因此，加强对旅游饭店食品卫生的管理，对于防止食品污染和有害食品对旅客的危害，保证旅客的身体健康具有重要意义。为此，《中华人民共和国食品卫生法》分别就食品的卫生，食品添加剂的卫生，食品容器、包装材料和食品用工具、设备的卫生，食品卫生管理、监督等作出了明确的规定（详细内容见第 17 章）。

7.3 旅游饭店星级评定制度

饭店要为旅客提供高品质的服务，而饭店星级评定标准的建立，目的就是为了规范饭店的服务，提高饭店的管理和服务水平。有关我国饭店星级评定的标准首次发布于 1993 年 9 月 1 日，1998 年和 2003 年又两度对该标准进行修订。按照饭店提供服务的水平，饭店分为一星、二星、三星、四星、五星（含白金五星级）5 个等级，饭店星级标志由国家旅游行政管理机关统一制作，该标志须置于饭店正门入口处或总服务台最明显位置。

7.3.1 旅游饭店星级划分及评定范围

对旅游饭店进行星级评定，是国际上通行的惯例，实行这一制度，不仅能使饭店管理工作向正规化、科学化的目标迈进，而且可以方便国际旅游者。1988 年 8 月，国家旅游局参照国际标准，结合中国国情，制定颁布了《中华人民共和国评定旅游涉外饭店星级的规定》以及《中华人民共和国旅游涉外饭店星级标准》；1993 年 9 月，国家技术监督局发布了《旅游涉外饭店星级的划分和评定》。1997 年 10 月，经首次修订，国家技术监督局再次发布了《旅游涉外饭店星级的划分和评定》（以下简称《划分和评定》）。1998 年，根据 10 年来星级评定的实践，国家旅游局又重新修订了《中华人民共和因旅游涉外饭店星级标准》（以下简称《标准》）和《中华人民共和国评定旅游涉外饭店星级的规定》（以下简称《规定》），由此构成了中国特色的旅游饭店星级评定制度。2003 年修订的饭店星级评定标准，以“旅游饭店”替代了“旅游涉外饭店”，并按照国际惯例明确了饭店的定义。

根据《规定》，凡是在我国境内的，从事接待外国人、华侨、港澳台同胞以及国内公民，正式开业一年以上的国有、集体、中外合资，以及外商独资饭店（或宾馆、度假村等）都可以申请评定星级。

通过饭店星级的评定，既可以提高饭店的硬件、软件水平，也可以使星级旅游饭店在旅游住宿业中起到推动其他旅游住宿、设施向规范化服务发展。

7.3.2　旅游饭店星级评定的依据与基本标准

根据《规定》，旅游饭店星级评定实行五星制，即分为一星级、二星级、三星级、四星级和五星级饭店。这种以5个星级来划分旅游饭店的依据有以下5项：饭店的建筑、装潢、设备、设施条件；饭店的设备设施的维修保养状况；饭店的管理水平；饭店的服务质量；饭店的服务项目。

旅游饭店星级评定的基本标准是：

一星级　布局基本合理，设备较为齐全，具有食宿基本功能，提供基本服务，综合服务项目少，安全、卫生、环境基本符合要求。

二星级　布局基本合理，设备基本齐全，除具有基本食宿设施与基本接待服务功能外，有部分综合服务设施，安全、卫生、环境符合有关规定。

三星级　布局合理，外观具有一定的特色或民族风格，设备舒适、齐全，装修美观，有多种综合服务设施，管理水平、服务质量较高，安全、卫生、环境条件较好。

四星级　布局合理，外观独具风格或具有鲜明的民族风格，设备豪华、典雅、完善，服务项目齐全，能提供较全面的服务，管理水平、服务质量高，安全、卫生条件好，环境优雅。

五星级　布局合理，外观风格特异或有突出的风格，设备十分豪华，食宿及各种综合服务项目完善，服务质量优秀，管理科学化、现代化，安全、卫生条件很好，环境十分优雅。

国家旅游局从2004年7月1日开始实施的新版《旅游饭店星级划分与评定》标准中设立新的星级饭店等级——“白金五星”。“白金五星”饭店的定位处于酒店业金字塔的顶端，在总体数量上控制得极为严格，饭店要获得“白金五星”须先符合以下7个必备条件：已具备2年以上五星级饭店资格；地理位置处于城市中心商务区或繁华地带；交通极其便利；建筑主题鲜明，外观造型独具一格，有助于所在地建立旅游目的地形象；内部功能布局及装修能与所在地历史、文化、自然环境相结合，恰到好处地表现和烘托其主题氛围；除有富丽堂皇的门廊及入口外，饭店整体氛围极其豪华气派；各类设施设备配置齐全，品质一流，饭店内主要区域有温湿度自动控制系统；有位置合理、功能齐全、品位高雅、装饰华丽的行政楼层专用服务区，至少对行政楼层提供24h管家式服务。此外，还需要在6项参评条件中至少达标5项。6项标准分别为：普通客户面积至少不小于36m²；有符合国际标准的高级西餐厅、可以提供正规的西式正餐和宴会；有高雅的独立封闭式酒吧；有可容纳500人以上的宴会厅；国际认知度极高、平均每间可供出租客房收入连续3年居于所在地同星级饭店前列；有规模壮观、装潢典雅、出类拔萃的专项配套设施。

7.3.3　旅游饭店星级评定的机构及其分工

根据《规定》，全国旅游涉外饭店星级评定最高权力机关是国家旅游局。国家旅游局设立饭店星级评定机构，负责领导全国旅游涉外饭店星级评定工作，并且具体负责评定全国四星级、五星级饭店。

省、自治区、直辖市旅游局设立星级饭店评定机构，在国家旅游局的领导下，负责本地区旅游涉外饭店的星级评定工作，并具体负责评定本区内的一星级、二星级、三星级饭店。一星级、二星级饭店的评定结果报国家旅游局饭店星级评定机构备案；三星级饭店评定结果报国家旅游局饭店星级评定机构确认，并负责向国家旅游局星级评定机构推荐四、五星级饭店。

我国加入WTO之后，旅游星级饭店评定中"涉外"的概念逐步谈化，预备星级制正在取代"涉外"审批制，以后不再评定涉外旅游饭店。凡是愿意进入旅游饭店行列的饭店，只要其正式开张营业，就可以根据其设施、设备和服务水平，向旅游局申请预备星级。经过一年的预备期，只要符合条件，经旅游局评定，就可以成为星级饭店。

7.3.4 旅游饭店星级评定的方法

旅游饭店星级评定，采取按星级饭店的必备条件与检查评分相结合的方法综合评定。所谓星级饭店的必备条件，是指星级饭店的建筑设施设备、维修保养、清洁卫生、服务质量、宾客满意程度五项标准。

饭店所取得的星级表明该饭店所有建筑物、设备设施及服务均处于同一水平。如果饭店由若干座不同建筑水平或设施设备标准的建筑物组成，饭店星级评定机构将按每座建筑物的实际标准评定星级。评定后，不同星级的建筑物不得继续使用相同的饭店名称，否则该饭店的星级无效。也就是说，星级评定是以饭店软、硬件为依据，即使是同一家饭店，只要该饭店是由不同建筑物组成的，软、硬件不同，即应根据其实际情况评定为不同的星级。例如，某湖滨饭店由2座不同档次的建筑物组成。其中一座建筑物被评定为四星级，另一座便被评定为二星级。根据此项规定，二星级的建筑物不能使用"湖滨饭店"的名称，否则湖滨饭店的四星级无效。

旅游饭店取得星级后，如需关闭星级标准所规定的某些服务设施、设备，取消或更改星级标准所规定的某些服务项目，必须经饭店星级评定机构批准，否则该饭店星级无效。

旅游饭店取得星级后，因进行改造发生建筑标准变化，设施、设备标准变化和服务项目变化，必须向饭店星级评定机构申请重新评定星级，该饭店原评星级无效。

7.3.5 旅游饭店星级饭店的检查、复核与处理制度

7.3.5.1 星级饭店的检查

根据《中华人民共和国旅游涉外饭店星级评定检查员制度》规定，旅游饭店星级检查实行星级饭店检查员制度。星级饭店检查员，分为国家级检查员和地方级检查员2个等级。国家级检查员负责对全国各星级饭店进行星级评定前后的检查；地方级检查员则负责对本地区各星级饭店进行星级评定前后的检查。

为了保证饭店星级评定和检查的质量，星级饭店检查员必须具备以下基本条件。

- 属于旅游行政管理部门从事饭店行业管理的专业人员；
- 有较高的政治思想水平，热爱旅游事业，思想品德好，能做到大公无私、秉公办事、工作认真、严格要求；

- 有一定的政策水平、较强的法制观念，能严格执行法令、法规和纪律；
- 有较丰富的饭店业务知识，全面掌握《划分及评定》国家标准；
- 有一定的组织能力和协调能力，有分析和研究问题的能力，有一定口头、文字表达能力；
- 国家级检查员有技术（业务）职称或有较强的饭店管理工作经验和能力；
- 通过国家统一培训考核，领取国家级或地方级检查证。

此外，取得合格证书的检查员每两年接受一次复核。如果复核不合格，则被取消检查员资格。

各级检查员依法执行职权，必须秉公办事，严格执行规定和纪律，如滥用职权、营私舞弊或玩忽职守，将按国家有关规定给予处分。

7.3.5.2 星级饭店的复核与处理

根据规定，对已经评定星级的饭店，实行复检制度，至少一年复核一次。复核工作由省、自治区、直辖市旅游局饭店星级评定机构组织实施。国家旅游局饭店星级评定机构则是采取有计划、有重点的方法进行复核。复核采取定期明查和不定期暗访相结合的方法进行。

对经复核达不到星级标准的饭店，具体处理方法如下：

经复核，星级饭店不能达到规定标准的，旅游涉外饭店评定机构则可根据具体情况签发警告通知书、通报批评、降低或取消星级。各级检查员根据权限由旅游涉外饭店评定机构委派，随时对饭店进行暗访，如发现被查饭店在任何一项标准中达不到要求，检查员有权根据具体情况建议旅游涉外饭店星级评定机构签发警告通知书、通报批评、降低或取消星级。

饭店接到警告通知书、通报批评、降低或取消星级的通知后，须认真改进工作，并在规定期限内将改进情况上报发出上述通知的饭店星级评定机构。凡在1年内接到通知书不超过2次（含2次）的饭店，可继续保持原星级；凡在1年内接到3次警告通知书的饭店，旅游涉外饭店等级评定机构将降低或取消其星级，并向社会公布。

凡是被降低或取消星级的饭店，自降低或取消星级之日起半年内，不予恢复星级。半年后，方可申请重新评定星级。

根据规定，各级旅游涉外饭店星级评定机构对星级饭店签发警告通知书、通报批评、降低或取消星级的处理权限如下：

一星级、二星级和三星级饭店达不到规定标准，省、自治区、直辖市旅游局饭店星级评定机构有权签发警告通知书、通报批评、降低或取消其星级，并报国家旅游局饭店星级评定机构备案；四星级、五星级饭店若达不到规定标准，省、自治区、直辖市旅游局饭店星级评定机构有权签发警告通知书、通报批评，并报国家旅游局饭店星级评定机构备案。如降低或取消其星级，须报国家旅游局饭店星级评定机构审批。

根据对各星级饭店检查发现的问题，国家旅游局饭店等级评定机构有权在通知有关省级饭店星级评定机构后，直接签发警告通知书、通报批评、降低或取消星级；各星级饭店如发生重大事故、造成恶劣影响，各级旅游涉外饭店星级评定机构可直接降低或取消其星级。

7.4 旅游饭店对旅客的主要权利和义务

饭店在接待旅客的过程中，享有权利，并承担相应的义务。该权利义务既可以依合同约定而成立，也可以依照法律规定而产生。

7.4.1 旅游饭店的权利

饭店在接待旅客的过程中，享有向旅客收取费用的权利，拒绝接待旅客的权利，以及向旅客索赔的权利。

(1) 向旅客收取费用的权利

饭店提供的服务一般都是有偿服务，这是由饭店自身的商业性质决定的。饭店大都是独立核算、自负营亏的经济实体，在其经营活动中必须讲究经济效益。因此，当饭店向旅客提供相应的服务后，有权按照有关规定收取费用。在收取费用的同时，必须遵守国家物价部门的有关规定，其提供的服务必须质价相符。在计算旅客的住宿费用时，通常采用的规则是从旅客入店至第二天的中午 12 点前，过 1 夜计 1 天，以此为标准来计算旅客的住宿费用。

当旅客无力支付或拒绝支付时，饭店有权留置旅客的财物，从旅客的财物中受偿住宿费用。但旅客被留置的财物价值只能相当于旅客所欠缴的实际费用。饭店的留置权在旅客付清所欠费用时终止。

(2) 一定的拒绝接待旅客的权利

饭店在接待旅客的过程中，不得因旅客的种族、国籍、肤色、宗教信仰等原因对旅客加以歧视，甚至拒绝接待。但在有正当理由的前提下，饭店可以合理地拒绝接待旅客，即不与旅客签订合同或者终止与旅客的住宿合同。

在其他国家的法律或惯例中，对饭店拒绝接待旅客的原因有相应的规定。我国澳门地区的法律明确规定，有合理的理由酒店可以禁止下列人士出入酒店：无意接受酒店的商品和服务的人；醉酒的人；不遵守卫生、道德以及公共秩序常规的人；携带动物的人。美国明尼苏达州法律规定，饭店经营者可以拒绝接受或拒绝服务或拒绝为某个人提供食宿：① 前提是此人在饭店的行为是明显醉酒或一反常态，破坏或威胁破坏饭店财产，或引起或威胁引起社会动乱；② 饭店经营者有理由相信此人寻求食宿是为非法占有财产，或 21 岁以下的人违反明尼苏达州法律利用饭店酗酒；③ 饭店经营者有理由相信此人带入饭店的物品可能对他人产生危险，如武器或爆炸物。

对正当的拒绝接待旅客的理由，我国的立法没有明确规定。但根据《合同法》中法定解除合同的规定，当旅客在饭店实施违法犯罪行为或者拒不支付费用，以及严重违反饭店规章时，饭店可以适用有关合同解除的规定，来解除与旅客签订的住宿合同。因此，饭店拒绝接待旅客时，行为应当慎重，以谨慎、合理的方式拒绝接待旅客，否则容易引起纠纷。对于客人的违法犯罪行为，饭店应当及时向公安机关报告。

同时，对正当的拒绝接待旅客的理由，我国立法没有明确规定，但行业规范为旅游饭店总结了相应的行业惯例。《中国旅游饭店行业规范》第 8 条规定：“以下情况饭店可以不予接待：① 携带危害饭店安全的物品入店者；② 从事违法活动者；③ 影响饭店形象者；④ 无支付能力或曾有过逃账记录者；⑤ 饭店客满；

⑥ 法律、法规规定的其他情况。”

(3) 向旅客索赔的权利

因旅客的行为造成了饭店的损失，饭店有权要求旅客赔偿。如前所述，饭店有收取费用的权利，并可因此留置旅客的财物。另外，旅客在饭店期间，违反饭店的规章制度，破坏饭店的设备设施的，旅客亦应向饭店承担赔偿责任。

(4) 要求旅客遵守饭店的有关规定的权利

饭店有权要求客人正确使用饭店提供的设施、设备，爱护饭店的公共财物，遵守饭店作息时间，登记时查验旅客身份证明，旅客不得私自留客住宿或转让床位等。

(5) 制止客人在饭店内的违法犯罪行为的权利

饭店有权制止、拒绝住店客人及外来人员在店内从事违法犯罪活动。如饭店严禁卖淫、嫖娼、赌博、吸毒、传播淫秽物品等违法犯罪活动。对于在饭店内进行违法犯罪活动的，饭店有权向公安机关报告并配合有关部门加以制止。

7.4.2 旅游饭店的义务

饭店在享有权利的同时要承担相应的义务。饭店的义务包括约定的义务和法定的义务。

(1) 向旅客提供合同约定的服务

饭店应按合同约定的客房等级、天数向旅客提供住宿以及其他与饭店性质相适应的服务，这也是饭店住宿合同订立的最重要的目的。如果饭店不能向旅客提供相应的服务，应当向旅客承担违约责任。当然，在征得旅客同意的前提下，饭店可以将旅客转移至其他饭店，为旅客提供相同等级的服务，这在合同法上称为合同的转让。旅客因此而增加的合理费用应由饭店承担。

(2) 维护旅客安全的义务

维护旅客的安全是饭店应尽的义务。依照法律的规定，饭店维护旅客的安全包括旅客的人身安全和财产安全。旅客在饭店里遭受到人身或财产损失，导致损失发生的原因是多样的，如旅客自身的过失，饭店工作人员的疏忽，饭店的设施设备发生故障，或者由于第三人的违法犯罪行为导致的。为保证客人的人身安全，饭店应建立健全一套安全的管理制度，饭店应当安装合适的设备和器材《中国旅游饭店行业规范》第20条规定“为了保护客人的人身安全和财产安全，饭店客房门应当装置防盗链、门镜、应急疏散图，卫生间内应当采取有效的防滑措施。客房内应当放置服务指南、住宿须知和防火指南。有条件的饭店应当安装客房电子门锁和公共区域安全监控系统。”只要按照国家的规定去做，充分保护客人的安全并有证据证明为防止事件的发生已采取了一切可能的措施或者证明损害的发生不是或不全是饭店的过错，可以减轻或免除饭店的义务。

(3) 尊重旅客隐私权的义务

旅客租用的虽然是饭店的客房，但旅客在饭店的客房里享有独处和安宁地占有客房的权利，即为旅客住宿期间所享有的隐私权。饭店向旅客提供的住宿服务，其服务方式应当是合理的，能够充分地尊重旅客的隐私权。非经过旅客的允许或者有法定的原因，饭店的工作人员不得进入旅客的房间，也不得将旅客的住宿信息告知他人或者将旅客的房间钥匙交付他人。

2000年1月16日，黄某入住某饭店，住房卡上明确记载有效期至1月20日，可自黄某于19日晚返回饭店时，发现自己的房间被他人使用。经与服务员联系，黄某被告知该房间已售出，其放置房内的财物、文件均被另放它处，对此行为饭店并未通知黄某。黄某因此起诉饭店，认为饭店未经旅客同意，随意进入旅客入住的房间，移动旅客的财物，侵害旅客的财产权和隐私权。为此，黄某要求饭店赔偿遗失财物的损失，以及20 000元的精神损害赔偿。法院审理后判决，饭店因擅自调换房间并处理客人的财物，侵害了旅客的正当利益，故饭店应当向黄某书面道歉，返还黄某所失财物，包括现金15 000元。

在本案中，饭店有明显的违约行为，即未在约定的时间向旅客提供约定的客房服务，饭店应承担相应的违约责任。当然对于隐私权的经济赔偿问题，目前在我国的立法和司法实践中还存在争议。当然法院最终并未支持黄某的精神损害赔偿要求。但可以确认的是，饭店进入黄某客房的行为显然侵害了黄某的隐私权，所以饭店理应向黄某赔礼道歉。

7.5 旅游饭店的法律责任

旅游饭店的法律责任是指旅游饭店对其违法行为所应承担的法律后果。旅游饭店作为法律机关的主体，如果在经营活动中不履行依法应当履行的义务或实施分割了他人合法权益的行为，就应当承担法律责任。

7.5.1 旅游饭店因违反合同产生的责任

旅游饭店承担违反合同的责任形式有赔偿损失、支付违约金、继续履行、采取补救措施等，对于旅游饭店已经接受了他人定金而又不履行合同的，则适用“定金罚则”要双倍返还定金，反之旅游饭店交付了定金而又不履行合同的，则无权要求返还定金。

7.5.2 旅游饭店因侵权行为产生的责任

侵权行为是指因过错侵害他人财产或人身权利的违法行为，因此而产生的责任称为侵权责任。饭店的侵权责任常由两种情况构成，即主动的作为和被动的不作为。

由主动的作为构成侵权是指饭店的直接行为致使旅客受到侵害。例如，饭店餐厅向旅客提供不符合卫生标准的食物而造成客人食物中毒就属于这种情况。

由被动的不作为构成侵权是指饭店应该采取安全措施而由于疏忽未采取致使旅客受伤。例如，客房的床或桌椅损坏没有及时修理而使旅客受伤，走廊电灯损坏未及时更换而致使旅客从楼梯跌下等，都属被动的不作为侵权责任，旅游饭店必须承担法律责任。

7.5.3 旅游饭店因共同过失产生的责任

共同过失是指旅游饭店虽有过失，但损害的发生并非完全由旅游饭店的过失造成，旅客本身也有过错。例如，旅游饭店要求旅客晚上睡觉时锁好门，但一旅客忘记了锁门，夜间财物被盗。该客人要求旅游饭店赔偿损失，他认为自己的财物是在房间丢失的（旅游饭店也承认），因而是在旅游饭店控制的范围内，应由旅游饭店赔偿。旅游饭店认为已要求旅客在入睡前锁上房门，尽到了合理的照顾责任，而旅客未按要求去做才导致失盗事件的发生，所以不能赔偿损失。法院经审理认为，双方都有一定的道理，但理由都不充分。旅客的责任是没有按照旅游饭店的要求去做，旅游饭店的责任是没有充分尽到合理的照顾，因为门卫不称职，使盗贼得以进入客房行窃，楼层服务员在巡视客房时，也有机会消除隐患把房门锁上，但却没有这样做。所以是共同过失，由旅客和饭店双方按各自的责任共同承担损失。

7.5.4 间接责任

间接责任是指非由旅游饭店本身的行为造成损害，但与旅游饭店又有密切关系的责任，也称连带责任。这种责任通常有两种情况：第一，旅游饭店建筑物、设备缺陷造成的损害。需要注意的是，这种损害专指建筑物、设备本身结构不合理或质量差，而非年久失修或使用不当造成的损害。根据《民法通则》和《产品质量法》的有关规定，受害方可向产品的生产者，也可向产品的经营者起诉要求赔偿，生产者和经营者在法律上负连带责任。在没有此类法律规定的国家，可先对旅游饭店进行起诉，旅游饭店承担责任后，再由旅游饭店向负有责任的生产者追诉。第二，旅游饭店未能有效制止旅客斗殴造成的损害。所谓有效制止并不意味着仅凭旅游饭店本身的力量制止，如果觉得能力不足，可请警方协助。如果旅游饭店视而不见，甚至有意纵容，那么旅游饭店要承担较重的责任。

7.5.5 因违反行政管理法规而产生的责任

违反国家行政管理机关管理的行为很多，就旅游饭店而言，主要涉及以下几方面：

违反旅游管理行为 如超越营业范围进行违法经营，违反国家旅游价格管理规定，倒卖套换外汇，降低服务标准和接待规格而造成不良影响，违反旅游涉外饭店星级管理规定等，都属于违反治安管理的行为。

违反治安管理的行为 如未经公安机关签署意见私自开业，饭店工作人员发现违法犯罪分子不向公安机关报告，允许违法分子在饭店卖淫、嫖宿、赌博、吸毒、传播淫秽物品等，都属于违反治安管理的行为。

违反卫生管理的行为 如卫生质量不符合国家卫生标准，从业人员未获得“健康合格证”，拒绝卫生监督，未取得“卫生许可证”擅自营业等，都属于违反卫生管理的行为。

违反消防管理的行为 如擅自将消防设备、器材挪作他用或损坏，对存在火险隐患拒不整改，对造成火灾有直接责任等，都属于违反消防管理的行为。

对上述各类违反行政管理的行为，国家相关行政机关有权对旅游饭店加以处罚。行政处罚的方式主要有警告、通报批评、罚款、没收非法收入、责令停业整顿、吊销营业执照等。此外，如果旅游饭店的违法行为情节恶劣、后果严重、影响极坏、触犯刑律或构成犯罪，相关人员还应承担刑事责任。

【课堂讨论题】

针对我国目前饭店业的现状，应当如何完善有关饭店业的立法？

【思考题】

1. 旅游饭店业的种类有哪些？其基本功能是什么？

2. 旅游饭店设立的条件是什么？

3. 旅馆应如何处置旅客携带的违禁危险品？

4. 旅游饭店星级评定范围包括哪些？评定的条件是什么？如何进行旅游饭店星级检查、复核及处理？

5. 在饭店住宿的过程中，饭店和旅客分别享有哪些权利和承担哪些义务？

6. 旅游饭店应承担哪些法律责任？

【案例分析】

饭店是否应对住客的犯罪行为承担责任

1999 年 11 月，浙江省海宁市海盐县六里乡 28 岁农民郑某来到海宁市某招待所。郑某在办理住宿手续并交纳住宿费 40 元之后，住进该招待所 203 号客房。下午 1 时招待所又安排了另一名旅客王某与郑某同室住宿。王某系一名屡屡劫财作案的惯犯，此番专门来海宁寻找作案目标。王某在办理住宿登记时，招待所的服务员让其出示身份证，王谎称身份证丢了，服务员也没有深究，就为王某办理住宿登记手续。次日凌晨，王某趁郑某熟睡之际，用铁锤猛击郑的头部致其死亡，并抢走了郑某的身份证和钱物逃离现场。后来，王某又在海南省海口市以同样手段作案时被抓获。2000 年 1～3 月，被害人郑某的妻子、儿子及母亲先后将该招待所业主高某等人告上法庭。

请问：海宁市某招待所是否要对被害人郑某的死承担民事责任，为什么？

【本章推荐阅读书目】

旅游政策与法规．舒伯阳．华中师范大学出版社，2006.

旅游政策与法规．张伯双．科学出版社，2005.

旅游案例评析．上海市旅游事业管理委员会．华东师范大学出版社，2003.

第 8 章

旅游行政管理法律制度

【本章概要】

本章主要旅游行政管理部门的概念及特征，我国旅游行政管理部门的历史沿革，我国当前旅游行政管理部门的设置与职责，旅游行政管理部门的行政行为类型，旅游行政复议和旅游行政诉讼的概念及主要内容。

【学习目标】

- 了解旅游行政管理部门的概念及特征；
- 了解旅游行政管理部门的行政行为；
- 掌握旅游行政复议的概念及主要内容；
- 掌握旅游行政诉讼的概念及主要内容。

【关键性术语】

旅游行政管理部门、旅游行政复议、旅游行政诉讼、行政诉讼法。

【章首案例】

外国使馆工作人员的失误，谁来承担责任？

2001年9月，某公司一行20人参加某旅行社组织的新加坡、马来西亚、香港8日游。双方签订的旅游合同规定，出团日期为同年12月26日，每人需交纳团费5700元人民币。2001年12月26日，该旅游团在旅行社领队的带领下，乘车抵达上海机场准备出境时，发现由于新加坡使馆工作人员的失误，将签证的有效期错写为12月25日，而旅行社未能及时审核，造成签证过期，致使该旅游团无法按期出境。为此，经双方紧急协商，决定改变原计划行程安排，旅行社重新办理出境手续。应游客的要求，该团先乘飞机赴广东，由南海出关到香港，然后再去新加坡、马来西亚。旅行社按新行程安排完成了旅游活动，整个行程比原合同延期两日，旅行社全额承担了因重新签证、变更行程等所支出的费用合计人民币7.6万元。旅游结束后，游客要求旅行社承担违约赔偿责任。旅行社多次派人与游客协商解决纠纷并发函致歉，但未能达成一致。2003年1月10日，游客就此向本市旅游质监部门提出投诉，旅游质监部门经研究作出由旅行社赔偿全额旅游费的1%的处理决定，并将《旅游投诉处理决定书》通知该旅游团。4月30日，该团游客经共同商议，不同意该市旅游质监部门作出的处理决定，遂向上一级旅游投诉管理部门申请行政复议，要求旅行社退还其全部团费的30%。

请问： 游客是否可以向上一级旅游行政管理部门申请复议？如果对复议结果不满意游客又该怎么办？

8.1 旅游行政管理部门及其职责

旅游业作为一个朝阳产业已引起越来越多国家的高度重视。但要发展旅游，仅有丰富的旅游资源和大量的前期资金投入是不够的，还必须有适合本国国情的旅游管理体制。虽然各国的旅游行政管理机构在设立的方式、职能的划分和权力的适用等方面多有不同，但有一点是共同的，即它们都是代表国家政府职能部门，直接或间接地负责组织实施国家制定的旅游法规，协调本行政区域内旅游规划的编制，旅游业促进旅游资源开发与保护，旅游教育和培训工作，对旅游经营行为进行监督管理，维护旅游市场秩序，并负责使本国的旅游业向最优化方向发展。在这个意义上，各国旅游行政管理机构的职能基本相同，所不同的只是各项职能的偏重程度而已。

8.1.1 旅游行政管理部门的概念及职能

旅游行政管理部门是管理旅游工作的主管部门，它通过法律、法规等完善管理与服务行为，依法引导旅游市场发展趋势，培育旅游成熟的市场机制，建立旅游市场规则，协调、监督并维护旅游市场秩序，规范旅游企业行为，为旅游企业发挥活力创造良好的经营环境，为广大旅游者创造良好的旅游环境，形成一个全过程动态管理体系，管理并促进旅游业的成长。

目前，世界上很多国家为了便于对本国旅游业的宏观调控、有效管理和旅游政策的实施，纷纷建立起旅游行政管理机构，其主要的模式有：

旅游委员会模式 如前苏联、保加利亚等国采用这种模式。1983 年 6 月，前苏联政府为了加强对旅游业的领导，调整了机构，将原国际旅游总局升格为国家国际旅游委员会，主管全苏旅游事业。

旅游部模式 如墨西哥、意大利、罗马尼亚、埃及等约 25 个国家采用这种模式。墨西哥在 1974 年将原旅游局提升为旅游部，负责全面协调旅游政策，规定旅游价格和服务质量，提供发展旅游项目的援助。

混合职能部模式 目前约有 40 个国家和地区采用这种模式。如西班牙的交通旅游与通信部，马来西亚的文化旅游部，法国的工业、邮电与旅游部，澳大利亚的体育、娱乐与旅游部等。

职能部下设旅游局模式 目前有近 30 个国家和地区采用这种模式。如日本在运输省下设国际观光局、韩国在交通部下设旅游局、英国在就业部下设旅游局、美国在商业部下设旅游局、加拿大在工商贸易部下设旅游局。

旅游局模式 级别低于部，但直属内阁，单一行使旅游管理职能。目前有朝鲜、巴巴多斯等 10 多个国家和地区采用这种模式。

非中央机构模式 最高旅游行政管理机构不同于政府部门序列，而是挂靠在某一部门。目前有 30 多个国家和地区采用这种模式。如伊拉克的国家旅游组织、爱尔兰的旅游局等。这些组织多数仍属官方机构，政府资助其全部或部分经费，但它们具有自己独立的法人地位，在行政和财政上是独立的。

国家旅游行政管理部门的地位如何确定，并没有一个固定的模式，各国的情况不同，因而其组织形式也不一样。它的作用大小也要根据该国旅游业的发展和政府对旅游业的干预情况而定。一般来说，处于旅游业发展初期，或准备高速发展旅游业的国家，政府对旅游业的发展起决定性作用，全国旅游行政管理机构则作为一个政府部门而存在；在旅游业比较发达，私人企业非常活跃的国家或地区，具有独立法人地位的半自决权性质的旅游行业组织更适合于行使全国性旅游管理的职能。

不管旅游行政管理部门的性质和形式有多大区别，它们作为旅游业发展的管理机构，都具有如下的共同职能：

● 规划旅游业的发展。确定旅游业在国民经济发展中的地位；制定旅游发展的长期规划，编制中短期发展计划；监督和协调旅游资源的开发。

● 制定旅游政策和法规。拟定发展旅游业方针、政策、规章、制度，起草有关的旅游法规，协调各部门的利益和关系。

● 对旅游业实行全面管理。运用行政职权，控制旅游业的发展规模；调节价格，控制客源流量；制定标准，保持旅游的服务质量。

● 受理游客的直接投诉和对投诉案件的处理。

● 管理本地区旅游宣传，外联促销，协同有关部门推动旅游商品的开发、生产、销售和旅游交通运输的发展。

● 人员培训和职业教育。研究人力需求，编制人才培训标准和大纲，直接投资或资助开办培训机构或院校。

8.1.2 我国旅游行政管理部门的历史沿革

我国的旅游行政管理体制在 50 多年的发展过程中，伴随着我国旅游事业的发展，经历了一个漫长曲折和不断完善的改革发展历程，大体经历了 5 个发展阶段。

8.1.2.1 起步初创阶段（1949～1963 年）

中华人民共和国成立后，许多热爱祖国的海外华侨和港澳同胞要求回大陆探亲和参加祖国社会主义建设。为适应这一新形势的发展，1949 年 11 月 19 日，福建厦门华侨服务社成立，这是建国后最早的旅行社。1951 年以后，广东和福建泉州又建立了相应的机构，紧接着在全国各主要城市相继成立了华侨服务社，并于 1952 年兴办了华侨旅行社，接待回大陆探亲的海外华侨、外籍华人和港澳同胞，标志着中国旅游业的开始。1952 年以后，随着国民经济的恢复和发展，我国的国际地位和声誉日益提高，国际外交事务不断增多，成立从事外事接待和旅游业务的组织已成必然。在这样的背景下，1954 年 4 月 15 日，中国国际旅行社在北京正式成立。4 月 21 日，中国国际旅行社正式营业，开始办理对外发售国际铁路旅客联运客票等业务。4 月 28 日，中央人民政府政务院印发《关于各地成立中国国际旅行社分社的通知》，要求天津、上海、南京、杭州、广州、南宁、武汉、沈阳、哈尔滨、安东、满洲里、大连等 12 个城市成立中国国际旅行社分社。随后，各地纷纷成立中国国际旅行社分社。不过在当时情况下，中国国际旅行社被当作名不副实的“国营企业”，主要任务是：① 作为统一负责访华外宾食、住、行、游等事务的管理机构；② 承办政府各单位及群众团体有关外宾招待事项；③ 发售国际联运火车、飞机客票。因当时无法在经济上做到自负盈亏和上缴利润，所以它实际上是作为实行企业管理的事业单位。这一阶段的主要特点是，由于旅游事业刚刚起步，规模有限，因此尚无一套行之有效的管理体制，也无专门的旅游行政管理机构，只能由“中国国际旅行社”代行旅游行政管理机构的职能，是典型的政企合一机构。

8.1.2.2 开拓发展阶段（1964～1966年）

20世纪60年代以后，随着旅游事业的不断发展，国外游客不断增多，开始设立专门的旅游行政管理机构实行政企分工，标志着我国旅游事业和管理体制进入正常的发展轨道。1964年7月22日，第二届全国人民代表大会常务委员会举行第124次会议，批准设立中国旅行游览事业管理局，直属国务院领导，同时对外仍保留中国国际旅行社的名称，局社合署办公，下设2个派出机构：中南、华东2个管理分局。局机构设置为1室8处，行政编制为150人。其主要职责是：① 负责外国自费旅行者的旅游管理工作；② 领导全国各地区的国际旅行社和直属的旅游服务机构的业务，管理全国的旅游业务；③ 组织我国公民出国旅行；④ 负责有关旅游的对外联络工作和宣传工作；⑤ 制定旅游发展长远规划和年度计划等。

8.1.2.3 曲折发展阶段（1967～1977年）

我国的旅游事业进入发展阶段不久，随之而来的10年"文化大革命"破坏了刚刚建立的管理体制，使我国的旅游事业进入步履维艰，几乎瘫痪的境地，失去了许多发展的良机。直到1971年4月7日，国务院总理周恩来在人民大会堂接见全国旅游工作会议和援外工作会议的代表时，明确提出"宣传自己，了解别人"的旅游工作方针后，对外旅游接待的人数才有所上升。1977年1月4～26日，中国旅行游览事业管理局在北京召开了粉碎"四人帮"后的首次全国旅游工作会议，总结交流了各地旅游工作的情况，确立了今后的旅游接待任务，使曾遭到毁灭性打击的旅游事业出现复苏的势头。

8.1.2.4 调整发展阶段（1978～1991年）

1978年中共第十一届三中全会以后，我国旅游事业进入了新的发展阶段，旅游管理体制不断完善和建立，开始实行政企分开。

1978年4月26日，经中共中央批准，中国旅行游览事业管理局改称为中国旅行游览事业管理总局，并由外交部代管。各省、自治区、直辖市旅行游览事业管理局开始纷纷成立。4月29日，国务院明确中国旅行游览事业管理总局的主要任务是：根据中央的方针、政策制定旅游事业规划；遵照国务院核准的年度接待计划批准外国旅游者入境；制定有关旅游事业的管理规章、规定和收费标准；指导开放城市、游览区的建设；出版旅游对外宣传资料，培训旅游翻译和服务人员等。

1979年11月29日，国务院批转中国旅行游览事业管理总局《关于大力发展旅游事业若干问题的报告》，明确提出了5条意见。其中最重要的一条是：各地旅游领导机构要按当地实际情况设置。各地国旅分（支）社凡有条件的，应从1980年起转为企业化经营，实行独立核算、自负盈亏。

1981年10月17日，国务院办公厅印发《关于国务院侨务办公室和中国旅行游览事业管理总局由国务院直接领导的通知》，决定中国旅行游览事业管理总局不再由外交部代管，改由国务院直接领导。

1982年8月23日，第五届全国人民代表大会常务委员会第二十四次会议作出《关于批准国务院直属机构改革实施方案的决定》，确定中国旅行游览事业管理总局更名为中华人民共和国国家旅游局，简称国家旅游局。

1985年1月31日，国务院批转国家旅游局《关于当前旅游体制改革几个问题的报告》，明确提出国家旅游局作为国务院的职能部门，要面向全行业，统管全国旅游事业。各省、自治区、直辖市的旅游局，统管本地区的旅游工作。本报告对实行政企职责分开、国内旅游工作等问题作了具体规定，提出当前旅游体制改革的主要目标是：要从只抓国际旅游转变为国际国内旅游一起抓；从以国家投资为主建设旅游基础设施转变为国家、地方、集体、个人一起上，自力更生与利用外资一起上；从主要搞旅游接待转变为开发、建设旅游设施与接待并举。从此，各级旅游经营单位（旅行社、旅游饭店、汽车公司、旅游公司等）纷纷从所属的行政管理部门独立出来，实行企业化管理，自主经营，自负盈亏。

8.1.2.5 改革发展阶段（1992年以后）

中国共产党第十四次全国人民代表大会提出建立社会主义市场经济体制后，我国的旅游事业出现了空前的繁荣。传统的计划经济体制被社会主义市场经济体制取代，旅游企业的行为和政府的职能已经或即将发生重大的变化。管理机构也呈现多元化的发展趋势。

（1）政府职能的变化

研究战略 在社会主义市场经济条件下，政府的职能已经发生重大转变。其首要任务将是进行旅游战略研究。将过去主要进行微观旅游经济活动的职能转变为宏观战略研究，制定出旅游业发展的总体战略和重大方针政策。

宏观调控 市场经济并不是不要计划。国家的资金、人力、物资、土地等资源的配置虽然通过市场的供求关系变化进行调节最为有效，但市场也有局限性。它不仅存在功能上的缺陷，有时出现失灵，而且它是一种事后调节，带有一定的盲目性。所以，要控制总量平衡和大的结构调整必须要有总的计划调节和大的方针指导。也就是说，政府的调控应以宏观为主，精力从分钱、分物、审批、立项、投资等微观经济行为转到研究经济形势，研究市场，研究重大比例关系，制定与协调经济政策等方面来。

开拓和培育市场 在这方面，政府的主要精力一是通过对中国旅游产品的培育和宣传来创造良好的旅游市场，特别是国际旅游市场主要靠政府在国际范围内的宣传来完成；二是构造合格的市场主体，即培养对价格信号和其他市场信息能作出灵敏反应的旅游企业。

信息服务 旅游行政管理部门将充分利用自己的网络优势广泛收集有关政治、经济和市场等方面的信息，并及时向有关旅游企业提供；制定规划和法规。在市场经济条件下，政府将通过制定总体现划和一系列法规的方式对旅游企业进行间接管理和宏观调控，真正实现由直接管理企业向间接管理企业转化。当然，间接管理并不是不与企业接触，而是要做到不干预企业决策，但要引导企业决策。

（2）企业行为的变化

股份制发展，多种经济成分并存 由于作为旅游业原有的投资主体的政府主管部门大多不具备进一步投资的能力，投资主体必然发生变化。而在扩大生产的同时，企业的所有者和经营者为了避免将企业抵押给银行，将不会更多地考虑贷款，而把目光投向社会，以大企业参股或向社会公开发行股票的形式来募集资金，形成一个多投资主体的复合产权结构，有效地保证了经营者的独立地位。

价格限制和经营范围已经突破 由于市场调节的作用，最高限价、最低保护价、地区差价和季节差价有的已不复存在，有的正在淘汰，随行就市以及竞争的体现使价格呈现多元化，价格的变化将完全由市场来主宰。某些企业的经营范围也已经突破。如星级饭店的接待范围过去有严格的划分，现在完全受市场来调节，等级只在所提供的服务标准和设备档次这个含义上存在，而不再表示为其所被允许的经营范围。

跨行业开发、联合经营和集团化 现在的旅游业已涉足到金融、交通、房地产以及轻工行业，并以参股的形式涉足所有有前途的产业。其他行业也插足到了旅游行业，使跨行业的开发及联营的方式成为主要趋势。某些旅游大企业还通过控股和兼并等形式形成集团化。

企业规模市场调节 旅游业的几大要素——饭店、旅行社、出租汽车公司、旅游商店等的规模将由市场调节。因为企业的成立已由过去的审批制转变成现在的登记制。企业规模在短期内膨胀可能会带来服务质量下降、效益不高等问题。但经市场的最终选择后，一些企业将被淘汰，而另一些实力雄厚、服务优良的企业将站稳脚跟，并划分市场，使市场主体的素质自然得到提高。

联合经营成风尚 小型国有、民营企业，出国办企业，设窗口和与外商联合经营已成风尚。

（3）管理机构的变化

在旅游业蓬勃发展的过程中，一些地区可能采用香港模式，通过同业协会来进行行业管理。这些协会将根据行业的根本利益和企业的普遍要求制定必要的规章和制度，并经当地政府部门批准后予以执行。这种通过旅游协会代行政府职能的模式早在1986年就在深圳出现，已取得了一些成功的经验，后又在海南省付诸实施。另一种情况是旅游管理体制呈现由单一的部门管理向相关部门联合管理方面转化。在这方面，许多地区已进行了尝试。1997年，上海对原有的旅游管理体制进行了改革，新组建了上海市旅游事业工作委员会和上海市旅游事业管理委员会，统筹协调全面领导上海市的旅游业。继上海之后，北京、广东和桂林市也先后进行了旅游行政管理体制的改革。

8.1.3 我国当前旅游行政管理部门的设置与职责权限

旅游行政管理部门的性质是政府直属部门。我国旅游行政管理部门主要由国家旅游局以及各省、自治区、直辖市和地方旅游行政管理部门构成。国家旅游局是我国的旅游行政主管机构，是国务院主管全国旅游业的直属机构，是我国最高旅游行政组织。它对外代表我国的国家旅游组织，对内负责统管我国的旅游业。各省、自治区、直辖市和地方旅游行政管理部门的主要职能是对相应行政区域内的旅游产业发展实施行政管理，包括制定发展战略和编制旅游发展计划，组织制定区域旅游发展规划，并对旅游企业和旅游市场进行规范和引导，协调和均衡旅游经营者、旅游消费者和旅游地居民的利益，促进旅游产业对区域经济文化的带动作用的发挥，保证区域旅游产业的健康快速发展。

我国旅游行政管理部门的设立，对于我国旅游产业从无到有乃至壮大与发展，发挥了不可低估的作用，形成了一整套质量管理规范和管理条例，较好地促进了导游队伍建设与旅行社发展、星级宾馆和国家级景区的建设，使我国旅游业在较短的时间内取得了举世瞩目的成就。

8.1.3.1 国家旅游局

在全国层次上，国家旅游局是我国旅游业的主管行政机构，对外代表我国的国家旅游组织，对内负责统一管理我国旅游业。

（1）国家旅游局的主要职责

① 研究拟定旅游业发展的方针、政策和规划，拟定旅游业管理的行政法规、规章并监管实施；② 研究拟定国际旅游市场开发战略，组织国家旅游整体形象的对外宣传和重大促销活动的组织，指导重要旅游产品的开发，指导驻外旅游办事处的市场开发工作；③ 培育和完善国内旅游市场，研究拟定发展国内旅游的战略措施并指导实施，指导地方旅游工作；④ 组织旅游资源的普查工作，指导重点旅游区域的规划开发建设，组织、指导旅游统计工作；⑤ 拟定各类旅游景区景点、度假区及旅游住宿、旅行社、旅游车船和特种旅游项目的设施标维和服务标准并组织实施；审批经营国际旅游业务的旅行社；组织和指导旅游设施的定点工作；⑥ 研究拟定出国旅游和赴中国香港特别行政区、中国澳门特别行政区、中国台湾旅游及边境旅游政策并组织实施；审批外国在我国境内和中国香港特别行政区、中国澳门特别行政区、台湾地区在内地设立的旅游机构；负责旅游涉外及港澳台事务，代表国家签订国际旅游协定，指导旅游对外交流与合作；⑦ 监督、检查旅游市场秩序和服务质量，受理旅游者投诉，维护旅游者合法权益；⑧ 指导旅游教育、培训工作，制定旅游从业人员的职业资格制度和等级制度并指导实施，管理局属院校的业务工作；⑨ 负责局机关在京所属单位的党群工作；⑩ 承办国务院交办的其他事项。

（2）机构调整后的国家旅游局的职能司（室）

国家旅游局设8个职能司（室）和一个驻局机构。

办公室 协助局领导处理日常工作，负责局内外联络、协调、会议组织、文电处理、政务信息、信访、保密、行政事务等工作，承办机关党委的日常工作。

综合协调司 研究和解决旅游经济运行中的重大问题；承担全国假日旅游部际协调会议办公室日常工作，负责旅游安全综合协调、紧急救援、监督检查旅游保险实施工作；负责国内旅游宣传工作。

政策法规司 研究拟定旅游业发展方向、政策，拟定旅游业管理行政法规、规章并监督实施；研究旅游体制改革；组织、指导旅游统计工作。

旅游促进与国际联络司 拟定旅游市场开发战略，组织国家旅游整体形象的宣传，指导旅游市场促销工作，组织、指导重要旅游产品的开发，重大促销活动和旅游业信息调研，指导驻外旅游办事处的市场开发工作，审批外国在我国境内和香港特别行政区、澳门特别行政区及台湾地区在内地设立的旅游机构；负责旅游涉外及涉香港特别行政区、澳门特别行政区及台湾事务，代表国家签订国际旅游协定，指导与外国政府、国际旅游组织间的合作与交流，负责日常外事联络工作。

规划发展与财务司 拟定旅游业发展规划，组织旅游资源的普查工作，指导重点旅游区域的规划开发建设；引导旅游业的社会投资和利用外资工作；研究旅游业重要财经问题，指导旅游业财会工作；负责局机关财务工作。

质量规范与管理司 研究拟定各类旅游景区景点、度假区及旅游住宿、旅行社、旅游车船和特种旅游项目的设施标准、服务标准并组织实施；审批经营国际旅游业务的旅行社，组织和指导旅游设施定点工作；培育和完善国内旅游市场，监督、检查旅游市场秩序和服务质量，受理旅游者投诉，维护旅游者合法权益；负责出国旅游、赴中国香港特别行政区、中国澳门特别行政区、台湾旅游、边境旅游和特种旅游事务；指导旅游文娱工作；监督、检查旅游保险的实施工作；参加重大旅游安全事故的救援与处理；指导优秀旅游城市创建工作。

人事劳动教育司 指导旅游教育、培训工作、管理局属院校的业务工作；制定旅游从业人员的职业资格标准和等级标准并指导实施，指导旅游业的人才交流和劳动；负责局机关、直属单位和驻外机构的人事、劳动工作。

离退休干部办公室 负责离退休等老同志的有关事务。

纪检组、监察局 监督检查驻在部门及所属系统执行党的路线、方针、政策和决议情况，遵守国家法律、法规和执行国务院决策情况；在《中国共产党章程》和《行政监察法》规定范围内，对驻在部门党组（党委）及其成员和其他领导干部实行监督；协助驻在部门党组（党委）抓好党风廉政建设、纠正部门和行业不正之风，会同有关部门对党员、干部进行党纪、政纪教育；监督、检查驻在部门及所属系统党风廉政建设责任制执行情况；督促、协调驻在部门研究制订本系统、本行业预防和治理腐败的措施；受理对检查、监察对象的控告及其申诉，调查处理检查、监察对象违反党纪、政纪的案件；完成中央纪委、监察部和驻在部门党组（党委）、行政领导交办的其他事项。

8.1.3.2 省、自治区、直辖市的旅游局

在省、自治区、直辖市层次上，其人民政府下设的旅游局是本地的旅游行政管理机构，负责本地区旅游业的统一管理工作。我国各省、自治区、直辖市均设有旅游局或旅游管理委员会。它们分别主管其所在省、自治区、直辖市的旅游行政工作。这些旅游行政机构在组织上属于地方政府部门编制，在业务工作上接受地方政府的领导和国家旅游局的指导。其主要职责包括：负责各省、自治区、直辖市旅游业发展的规划工作、开发工作、旅游业管理工作以及旅游宣传和促销工作。

8.1.3.3 省级以下的地方旅游行政机构

在省级以下的地方层次上，很多市、县也设立了旅游行政管理机构，负责其行政区域范围内的旅游业管理工作。在未单独设立旅游行政管理机构的市、县，有关旅游方面的事务则在其上级政府旅游行政部门的指导下，由当地政府配合承担。

上述情况表明，我国各级旅游行政管理部门作为各级政府的职能部门，是按行政系统逐级建立的。尽管各级旅游行政机构之间并不存在直接的隶属关系，但为了便于接受上一级旅游行政主管部门的工作指导，各级地方旅游行政机构在组织结构方面基本上都采取了同国家旅游局各主要业务司对口的做法，特别是各省、自治区、直辖市旅游行政组织的结构更是如此。

8.1.4 旅游行政管理部门的行政行为

我国的行政主体是指参加行政法律关系，依法拥有行政职权，能以自己的名义行使并能独立对自己的行为所产生的后果承担法律责任的国家机关或社会组织。在这里指的是旅游行政管理部门。

旅游行政管理部门的行政行为是指国家旅游局和各有关地方旅游局及其他旅游主管单位按照行政区划、行政系统、行政层次，用行政命令、指示、规定和下达指导性计划、制定规划等形式来管理旅游的手段。旅游行政管理部门的行政行为主要包括：通过制定相关政策，引导和鼓励各类旅游经营单位在国家总体规划的框架内有条不紊地发展旅游业；对各自所辖区域内的旅游经营单位贯彻、执行旅游法律、法规和政策的情况下进行有效的监督；为所辖区域内的旅游经营单位提供必要的信息服务；协调旅游经营单位相互之间、旅游经营单位和非旅游经营

单位之间以及旅游经营单位与旅游者之间的相互关系。

旅游行政管理部门的行政行为具体表现形式也多种多样。从我国的情况看，主要有如下几种。

8.1.4.1 行政立法——抽象行政行为

行政立法又称抽象行政行为，是行政主体针对不特定的人和事制定具有普遍约束力的行为，其主体包括国务院、国务院组成部门直属机构，如国家旅游局。其职能表现形式一般为行政法规、命令、决定、通知和通告，目的是为了制定和实施地区旅游发展总体计划和年度规划。

这些命令、决定、通知和通告一般由旅游行政主管部门单独发布，也可以与有关部门联合发布。涉及全国或区域范围的由中央主管部门单独或联合发布，涉及省、自治区、直辖市和市（县）的，则由地方主管部门单独或联合发布。地方主管部门也可以转发上级主管部门的行政命令、决定、通知和通告。其主要目的是针对旅游业中的问题提出若干原则要求和具体对策。例如，为了加强我国自然保护区、风景名胜区、文物保护单位、森林公园等特殊区域的旅游环境保护工作，国家环保局、国家旅游局、建设部、林业部、国家文物局于1995年8月17日联合发出《关于加强旅游区环境保护工作的通知》。接着，浙江省环保局、旅游局、建设厅、林业厅、文物局转发了该通知，并根据本省实际情况提出了具体实施意见。

8.1.4.2 行政许可

行政许可是指国家旅游局根据公民、法人或者其他组织的申请，经依法审查，准予其从事特定活动的行为。行政许可的目的是为了保护公民、法人和其他组织的合法权益，保障国家旅游行政部门实施有效的管理。实施旅游行政许可，应当按照法定的权限范围、条件和程序，遵循公平、公开、公正、便民高效和监督检查的原则。值得注意的是，未经公布的规定不得作为实施行政许可的依据。

8.1.4.3 行政指导

行政指导是指行政主体在职权或其所管辖的范围内为适应复杂多变的社会经济生活的需要基于国家法律或法规原则，适时灵活地采取非强制的行政手段进行调节。包括运用资金和技术上的帮助以及信息引导，制定政策等手段。例如，国家旅游局，利用“’99中国昆明世界园艺博览会”这一20世纪最后一次A1级的高规格大型国际园艺博览盛会的大好时机，大力开展宣传促销活动，拉动国内和国际旅游市场。从1999年5月1日开幕到10月31日闭幕的184天会期中，使包括中国在内的69个国家和26个国际组织在参展和参观的同时，畅游了中国美丽的山水风光。云南旅游行政管理部门还精心组织和推出了5条省内旅游路线。附近一些省、市也抓住时机，推出有本地特色的各种旅游线路、旅游活动，以吸引更多的游人。整个世博会期间有近千万中外来客参加了观光旅游活动，其中外国游客就达约200万人。

8.1.4.4 行政监督与管理

国家旅游局应当指导被许可人建立自查制度，并监督被许可人将重要工作情况报行政管理部门备案，同时实行外部监督，净化旅游市场环境。

8.1.4.5　行政处罚

行政处罚是违法发生地的旅游行政主管部门依职权对违反旅游条例的事项进行管辖。处罚的原则有：规范尺度（因其具有自由裁量权）公开处罚和职能分离。

8.2　旅游行政复议

8.2.1　旅游行政复议概述

8.2.1.1　旅游行政复议的概念

行政复议是行政机关依法解决行政争议，加强内部自身监督的法律制度。行政复议作为行政相对人行使行政救济权的一种法律途径，是近代民主政治发展的产物。在大陆法系国家已有近百年历史，在英美法系国家亦有半个多世纪的历史。尽管这项制度已在世界各国得到普遍运用和实行，但由于各国政治、经济制度与法律文化的不同，人们对行政复议的名称、范围、复议的主体以及复议程序等内容的理解不尽相同，因而很难给行政复议下一个统一的定义。

根据行政复议法的有关规定，从现阶段我国行政复议制度的立法和实践立论，旅游行政复议是指行政相对人（公民、法人或者其他组织）不服旅游行政执法部门的具体行政行为，依法向有复议权的行政机关提出复查该具体行政行为的申请。行政复议机关依照法定程序对引起争议的具体行政行为进行合法性与适当性审查并作出裁决的活动。

8.2.1.2　旅游行政复议的含义

上述旅游行政复议的概念，包括以下几个方面的含义。

● 旅游行政复议是一种依申请的行政行为。即行政复议是行政主体根据行政相对人的申请，在审查被申请的行政行为是否合法、适当的基础上，依法作出的一种行政行为。相对人提出申请的理由是认为行政机关的行政行为侵害了自己的合法权益。行政复议活动依行政相对人的申请而开始，如果受侵害的当事人虽不服行政行为，但却放弃申请的权利，行政机关不会主动依职权启动行政复议的程序。

● 旅游行政复议申请必须向有行政复议职权的行政机关提出。行政复议是有复议权的行政机关而非所有的行政机关都可以主持的活动。这里所指的复议权是指法律、法规授予对引起争议的具体行政行为进行审查并作出裁决的权力。只有法律、法规赋予复议权限的行政机关才能主持行政复议活动。根据行政复议法规定，行使行政复议权的行政机关通常是与作出具体行政行为的行政机关有领导或指导关系的本级人民政府或上一级主管机关。

● 旅游行政复议的目的是为了纠正行政主体作出的违法或不当的具体行政行为，以保护行政相对人的合法权益。复议机关通过对引起争议的具体行政行为的合法性和适当性进行审查，并作出相应的决定，以解决行政争议。

8.2.1.3　旅游行政复议双方的权利义务

游行政管理部门的权利义务：受理行政复议申请；向有关组织和人员调查取证，查阅文件和资料；审查申请行政复议的具体行为是否合法与适当，拟定行政复议决定；办理因不服行政复议决定提起行政诉讼的应诉事项。

申请人的权利义务：公民、法人或者其他组织认为具体行政行为侵犯其合法权益的，可以自知道具体行政行为之日起60日内提出行政复议申请；申请人有权依法选择申请行政复议的行政机关；申请人有权在法定时间内要求行政机关作出受理和决定；申请人有权要求提出行政赔偿；申请人对行政复议不满，可以提起行政诉讼。

8.2.2 旅游行政复议的主要内容

为切实保障公民、法人和其他组织的合法权益，促进依法行政，维护旅游行政执法权威，改进和提高旅游行政执法水平，根据有关法律、法规的规定，旅游行政复议的主要内容如下：

8.2.2.1 旅游行政复议范围

根据《行政复议法》的规定，有下列情形之一的，公民、法人或者其他组织可以依照行政复议法申请行政复议：① 对行政机关作出的警告、罚款、没收违法所得、没收非法财物、责令停产停业、暂扣或者吊销许可证、暂扣或者吊销执照、行政拘留等行政处罚决定不服的。② 对行政机关作出的限制人身自由或者查封、扣押、冻结财产等行政强制措施决定不服的；③ 对行政机关作出的有关许可证、执照、资质证、资格证等证书变更、中止、撤销的决定不服的；④ 对行政机关作出的关于确认土地、矿藏、水流、森林、山岭、草原、荒地、滩涂、海域等自然资源的所有权或者使用权的决定不服的；⑤ 认为行政机关侵犯合法的经营自主权的；⑥ 认为行政机关变更或者废止农业承包合同、侵犯其合法权益的；⑦ 认为行政机关违法集资、征收财物、摊派费用或者违法要求履行其他义务的；⑧ 认为符合法定条件，申请行政机关颁发许可证、执照、资质证、资格证等证书，或者申请行政机关审批、登记有关事项，行政机关没有依法办理的；⑨ 申请行政机关履行保护人身权利、财产权利、受教育权利的法定职责，行政机关没有依法履行的；⑩ 申请行政机关依法发放抚恤金、社会保险金或者最低生活保障费，行政机关没有依法发放的；⑪ 认为行政机关的其他具体行政行为侵犯其合法权益的。

此外，公民、法人或者其他组织的行政复议申请已经被依法受理的，在法定行政复议期限内不得向人民法院提起行政诉讼。公民、法人或者其他组织向人民法院提起行政诉讼，人民法院已经依法受理的，不得申请行政复议。

8.2.2.2 旅游行政复议申请

- 公民、法人或者其他组织认为具体行政行为侵犯其合法权益的，可以自知道该具体行政行为之日起60日内提出行政复议申请；但是法律规定的申请期限超过60日的除外。因不可抗力或者其他正当理由耽误法定申请期限的，申请期限自障碍消除之日起继续计算。
- 申请行政复议的公民、法人或者其他组织是申请人。有权申请行政复议的公民死亡的，其近亲属可以申请行政复议。有权申请行政复议的公民为无民事行为能力人或者限制民事行为能力人的，其法定代理人可以代为申请行政复议。有权申请行政复议的法人或者其他组织终止的，承受其权利的法人或者其他组织可以申请行政复议。同申请行政复议的具体行政行为有利害关系的其他公民、法人或者其他组织，可以作为第三人参加行政复议。公民、法人或者其他组织对行政机关的具体行政行为不服申请行政复议的，作出具体行政行为的行政机关是被申请人。申请人、第三人可以委托代理人代为参加行政复议。

● 申请人申请行政复议，可以书面申请，也可以口头申请；口头申请的，行政复议机关应当当场记录申请人的基本情况、行政复议请求、申请行政复议的主要事实、理由和时间，书面申请的，申请人应当向行政机关递交行政复议申请书。

● 对县级以上地方各级人民政府旅游行政管理部门的具体行政行为不服的，由申请人选择，可以向该部门的本级人民政府申请行政复议，也可以向上一级主管部门申请行政复议。

8.2.2.3 旅游行政复议受理

● 行政复议机关收到行政复议申请后，应当在5日内进行审查，对不符合本法规定的行政复议申请，决定不予受理，并书面告知申请人；对符合本法规定，但是不属于本机关受理的行政复议申请，应当告知申请人向有关行政复议机关提出。

● 公民、法人或者其他组织依法提出行政复议申请，行政复议机关无正当理由不予受理的，上级行政机关应当责令其受理；必要时，上级行政机关也可以直接受理。

● 行政复议期间具体行政行为不停止执行；但是，有下列情形之一的，可以停止执行：被申请人认为需要停止执行的；行政复议机关认为需要停止执行的；申请人申请停止执行，行政复议机关认为其要求合理的停止执行的；法律规定停止执行的。

8.2.2.4 旅游行政复议决定

● 行政复议原则上采取书面审查的办法，但是申请人提出要求或者行政复议机关负责法制工作的机构认为有必要时，可以向有关组织和人员调查情况，听取申请人、被申请人和第三人的意见。

● 行政复议机关负责法制工作的机构应当自行政复议申请受理之日起7日内，将行政复议申请书副本或者行政复议申请笔录复印件发送被申请人。被申请人应当自收到申请书副本或者申请笔录复印件之日起10日内，提出书面答复，并提交当初作出具体行政行为的证据、依据和其他有关材料。申请人、第三人可以查阅被申请人提出的书面答复、作出具体行政行为的证据、依据和其他有关材料，除涉及国家秘密、商业秘密或者个人隐私外，行政复议机关不得拒绝。

● 在行政复议过程中，被申请人不得自行向申请人和其他有关组织或者个人收集证据。

● 行政复议决定作出前，申请人要求撤回行政复议申请的，经说明理由，可以撤回；撤回行政复议申请的，行政复议终止。

● 行政复议机关在对被申请人作出的具体行政行为进行审查时，认为其依据不合法，本机关有权处理的，应当在30日内依法处理；无权处理的，应当在7日内按照法定程序转送有权处理的国家机关依法处理。处理期间，中止对具体行政行为的审查。

● 申请人在申请行政复议时可以一并提出行政赔偿请求，行政复议机关对符合国家赔偿法的有关规定应当给予赔偿的，在决定撤销、变更具体行政行为或者确认具体行政行为违法时，应当同时决定被申请人依法给予赔偿。申请人在申请行政复议时没有提出行政赔偿请求的，行政复议机关在依法决定撤销或者变更罚款，撤销违法集资、没收财物、征收财物、摊派费用以及对财产的查封、扣押、冻结等具体行政行为时，应当同时责令被申请人返还财产，解除对财产的查封、扣押、冻结措施，或者赔偿相应的价款。

● 行政复议机关应当自受理申请之日起60日内作出行政复议决定；但是法律规定的行政复议期限少于60日的除外。情况复杂，不能在规定期限内作出行政复议决定的，经行政复议机关的负责人批准，可以适当延长，并告知申请人和被申请人；但是延长期限最多不超过30日。行政复议机关作出行政复议决定，应当制作行政复议决定书，并加盖印章。行政复议决定书一经送达，即发生法律效力。

● 被申请人应当履行行政复议决定。被申请人不履行或者无正当理由拖延履行行政复议决定的行政复议机关或者有关上级行政机关应当责令其限期履行。申请人对行政复议决定不服的，应当在收到行政复议决定书之日起15日内向人民法院提起行政诉讼。

● 对行政复议重大疑难案件，采用会商、会审制度。会商，是指在行政复议重大疑难案件审理中，旅游行政管理部门与相关单位、部门或者专家学者等就案件涉及的技术、法律问题进行的沟通、协商和研究。会审，是指在行政复议重大疑难案件审理中，对重大疑难案件的重要事实、证据认定和法律适用等进行的内部集体审查、讨论。

8.3 旅游行政诉讼

8.3.1 旅游行政诉讼概述

8.3.1.1 旅游行政诉讼的概念

旅游行政诉讼是指公民、法人或者其他组织认为旅游行政管理机关的（具体）行政行为侵犯其合法权益而不服时，依法定程序向人民法院起诉，由人民法院依法受理，并在当事人及其他诉讼参与人的参加下，依法对（具体）行政行为的合法性进行审理并就相关行政争议作出裁决的一系列活动或者制度。

8.3.1.2 旅游行政诉讼的特征

● 行政诉讼是法院运用国家审判权来监督行政机关依法行使职权和履行职责，保护公民、法人和其他组织的合法权益不受行政机关违法行政行为侵害的一种司法活动。

● 人民法院审理的行政案件只限于就行政机关的具体行政行为的合法性发生的争议。就抽象行政行为及具体行政行为的合理性发生的争议，不能通过行政诉讼的方式解决。

● 行政诉讼所要解决的是行政案件。这是行政诉讼在受理、裁判的案件上与其他诉讼的区别。

● 行政诉讼是以不服行政行为的公民、法人或其他组织为原告，以作出行政行为的行政机关为被告的诉讼，而且这种原告和被告是恒定且不能交换的。

8.3.1.3 旅游行政诉讼和行政复议的关系

旅游行政管理相对人在认为其权利受到侵犯后，可选择不同的补救措施，行政复议和行政诉讼是两类不同的补救途径，前者属于行政救助，后者属于司法救济。我国旅游法规一般规定旅游行政管理相对人可选择行政复议或行政诉讼，如选择行政复议，在认为未满足其要求时，仍有权选择行政诉讼。如果法律要求行政复议前置，即必须先向行政机关申请复议，如不服复议决定，再行起诉，未经复议不得起诉。

8.3.2 旅游行政诉讼的主要内容

8.3.2.1 旅游行政诉讼受案范围

行政诉讼受案范围是指人民法院受理行政案件的界限，即可以受理什么样的案件，不能受理什么样的案件，哪些行政活动应当由法院审查，哪些不能被审查。根据《行政诉讼法》和《若干问题的解释》的规定，公民、法人或者其他组织对具有行政职权的机关和组织及其工作人员的行政行为不服，依法提起诉讼的，属于人民法院行政诉讼的受案范围。人民法院应当予以受理的行政案件包括：① 行政处罚案件；② 行政强制案件；③ 行政机关侵犯法律规定的经营自主权的案件；④ 行政许可案件；⑤ 行政机关不履行法定职责的案件；⑥ 抚恤金案件；⑦ 行政机关违法要求履行义务的案件；⑧ 其他具体行政行为侵犯人身权、财产权的案件；⑨ 法律、法规规定可以起诉的其他行政案件。

公民、法人或者其他组织对下列行为不服提起诉讼的，则不属于人民法院行政诉讼的受案范围：① 国防、外交等国家行为；② 行政法规、规章或者行政机关制定、发布的具有普遍约束力的决定、命令；③ 行政机关对行政机关工作人员的奖惩、任免等决定；④ 法律规定由行政机关最终裁决的具体行政行为；⑤《行政诉讼法》第 12 条规定的行为；⑥ 公安、国家安全等机关依照《刑事诉讼法》的明确授权实施的行为；⑦ 调解行为以及法律规定的仲裁行为；⑧ 不具有强制力的行政指导行为；⑨ 驳回当事人对行政行为提起申诉的重复处埋行为；⑩ 对公民、法人或者其他组织权利义务不产生实际影响的行为。

8.3.2.2 旅游行政诉讼管辖

行政诉讼管辖是指不同级别和地方的人民法院之间受理第一审行政案件的权限分工。《行政诉讼法》第 3 章对行政诉讼的管辖作了专章规定，据此规定，旅游行政诉讼的管辖主要包括以下内容。

（1）级别管辖

级别管辖解决不同审级法院之间管辖权的划分，《行政诉讼法》在规定方式上采用了“列举式”与“概括式”2 种；

基层人民法院管辖第一审旅游行政案件，即除法律规定由中级人民法院、高级人民法院和最高人民法院管辖的第一审行政案件外，其他行政案件都由基层人民法院管辖；

中级人民法院管辖的第一审旅游行政案件：对国务院旅游行政管理部门或省、自治区、直辖市人民政府所作的具体行政行为提起诉讼的案件，本辖区内重大、复杂的案件；

高级人民法院管辖本辖区内重大、复杂的第一审行政案件；

最高人民法院管辖全国范围内重大、复杂的第一审行政案件。

（2）地域管辖

地域管辖是在已经确定级别管辖的前提下解决行政案件由哪个地区的法院受

理的问题，即同级人民法院之间在审理第一审行政案件时如何分工。

旅游行政案件由最初作出具体行政行为的行政机关所在地人民法院管辖。经复议的案件，复议机关改变原具体行政行为的，也可以由复议机关所在地人民法院管辖；

对限制人身自由的行政强制措施不服提起的诉讼，由被告所在地或原告所在地人民法院管辖；

因不动产提起的行政诉讼，由不动产所在地人民法院管辖。

（3）选择管辖

两个以上人民法院都有管辖权的案件，原告可以选择其中一个人民法院提起诉讼。原告向两个以上有管辖权的人民法院提起诉讼的，由最先收到起诉状的人民法院管辖。

（4）移送管辖

人民法院发现受理的案件不属于自己管辖时，应当移送有管辖权的人民法院。受移送的人民法院不得自行移送。

（5）指定管辖

有管辖权的人民法院由于特殊原因不能行使管理权的，由上级人民法院指定管辖。人民法院对管辖权发生争议，由争议双方协商解决。协商不成的，报它们的共同上级人民法院指定管辖。

（6）管辖转移

上级人民法院有权审判下级人民法院管辖的第一审行政案件，也可以把自己管辖的第一审行政案件移交下级人民法院审判。下级人民法院对其管辖的第一审行政案件，认为需要由上级人民法院审判的，也可以报请上级人民法院决定。

8.3.2.3　旅游行政诉讼参加人

行政诉讼参加人，是指在整个或部分诉讼过程中参加行政诉讼，对行政诉讼程序能够产生重大影响的人，包括当事人和诉讼代理人。行政诉讼当事人包括原告、被告和第三人。

行政诉讼原告，是指认为具体行政行为侵犯其合法权益，而依法向人民法院提起诉讼的公民、法人或者其他组织。行政诉讼被告，是指由原告指控其具体行政行为违法，经人民法院通知应诉的行政机关或法律、法规授权的组织。行政诉讼被告是行政机关。行政诉讼的第三人，是指因与被提起行政诉讼的具体行政行为有利害关系，通过申请或法院通知的形式，参加到诉讼个案的当事人。第三人总体上可以分为原告型第三人、被告型第三人和证人型第三人。

诉讼代理人，是指以当事人名义，在代理权限内，代理当事人进行诉讼活动的人。行政诉讼代理人以行政诉讼当事人的名义进入诉讼程序；代理人在代理权限以内诉讼行为的法律后果归属于被代理人；代理人参加行政诉讼的目的在于维护被代理人的合法权益。

8.3.2.4　旅游行政诉讼的起诉与受理

（1）起诉

起诉，是指公民、法人或者其他组织认为行政机关的具体行政行为侵犯其合法权益，依法请求人民法院通过国家审判权给予司法救济的诉讼行为。起诉应当具备以下条件：原告是认为具体旅游行政行为侵犯其合法权益的公民、法人或者其他组织；有明确的被告；有具体的诉讼请求和事实根据；属于人民法院受案范围和受诉人民法院管辖。

（2）受理

受理，是指人民法院对公民、法人或其他组织的起诉进行审查，对符合法律规定的起诉条件的案件决定立案审理的诉讼行为。受理是以原告的起诉为前提的，没有行政相对人的起诉行为，也就没有人民法院的受理行为；但受理却不是起诉的必然结果，受理与否是人民法院行使国家审判权对起诉行为进行审查而单方面得出的结论。

人民法院在接到原告的起诉状后要对其内容和形式进行审查，经审查，对于符合起诉条件的，应当在7日内作出受理的决定；对于不符合条件的，应当在7日内作出不予受理裁定。原告对裁定不服的，可以提起上诉。

8.3.2.5 旅游行政诉讼的审理程序

审理程序是真正意义上的行政诉讼程序。它是从案件受理到终审判决执行完毕的全部过程，包括第一审程序、第二审程序、再审程序和执行程序。但并非每个案件都要经历上述程序，除第一审程序外，其他程序都要在特定条件下才能发生。人民法院对旅游行政诉讼案件的审理不得进行调解。

（1）第一审程序

第一审程序又称普通程序，是人民法院审理旅游行政案件必须的最基本程序，是整个行政诉讼程序的基础。任何行政案件的审理都必须先经过第一审程序。第一审程序一般包括审理前的准备、开庭审理和判决等阶段。

审理前的准备　这一阶段的中心任务是创造开庭审理的必要条件，审查诉讼资格，弄清原被告争议的焦点，收集、查明必要的证据，为正式开庭作好充分准备。主要工作包括：组成合议庭、通知被告应诉、审查诉讼文书和证据等。

开庭审理　这是指在审判人员的主持下，在当事人和其他诉讼参加人的参与下，依照法定程序在法庭上对被诉具体旅游行政行为进行审查并作出裁判的整个诉讼过程。

判决　判决是人民法院审理行政案件终结时，根据事实和法律，就行政案件作出的处理决定。根据《行政诉讼法》第54条的规定，一审判决可分：维持原判（确认被告的具体行政行为合法）、撤消判决（责令被告重新作出具体行政行为）、履行判决（责令被告履行法定职责）和变更判决（对显失公正的行政处罚直接改判）。

（2）第二审程序

第二审程序是上级人民法院对下级人民法院就第一审程序案件所作的判决、裁定，在生效以前，因当事人的上诉，依据法律，对案件进行审理的程序。根据行政诉讼法的规定，行政诉讼实行两审终审制。当事人不服一审法院的判决、裁定，可在法定的期限内向上一级法院提起上诉。没有当事人的依法上诉就没有第二审程序的开始。第二审程序的审理过程基本与第一审程序相同。第二审程序的判决种类有：维持原判；依法改判；撤消原判；发回重审。

（3）审判监督程序

审判监督程序是指人民法院发现已经发生法律效力的判决、裁定违反法律、法规规定。依法对案件再次进行审理的程序，也称再审程序。审判监督程序针对的对象是已生效的判决、裁定，属于事后救济手段。审判监督程序并非是每起行政案件所必经的程序，也不是第二审程序的继续，只有在生效裁判确有错误，需要进行再审时，才能适用审判监督程序。

（4）执行程序

旅游行政案件的执行，是指执行主体对已生效的行政案件的法律文书，在义务人逾期拒不履行义务时，依法采取强制措施，从而使生效的法律文书的内容得以实现的活动。

【课堂讨论题】

讨论旅游行政复议与旅游行政诉讼各自的适用范围。

【思考题】

1. 简述旅游行政管理部门的概念及特征。
2. 我国当前旅游行政管理部门的设置与职责是什么？
3. 旅游行政管理部门的行政行为有哪些？
4. 什么是旅游行政复议？旅游行政复议的主要内容有哪些？
5. 什么是旅游行政诉讼？旅游行政诉讼的主要内容有哪些？

【案例分析】

对旅游行政机关的不颁证行为能否申请复议

1997年某国际旅行社导游人员刘某因犯过失伤害罪被人民法院审理，因其行为情节轻微，被判处免予刑事处罚。1998年因该导游人员在带团过程中胁迫旅游者消费，情节严重，被旅游行政管理部门依法吊销导游证。1999年，刘某又参加导游人员资格考试并合格，取得导游人员资格证书。但当其向旅游行政管理部门申请领取导游证时，被旅游行政管理部门拒绝。刘某对旅游行政管理部门的这一具体行政行为不服，向上一级旅游行政机关申请复议。

请问：

1. 刘某是否可以就旅游行政管理部门拒绝对其颁发导游证的行为向上一级旅游行政机关申请复议？其法律依据是什么？

2. 旅游行政机关拒绝对刘某颁发导游证的行为是否合法？其法律依据是什么？

【本章推荐阅读书目】

旅游学概论．国家旅游局人事劳动教育司（王洪滨）．中国旅游出版社，2001.

旅游政策与法规．杨铭铎．重庆大学出版社，2006.

行政法与行政诉讼法．姜明安．高等教育出版社，2005.

现代行政法原理．熊文钊．法律出版社，2000.

行政诉讼法案例教程．方世荣．中国政法大学出版社，1999.

司法改革与行政诉讼制度的完善．马怀德．中国政法大学出版社，2004.

第3篇

旅游经营和管理法律法规制度

第 9 章

合同法律制度

【本章概要】

本章主要是对我国《合同法》总则部分进行了阐述。介绍合同是平等主体的自然人、法人、其他经济组织之间设立、变更、终止民事权利义务关系的协议。合同法确立的基本原则；当事人订立合同的2个过程；合同的内容；无效合同、可撤销或可变更合同；合同履行的原则及履行中的抗辩权；合同的变更和债权的转让；合同的终止；违约责任等。

【学习目标】

- 了解合同的含义及合同法的基本原则；
- 掌握合同成立的程序、内容、形式及缔约过失责任；
- 熟悉合同的有效、无效；
- 掌握合同履行的原则及内容不确定时的履行；
- 掌握双务合同中的抗辩权；
- 掌握合同变更、转让的条件；
- 了解合同的权利义务终止的情形；
- 了解违约责任的承担方式。

【关键性术语】

合同、要约、承诺、缔约过失责任、无效合同、可撤销合同、不安抗辩权、合同转让和终止、违约责任。

【章首案例】

人妖表演和艳舞表演的合同内容是否受法律保护

某旅行社打出了“云南少数民族风情游”的广告，吸引了不少游客。2002年5月，重庆市的刘某听说该旅游项目包括了人妖表演和艳舞表演，在打听落实后，签订了旅游合同，旅游费为4800元，另加人妖表演和艳舞表演门票800元。然而旅游过程中并没有这一项目。刘某要求旅行社赔偿所有的费用，旅行社说原来确有人妖表演和艳舞表演，只是近来公安机关查得紧才取消的，故只能退还人妖表演和艳舞表演的门票800元。双方僵持不下，刘某向旅游部门投诉，旅游行政部门对旅行社依法进行了处罚，并没收了800元非法收入。刘某认为旅行社虽被处罚，但是他自己的利益没得到保护，于是向法院起诉。

请问： 刘某的权益能否得到保障？为什么？

9.1 合同与合同法概述

旅游合同是无名合同，即在《合同法》中未列名，其属于民事合同的范畴，受《合同法》的调整。因此，合同法律制度是属于旅游法律法规制度的重要内容。

9.1.1 合同的概念与特征

9.1.1.1 合同的概念

自罗马法以来，合同一直是民法的一个重要概念。大陆法系学者基本上认为合同是一种协议，而在英美法中，一般主张合同是一种允诺。不过近年来，英美法和大陆法在合同的概念问题上正在不断接近。

我国民法理论在合同的定义上基本是沿用了大陆法的概念，一般认为合同在本质上是一种协议。按照《合同法》第2条规定，合同是平等主体的自然人、法人、其他组织之间设立、变更、终止民事权利义务关系的协议。从文义上看，《合同法》规定的合同概念在外延上过宽，但从内容上是狭义的合同概念，仅指债权债务合同。不包括物权合同和婚姻、收养、监护等有关身份关系的协议。

9.1.1.2 合同的法律特征

在我国，合同作为一种重要的法律事实，具有下列法律特征：

（1）合同是平等主体之间的协议，即合同当事人的法律地位平等

合同的这一特征将非平等主体之间的协议排除在合同法调整之外。例如，政府机关为实现社会经济管理职能与被管理对象即行政相对人签订的责任状、责任书等协议，属于行政管理关系，就不属于合同法的调整范围，而适用有关行政管理法律、行政法规。企业、单位内部之间的管理关系，也不是平等主体之间的关系，同样不适用合同法的规定。

（2）合同是平等的当事人意思表示一致的协议

这是合同区别于单方法律行为的重要标志。单方法律行为依一方的意思表示即可成立，合同必须是双方或多方当事人经过协商所达成的共同的一致意思。这种一致意思是建立在当事人法律地位平等的基础上。

（3）合同是以设立、变更、终止民事权利义务关系为目的

作为一种民事行为，合同是法律事实，依据当事人的目的不同，或者在当事人形成某种民事权利义务关系，或者变更既存的民事权利义务关系，或者使既存的民事权利义务关系消灭。这是合同与法律行为以外的一般商量行为相区别的标志。

9.1.2 合同的分类

合同的分类，是指按照特定的标准将各种合同加以区别和划分。依据不同的标准，可以对合同进行不同的分类。在我国常见的分类有以下几种：

（1）有偿合同与无偿合同

根据当事人之间的权利义务是否互为对价为标准，将合同分为有偿合同与无偿合同。有偿合同是指合同当事人互为给付对价，即一方当事人依据合同取得某种利益必须向对方当事人支付相应代价的合同。例如买卖合同、租赁合同、融资租赁合同、承揽合同、行纪合同、居间合同等多为有偿合同。有偿合同是市场交易的典型形式。无偿合同是指双方当事人之间的给付不成对价关系，即一方依据合同取得某种利益无须向对方当事人支付任何对价的合同。例如赠与合同即为无偿合同。

（2）双务合同与单务合同

根据当事人双方是否互付义务为标准，将合同分为双务合同与单务合同。双务合同是指当事人双方互付对待给付义务的合同，即一方当事人依据合同所享有的权利正是对方当事人依据合同所应承担的义务。例如买卖合同就是典型的双务合同。单务合同是指只有一方当事人承担给付义务的合同，即合同当事人并不相互承担义务的合同，例如赠与合同就是典型的单务合同。

（3）诺成性合同与实践性合同

根据是否以交付标的物为成立条件，将合同分为诺成性合同与实践性合同。诺成性合同是指当事人意思表示一致即告成立的合同。虽经当事人双方意思表示一致，但还须交付标的物合同才能成立的，为实践性合同。在实践中，绝大多数的合同都是诺成性合同，如买卖合同、委托合同等。

（4）要式合同与不要式合同

根据法律或者当事人对合同的形式是否有专门要求为标准，将合同分为要式合同与不要式合同。要式合同是指法律、行政法规或者当事人约定应当采取一定形式的合同。《合同法》第 10 条规定，法律、行政法规规定采用书面形式的，应当采用书面形式。当事人约定采用书面形式的，应当采用书面形式。可以认为，对要式合同而言，合同的形式是合同的成立要件。

（5）有名合同与无名合同

根据法律是否规定了一定的合同名称，将合同分为有名合同与无名合同。有名合同，也称典型合同，是指法律已经为其确立了特定名称和规则的合同。例如在《合同法》分则部分规定了 15 种基本合同类型，这些合同就是有名合同。无名合同产生的原因主要是交易关系以及当事人合意内容的复杂性。

此外，依据合同间的主从关系，将合同分为主合同与从合同；根据合同当事人订立合同的目的是否为自己的利益，将合同分为为自己订立的合同与为第三人利益订立的合同；依据合同的法律效果在订立合同时是否确定，将合同分为确定合同与射幸合同，后者如保险合同、抽奖式有奖销售合同等。

9.1.3 合同法的概述

9.1.3.1 合同法的概念

合同法是调整合同关系的法律规范的总称。合同法是现代各国民事法律制度的重要组成部分，是调整市场交易关系的基本法律规范。20 世纪 80 年代我国颁布了 3 部合同法，即 1981 年 12 月 13 日公布的《经济合同法》、1985 年 3 月 21 日公布的《涉外经济合同法》、1987 年 6 月 31 日公布的《技术合同法》。上述法律产生时，正值我国对旧的体制进行改革新的体制尚未形成时期，在立法的目的和基本精神上较多地反映和体现计划经济体制的要求，对合同当事人自由限制太多，行政干预太强。因此，为了适应市场经济的要求，与国际接轨，我国于 1999 年 3 月 15 日由第九届全国人民代表大会第二次会议通过了统一的《合同法》（23 章 428 条），并于同年 10 月 1 日生效，原有的 3 部合同法同时废止。

合同法的目的是保护合同当事人的合法权益、维护社会经济秩序、促进经济建设。

9.1.3.2 合同法的适用范围

合同法的适用范围既包括当事人设立民事权利义务的协议，也包括当事人变更、终止民事权利义务的协议。但不属于平等主体之间订立的协议，不由合同法调整，具体包括：

（1）政府依法维护经济秩序的管理活动

政府依法维护经济秩序的管理活动，是政府行使行政管理职权的行为，应适用行政法的规定，不适用合同法。如有关征税、计划生育等合同或责任书，都不是在平等自愿基础上订立的，因此不是民事合同，不属合同法调整。

（2）法人、其他组织的内部管理关系

法人、其他组织的内部管理活动，如企业内部订立的生产责任制合同，承包责任制合同，是企业内部的一种管理措施，当事人之间是一种管理者与被管理者的关系，因此，不属合同法调整，而属企业法调整。

（3）婚姻、收养、监护等有关身份关系的协议

因为身份关系不是交易关系，当然不能适用合同法的规定，而是适用如婚姻法、收养法等其他法律的规定。

9.1.3.3 合同法的基本原则

合同法的基本原则，是指合同立法的指导思想以及调整民事主体间合同关系必须遵循的基本方针和准则。这些原则包括：

（1）平等原则

《合同法》第3条规定，合同当事人的法律地位平等，一方不得将自己的意志强加给另一方。这一规定表明，不论合同当事人是自然人、法人或者其他组织，不论当事人的经济实力和经济性质，当事人双方在法律上处于平等的地位，任何一方当事人均不得享有特权，不得凌驾于对方当事人之上，任何一方当事人不得将自己的意志强加给对方当事人。

（2）自愿原则

《合同法》第4条规定，当事人依法享有自愿订立合同的权利，任何单位和个人不得非法干预。合同是当事人协商一致的产物，应当是当事人真实意思表示一致的结果。自愿订立合同原则的主要含义表现在以下几个方面：当事人有订立和不订立合同的自由；当事人有自主选择相对人的自由；当事人在不违背法律、行政法规强制性规定的前提下有自主决定合同内容的自由；当事人在不违背法律、行政法规强制性规定的前提下有选择合同形式的自由；在没有有名合同的情况下，当事人有创设合同类型的自由。

（3）公平原则

《合同法》第5条规定，当事人应当遵循公平原则确定各方的权利和义务。根据这一原则，合同法要求当事人在订立合同时应当按照公平原则，合理地构架各方的权利和义务；当事人在履行合同的过程中应当正当地履行自己的义务；当事人变更、解除和终止合同关系也不能导致不公平结果的出现。

（4）诚实信用原则

《合同法》第6条规定，当事人行使权利、履行义务应当遵循诚实信用原则。根据这一原则，当事人在合同的订立、履行、变更、终止以及解释的各个环节，都应充分注意和维护双方的利益平衡，以及当事人的利益与社会利益的平衡。当事人应当以善意的方式履行自己的义务，不得滥用权利及规避法律或者合同规定的义务。

（5）守法原则

《合同法》第7条规定，当事人订立、履行合同，应当遵守法律、行政法规，尊重社会公德，不得扰乱社会经济秩序，损害社会公共利益。根据本条规定，当事人订立合同、履行合同应当遵守法律、行政法规规定。同时，在现代社会，法律的任务之一就是保护社会经济秩序和社会公共利益，当事人在订立和履行合同都不得扰乱社会经济秩序，不得损害社会公共利益。

9.2 合同的订立

订立合同的行为是人们社会交往、协作劳动、从事商品交换、商业服务以实现其目的的最主要和最重要的法律手段。合同的订立是当事人之间互为意思表示并趋于一致的过程。

9.2.1 订立合同的主体资格

订立合同的主体可以是自然人、法人和其他组织，但要取得订立合同的主体资格，则必须具有民事权利能力和民事行为能力（在旅游法律关系章中已述及）。法人和其他组织在我国民事诉讼法和刑法中被称为单位，包括法人单位和非法人单位。在《民法通则》中个人合伙、个体工商户和农村承包经营户作为自然人的特殊表现形式。

9.2.2 合同订立的程序：要约和承诺

9.2.2.1 要约

（1）要约的概念和条件

要约又称发盘、发价、报价等，是一方当事人以缔结合同为目的，向对方提出合同条件，希望对方当事人接受的意思表示。发出要约的人为要约人，接受要约的人为受要约人。要约在性质上属于意思表示，而不是民事法律行为，仅有要约不能成立合同。

尽管要约是意思表示，但不是所有的意思表示都能成为要约，一项有效的要约必须具备特定的条件：要约内容必须具体明确。这是指要约的内容必须包含要约人所希望订立合同的基本条款，如果受要约人表示同意合同即告成立；表明经受要约人承诺，要约人即受该意思表示约束。要约作为表达希望与他人订立合同的一种意思表示，其内容已经包含了可以得到履行的合同成立所要具备的基本条件。在此情况下，如果受要约人表示接受此要约，则双方达成了订立合同的合意，合同即告成立。

（2）要约的撤回和撤销

要约的撤回是要约人在要约生效之前，使其不发生法律效力的行为。撤回的通知应在要约到达受要约人之前或与要约同时到达受要约人。

要约的撤销是要约人在要约生效后将该要约取消，使要约的法律效力归于消灭的意思表示。撤销通知应在受要约人发出承诺通知之前到达受要约人。要约不得撤销的情况：一是要约确定了承诺期限或以其他形式明示要约不可撤销；二是受要约人有理由认为要约不可撤销，并已为履行合同作了准备工作。

（3）要约的失效

要约的失效是指要约对要约人的效力归于消灭。要约的效力消灭一般包括以下情形：拒绝要约的通知到达要约人；要约人依法撤销要约；承诺期限届满，受要约人未作承诺；受要约人对要约的内容作了实质性变更。

（4）要约邀请

商业广告是要约还是要约邀请？

英国某医药公司为了推销其生产的一种感冒药，大做商业广告宣传此药有奇效，并声称已在银行存入一笔作为赔偿金的款项，若消费者按其广告要求服用后无效，将赔偿消费者100英镑。有一消费者按广告说明服用了该药，但未有疗效，遂向公司索赔100英镑。而公司认为广告是普通的商业广告，不是一项要约，公司与这位消费者间无合同关系，双方产生纠纷。该消费者即向法院提起了诉讼。

请问：

1. 医药公司的商业广告是要约还是要约邀请？为什么？
2. 该医药公司与这位消费者之间是否成立合同？为什么？

要约邀请又称要约引诱，是指希望他们向自己发出要约的意思表示。其特点是：第一，要约邀请是一种意思表示。即通过要约邀请将自己内在希望他人向自己发出要约的意思表达出来。第二，要约邀请是希望他人向自己发出要约的意思表示。要约邀请作为一种意思表示，表达的内容是希望他人向自己发出要约。这是要约邀请与要约的本质区别。根据《合同法》的规定，商业广告原则上属于要约邀请。但如果商业广告中注明了是要约，或含有广告者希望与他人订立合同的意思表示，且内容具体确定并注明只要受要约人承诺，广告者即受该承诺约束，则应属于要约，而不属于要约邀请。

9.2.2.2 承诺

（1）承诺的概念和条件

承诺是指受要约人同意要约的意思表示，即受要约人同意接受要约全部条件的意思表示。一般认为一项有效的承诺应符合以下条件：第一，承诺必须由受要约人向要约人作出；第二，承诺必须是对要约明确表示同意的意思表示；第三，承诺须在要约的有效期内作出；第四，承诺内容与要约完全一致。

承诺也可以撤回，但承诺撤回的通知应当在承诺通知到达要约人之前或与承诺通知同时到达要约人。

（2）承诺的方式

承诺一般应采用明示方式。所谓明示方式，是指受要约人以语言、文字或其他直接表达意思的方式作出表示同意要约这一内容的意思的形式。但根据《合同法》的规定，有2种情况例外：

根据交易习惯 根据要约人和受要约人以往进行交易的习惯或当地的交易习惯，如果一方向另一方发出要约以后，另一方在规定的时间内没有作出意思表示，则认为已经承诺，在此情况下，受要约人可不再向要约人发出承诺的通知。

根据要约的要求 要约人在要约中表明受要约人可以通过行为作出承诺，则受要约人要可以不再向要约人发出承诺的通知只需作出承诺行为即可。

甲和乙，谁是要约方?

甲厂向乙厂发出信函，表示要以9500元一台出让2台设备。乙厂复函称：我厂只需一台设备。甲厂复函称：如购一台，价格应为10 000元，此函发出后随即发货。乙厂经办人员因工作疏忽，将甲厂信函丢失，未给甲厂复函。数日后，一台设备已运送到乙厂，乙厂拒收。

请问：

1. 此合同是否成立?
2. 乙厂拒收是否要承担违约责任，为什么?

9.2.3 合同的成立

单独的要约或承诺均不能产生合同的效力，只有同时存在有效的要约和承诺，合同才能成立，才能使当事人所缔结的合同条款具有“当事人之间的法”的法律效力。

9.2.3.1 合同成立的时间

《合同法》规定，对要约的有效承诺生效时，合同成立。通过通知等明示方式作出承诺的，通知到达要约人时生效；按照交易习惯或要约内容，可通过行为作出承诺的，以作出特定行为时生效。当事人采用合同书形式订立合同的，自双方当事人签字或盖章时合同成立。当事人采用数据、电文等形式订立合同的，可在合同订立之前要求签订确认书，而该确认书签订时合同成立。法律、法规规定或当事人之间约定采用书面形式订立合同的，当事人虽然没有采用书面形式订立合同，但合同一方已履行主要义务，对方接受的，该合同成立；合同双方均已履行主要义务的，应视为双方已经形成事实上的合同关系。

9.2.3.2 合同成立地

合同成立地即合同签订地，根据意思自治原则，当事各方可选择合同签订地法院作为合同纠纷的管辖法院，且在当事各方未选择管辖法院时，合同签订地法院也可能因被视为与合同有较密切联系而作为合同纠纷的管辖法院。因此，对于当事各方来说确定合同成立地对于合同纠纷的解决具有重要意义。简而言之，承诺生效的地点为合同成立的地点。采用书面合同书形式订立合同的，双方当事人签字或盖章的地点为合同成立地，签字或盖章存在先后顺序的，最后一方当事人签字或盖章的地点为合同成立地。采用数据、电文方式订立合同的，收件人的主营业地为合同成立地。此外，合同当事人可以在合同中确认合同的成立地。

9.2.4 合同的内容

所谓合同的内容，是指当事人之间设立、变更或终止权利义务关系表示一致的意思。合同内容也通常称为合同条款。

9.2.4.1 主要条款

(1) 当事人的名称或者姓名和住所

这一条款也可以称为当事人条款，其中应当载明当事人的名称或者姓名，使合同的当事人得以明确。其次应当载明当事人的住所，为合同的履行提供方便，同时住所也是判断当事人履行情况的依据。

(2) 标的

标的即合同权利义务指向的对象。没有标的，订立合同就失去了出发点和归宿，当事人的权利义务就无从实现，合同也无法履行。因此，合同中必须规定明确的标的。标的可以是物，包括有形物和无形物，还可以是行为，也可以是智力成果。但法律禁止的行为或禁止转让的物不得作为合同的标的。

(3) 数量

数量是标的在量的方面的具体化，是计算和衡量合同当事人权利义务的尺度。在数量条款中，应当根据标的的种类，规定计量标的的单位和方法。

(4) 质量

质量是标的质的规定性，是以成分含量、纯度、尺寸、性能等来表示的合同标的内在素质和外观形象的优劣状况，是指对标的在标准和技术方面的要求。关于质量的标准，国家有许多不同的要求，当事人应当予以明确。当然，当事人也可以根据合同的目的约定特别的质量标准。

(5) 价款或者报酬

这是指当事人履行义务时另一方以货币形式支付的代价。价款或者报酬是有偿合同的主要条款。价款就是指由受领标的物的当事人为取得标的物而应当向对方当事人支付的货币。报酬则是指应当向提供劳务或者完成特定工作的当事人支付的货币。

(6) 履行期限、地点和方式

履行期限是指债务人履行合同义务和债权人接受履行的时间界限。履行地点是指债务人履行合同义务和债权人接受履行的地方，是确定验收地点、合同标的是否交付、标的所有权是否转移、标的物意外灭失风险由哪一方承担的依据。履行方式是指债务人履行合同义务和债权人接受履行的方式，包括交货方式、验收方式、付款方式、结算方式等。

(7) 违约责任

违约责任是指当事人不履行合同义务或者履行合同义务不符合约定而应当承担的民事责任。承担违约责任的方式多种多样，主要的有继续履行、采取补救措施，赔偿损失、违约金责任等。

(8) 解决争议的方法

这是当事人之间因合同发生争议，通过什么样的办法来解决。解决争议的方法有2种：一是诉讼解决，即通过司法途径解决；二是非讼解决。非讼解决的方式有多样，既可通过友好协商方式，又可通过调解方式，还可通过仲裁方式。我国法律规定，如果当事人选择了仲裁方式解决争议，则不能再向人民法院起诉，通过诉讼方式解决争议。

9.2.4.2 格式条款

格式条款是当事人为了重复使用而预先拟定，并在订立合同时未与对方协商的条款。

（1）格式条款提供者的责任

● 遵循公平原则确定当事人之间的权利义务。格式条款的提供者在拟定格式条款时，应当将双方的权利义务确定得相应对等，双方当事人享受的权利义务大体相当，不能一方只享受权利不承担义务，或享有的权利明显大于承担的义务。

● 履行提示或说明的义务。格式条款的提供方应采取合理方式提请对方注意免除或限制格式条款提供者各种责任的条款，并按对方要求，对该条款予以说明。如果格式条款的提供者不尽提请对方注意和说明的义务，等于是采用提供格式条款的有利条件，将有利于自己而不利于对方的免责条款夹塞到合同中去，违背了订立合同应遵守诚实信用的原则。

（2）格式条款的无效

根据《合同法》的规定格式条款中含有以下内容的，该条款无效：

● 具有《合同法》第52条规定情形之一的，合同无效：一方以欺诈、胁迫的手段订立的合同，损害国家利益；恶意串通损害国家、集体或第三人利益；以合法的形式掩盖非法的目的；损害社会公共利益；违反法律、行政法规强制性规定。

● 具有《合同法》第53条规定情形之一的免责条款无效：造成对方人身伤害的；因故意或重大过失造成对方财产损失的。

● 提供格式条款一方免除其责任，加重对方责任，排除对方主要权利的条款无效。

（3）格式条款的解释

格式条款的解释是指当事人履行格式条款的过程中因对有关条款的含义有不同的理解，应当采用何种原则进行解释。根据《合同法》第41条的规定，当对格式条款的理解发生争议时，应按通常理解予以解释。对格式条款有两种以上解释的应作出不利于提供格式条款一方的解释。

（4）格式条款和非格式条款不一致的采用

非格式条款不是当事人一方事先拟定的而是双方当事人在经过协商之后确定的，更能充分反映和表达双方当事人的意愿。所以，当一份合同格式条款与非格式条款时，应当采用非格式条款。

9.2.5 合同的形式

合同的形式是指当事人采用何种形式来表现所订立合同的内容。《合同法》规定合同的形式有口头形式、书面形式和其他形式。

（1）书面形式

所谓书面形式，是指以文字的方式表现当事人之间所订立合同内容的形式。《合同法》第11条规定："书面形式是指合同书、信件和数据电文（包括电报、电传、电子数据交换和电子邮件）等可以有形的表现所载内容的形式。"

（2）口头形式

所谓口头形式，是指当事人以谈话或口头表述的形式订立合同，包括当面交换、电话联系等。

（3）其他形式

所谓其他形式，是指采用除书面形式、口头形式以外的方式订立合同。其他形式一般包括推定形式和默示形式。所谓推定形式，是指当事人并不直接用书面或口头方式进行意思表示，而是通过实施某种行为来做意思表示。例如，饭店客房租赁合同期满时，承租人和出租人都没有提出合同终止的问题，而且承租人继续支付租金，出租方也继续接受租金，从这种行为可以推定出租人已经同意延长该客房租赁合同的租赁期。所谓默示形式，是指当事人采用沉默的方式进行意思表示，也就是以默认的方式对合同表示认可。

9.2.6 缔约过失责任

缔约过失责任是当事人一方在订立合同的过程中因为过错，导致合同不能成立，被确认无效可被撤销，给对方造成损失时所应当承担的法律责任，是一种合同成立前的责任。按照《合同法》规定，当事人在订立合同过程中，如果假借订立合同，恶意进行磋商；故意隐瞒与订立合同有关的重要事实或提供虚假情况；有违背诚实信用原则的行为，给对方造成损失的，应当承担缔约过失责任，赔偿对方当事人的损失。

同时，《合同法》还适当地扩张了合同义务，规定当事人订立合同时所知悉的商业秘密，无论合同是否成立，均不得泄露或者不正当使用，泄露或者不正当使用该商业秘密给对方造成损失的，应当承担损害赔偿责任。

9.3 合同的效力

9.3.1 合同的生效要件

合同生效指合同所产生的法律上的约束力。这种约束力一方面表现为对合同当事人有约束力，另一方面表现为依法成立的合同受法律保护。合同的生效要件是指使已经成立的合同发生完全的法律效力所应当具备的法律要件。合同的生效要件是判断合同是否具有法律效力的标准。

根据《合同法》的规定，当事人订立合同的生效要件应包括以下几个方面：第一，主体合格，即订立合同的当事人具有相应的民事权利能力和民事行为能力；第二，当事人意思表示真实；第三，合同的内容不违反法律和社会公共利益；第四，合同的形式符合法律的规定。

一般情况下，合同成立即合同生效，但也有例外。如法律、行政法规规定办理批准、登记等手续后生效的，合同生效的时间是办理批准、登记等手续完毕的时间；附生效条件的合同，自条件成就时生效等。

9.3.2 无效合同

无效合同是相对于有效合同而言的，是指合同已经成立，但因欠缺合同生效要件而导致法律不予认可其效力的合同。合同无效并不一定是全部无效，部分无效的不影响其余部分时，其余部分仍然有效。

根据《合同法》第52条的规定，合同无效的法定事由有：

（1）一方以欺诈、胁迫的手段订立的合同，损害国家利益的

欺诈是指一方当事人故意告知对方虚假情况或故意隐瞒真实情况，诱使对方当事人作出错误意思表示的行为；胁迫是指以对方当事人及其亲友的生命健康、荣誉、名誉、财产等造成损害为要挟迫使对方作出违背真实的意思表示。采取“欺诈”、“胁迫”的手段设立的合同违反了自愿和诚实信用原则，所以《合同法》规定属于无效合同，但这类合同只有在损害国家利益时才无效。

（2）恶意串通损害国家、集体或第三人利益的

“恶意”是指当事人明知其所订立的合同将造成对国家、集体或第三人利益的损害，而仍然故意为之；“串通”在行为上表现为当事人之间在订立和履行损害国家、集体或第三人利益的合同时相互配合。因此，法律确认当事人或其代理人恶意串通损害国家、集体或第三人利益的合同为无效合同。

（3）以合法形式掩盖非法目的的

这是指合同当事人设立的合同表面上看包括内容、形式是合法的，但是为了达到违法行为的目的。如假借订立自费出国旅游合同，以从事偷渡、走私等活动为目的。

（4）损害社会公共利益的

这一规定有些国家称为违反公共秩序，是指合同当事人的行为损害了法律所保护的社会成员的公共利益。如为招徕游客，与旅游者签订包含淫秽、赌博等内容的旅游接待合同。

（5）违反法律、行政法规的强制性规定的

这一规定包含两方面的内容：一是违反的法律、行政法规和规定必须是法律禁止性规定；二是“强制性的规定”由法律、行政法规来作出，排除了地方性法规和行政规章对无效事由的规定。

另外《合同法》第53条对免责条款的无效也作了具体规定：造成对方人身伤害的；因故意或重大过失给对方造成财产损失的。

9.3.3 可撤销合同

可撤销合同是可变更和可撤销合同的总称，是指合同成立后，仍欠缺生效要件，当事人一方可依照自己的意思使合同的内容变更或使合同的效力归于消灭。其特点：第一，是否使可撤销合同的效力消灭取决于撤销权人的意思，其他人无权撤销该合同；第二，可撤销合同在未撤销前是有效的，当事人不得以合同具有可撤销因素为由而拒绝履行合同义务；第三，撤销权一旦行使，可撤销合同原则上溯及其成立时的效力归于消灭；第四，行使撤销权的当事人只能是受害方，且负有举证责任。

根据《合同法》的规定，可撤销合同可撤销可变更的法定事由有：第一，因重大误解。所谓重大误解，是指一方当事人因自己的过错而对合同内容等产生错误理解，订立了合同且影响到当事人所应享受的权利义务。第二，订立合同时显失公平。显失公平是指财产交易及其有关的民事活动所具有的不公平已经十分明显，并以超出了该活动发生地的多数人所认可的公平。第三，一方以欺诈、胁迫的手段或乘人之危，使对方在违背真实意思的情况下订立的合同。

可撤销的合同在被撤销之前是有效合同，但是由于存在被撤销的因素，所以可撤销合同的效力并不是处于十分确定的状态。为了稳定当事人之间的合同关系，保护另一方当事人的利益，法律规定了撤销权消灭制度。有下列原因之一的，撤销权消灭：① 具有撤销权的当事人自知道或者应当知道撤销事由之日起一年内没有行使撤销权的；② 具有撤销权的当事人知道撤销事由后明确表示或者以自己的行为放弃撤销权的。自撤销权消灭之时起，可撤销合同即为确定有效的合同，享有撤销权的一方无权再请求人民法院或者仲裁机构撤销合同。

9.3.4 合同无效或被撤销的处理

合同被确认无效或被撤销后，其法律后果一般有 3 种，即返还财产、赔偿损失和没收财产。

（1）返还财产

如果合同当事人均从对方取得了财产，双方应返还各自已经取得的财产；如果仅是一方当事人取得了财产，则应将取得的财产返还给另一方。其结果是使当事人之间的财产关系恢复到订立合同之前的状态。

（2）赔偿损失

有过错的一方承担因过错给对方造成损失的赔偿责任；双方均有过错的，且给对方造成了损失的，按各自过错的大小承担与过错大小相应的责任。

（3）没收财产

对于损害国家利益和社会公共利益的，如果双方都是故意的应将双方已经取得或约定取得的财产收归国库所有。如果一方是故意，故意的一方应将从对方取得的财产返还给对方，非故意的一方从对方取得的财产，应收归国库所有。

9.4 合同的履行

合同订立后，能否得到履行，直接关系到合同双方当事人的权利能否实现，关系到社会正常的经济流转秩序能否得到保障，因此，合同当事人必须高度重视合同的履行。

9.4.1 合同履行的原则

9.4.1.1 合同履行的概念

合同履行是指当事人实现合同内容的全过程，即双方当事人按合同规定的内容，全面完成各自承担的义务、实现各自的权利。合同当事人除应当按照约定全面履行自己在合同中所作的承诺，即约定义务，同时还应履行必要的法定义务，即当事人应遵循诚实信用原则，根据合同的性质、目的和交易习惯履行通知、保密的义务。

9.4.1.2 合同履行的原则

合同履行的原则是指合同当事人在履行合同的过程中所应当遵循的基本准则。按照《合同法》规定，合同履行应当遵循全面履行、实际履行和诚实信用原则。

（1）全面履行原则

全面履行原则又称适当履行原则，是合同当事人应该按照合同约定的数量和质量，在适当的履行期限、履行地点、以适当的履行方式，全面地履行合同义务。

这项原则的意义在于指导和监督当事人全面正确地履行合同，防止违约情况发生，以保护合同当事人的合法权益。

(2) 实际履行原则

合同的实际履行，是指当事人只能按照合同中约定的标的履行，而不能以支付违约金或赔偿损失的方法来代替这种履行。

(3) 诚实信用的原则

诚实信用原则是指，合同当事人在履行合同的过程中，应该讲诚信、守信用。诚实信用原则是民法的"帝王原则"，因此它也理应成为《合同法》的基本原则，更应成为合同当事人履行合同的基本原则。诚实信用原则要求当事人根据合同的性质、目的，严格按照合同条款和交易习惯履行通知、协助、保密等义务，从而实现合同的根本目标。

9.4.2 合同履行的若干规则

合同的履行规则，是指合同当事人双方在合同履行过程中需要遵守的具体规范。《合同法》规定了合同履行的许多规则，但本章主要讲述法定义务规则和合同条款约定不明的履行规则。

(1) 法定义务规则

法定义务是指依照法律规定合同当事人在履行合同过程中应承担的义务，也是诚实信用原则的具体体现。依照《合同法》第60条的规定，法定合同义务应包括：

● 及时通知的义务。即合同当事人应将自己履行义务的情况及时通知另一方当事人。

● 提供必要条件的协作义务。合同当事人的根本利益是一致的，合同双方均应尽力为对方提供履行合同的必要条件，以促使其顺利履行合同。

● 防止损失扩大的义务。合同履行中，当事人一方违约后，对方当事人应采取适当措施防止损失的扩大，否则，不得就扩大的损失请求赔偿。

● 保密的义务。因履行合同而知晓对方当事人的秘密的，一方当事人负有保密的义务，不得泄密，否则，应承担相应的法律责任。

(2) 条款约定不明确的履行规则

合同生效后，当事人就质量、价款或者报酬、履行地点等内容没有约定或者约定不明确的，可以协议补充；不能达成补充协议的，按照合同有关条款或者交易习惯确定。按照上述规则仍不能确定的，根据《合同法》的规定，适用下列规定：

● 质量要求不明确的，按照国家标准、行业标准履行；没有国家标准、行业标准的，按照通常标准或符合合同目的的特定标准履行。

● 价款或报酬不明确的，按订立合同时履行地的市场价格履行；依法应执行政府定价或指导价的，按照规定履行。

● 履行地点不明确的，给付货币的，在接受给付的一方所在地履行；交付不动产的，在不动产所在地履行；其他标的，在履行义务一方所在地履行。

● 履行期限不明确的，债务人可以随时履行，债权人也可以随时要求履行，但应当给对方必要的准备时间。

● 履行方式不明确的，按照有利于实现合同目的的方式履行。

● 履行费用的负担不明确的，由履行义务的一方负担。

执行政府定价或者政府指导价的，在合同约定的交付期限内政府价格调整的，按照交付时的价格计价。逾期交付标的物的，遇价格上涨时，按照原价格执行；价格下降时，按照新价格执行。逾期提取标的物或者逾期付款的，遇价格上涨时，按照新价格执行；价格下降时，按照原价格执行。

9.4.3 合同履行中的抗辩权

抗辩权又称异议权，是指对抗请求权或者否认他人权利主张的权利，从而使对方的权利受到阻碍或者消灭。抗辩权的作用在于阻止对方请求权的效力。依据《合同法》的规定，合同履行中的抗辩权主要有以下3种：

（1）同时履行抗辩权

同时履行抗辩权是指合同当事人的债务没有先后履行的顺序时，一方在对方未对待给付前，可以拒绝对方的履行要求。《合同法》第66条规定，当事人双方互负债务，没有先后履行顺序的，应当同时履行。一方在对方履行之前有权拒绝其履行要求。一方在对方履行债务不符合约定时，有权拒绝其相应的履行要求。根据本条规定，同时履行抗辩权的适用条件为：当事人基于同一双务合同互负债务；互负的债务均已经到了清偿期；互负的债务没有先后履行顺序；对方未履行债务或者履行债务不符合约定的条件。

（2）后履行抗辩权

后履行抗辩权是指合同当事人双方的债务有先后履行的顺序，先履行一方在未对待给付前，后履行一方可以拒绝对方的履行要求。《合同法》第67条规定，当事人互负债务，有先后履行顺序，先履行一方未履行的，后履行一方有权拒绝其履行要求。先履行一方履行债务不符合约定的，后履行一方有权拒绝其相应的履行要求。根据本条规定，后履行抗辩权的适用条件为：当事人基于同一双务合同互负债务；根据法律规定或者当事人约定，互负的债务有履行的先后顺序；负有先履行债务的一方当事人未履行债务或者履行债务不符合约定的条件。

（3）不安抗辩权

① 不安抗辩权的概念及特征　不安抗辩权是指在双务合同中应先履行债务的一方当事人，在有确切证据证明后序履行债务的当事人在缔约后出现足以影响其对待给付并未提供担保的情形下，可以中止履行合同的权利。其主要特征有：首先是适用范围有限性，既必须是双务合同，又必须是债务履行有先后顺序；其次是行使主体的特定性，只能是在双务合同中应先行履行债务的当事人；再次是适用条件的法定性，只有符合《合同法》第68条的四项规定才能行使不安抗辩权；第四是救济措施的预防性，一般违约是事后救济，不要抗辩权是事先救济。

② 不安抗辩权的适用条件　不安抗辩权的适用条件概括讲就是后序履行合同义务的一方当事人在订立合同后丧失了履行合同的能力。根据《合同法》第68条的规定，具体包括4个方面：第一，经营状况严重恶化；第二，转移财产、抽逃资金，以逃避债务；第三，丧失商业信誉；第四，有丧失或者可能丧失履行债务能力的其他情形。行使不安抗辩权的当事人负有举证责任，当事人没有确切证据中止履行的应当承担违约责任。当事人中止履行的应当及时通知对方，对方提供适当担保的应当恢复履行。中止履行后，对方在合理期限未恢复履行能力并且未提供适当担保的，中止履行的一方可以解除合同。

9.4.4 合同的履行保全

债务人的总财产直接影响着债权能否最终实现。为防止因债务人的财产不当减少而给债权人的债权带来危害，允许债权人对债务人所采取的积极或减少自己财产的行为直接作出反映的法律制度，就是合同的保全制度。一般讲合同的履行保全包括代位权和撤销权。

9.4.4.1 代位权

根据《合同法》第73条规定，代位权是指因债务人怠于行使其到期债权，对债权人造成损害的，债权人可以向人民法院请求以自己的名义代位行使债务人的债权的权利，但该债权专属于债务人自身的除外。代位权的行使范围以债权人的债权为限。根据《合同法》第73条以及《最高人民法院关于适用〈中华人民共和国合同法〉若干问题的解释》（一）第11条的规定，债权人行使代位权应具备以下条件：债权人对债务人的债权合法；债务人怠于行使其到期债权，对债权人造成损害；债务人的债权已到期；债务人的债权不是专属于债务人自身的债权。

债权人代位权的行使必须通过法院进行，其行使范围以债权人的债权为限。债权人行使代位权的费用，由债务人负担。次债务人对债务人的抗辩，可以向债权人主张。代位权成立的，由次债务人向债权人履行清偿义务，债权人与债务人、债务人与次债务人之间相应的债权债务关系即予消灭。

9.4.4.2 撤销权

撤销权是指债权人对债务人滥用其处分权而损害债权人债权的行为，可以请求人民法院予以撤销。《合同法》第74条规定，因债务人放弃到期债权、无偿转让财产，对债权人造成损害的，债权人可以请求人民法院撤销债务人的行为。债务人以明显不合理的低价转让财产，对债权人造成损害，并且受让人知道该情形的，债权人也可以请求人民法院撤销债务人的行为。

撤销权的行使范围以债权人的债权为限。债权人行使撤销权所支付的律师代理费、差旅费等必要费用，由债务人负担；第三人有过错的，应当适当分担。撤销权自债权人知道或者应当知道撤销事由之日起一年内行使；自债务人的行为发生之日起5年内没有行使撤销权的，该撤销权消灭。

9.5 合同的变更、转让和终止

9.5.1 合同的变更

合同的变更包括广义的变更和狭义的变更。广义的合同变更包括合同内容的变更和合同主体的变更，而狭义的合同变更只包括合同内容的变更。《合同法》中的变更是指狭义的合同变更，即合同内容的变更，是指合同成立后，履行完毕以前，合同当事人就合同的内容进行修改和补充的行为。从其含义可看出合同变更具有如下法律特征：① 合同变更需当事人协商一致；② 合同变更需在原合同履行完毕之前进行；③ 合同变更只是部分变更而不是全部变更。

合同变更的条件应具备：① 必须有原合同关系的存在。这种原合同关系必须是合法有效的，其变更后的合同才有效。② 须有双方当事人的变更协议。因为变更是双方当事人真实意思的表示，而该意思表示必须趋于一致，亦即达成协议。③ 须有合同内容的变化。即合同当事人对合同内容进行了修改或补充。④ 须遵循法定的形式。一般而言，当事人变更合同采用何种形式，由当事人自行选择，但如果法律、行政法规规定变更合同应当办理批准、登记等手续的，依法律规定。

合同变更的法律效力有：合同变更的部分，效力依变更后的合同；合同的变更只对合同未履行的部分有效，即不对已履行的发生效力；合同的变更不影响当事人请求损害赔偿的权利，即因合同的变更使对方当事人造成损失或者合同变更以前由于一方的过错而给另一方造成损失的，应负赔偿责任。

当事人对合同变更内容约定不明确的，推定为未变更。

9.5.2 合同的转让

合同转让是合同当事人依法将合同的全部或部分权利、义务转让给他人的合法行为。合同转让实际上是主体的变更。

（1）合同权利转让

合同权利的转让又称债权转让，是指合同的债权人通过协议将债权全部或部分转移给第三人的行为。合同权利转让具有以下特征：债权转让的主体是债权人和第三人，债务人不是合同权利转让的当事人。这里的“第三人”是得到全部或部分合同权利的受让人；债权人可以转让全部债权；也可以转让部分债权；债权转让的对象是合同中可以转让的债权。

合同权利的转让要件 有有效的合同存在；债权人与受让人达成转让协议；债权人转让权利，应通知债务人。否则不生效。而且除受让人同意外，债权人转让权利的通知不得撤销。

不得转让的合同权利 合同债权人可以不经债务人的同意转让合同权利，并非所有合同债权人都可以转让债权。《合同法》第79条有限制性规定，即有下列情形之一的，债权人不得转移债权：根据合同性质不得转让。主要是指与当事人的人身关系相关的合同债权不得转让。当事人约定不得转让的。如果当事人在合同中约定权利不能转让，则债权人不得转让债权。法律规定不得转让的。法律规定不得转让是法律强制性的规定，当事人必须遵守。

债权人转让债权的，应当通知债务人 未经通知，该转让对债务人不发生效力。债权人转让权利的通知不得撤销，但经受让人同意的除外。

合同权利转让的特别规定 债权人转让权利的，受让人取得与债权有关的从权利，但该从权利专属于债权人自身的除外。合同的从权利是指与合同的主债权相联系的，且依附于主债权而不能独立存在的权利。所以，除专属于债权人自身以外的从权利，都应附随主权利一同转移。债务人转移抗辩权：债务人接到债权转让通知时，债务人对让与人的抗辩，可以向受让人主张，即债务人在合同权利转让时就已经享有的对抗原债权人的抗辩权，在合同权利转让之后仍然可以对抗新债权人。转让债权的抵消：债务人接到债权转让通知时，债务人对让与人享有债权，并且债务人的债权先于转让的债权到期或者同时到期的，债务人可以向受让人主张抵消。

（2）合同义务的转移

合同义务的转移又称债务承担或债务转让，是指债务人将其在合同中的义务转移给第三人，由第三人取代债务人的地位，负责对债权人履行债务。债务可以全部转移，也可以部分转移。

合同义务转移的构成要件 有有效的债务存在；债务可以转移；债务转移应取得债权人同意。法律、行政法规规定债务转移应当办理批准、登记等手续的，需依法办理。

合同义务转移的特别规定 抗辩转移：债务人转移义务的，新债务人可以主张原债务人对债权人的抗辩。在债务转移中，由于新债务人承担了原债务人的义务，原债务人不再向债权人履行相应的义务，所以原债务人所享有的对债权人的抗辩权应一并转移才符合公平原则。从债务转移：债务人转移债务的，新债务人应当承担与主债务有关的从债务。因为从债务与从权利一样不能独立存在，是一种依附的义务，为保证债权人的权利能够顺利实现，与主债务有关的从债务也就由新债务人承担，但该从债务属于原债务人自身的除外。

（3）合同的权利义务一并转让

当事人一方经对方同意，可以将自己在合同中的权利和义务一并转让给第三人。一般是由合同的一方当事人与第三人签订转让协议，约定由第三人享有合同转让人的一切权利并承担转让人在合同中的所有义务。由于合同权利义务的一并转让既有权利的转让，也有义务的转移，所以法律规定，该转让必须经对方当事人同意，否则转让协议无效。另外，合同权利义务一并转让还需符合合同权利转让和合同义务转移的有关法律规定。

9.5.3 合同的终止

合同的终止，是指因一定法律事实的发生，使合同当事人权利义务关系归于消灭。合同关系消灭，合同的法律效力即告终止。根据《合同法》的规定，导致合同终止的原因主要有以下几个方面：

（1）债务已经按照约定履行

因履行而终止，即当事人已经按照合同约定全面履行了各自的义务，表明当事人的缔约目的已经得到了实现，因此，这是导致合同的权利义务终止的最为正常的原因。

（2）合同解除

合同解除是指在合同尚未履行完毕之前，双方当事人经协商一致同意提前终止合同关系或者当事人一方基于法定事由行使解除权提前终止合同关系。合同解除有约定解除和法定解除2种。

约定解除 当事人协商一致，可以解除合同。当事人可以约定一方解除合同的条件，解除合同的条件成立时，解除权人可以解除合同。这种解除权是由当事人事先在合同中予以约定的，因此属于约定解除权，不同于法定解除权。

法定解除 有下列情形之一的，当事人可以取得法定解除权，解除合同：① 因不可抗力致使不能实现合同目的；② 在履行期限届满之前，当事人一方明确表示或者以自己的行为表明不履行主要债务；③ 当事人一方迟延履行主要债务，经催告后在合理期限内仍未履行；④ 当事人一方迟延履行债务或者有其他违约行为致使不能实现合同目的；⑤ 法律规定的其他情形。

当事人一方依法行使约定解除权或者法定解除权主张解除合同的，应当通知对方。合同自通知到达对方时解除。对方有异议的，可以请求人民法院或者仲裁机构确认解除合同的效力。法律、行政法规规定解除合同应当办理批准、登记等手续的，依照其规定。

合同解除后，尚未履行的，终止履行；已经履行的，根据履行情况和合同性质，当事人可以要求恢复原状、采取其他补救措施，并有权要求赔偿损失。

（3）债务相互抵消

债务的抵消有法定抵消和约定抵消之分。法定抵消是指当事人互负到期债务，该债务的标的物种类、品质相同的，任何一方可以将自己的债务与对方的债务抵消，但依照法律规定或者按照合同性质不得抵消的除外。当事人主张抵消的，应当通知对方。通知自到达对方时生效。抵消不得附条件或者附期限。约定抵消是指当事人互负债务，标的物种类、品质不相同的，经双方协商一致，一方可以将自己的债务与对方的债务抵消。

（4）债务人依法将标的物提存

提存是指在债务人因债权人的原因而无法向债权人给付债之标的物时，债务人可以将该标的物提交给提存机关而使合同权利义务关系终止的制度。这是一种清偿债务的特殊形式，根据《合同法》第101条规定，有下列情形之一，难以履行债务的，债务人可以将标的物提存：① 债权人无正当理由拒绝受领。主要是指债权人客观上能够接受却不接受履行。② 债权人下落不明。主要是指债权人不能确定、地址不详、失踪后未确定财产代管人等情况。③ 债权人死亡未确定继承人或者丧失民事行为能力未确定监护人。④ 法律规定的其他情形。

标的物提存后，除债权人下落不明的以外，债务人应当及时通知债权人或者债权人的继承人、监护人。标的物提存后，毁损、灭失的风险由债权人承担。提存期间，标的物的孳息归债权人所有。提存费用由债权人负担。债权人领取提存物的权利，自提存之日起5年内不行使而消灭，提存物扣除提存费用后归国家所有。

（5）债权人免除债务

债权人免除债务是指债权人放弃部分或全部债权，免除债务人部分或者全部债务的一种单方法律行为。免除应由债权人向债务人作出明确的意思表示。自债权人向债务人作出明确的免除其债务的意思表示时起，债务消灭。债权人免除债务人部分或者全部债务的，合同的权利义务部分或者全部终止。

（6）混同

混同是指债权人和债务人同归于一人，从而使合同关系消灭。债权和债务同归于一人的，合同的权利义务终止，但涉及第三人利益的除外。

（7）法律规定或者当事人约定终止的其他情形

除上述6种情形外，还有其他一些法律规定的情形，如《保险法》规定除保险法另有规定或者保险合同另有约定外，投保人可以任意解除合同。当事人也可以约定各种终止合同的条件，当事人约定终止的条件成就时，合同终止。这是当事人自愿原则优先的规定。

9.6 违约责任

9.6.1 违约责任概述

违约责任，又称违反合同的民事责任，是指合同当事人因违反合同义务依法应承担的责任。合同依法生效后，当事人必须全面、实际地履行合同规定的义务。如果当事人没有遵循全面履行的原则，违反合同义务，造成合同不履行或履行不符合约定的后果，就应当按约定或依法承担相应的责任。违约责任具有如下特征：违约责任是不履行或不适当履行合同债务引起的法律后果。当事人之间必须存在合同关系且当事人违反了合同规定的义务；违约责任具有相对性，是指违约责任仅仅发生于特定的当事人之间，合同关系以外的人不承担违约责任；违约责任可以由当事人在法律规定的范围内约定，这是由合同自由原则决定的。《合同法》第114 条规定：当事人可以约定一方违约时应当根据违约情况向对方支付一定数额的违约金，也可以约定因违约产生的损失赔偿额的计算方法；违约责任主要是一种财产责任。实际履行、赔偿损失、支付违约金、定金等，大都可以用财产、金钱来计算，属于财产的范畴。《合同法》在对待违约责任的问题上采取了严格的责任原则，不考虑合同当事人对违约是否在主观上存在过错，只要一方不履行合同义务或者履行合同义务不符合约定的，就应承担违约责任；但因不可抗力导致不能履行合同的另有规定。

9.6.2 违约行为

（1）不履行合同义务

不能履行 又称给付不能，是指债务人由于某种情形，在客观上已经没有履行能力，导致事实上已经不可能履行债务。

拒绝履行 是指当事人一方明确表示或者以自己的行为表明不履行合同义务，它是违约的一种形态。

拒绝履行与不能履行存在着明显的不同，前者强调当事人有履行能力而不履行，后者则主要强调客观上不能履行。《合同法》规定，当事人一方明确表示或者以自己的行为表明不履行合同义务时，对方可以在履行期限界满之日要求其承担违约责任。

预期违约 也称先期违约，是指在合同履行期限届满之前，当事人一方明确表示不履行合同，或者以其行为表示将不可能履行合同。是拒绝履行的一种表现形式。对于预期违约，对方可以在履行期限届满之前要求其承担违约责任。

预期违约制度的设立，是使受害方提前得到法律上的救济，防止其蒙受本来可以避免的损失。如等到合同规定的履行期到来再采取行动，就丧失了与他人进行交易的机会；为即将到来的履行进行必要的准备而蒙受的损失。

（2）履行合同义务不符合约定

履行合同义务不符合约定亦称不适当履行，其含义非常广，包括不履行以外的一切违反合同义务的情形。其构成要件包括：债务虽然已经履行，但是履行没有完全按照债务的内容进行；造成不完全履行的原因是债务人方面引起的。不完全履行有瑕疵给付和加害给付 2 种类型。瑕疵给付是指债务人的给付含有瑕疵；加害给付是指债务人的给付不但含有瑕疵，而且其瑕疵还造成了被侵权人的损害。

9.6.3 违约的类型

（1）单方违约

合同的当事人只有一方违约时，应由违约方向非违约方承担违约责任，但非违约方应负有减损义务，即当事人一方违约后，对方应当采取适当措施防止损失的扩大，没有采取适当措施致使损失扩大的，不得就扩大的损失要求赔偿。当事人因防止损失扩大而支出的合理费用，由违约方承担。

（2）双方违约

当事人双方都违反合同义务，应当各自承担相应的责任。

（3）因第三人原因造成的违约

当事人一方因第三人的原因造成违约的，应当向对方承担违约责任。当事人一方和第三人之间的纠纷，依照法律规定或者按照约定。

合同转让价格未协商好是谁之过？

A旅行社租用了B运输公司的一辆大巴，送旅客前往张家界旅游。临出发时运输公司突然告知A旅行社，原定车辆因故障问题无法启运，加之其他线路紧张，没有车辆可以抽调，公司已代为联系了C个体运输户。A旅行社持有异议，但鉴于时间紧迫没有作坚持。在车辆到达索溪峪后，因价格问题发生分歧，C运输户擅自将车开走，致使后面活动无法开展，给旅客和A旅行社都造成了较大损失。A旅行社为此将B运输公司和C运输户告上法庭，要求返还预付款和赔偿损失。B运输公司认为，车辆故障及线路紧张属不可抗力因素，而且代A旅行社联系了C运输户，并将旅行社的预付款支给了C运输户，因此，他们不存在违约问题，不需要进行赔偿。C运输户辩称，B与其联系时他已经告知B，按照A与B的价格无法成交，B要其与A进行商量，由于时间紧张，出发前没有来得及与A商量，只是到了索溪峪以后才找到机会，因与A无法达成协议才将车开走。因此，他也不存在违约问题，不应承担赔偿责任。

请问：B与C是否存在违约？为什么？

9.6.4 承担违约责任的方式

（1）继续履行

继续履行合同，是指违反合同的当事人不论是否已经承担赔偿金或者违约金责任，都必须根据对方的要求，在自己能够履行的条件下对原合同未履行的部分进行履行。

金钱债务中的继续履行 《合同法》规定：当事人一方未支付价款或者报酬的，对方可以要求其支付价款或报酬。由于金钱是一般等价物，无其他替代履行方法，因此金钱债务中不能适用免除继续履行义务。

非金钱债务中的继续履行 当事人一方不履行非金钱债务或者履行非金钱债务不符合约定的，对方可以要求继续履行，但有下列情形之一的除外：第一，法律上或者事实上不能履行；第二，债务的标的不适于强制履行或者履行费用过高；第三，债权人在合理期限内未要求履行的。

迟延履行与继续履行 迟延履行属于不完全履行之一种，是指债务人能够履行，但在履行期限届满时未履行债务的情况。《合同法》规定，当事人就迟延履行约定违约金的，违约方支付违约金后，还应当履行债务。

（2）补救措施

《合同法》规定，质量不符合约定的应当按照当事人的约定承担违约责任。对违约责任没有约定或者约定不明确的，如果不能达成补充协议的，受损害方根据标的的性质以及损失的大小，可以合理选择要求对方承担修理、更换、重作、退货、减少价格或者报酬等违约责任。

(3) 赔偿损失

当事人一方不履行合同义务或者履行合同义务不符合约定，给对方造成损失的，损失赔偿额应当相当于违约所造成的损失，包括合同履行后可以获得的利益，但不得超过违反合同一方订立合同时预见到或者应当预见到的因违反合同造成的损失。当事人可以在合同中约定因违约产生的损失赔偿额的计算方法。

(4) 支付违约金

违约金是指由法律规定或者合同约定的，在发生违约事实时，违约方支付一定数额和货币。违约金可以基于法律的规定而产生，当事人也可以约定一方违约时应当根据违约情况向对方支付一定数额的违约金。违约金的约定并不是毫无限制的自由约定，而要受到法律的正当干预。约定的违约金低于造成的损失的，当事人可以请求人民法院或者仲裁机构予以增加；约定的违约金过分高于造成的损失的，当事人可以请求人民法院或者仲裁机构予以适当减少。

(5) 定金

定金既是一种债的担保形式，又是一种违约责任形式。《合同法》第 115 条规定，当事人可以依照《中华人民共和国担保法》的约定一方向对方给付定金作为债权的担保。债务人履行债务后，定金应当抵作价款或者收回。给付定金的一方不履行约定的债务的，无权要求返还定金；收受定金的一方不履行约定的债务的，应当双倍返还定金。

定金作为一种违约责任形式，其适用不以实际发生的损害为前提，即无论一方的违约是否造成对方损失，都可以导致定金责任。因此，定金具有强烈的惩罚性。定金的适用有一定的限制：① 适用范围的限制。除当事人另有约定外，定金适用于以不履行合同或者其他严重违约行为。② 数额的限制。《中华人民共和国担保法》第 91 条规定，定金的数额由当事人约定，但不得超过主合同标的额的 20%。

当事人既约定违约金，又约定定金的，一方违约时对方可以选择适用违约金或者定金条款。

9.6.5 违约责任的免除

违约责任的免除是指在合同的履行过程中，由于法律规定的或者当事人约定的免责事由致使当事人不能履行合同义务或者履行合同义务不符合约定的，当事人可以免于承担违约责任。

9.6.5.1 法定免责事由

(1) 不可抗力

不可抗力，是指不能预见、不能避免并不能克服的客观情况。《合同法》第 117 条规定，因不可抗力不能履行合同的，根据不可抗力的影响，部分或者全部免除责任，但法律另有规定的除外。除法律另有规定外，当事人因不可抗力不能履行合同，视不可抗力的严重程度、其经营能力受到影响的程度以及对方当事人因此受到的实际损失的情况等，可以部分或者全部免除责任。

发生不可抗力的一方当事人必须依法履行以下两项义务：① 应将不可抗力影响合同不能履行的情况及时地通知另一方，以减轻可能给对方造成的损失。否则就扩大损失的部分，发生不可抗力的一方当事人应承担赔偿责任。② 应当在合理的期限内提供证明。不可抗力发生后，遭遇不可抗力的一方当事人应当在合理期限内提供有关机关的证明，以此证明不可抗力事件发生及影响当事人履行合同的具体情况。

(2) 法律的特别规定

法律的特别规定是指除不可抗力之外，法律有特别规定的免责的，一旦发生违约又符合该条件时，可免除其违约责任。《合同法》在总则部分将不可抗力规定为一般的法定免责事由，除法律另有规定外，适用于所有的合同类型。《合同法》在分则部分，针对不同合同类型的具体特点，规定了具体的法定免责事由。例如《合同法》第218条规定，承租人按照约定的方法或者租赁物的性质使用租赁物，致使租赁物受到损耗的，不承担损害赔偿责任。第311条规定，在符合法律和合同规定条件下的运输，由于货物本身的自然性质或合理损耗的原因造成货物灭失、短少、变质、污染、损坏的，承运人不承担违约责任。

9.6.5.2 约定免责事由

约定的免责事由是指当事人在合同中以免责条款的方式约定的可以排除或者限制其未来责任的事由。对免责事由的约定是当事人的缔约自由，但是免责条款不得违反法律、行政法规的强制性规定。所以，当事人在免责条款中约定的免责事由能否免除当事人的违约责任，取决于免责条款是否合法有效。无效的免责条款不能免除当事人的违约责任。根据《合同法》第40条规定，格式条款提供方不得利用格式条款免除自身的责任。根据《合同法》第53条规定，合同中的下列免责条款无效：① 造成对方人身伤害的；② 因故意或者重大过失造成对方财产损失的。

需要指出的是，根据《合同法》第121条规定，当事人一方因第三人的原因造成违约的，当事人不能以因为是第三人的原因为由要求免责，应当向对方承担违约责任。当事人一方和第三人之间的纠纷，依照法律规定或者按照约定解决。

9.6.6 违约责任与侵权责任的竞合

合同与侵权是民法上债产生的两种基本方式，当当事一方的合同违约行为同时又侵犯了对方当事人的财产、人身权益时，就会同时产生侵权之债。此时，为获得救济遭受损失的一方存在双重选择，既可对合同违约方主张侵权损失赔偿，也可追究其违约责任，但不可同时主张侵权责任和违约责任。

【课堂讨论题】

将不同内容的书面合同交给学生，由学生分析合同的缺陷、不足和错误之处，并要求学生将合同条款修订、补充完整。

【思考题】

1. 什么是合同？合同有哪些特征？
2. 什么叫要约？要约应具备哪些条件？
3. 什么叫承诺？承诺的方式和有效条件有什么法律规定？
4. 在合同履行过程中，怎样行使合同履行的抗辩权？
5. 在合同履行过程中，怎样行使合同履行的保全措施？
6. 哪些合同属于无效合同？

7. 合同的转让有哪些法律规定？
8. 合同在哪些情形下终止？
9. 什么叫违约责任？当事人承担违约责任的方式有哪些？

【案例分析】

擅自改变旅游行程后遭遇不可抗力是否可以免责？

2002年2月，北京某旅行社接待中国香港某旅游团。按照合同规定该旅游团在北京游览4天，其中2月11日游览长城，12日游览颐和园，13日游览故宫，14日游览市容后出境。旅游途中导游员黄某无正当理由，也未征得该旅游团同意，擅自对旅游日程做了变更，将游览长城改为2月14日。该旅游团对此变更提出质疑，但黄某未做解释。不料，2月13日天降大雪。2月14日，该旅游团赴长城，车至八达岭脚下，积雪封路。不能前行，该团只得返回。翌日该旅游团返港，并书面向质监所投诉该旅行社，并要求其承担其赔偿责任。

请问：

1. 擅自改变旅游行程的违约行为，旅行社是否承担赔偿责任？理由何在？
2. 什么叫不可抗力？在本案中旅行社能否因不可抗力免责？为什么？

【本章推荐阅读书目】

经济法．朱崇实．北京大学出版社，2007.
旅游法教程．韩寿祥．中国商业出版社，2003.
合同法总论．韩世远．法律出版社，2004.

第 10 章

旅游资源管理法律制度

【本章概要】

旅游资源是旅游业得以发展的基本要素或重要基础。因此，通过立法协调旅游业的发展和旅游资源的保护是实现旅游资源的可持续利用，从而建立相应的法律保障体系的途径。本章主要介绍旅游资源的有关概念，人文旅游资源和自然旅游资源的保护、开发和利用的规定等。国家对文物保护的法律制度。

【学习目标】

- 了解旅游资源的基本概念；
- 熟悉风景名胜区的保护、开发和利用的主要法律规定；
- 掌握自然保护区的概念及其建立自然保护区的原因；
- 熟悉国家对自然保护区的管理规定；
- 了解国家对森林公园的管理规定；
- 掌握文物的概念及其范围；
- 熟悉国家对文物的考古挖掘的法律规定；
- 了解国家对馆藏文物和私人收藏文物的法律规定；
- 掌握国家地质公园和世界遗产的概念。

【关键性术语】

旅游资源、风景名胜区、自然保护区、森林公园、文物、考古挖掘、地质公园、世界遗产、文物出境。

【章首案例】

国家级自然保护区内是否可建发电厂

1999 年 11 月，某自然保护区内群众向某市环保部门举报，某风力发电有限公司在未经任何环保部门审批的情况下，在当地某国家级自然保护区内建设总投资 21 507 万元的风力发电场，规划装机规模 50MW。市环保部门当即要求其停止建设并听候处理，可公司方面以“工程不能停，一旦违约，外商要罚款”为由强行施工。最终，一期工程的 28 台风力发电机建成并投入运行。某环境科学研究所 1999 年 12 月做的《风力发电场一期工程项目环境影响评价大纲》中写明，一期工程的 28 台风机及 26. 3km 长的架空输电线路均处于某湿地国家级自然保护区界内，其中的输电线路分别穿越保护区内的缓冲区和核心区。在面对项目建设已成事实的前提下，专家们只好无奈地提出：不仅输电线路应设法绕过核心区，还要考虑营造湿地、补偿工程占地及生态保护等替代方案。

2000 年 10 月 27 日，该省环保局向国家环保总局呈报“关于风力发电有限公司违反建设项目环境保护管理条例行为实施处罚的建议”：已建成的 28 台风力发电机立即停止试运行；风力发电有限公司对其违法行为作出书面检查，并视其态度决定是否进一步处理。国家环保总局对此违法案件十分重视，在2001年2月13日给该省环保局“关于风力发电场一期工程项目环境管理意见的复函”中明确指出：风力发电本身属应提倡发展的清洁能源，但项目建在国家级保护区内，违反了自然保护区管理条例。

请问：

本案中发电厂的建设违反了什么法律制度？在自然保护区核心区和缓冲区建立发电厂是否违法？为什么？本案给我们什么启示？

10.1 旅游资源管理法律概述

旅游资源是发展旅游业的基础。一个国家或地区旅游业的发展状况，在很大程度上取决于当地旅游资源的数量、特色和价值。为了旅游业的持续发展，必须很好地处理旅游资源的开发、利用和保护之间的关系。目前，世界各国在大力发展旅游业、充分开发利用旅游资源的同时，也非常重视旅游资源的保护问题，并把其视为旅游业能否持续发展的根本保证。1972年联合国教科文组织通过《保护世界文化和自然遗产公约》，并从1985年开始分批公布了《世界遗产名录》，强调保护自然和文化遗产对整个人类的重要性。

10.1.1 旅游资源的概念和特征

10.1.1.1 旅游资源的概念

旅游资源一般泛指人们在旅行游览过程中所感兴趣的各种事物，如民族风情、山川风光、历史遗迹、地方特产等。对于旅游资源的概念，学者从不同角度进行了有益的探讨。其中，较具代表性的有以下几种：

- 凡是能够吸引旅游者产生旅游动机，并可能被利用来开展旅游活动的各种自然、人文客体或其他因素，都可称为旅游资源。
- 凡是能够造就对旅游者具有吸引力环境的自然因素、社会因素和其他任何因素，都可构成旅游资源。
- 旅游资源是在现实条件下，能够吸引人们产生旅游动机并进行旅游活动的各种因素的总和。
- 凡是对旅游者产生吸引力，并具备一定旅游功能和价值的自然与人文因素的原材料，统称为旅游资源。
- 凡是能够为人们提供旅游观赏、知识乐趣、度假疗养、娱乐休息、探险猎奇、考察研究及人民友好往来和消磨闲暇时间的客体和劳务，都可称为旅游资源。

从现代旅游业发展的角度出发，对旅游资源的概念可作如下表述：自然界和人类社会凡能对旅游者产生吸引力，可以为旅游业开发利用，并可产生经济效益、社会效益和环境效益的各种事物和因素。对旅游资源的内涵可从以下几个方面理解：① 旅游资源要具有实用价值，必须对游客有吸引力，能够引起人们的旅游动机。② 旅游资源既包括已被开发利用的现实资源，也包括尚未开发利用的潜在资源。③ 旅游资源既有物质的、有形的，也有非物质的、无形的。④ 随着旅游业的发展，旅游资源的范围将会不断扩大。

10.1.1.2 旅游资源的特征

通过对各类旅游资源进行观察和分析，我们可以发现旅游资源作为一种资源，既具有与其他资源一样的共性，同时又具有自己独有的一些特性，主要有以下几个方面的特征。

观赏性 旅游资源同一般资源最主要的区别就是它具有美学特征，具有观赏性。旅游活动中，旅游者是主体，旅游资源是客体，无论是名山大川、奇石异洞，还是文物古迹、民族风情等，展现在旅游者面前都可以引发其美的感觉或美的联想。如中国的长城、埃及的金字塔、美洲印第安部落独特的民族风情等都是因为观赏性极强，而成为世界著名的旅游资源，每年都吸引成千上万的旅游者参观游览。毫无疑问，旅游资源的美学特征越突出，观赏性越强，在国内外的知名度越高，对旅游者的吸引力就越大。

地域性 各种旅游资源既是地理环境的组成部分，其形成和存在又受到地理环境的影响和制约，并随着环境的区域变化，形成一定的区域差异。如中国北方与南方地理环境的差异，造成自然旅游资源、人文旅游资源南北特色迥然不同。实际上，这种区域差异是造成人们以旅游形式达到愉悦目的的根本原因。

易损性 旅游资源如果利用和保护不当，是很容易遭到破坏的。有形的旅游资源如此，无形的旅游资源也是如此，一项使用过度的有形资源可能会被毁坏而难以更换和复原，即使可以原样重建，其原有的意义和吸引力也会大大减弱；而一项无形资源因维护不当而遭到破坏也是短期内很难恢复的。如武当山建于宋代的木质结构的崇真宫古建筑物，由于管理不当，随意出租他人作为他用，缺乏保护，不慎于2002年11月发生火灾，全部化为灰烬，损失惨重。

时间性 旅游资源在时间上呈现出一定的变化性，如自然景物随季节变化的特征，有些自然界景色只有在特定的季节和时间里才出现。如隆冬季节的吉林树挂，秋意盎然时的南京栖霞红叶和北京香山红叶，夏季多雨时的黄山云海，春季烂漫时的洛阳牡丹。有些景物甚至在一日之中会呈现出不同的形态，如庐山云雾，在一日内就可能会变化出多种姿态，给人以无尽的遐想。由于自然界节律或节气的影响，一些旅游项目也呈现出不同的时间分布。如哈尔滨的冰灯会、潍坊的风筝节、洛阳的牡丹花会、云南的火把节，都有其不同的时间分布。

不可转移性 旅游地的历史遗产和天然旅游资源，都具有地理上的不可转移性。如果把秦兵马俑运到外地去展出，脱离当地环境，人们就难于感受到两千年前秦军兵强马壮、气势磅礴的阵容，以及秦始皇统帅百万大军叱咤风云，“横扫六合”、“北击匈奴”、“南平吴越”，统一中国的宏伟业绩。许多仿造的旅游景观，尽管应用了高超的技术，甚至于做到了以假乱真，但它们仍然不可能与真景实景的魅力相提并论，因为它们在旅游者的心目中毕竟不是原物，旅游意义自然不如原地原物那么浓厚。另外，不少旅游资源事实上也难于迁移。

10.1.2 旅游资源的分类

旅游资源的内涵十分丰富，涉及自然、社会和人文多个方面，对旅游资源的分类也就因角度的差异而有不同的方法。目前应用最广的分类方法，是按照旅游资源的性质和成因，划分为自然旅游资源和人文旅游资源两大类。

由各种自然环境、自然要素、自然物质、自然现象构成的自然景观，凡是能够引起人们较大兴趣且具有观赏、游览、休养或科学价值的，都属于自然旅游资源。如山川河流、自然风景区、动植物保护区、岩溶、海滩、气候、天气等。

由各种社会环境、社会生活、历史、文化、民族风情和物质生产构成的人文景观，由于各有自己的传统特色而成为旅游者游览、观赏的对象，都属于人文旅游资源。如古文化遗址、古建筑、古代陵墓、古典园林、宗教文化、社会风情、文化名城、现代都市等。

2004 年，国家标准化管理委员会颁布了《旅游资源分类、调查与评价》(GB/T 18972—2003)，把旅游资源分为 8 个主类、31 个亚类、155 个基本类型。分别是：地文景观类（含 5 个亚类、37 个基本类型）；水域风光类（含 6 个亚类、15 个基本类型）；生物景观类（含 4 个亚类、11 个基本类型）；天象与气候景观类（含 2 个亚类、8 个基本类型）；遗址遗迹类（含 2 个亚类、12 个基本类型）；建筑与设施类（含 7 个亚类、49 个基本类型）；旅游商品类（含 1 个亚类、7 个基本类型）；人文活动类（含 4 个亚类、16 个基本类型）。

我国地域辽阔、山河壮丽、历史悠久、民族众多，旅游资源丰富多彩，对中外旅游者具有极大的吸引力。保护旅游资源是发展旅游业的先决条件，也是历史和社会赋予我们的职责。

10.1.3 我国旅游资源法概况

旅游资源管理法是国家对旅游资源保护、开发、利用的各种法律、法规和规章的总称。随着旅游业的不断发展，我国政府十分重视对各类旅游资源的保护，制定了一系列开发、利用和保护旅游资源的法律、法规。1982 年 11 月 19 日第五届全国人民代表大会常务委员会第二十五次会议通过；2002 年 10 月 28 日第九届全国人民代表大会常务委员会第三十次会议修改通过了《中华人民共和国文物保护法》（以下简称《文物保护法》）；2006 年 9 月 19 日国务院颁布了《风景名胜区条例》；1989 年 12 月 26 日第七届全国人民代表大会常务委员会第十一次会议通过了《中华人民共和国环境保护法》（以下简称《环境保护法》）；1994 年 9 月 2 日国务院颁布了《中华人民共和国自然保护区条例》等，使旅游资源的保护逐步走上了法制化的道路。除此以外，我国其他相关的法律法规中也有关于保护旅游资源的相关条款，如《中华人民共和国森林法》（以下简称《森林法》）、《中华人民共和国草原法》《中华人民共和国海洋环境保护法》《城市绿化园林管理条例》等。各省、自治区、直辖市也根据当地的具体情况颁布了相应的地方法规，在法律的保障下，我国旅游资源的保护工作取得了较大的成绩。

以上法律法规的颁布、实施，为保护我国旅游资源，实现旅游资源的可持续利用提供了有力的法律保障。为了落实旅游资源法律的各项规定，我国各级政府和有关单位也采取了一系列具体措施，保护旅游资源和环境，保证合理地开发、利用。如国家建立风景名胜区、自然保护区和历史文化名城；不断加大投资，强化旅游环境保护和综合治理。

10.2 自然旅游资源管理法律制度

自然旅游资源是地球表面自然生态系统中具有旅游价值的景观，它历经亿万年演化而成，无须人类过多改造就可给游客带来美的享受，如世界自然遗产、自然保护区和一些风景名胜区。构成自然旅游资源的景观组合主要有山水风光、奇山异洞、流泉飞瀑、阳光海滩、气候与气象、生物景观等。这些景观的形成，不仅有亿万年的沧桑历史，而且有其独特的生成环境和条件，如在优良的自然生态环境下形成的四川九寨沟；在特异自然条件下形成的云南石林、地下溶洞、东北火山熔岩等。这些旅游资源若开发不当或开发后管理不善，违反自然生态发展规律，很容易造成自然生态系统不可逆转的破坏；亿万年遗留下来的珍贵自然遗产将毁于一旦；若不注意保护，其原有形式、内容被破坏，不但其旅游价值大大降低，还破坏了自然景观的完整性。通过立法，健全相关的法律制度是有效的保护措施。我国十分重视对各类旅游资源的立法保护，颁布了一系列法律、法规，地方立法机构和人民政府也结合当地具体情况制定了一些地方性法规和规章。这些法律、法规和规章从不同角度、不同层面对旅游资源的保护、开发和利用作出了规定，形成了具有内在联系的法律制度体系。

10.2.1 自然保护区管理

10.2.1.1 自然保护区的概念

人类是大自然的产物，大自然及动植物是人类赖以生存的基本条件，人类的生产活动和生活应当遵守自然规律，保护好自己的家园。但是，随着社会的发展，人类不合理地利用自然资源的现象愈演愈烈，大片森林横遭砍伐，大量动物滥遭捕杀，致使人类生活的环境遭受的污染越来越严重，许多野生动植物濒临灭绝，给人类的生存造成许多难题。

近代以来，人们逐渐认识到保护大自然就是保护人类自己。1872 年，世界上第一个自然保护区——美国黄石公园建立。从此以后，世界各国都注意到建立自然保护区的重要意义，在全球建立起数量众多的自然保护区，形成了广泛的自然保护区网络。自然保护区所具有的优良的生态景观对旅游者产生着极大的吸引力，使自然保护区成为旅游开发对象。为了加强自然保护区的建设和管理，保护自然环境和自然资源，国务院于 1994 年 9 月 2 日第二十四次常委会讨论通过了《中华人民共和国自然保护区条例》（以下简称《自然保护区条例》），该条例自 1994 年 12 月 1 日起实施，标志着我国对自然保护区的建设和管理走上了法制化的道路。

自然保护区，是指对有代表性的自然生态系统，珍稀濒危野生动植物物种的天然集中分布区和有特殊意义的自然遗址等保护对象所在的陆地、水体或者海域，依法划出一定面积予以特殊保护和管理的区域。自然保护区因其保护的对象有不同的类型，因而有不同的名称，世界各国使用的名称有国家公园、自然公园、保护公园、生物保护区、森林保护区、狩猎动物保护区等。我国一般称自然保护区、国家森林公园等。

10.2.1.2 自然保护区的建立和分级

（1）我国自然保护区的建立

根据《自然保护区条例》的规定，凡具有下列条件之一的，应当建立自然保护区：典型的自然地理区域；有代表性的自然生态系统区域以及已经遭受破坏但经保护能够恢复的同类自然生态系统区域；珍稀、濒危野生动植物物种的天然集中分布区域；具有特殊保护价值的海域、海岸、岛屿、湿地、草原和荒原、内陆、水域、森林；具有重大科学文化价值的地质构造、著名溶洞、化石分布区、冰川、火山、温泉等自然遗址；经国务院或者省、自治区、直辖市人民政府批准，需要予以特殊保护的其他自然区域。

（2）我国自然保护区的分级

我国自然保护区分为国家级自然保护区和地方级自然保护区。国家级自然保护区是指在国内外有典型意义，在科学上有重大国际影响或者有特殊科学研究价值的自然保护区。地方级自然保护区是指除国家级自然保护区外，其他具有典型意义或者重要科学研究价值的自然保护区。

（3）自然保护区的区域构成

为了更好地对自然保护区实施保护和管理，自然保护区又分为核心区、缓冲区和实验区。核心区是自然保护区内保存完好的天然状态的生态系统以及珍稀、濒危动植物的集中分布区。通常，该区禁止任何单位和个人进入（非省级以上人民政府有关自然保护区行政管理部门批准），也不允许进入从事科学研究活动。缓冲区是在核心区外围划定的一定面积的区域，这里只准进入从事科学研究观测活动。实验区指缓冲区的外围区域。这里可进行科学实验、教学实习、参观考察、旅游以及驯化、繁殖珍稀及濒危野生动植物活动等。原批准自然保护区的人民政府认为必要时，可在自然保护区的外围划定一定面积的外围保护地带。

（4）自然保护区建立的程序

申请建立自然保护区，应当按照国家有关规定填报建立自然保护区申报书。

第一，国家级自然保护区的建立，应由自然保护区所在省、自治区、直辖市人民政府或者国务院有关自然保护区行政管理部门提出申请，经国家级自然保护区评审委员会评审后，由国务院环境保护行政主管部门进行协调并提出审批建议，报国务院批准。国家级自然保护区是由国家直接管理的。1956 年，在广东肇庆建立了保护南亚热带雨林为主的我国第一个自然保护区——鼎湖山自然保护区。经过几十年的不懈努力，我国现在已建立了包括国家重点保护区、国家森林公园和国家重点风景名胜区在内的保护区网络。

第二，地方级自然保护区的建立，应由自然保护区所在县、市、自治县、自治州人民政府或者省、自治区、直辖市人民政府有关自然保护行政主管部门提出申请，经地方级自然保护区评审委员会评审后，由省、自治区、直辖市人民政府环境保护行政主管部门进行协调并提出审批建议，报省、自治区、直辖市人民政府批准，报国务院环境保护行政主管部门和国务院有关自然保护区行政主管部门备案。

第三，跨 2 个以上行政区域的自然保护区的建立，应由有关行政区域的人民政府协商一致后提出申请，并按照前两种规定的程序审批。

第四，建立海上自然保护区，须经国务院批准。自然保护区的范围和界限，应由批准建立自然保护区的人民政府确定，并标明区界，予以公告。

10.2.1.3 自然保护区的管理机构及其职责

（1）自然保护区的管理机构

国家级自然保护区，由其所在地的省、自治区、直辖市人民政府有关自然保护区行政主管部门或者国务院有关自然保护区行政主管部门管理。地方级自然保护区，由其所在地的县级以上人民政府有关自然保护区行政主管部门管理。有关自然保护区行政主管部门应当在自然保护区内设立专门管理机构，配备专业技术人员，负责自然保护区的具体管理工作。

（2）自然保护区管理机构的主要职责

自然保护区管理机构的主要职责有以下几方面：贯彻执行国家有关自然保护的法律、法规和方针、政策；制定自然保护区的各项管理制度，统一管理自然保护区；调查自然资源并建立档案，组织环境监测，保护自然保护区内的自环境和自然资源；组织或者协助有关部门开展自然保护区的科学研究工作；进行自然保护的宣传教育；在不影响自然保护区的自然环境和自然资源的前提下，组织开展参观、旅游等活动。

10.2.1.4 自然保护区的管理

根据《自然保护区条例》的规定，凡在中华人民共和国领域和中华人民共和国管辖的其他海域内建设和管理自然保护区，必须遵守《自然保护区条例》。对自然保护区的管理，《自然保护区条例》主要规定了以下4个方面的内容：

（1）范围和界限的划定

自然保护区的范围和界限由批准建立自然保护区的人民政府确定，并标明区界，予以公告。

（2）自然保护区的规划

国务院环境行政主管部门会同国务院有关自然保护区行政主管部门，在对全国自然环境和自然资源状况进行调查评价的基础上，拟订国家自然保护区发展规划，经国务院计划部门综合平衡后，报国务院批准实施。

（3）活动与人员管理

国家对自然保护区实行综合管理与部门管理相结合的管理体制。国务院环境保护行政主管部门负责全国自然保护区的综合管理。国务院林业、农业、地质矿产、水利、海洋等有关行政主管部门在各自职责范围内，主管有关自然保护区。县级以上地方人民政府负责自然保护区管理部门的设置和职责，由省、自治区、直辖市人民政府根据当地具体情况确定。自然保护区所在地的公安机关，维护该辖区内的治安秩序：

● 禁止在自然保护区内进行砍伐、放牧、狩猎、捕捞、采药、开垦、烧荒、开矿、采石、挖沙等活动，但法律、行政法规另有规定的除外。

● 禁止在自然保护区的缓冲区开展旅游和生产经营活动。因教学科研需要进入该缓冲区进行工作的，须经保护区管理机构批准。

● 在自然保护区的核心区和缓冲区内，不得建设任何生产设施。在自然保护区的实验区内，不得建设污染环境、破坏环境或者景观的生产设施。

● 在国家自然保护区的实验区和地方级自然保护区的实验区经批准开展旅游、参观活动的，应当服从自然保护区管理机构的管理。

● 外国人进入地方级自然保护区的，接待单位应事先报经省、自治区、直辖市人民政府有关自然保护区行政主管部门批准。外国人进入国家级自然保护区的，接待单位应报经国务院有关自然保护区行政主管部门批准。进入自然保护区的外国人，应当遵守有关自然保护区的法律、法规和规定。

（4）自然保护区开展旅游的管理

有条件的自然保护区，经国家林业局和省、自治区、直辖市林业主管部门批准，可以在指定范围内开展旅游活动，但在自然保护区开展旅游必须遵守以下规定：第一，旅游业务由自然保护区管理机构统一管理，所得收入用于自然保护区的建设和保护事业；第二，有关部门投资或与自然保护区联合举办旅游建筑和设施，产权归自然保护区，所得收益在一定时期内按比例分成，但不得改变自然保护区隶属关系；第三，对旅游区必须进行规划设计，确定合适的旅游事业和旅游线路；第四，旅游事业的建筑和设施要体现民族风格，同自然景观和谐一致；第五，根据旅游需要和接待条件制定年度接待计划，按隶属关系报林业主管部门批准，有组织地开发旅游；第六，设置防火、卫生等设施，实行严格的巡护检查，防止造成环境污染和自然资源的破坏。

10.2.1.5 法律责任的确定

（1）单位和个人的法律责任

单位和个人有下列行为之一的，依法给予行政处罚：擅自移动或者破坏自然保护区界标；未经批准进入自然保护区或者在自然保护区内不服从管理机构管理的；经批准在自然保护区的缓冲区内从事科学研究、教学实习和标本采集，不向自然保护区管理机构提交活动成果副本的；违反本条例规定，在自然保护区进行砍伐、放牧、狩猎、捕捞、采药、开垦、烧荒、开矿、采石、挖沙的；自然保护区管理机构违反本条例规定，拒绝环境保护行政主管部门或者有关自然保护区行政主管部门监督检查，或者在被检查时弄虚作假的。或者违反条例规定，给自然保护区造成损失的，由自然保护区行政主管部门责令赔偿损失。

（2）自然保护区管理机构的法律责任

自然保护区管理机构，有下列行为之一的，由自然保护区行政主管部门责令限期改正。对直接责任人员，由其所在单位或者上级机关给予行政处分：未经批准在自然保护区开展参观、旅游活动的；开设与自然保护区保护方向不一致的参观、旅游项目的；不按照批准的方案开展参观、旅游活动的。

自然保护区管理机构，有下列行为之一的，依法追究刑事责任：妨害自然保护区人员执行公务，情节严重的；造成自然保护区重大污染或者破坏事故，导致公私财产重大损失或人身伤亡的严重后果，构成犯罪的；自然保护区管理人员滥用职权、玩忽职守、徇私舞弊，构成犯罪的。

10.2.2 森林公园管理

10.2.2.1 森林公园的概述

改革开放以来，我国森林公园建设发展迅速，初步形成了一个对各类森林风景资源进行保护和开发利用的建设管理体系。这一体系的建立与发展，有效地保护了我国多样化的森林风景资源，有力地促进了国家生态建设和自然保护事业的发展，在满足人们不断增长的户外游憩需求的同时，直接推动了林业产业结构的合理调整和社会区域经济的发展，走出了一条不以消耗森林资源为代价，充分发挥森林生态、社会、经济三大效益的促进林业可持续发展的道路。为此，我国先后颁布了《森林法》《森林公园管理办法》《中国森林公园风景资源质量等级评定》（GB/T 18005—1999）《国家级森林公园设立、撤销、合并、改变经营范围或者变更隶属关系审批管理办法》《国家林业局关于加快森林公园发展的意见》和

《国家林业局关于进一步加强国家级森林公园建设管理的紧急通知》等法规文件，对我国森林公园的管理起到了很好的作用。

森林公园是指经法定程序批准的，以森林资源为依托，自然景观和人文景物集中，具有一定规模和质量的森林风景资源和环境条件，可供人们游览、休闲或者进行科学研究、文化教育等活动的区域。它与风景名胜区相比较，有明显的特征：一是森林公园的行业管理主体是林业行政主管部门及其直属的各国有林场；二是森林公园内旅游，主要是依托森林资源，融合部分人文景观，开展森林生态旅游活动，是旅游业中一个特定的领域；三是森林公园的功能集森林生态、经济和社会三大效益于一体，保护、培育森林是其基本前提。即继续搞好育林护林、森林防火、病虫害防治、森林经营等各项规定的基础上，科学培育、合理开发景观景点，开展森林生态旅游服务。

10.2.2.2 森林公园的设立和分级

（1）森林公园的设立

申请设立森林公园的必须要有一定规模、权属清楚的森林风景资源作基础，有完整的生产经营体系和稳定的管理体制作前提，有必要的建设资金作为保障。森林公园应当具备以下条件：森林覆盖率不低于80%；面积不少于100hm^2；土地山林权属清楚、界线明确；具有旅游开发价值；隶属林业部门管理；法律、法规和规章规定的其他条件。

申请设立国家级森林公园的，应当提交以下材料：申请文件；符合规定的可行性研究报告；森林、林木和林地的权属证明材料；森林风景资源的景观照片、光盘等影像资料；经营管理机构职责、制度和技术、管理人员配置等情况的说明材料；所在地省、自治区、直辖市林业主管部门的书面意见。

设立国家级森林公园，应当具备以下条件：森林风景资源质量等级达到《中国森林公园风景资源质量等级评定》（GB/T 18005—1999）一级标准；拟建的森林公园质量等级评定分值40分以上；符合国家森林公园建设发展规划；森林风景资源权属清楚，无权属争议；经营管理机构健全，职责和制度明确，具备相应的技术和管理人员。

在已经批准设立的风景名胜区、自然保护区内的核心区内申请设立森林公园的，批准后应当报风景名胜区、自然保护区批准机关备案。在已经批准设立的森林公园内申请设立风景名胜区或者自然保护区的，批准后应当报森林公园批准机关备案。

（2）森林公园的分级

依据《中国森林公园风景资源质量登记评定标准》（GB/T 1805—1999），划分的标准是按森林公园观赏、文化、科学价值和环境质量、规模大小和游览等条件，森林公园分为国家级森林公园、省级森林公园和市、县级森林公园三级。国家级森林公园是指森林景观特别优美，人文景物比较集中，观赏、科学、文化价值高，地理位置特殊，具有一定的区域代表性，旅游服务设施齐全，有较高的知名度；省级森林公园是指森林景观优美，人文景物相对集中，观赏、科学、文化价值较高，在本行政区域内具有代表性，具备必要的旅游服务设施，有一定的知名度；市、县级森林公园是指森林景观有特色，景点景物有一定的观赏、科学、文化价值，在当地知名度较高。

10.2.2.3 森林公园的审批

建立国家级森林公园，由省级林业主管部门提出书面申请、可行性研究报告和图表、照片等资料，报国家林业行政主管部门审批。国家级森林公园的总体规划设计，由森林公园经营管理机构组织具有规划设计资格的单位负责编制，报省级林业主管部门审批，并报国家林业行政主管部门备案，修改总体规划设计必须经原审批单位批准。建立省级森林公园和市、县级森林公园，由相应的省级或者市、县级林业主管部门审批。经批准成立省级森林公园和市、县级森林公园，由省级林业主管部门将有关材料报国家林业行政主管部门备案。森林公园的撤销、合并或者变更经营范围，必须经原审批单位批准。未经国家林业行政主管部门批准，不得将林业主管部门管理的森林公园变更为非林业主管部门管理。经批准设立的森林公园，批准机关应当向社会公告森林公园的名称、位置、面积和四至界线。未经批准，任何单位和个人不得擅自开发和兴建森林公园。森林公园的开发建设，可以由森林公园经营管理机构单独进行；由森林公园经营管理机构同其他单位或个人以合资、合作等方式联合进行的，不得改变森林公园经营管理机构的隶属关系。

森林公园的撤销、分立、合并或改变隶属关系、调整范围，必须报原审批机关批准。

10.2.2.4 森林公园的规划

森林公园的设施和景点建设，必须按照总体规划设计进行。在珍贵景物、重要景点和核心景区，除必要的保护和附属设施外，不得建设宾馆、招待所、疗养院和其他工程设施。国家级森林公园建设必须坚持“先规划、后建设，没有规划不能建设”的原则，所有建设项目必须符合总体规划的要求。在尚未编制规划或规划未批准前，不得兴建任何永久性建设项目；严禁房地产开发、修建坟墓、建设无文化背景的人型宗教文化设施、建设破坏森林风景资源的大型建筑物、开矿、挖沙、采石、取土、建设开发区等不符合主体功能定位的开发行为，杜绝破坏景观、污染环境的开发建设；对于道路、度假村、索道等重大建设项目，必须经过专家论证，进行环境影响评估，并报省级林业主管部门同意及相应取得征占用林地等批准手续后才能开工建设。对于在建或已建不符合总体规划要求的项目，必须逐步进行治理、改造、搬迁或拆除。

森林公园总体规划应包括下列内容：区域位置、范围和面积等基本情况；森林风景资源及其特点；环境影响评价；总体布局及功能区划；森林风景资源的保护、培育、利用、管理措施及景区规划与建设条件；组织机构、人员编制方案；基础设施、旅游服务设施等工程项目及其投资概算和效益评估；设计图纸及附件等。

10.2.2.5 森林公园的管理

凡是经批准建立的森林公园，都必须设立专门的管理机构，有专门编制和管理人员。各级林业主管部门和森林公园管理机构要加强森林公园管理制度建设，使森林公园管理工作尽快步入制度化、规范化轨道。国务院林业行政主管部门主管全国森林公园工作。县级以上地方人民政府林业主管部门主管本行政区域内的森林公园工作。在国有林业局、国有林场、国有苗圃、集体林场等单位经营范围内建立森林公园的，应当依法设立经营管理机构；但在国有林场、国有苗圃经营范围内建立森林公园的，国有林场、国有苗圃经营管理机构也是森林公园的经营管理机构，仍属事业单位。森林公园经营管理机构负责森林公园的规划、建设、经营和管理，享有经营管理权，其合法权益受法律保护，任何单位和个人不得侵犯。

森林公园内禁止下列行为：毁林开垦、开矿、采石、取土；排放超标准的废水、废气、废渣；乱刻乱画损毁景区的花草树木及设施设备；擅自填堵自然水系；伤害或擅自猎捕受保护的野生动物；采集濒危、珍稀野生植物；在游览区内乱丢垃圾；在禁火区吸烟、用火、焚烧香烛；燃放烟花爆竹；法律、法规和规章禁止的其他行为。

进入森林公园拍摄影片、电视、采集标本、科学考察的单位或个人，应严格遵守国家有关野生动植物保护的规定，经森林公园管理机构同意并报各级林业行政主管部门备案。

10.2.2.6 森林公园的法律责任

违反森林公园管理规定，由森林公园管理机构责令其停止违法行为，并依法处理或报有关主管部门查处，给予罚款，构成犯罪的，依法追究刑事责任。行政执法人员和森林公园管理机构及其工作人员滥用职权、徇私舞弊、玩忽职守，造成森林公园财产损失的，由其所在单位或上级主管部门给予行政处分；构成犯罪的，由司法机关追究刑事责任。因森林公园管理的责任，造成游客人身伤害或者财物损失的，应当依法赔偿。

10.2.3 风景名胜区管理

10.2.3.1 风景名胜区的概述

2006年9月19日国务院颁布的《风景名胜区条例》第2条中，对风景名胜区所下的定义是：具有观赏、文化或者科学价值，自然景物、人文景物比较集中，环境优美，可供人们游览或者进行科学、文化活动的区域。所以，风景名胜区具有以下特征：

有一定的观赏、文化或科学价值 作为风景名胜区，首先要具有观赏性，即风景名胜区的风景一定是优美或者奇特、能让游人流连忘返的；其次，风景名胜区一般也具备一定的文化内涵或者有较强的科学研究价值，比如八达岭—十三陵风景名胜区、杭州西湖风景名胜区、桂林漓江风景名胜区等。

自然景物和人文景物比较集中 风景名胜区的自然景物和人文景物不是单一的，而是自然景物和人文景物的一种集合。有的风景名胜区偏重在自然景物上，例如桂林漓江风景名胜区、黄山风景名胜区；有的风景名胜区偏重在人文景物上，如骊山风景名胜区、八达岭—十三陵风景名胜区；有的风景名胜区自然景物与人文景物都比较集中，如西湖风景名胜区等。

可供人们游览、休息和进行科学文化活动 风景名胜区的交通一般比较便利，有良好的可进入性；风景名胜区在空间区域上能容纳较多的游客；风景名胜区具备一定的游览生活设施，游客在此能得到专门的服务；风景名胜区还能为人们提供科学文化活动。

经政府批准设立 风景名胜区的设立，应经政府批准；风景名胜区的等级不同，各级政府的批准权限也就不同。风景名胜区经批准设立后，应相应地成立人民政府或管理机构。

10.2.3.2 风景名胜区管理的原则

《风景名胜区条例》第3条规定：国家对风景名胜区实行科学规划、统一管理、严格保护、永续利用的原则。

科学规划 风景名胜区规划分为总体规划和详细规划。风景名胜区总体规划的编制，应当体现人与自然和谐相处、区域协调发展和经济社会全面进步的要求，坚持保护优先、开发服从保护的原则，突出风景名胜区的自然特性、文化内涵和地方特色。风景名胜区详细规划应当根据核心景区和其他景区的不同要求编制，确定基础设施、旅游设施、文化设施等建设项目的选址、布局与规模，并明确建设用地范围和规划设计条件。风景名胜区详细规划，应当符合风景名胜区总体规划。

统一管理 风景名胜区所在地县级以上地方人民政府设置的风景名胜区管理机构，负责风景名胜区的保护、利用和统一管理工作。国务院建设主管部门负责全国风景名胜区的监督工作，国务院其他有关部门按照国务院规定的职责分工，负责风景名胜区的有关监督工作；省、自治区人民政府建设主管部门和直辖市人民政府风景名胜区主管部门，负责本行政区域内风景名胜区的监督管理工作。省、自治区、直辖市人民政府其他有关部门按照规定的职责分工，负责风景名胜区的有关监督管理工作。

严格保护 风景名胜区内的景观和自然环境，应当根据可持续发展的原则，严格保护，不得破坏或随意改变。风景名胜区内的居民和游览者应当保护风景名胜区的景物、水体、林草植被、野生动物和各项设施。风景名胜区管理机构应当对风景名胜区的重要景观进行调查、鉴定，并制定相应的保护措施。

永续利用 风景名胜区管理机构应当根据风景名胜区的特点，保护民族民间传统文化，开展健康有益的游览观光和文化娱乐活动，普及历史文化和科学知识。风景名胜区管理机构应当根据风景名胜区规划，合理利用风景名胜区资源，改善交通、服务设施和游览条件。国务院建设主管部门应当对国家级风景名胜区的规划实施情况、资源保护状况进行监督检查和评估，对发现的问题，应当及时纠正、处理。

10.2.3.3 风景名胜区的分级

（1）我国的风景名胜区分级

风景名胜区按其景物的观赏价值、文化价值、科学价值和环境质量、规模大小、游览条件等划分为两级，即国家级风景名胜区和省级风景名胜区。国家级（重点）风景名胜区，由省、自治区、直辖市人民政府提出风景名胜资源调查评估报告，报国务院审定公布。省级风景名胜区，由市、县人民政府提出风景名胜资源调查评估报告，报省、自治区、直辖市人民政府审定公布，并报建设部备案。

自然景观和人文景观能够反映重要自然变化过程和重大历史文化发展过程，基本处于自然状态或者保持历史原貌，具有国家代表性的，可以申请设立国家级风景名胜区；具有区域代表性的，可以申请设立省级风景名胜区。

（2）我国的国家级风景名胜区

目前，我国已公布的国家级风景名胜区共6批187处（截至2006年4月底）。如北京的八达岭—十三陵、黑龙江的镜泊湖、山东的泰山、江苏的太湖、广西的桂林漓江、云南的路南石林等。这些景区，不仅观赏、文化、科学价值都很高，而且环境质量好，具有相当大的规模和良好的游览条件。

（3）国家地质遗迹（地质公园）

国家地质遗迹（地质公园）是以特殊地质科学意义、较高的美学观赏价值的地质遗迹主体，并融合其他自然景观与人文景观而构成的一种独特的自然区域。1999年4月，联合国教科文组织提出了建立地质公园计划，目标是在全球建立500个世界地质公园，并确定中国为建立世界地质公园计划试点国之一。

在中国为配合世界地质公园的建立健全，国土资源部于2000年8月成立了国家地质遗迹（地质公园）保护领导小组及国家地质遗迹（地质公园）评审委员会，制定了有关申报、评选办法。到2008年3月，中国已批准建立国家地质公园85个，有8处为世界地质公园。

（4）世界遗产

世界遗产是指前代所遗留的，对人类生存和发展具有特殊价值而为国际社会特别加以保护的自然和文化遗产。世界遗产分为自然遗产、文化遗产、自然遗产与文化遗产混合体和文化景观。联合国教科文组织1972年通过了《保护世界文化与自然遗产公约》，1976年成立了世界遗产委员会，确定将那些世界公认的、具有突出意义和价值的文物古迹、自然遗产列入《世界遗产名录》。被列入者，其价值必须具有真实性和唯一性。一旦列入，将受到联合国教科文组织所有成员国的共同保护和集体援助，即使在战争中也不能列入军事攻击目标。中国于1985年12月加入《保护世界文化与自然遗产公约》，1986年开始向联合国教科文组织申报世界遗产项目。截至2007年7月，我国先后有35处（不包括人类口头与非物质遗产）文化和自然遗产被联合国教科文组织批准列入《世界遗产名录》。有人称之为“世界级”景区。

10.2.3.4 风景名胜区的设立

设立风景名胜区，根本目的是要有利于保护和合理利用风景名胜资源。新设立的风景名胜区与自然保护区不得重合或者交叉，已经设立的风景名胜区与自然保护区重合或者交叉的，风景名胜区规划与自然保护区规划应当相协调。

申请设立风景名胜区应当提交包括下列内容的有关资料：风景名胜资源的基本状况；拟设立风景名胜区的范围以及核心景区的范围；拟设立风景名胜区的性质和保护目标；拟设立风景名胜区的游览条件；与拟设立风景名胜区的土地、森林等自然资源和房屋等财产的所有权人、使用权人协商的内容和结果。

设立国家级风景名胜区，由省、自治区、直辖市人民政府提出申请，国务院建设主管部门会同国务院环境保护主管部门、林业主管部门、文物主管部门等有关部门组织论证，提出审查意见，报国务院批准公布。设立省级风景名胜区，由县级人民政府提出申请，省、自治区人民政府建设主管部门或者直辖市人民政府风景名胜区主管部门，会同其他有关部门组织论证，提出审查意见，报省、自治区、直辖市人民政府批准公布。

风景名胜区内的土地、森林等自然资源和房屋财产的所有权人、使用权人的合法权益受法律保护。申请设立风景名胜区的人民政府应当在报请审批前，与风景名胜区的土地、森林等自然资源和房屋财产的所有权人、使用权人充分协商。因设立风景名胜区对风景名胜区内的土地、森林等自然资源和房屋财产的所有权人、使用权人造成损失的，应当依法给予补偿。

10.2.3.5 风景名胜区的规划

（1）风景名胜区规划的内容

前已述及，风景名胜区的规划分为总体规划和详细规划。风景名胜区总体规划应包括风景资源评价；生态资源保护措施、重大项目布局、开发利用强度；风景名胜区的功能结构和空间布局；禁止开发和限制开发的范围；风景名胜区的游客容量和有关专项规划等内容。风景名胜区应当自设立之日起2年内编制完成总体规划，总体规划的规划期一般为20年；风景名胜区详细规划应当根据核心景区和其他景区的不同要求编制，确定基础设施、旅游设施、文化设施等建设项目的选址、布局与规模，并拥有建设用地范围和规划设计条件。风景名胜区详细规划，应当符合风景名胜区总体规划。

（2）风景名胜区规划的编制

国家级风景名胜区规划由省、自治区人民政府建设主管部门或者直辖市人民政府风景名胜区主管部门组织编制；省级风景名胜区规划由县级人民政府组织编制。编制风景名胜区规划，应当采取招标等公平竞争的方式选择具有相应资质等级的单位承担。风景名胜区规划应当按照经审定的风景名胜区范围、性质和保护目标，依照国家有关法律、法规和技术规范编制；编制风景名胜区规划，应当广泛征求有关部门、公众和专家的意见；必要时应当进行听证。

（3）风景名胜区规划的批准

国家级风景名胜区的总体规划，由省、自治区、直辖市人民政府审查后，报国务院审批；国家级风景名胜区的详细规划，由省、自治区人民政府建设主管部门或者直辖市人民政府风景名胜区主管部门报国务院建设主管部门审批。省级风景名胜区的总体规划，由省、自治区、直辖市人民政府审批，报国务院建设主管部门备案；省级风景名胜区的详细规划，由省、自治区人民政府建设主管部门或直辖市风景名胜区主管部门审批。风景名胜区规划经批准后，应当向社会公布，任何组织和个人有权查阅。

（4）风景名胜区规划的执行

经批准的风景名胜区规划不得擅自修改。政府或者政府部门修改风景名胜区规划对公民、法人或者其他组织造成财产损失的，应当依法给予补偿。风景名胜区总体规划的规划期届满前2年，规划的组织编制机关应当组织专家对规划进行评估，作出是否重新编制规划的决定。在新规划批准前，原规划继续有效。

10.2.3.6 风景名胜区的管理与保护

（1）风景名胜区的管理机构

国务院建设主管部门负责全国风景名胜区的监督管理工作。国务院其他有关部门按照国务院规定的职责分工，负责风景名胜区的监督管理工作。省、自治区人民政府建设主管部门和直辖市人民政府风景名胜区的主管部门，负责本行政区域内风景名胜区的监督管理工作。省、自治区、直辖市其他有关部门按照规定的职责分工，负责风景名胜区的监督管理工作。风景名胜区依法设立的人民政府，全面负责风景名胜区的保护、利用、规划和建设。风景名胜区没有设立人民政府的，应当设立管理机构，在所属人民政府领导下，主持风景名胜区的管理工作。设在风景名胜区的所有单位，除各自业务受上级主管部门领导外，都必须服从管理机构对风景名胜区的统一规划和管理。

（2）风景名胜区管理机构的职责

主要职责包括：风景名胜区管理机构应当建立健全风景名胜区资源保护的各项管理制度；对风景名胜区的重要景观进行调查、鉴定，并制定相应的保护措施；国家级风景名胜区所在地的风景名胜区管理机构应当每年向国务院建设主管部门报送风景名胜区规划实施和土地、森林等自然资源保护的情况；应根据风景名胜区的特点，保护民间传统文化，开展健康有益的游览观光和文化娱乐活动，普及历史文化和科学知识；应根据风景名胜区规划，合理利用风景名胜资源，改善交通、服务设施和游览条件；风景名胜区管理机构应当建立健全安全保障制度，加强安全管理，保障游览安全，并督促风景名胜区内的经营单位接受有关部门依据法律、法规进行的监督检查。

（3）风景名胜区的保护

风景名胜区内的景观和自然环境，应当根据可持续发展的原则，严格保护，不得破坏或者随意改变。在风景名胜区内禁止进行下列活动：① 开山、采石、开矿、开荒、修坟立碑等破坏景观、植被和地质地貌的活动；② 修建储存爆炸性、易燃性、放射性、毒害性、腐蚀性物品的设施；③ 在景物或者设施上刻画、涂污；④ 乱扔垃圾；⑤ 禁止违反风景名胜区规划，在风景名胜区内设立各类开发区和在核心景区内建设宾馆、招待所、培训中心、疗养院以及与风景名胜区无关的其他建筑物，已经建设的，应当按照风景名胜区规划，逐步迁出。

在风景名胜区从事下列活动，应当经风景名胜区管理机构审核后，依照有关法律、法规的规定报有关主管部门批准：设置、张贴商业广告；举办大型游乐活动；改变水资源、水环境自然状态的活动；其他影响生态和景观的活动。

风景名胜区内的建设项目应当符合风景名胜区规划，并与景观相协调，不得破坏景观、污染环境、妨碍游览。国务院建设主管部门应当对国家级风景名胜区的规划实施情况、资源保护状况进行监督检查和评估，对发现的问题，应当及时纠正、处理。

10.2.3.7 法律责任

2006年9月19日公布，2006年12月1日起施行的《风景名胜区条例》专门设立了“法律责任”一章，对违反《风景名胜区条例》规定的，给予比较严厉的处罚。如：在风景名胜区内进行开山、采石、开矿等活动的，在核心景区内建设宾馆、招待所、培训中心、疗养院的，责令其停止违法行为，恢复原状或限期拆除，没收违法所得，并处以50万元以上100万元以下的罚款；对县级以上人民政府及其主管部门批准实施上述行为的，对直接负责的主管人员和其他责任人员依法给予降级或者撤职的处分；构成犯罪的，依法追究刑事责任；个人在风景名胜区内进行开荒、修坟、立碑等活动的，由景区管理机构责令停止违法行为，限期恢复原状或者采取其他补救措施，没收违法所得，并处1000元以上1万元以下的罚款。

在景物、设施上刻画、涂污或者在景区内乱扔垃圾的，由景区管理机构责令恢复原状或者采取其他补救措施，并处50元的罚款；刻画、涂污国家保护的文物、名胜古迹的，按照治安处罚法的有关规定予以处罚；构成犯罪的，依法追究刑事责任。未经风景名胜区管理机构批准，在景区内设置、张贴商业广告、举办大型娱乐等活动，改变水资源、水环境自然状态和其他影响生态和景观的活动，由景区管理机构责令停止活动，限期恢复原状或者采取其他补救措施，没收违法所得，并处5万元以上10万元以下的罚款；情节严重的，并处10万元以上20万元以下的罚款。

10.3 人文旅游资源的法律保护

10.3.1 人文旅游资源保护法律概述

人文旅游资源是人类历史和文化的结晶，是民族风貌和特色的集中反映。构成人文旅游资源景观的主要有历史遗址、古建筑、古代陵墓、古典园林、宗教文化、社会风情、古今城镇等。人文旅游资源是以自然环境为基础的人类活动的产物，因此带有一定的地域性，同时更与历史、经济、政治、文化、民族等因素有着密切的关系，所以人文旅游资源具有鲜明的时代性、民族性和高度的思想性、历史性。人文旅游资源与自然旅游资源相比，更能产生强烈的吸引力和感染力，更具有丰富多彩的内容。

一个国家或地方人文旅游资源的种类、数量、质量、特色与其历史长短、民族多寡、文化传统及文明发达程度有着直接的、密不可分的关系。我国是世界文明古国，有着5000年的文明史，众多的民族共同谱写出灿烂的历史文化，创造了许多人间奇迹，形成了今天独具魅力的人文旅游资源。我国的古遗址、古建筑、古典园林以及戏曲、书画、烹饪、武术等，体现出鲜明的民族性，成为我国发展旅游业的突出优势。截至2007年7月，在已被联合国教科文组织批准列入《世界遗产名录》的35处中国“世界遗产”名单中，文化遗产占了绝大部分，这也从一个侧面反映出我国人文旅游资源所占地位的重要性。

我国十分重视人文旅游资源的保护工作，《宪法》明确规定：“国家保护名胜古迹、珍贵文物和其他重要历史文化遗产”。为此国家制定和颁布了一系列有关保护人文旅游资源的法律、法令、法规和规范性文件。法律中最主要的有《文物保护法》。此外，《中华人民共和国城市规划法》《环境保护法》《中华人民共和国海关法》《关于惩治盗掘古文化遗址古墓葬犯罪的补充规定》《治安管理处罚条例》等法律中也有许多保护人文旅游资源的内容。由国务院颁布，或者由国务院批准、国家有关机关颁布的行政法规，主要有《风景名胜区条例》《全国重点文物保护单位名单》《中华人民共和国文化保护法实施细则》《关于进一步加强环境保护的决定》《河道管理条例》《国务院关于进一步加强文物工作的通知》、国务院批转国家建委等部门的《关于保护我国历史文化名城的请示》的通知等。

由国家有关机关根据法律、行政法规的规定制定颁布的部门规章和规章性文件，主要有文化部颁布的《文物出境鉴定管理办法》，国家计委、国家环境保护委员会颁布的《建设项目环境保护设计规定》，国家文物局颁布的《全国重点文物保护单位保护范围、标志说明、记录档案和保管机构工作规范（试行）》等。由省、自治区、直辖市人民代表大会常委会制定的地方法规数量较多。这些机关根据当地的具体情况，分别制定了有关保护人文旅游资源的地方性法规和规范性文件。我国参加和批准的国际公约具有与我国法律的同等效力，成为我国法律法规的一部分。其中最主要的是《保护世界文化和自然遗产公约》。另外还有一些国际上通用的公约，如《关于武装冲突情况下保护文化财产的公约》《关于禁止和防止非法进出口文化财产和非法转让其所有权的方法的公约》等。

10.3.2 文物管理法律制度

10.3.2.1 文物的概念

我国是闻名于世的文化古国，悠久的历史、灿烂的文化，给我们留下了大量珍贵的历史文化遗产，使我国成为世界上的文物大国。文物一词在我国有久远的历史，早在 2000 多年前的历史古籍中已经使用。但最早的文物仅指礼乐典章制度及祭器。今天我们所说的文物，从字面上理解就是文化遗产。

现代的文物概念，是指人类社会历史发展过程中遗留下来的，由人类创造或者与人类活动有关的一切有价值的物质遗产总称。文物是国家的宝贵财富，它在人文旅游资源中占有重要地位。文物以其直观形象性、历史真实性、社会典型性和不可再生性的基本特征及其所具有的历史价值、艺术价值和科学价值强烈地吸引着旅游者。许许多多的中外旅游者无不为我国大量的文物精品而惊叹和陶醉，文物为旅游业的发展提供了必不可少的资源条件。文物旅游资源为旅游者提供了高层次的文化、精神享受，对我国旅游业的深层开发奠定了坚实的基础，成为我国旅游产品在国际旅游市场上具有强大竞争力的重要方面。

10.3.2.2 文物管理机构

国家文化行政管理机关主管全国的文物工作。地方各级人民政府保护本行政区域内的文物。各省、自治区、直辖市和文物较多的自治州、市可以设立文物保护管理机构，管理本行政区域内的文物工作。

10.3.2.3 文物保护管理

文物是不能再生的人类历史的遗存物，毁坏一件就少一件，所以对文物旅游资源进行开发、利用时，必须依法保护和管理。我国文物保护工作的方针是："文物保护工作贯彻保护为主、抢救第一、合理利用、加强管理的方针。"

（1）一切文物均受法律保护

《宪法》第 22 条规定：国家保护名胜古迹、珍贵文物和其他重要历史文化遗产。《文物保护法》明确规定了受国家保护的文物范围。有些文物属于集体或私人所有，如家传的古器物、书画；私家园林；具有历史价值和民族特色的生活用品、生产工具：具有文物价值和地方特色的民居、祠堂、牌坊；私人购置和从先辈手中继承下来的文物等。这些文物的财产权属于集体或个人；但作为精神财富，又是属于全民族共有的历史遗产。所以《文物保护法》第 6 条规定："属于集体所有和私人所有的纪念建筑物、古建筑和祖传文物以及依法取得的其他文物，其所有权受国家法律保护。文物的所有者必须遵守国家有关文物保护的法律、法规的规定。”我国境内的一切文物，不论其所有权是属于国家还是属于集体或个人，均受国家法律保护。

（2）按照文物保护单位的价值分级管理

我国的文物保护单位分级，《文物保护法》规定：“古文化遗址、古墓葬、古建筑、石窟筑、石刻、壁画、近代现代重要史迹和代表性建筑等不可移动文物，根据它们的历史、艺术、科学价值，可以分别确定为全国重点文物保护单位，省级文物保护单位，市、县级文物保护单位。”据此，我国的文物保护单位分为国家级文物保护单位、省级文物保护单位和市、县级文物保护单位三级。国家级文物保护单位是由国家文化行政管理部门在各级文物保护单位中选择具有重大历史、艺术、科学价值的，或者直接指定为全国重点文物保护单位，报国务院核定公布；省级文物保护单位是由省、自治区、直辖市人民政府核定公布，并报国务院备案；市、县级文物保护单位分别由设区的市、自治州和县级人民政府核定公布，并报省、自治区、直辖市人民政府备案。尚未核定公布为文物保护单位的不可移动文物，由县级人民政府文物保护部门予以登记并公布。《文物保护法》同时还规定：“历史上各时代重要实物、艺术品、文献、手稿、图书资料、代表性实物等可移动文物，分为珍贵文物和一般文物，珍贵文物分为一级文物、二级文物和三级文物。”

我国的重点文物保护单位，截至2006年6月，国务院已公布了6批全国重点文物保护单位名单。1961年3月公布第一批180处；1982年2月公布第二批62处；1988年1月公布第三批258处；1996年12月公布第四批250处；2001年6月公布第五批518处；2006年6月公布第六批1080处。6批公布的全国重点文物保护单位共2348处。省级和市、县级文物保护单位就更多，如河南省目前有省级文物保护单位954处，市、县级文物保护单位5000多处（均截至2006年6月）。

我国的历史文化名城，《文物保护法》第14条规定：“保存文物特别丰富，并且具有重大历史价值或者革命纪念意义的城市，由国务院核定公布为历史文化名城。”根据这一规定，国务院先后于1982年2月、1986年12月、1994年1月、2001年12月和2007年4月公布了5批历史文化名城名单，共105个。

这些历史文化名城体现了中华民族的悠久历史、灿烂文化和光荣革命传统。保护历史文化名城是社会主义精神文明建设的重要内容。在保护的前提下，开发建设历史文化名城也是发展我国旅游业的一个重要途径。《文物保护法》同时规定：“保存文物特别丰富并且具有重大历史价值或者革命纪念意义的城镇、街道、村庄，由省、自治区、直辖市人民政府核定公布的历史文化街区、村镇，并报国务院备案。”“历史文化名城和历史文化街区、村镇所在地的县级以上人民政府应当编制专门的历史文化名城和历史文化街区、村镇保护规划，并纳入城市总体规划。”

（3）在保护、开发、利用时不得对文物造成损害

《文物保护法》第9条规定：“各级人民政府应当重视文物保护，正确处理经济建设、社会发展与文物保护的关系，确保安全。”“基本建设、旅游发展必须遵守文物保护工作的方针，其活动不得对文物造成损害。”第16条规定：“各级人民政府制定城乡建设规划，应当根据文物保护的需要，事先由城乡建设规划部门会同文物行政部门商定对本行政区域内各级文物保护单位的保护措施，并纳入规划。”第17条规定：“文物保护单位的保护范围内不得进行其他建设工程或者爆破、钻探、挖掘等作业。”第18条规定：“在文物保护单位的建设控制地带内进行建设工程，不得破坏文物保护单位的历史风貌。”第20条规定：“建设工程选址，应当尽可能避开不可移动文物；因特殊情况不能避开的，对文物保护单位应当尽可能实施原址保护。”第21条规定：“对不可移的文物进行修缮、保养、迁移，必须遵守不改变文物原状的原则。”

文物是在一定的社会历史条件下形成的，它真实地记录和反映了人类在一定社会环境、历史条件下的活动情况，没有任何虚假和歪曲。所以，一定要保持文物的原状。国务院发布的《关于进一步加强文物保护工作的指示》中明确指出：“对于革命纪念建筑和古建筑，主要是保持原状，防止破坏，除少数即将倒塌的需要加以保固修缮以外，一般以维持不塌不漏为原则，不要大兴土木。”“不应当大拆大改或者将附近环境大加改变，那样做既浪费了人力、物力，又改变了文物的原来面貌，甚至弄得面目全非，实际上是对文物古迹的破坏。”对文物保护单位进行必要的保养、修缮时，要做到“修旧如旧”，绝不能“整旧如新”。近些年，有的地方在开发文物旅游资源过程中，追求所谓的“新”，改变文物的某些材料。如将原为本色的木质门、窗、梁、柱涂抹油漆；修缮时以钢筋水泥代替原来的石材石料；用水泥覆盖原来的砖铺地面，等等。这些做法，都是对文物的严重破坏。有些建设工程涉及文物保护单位，在选址和工程建设时，应事先征得文物保护管理部门的同意，并会同文化行政管理机构确定保护措施。

（4）珍贵文物严禁出境，馆藏文物禁止出卖

《文物保护法》第16条规定：“国有文物、非国有文物中的珍贵文物和国家规定禁止出境的其他文物，不得出境；但是依照本法规定的出境展览或者因特殊需要经国务院批准出境的除外。”禁止文物非法进出境，也是国际社会的惯例。联合国教科文组织大会于1970年11月14日通过的《关于禁止和防止非法进出口文化财产和非法转让其所有权的方法的公约》指出：“考虑到文化财产实为构成文明和民族文化的一大基本要素，只有尽可能充分掌握有关其起源、历史和传统背景的知识，才能理解其真正价值。”“各国有责任保护其领土上的文化财产免受偷盗、秘密发掘和非法出口的危险”。对馆藏文物，各收藏单位必须区分等级，设置藏品档案，建立严格的管理制度，并向文化行政管理部门登记。国有的博物馆、图书馆和其他单位的文物藏品严禁出卖。《文物保护法》第44条规定：“禁止国有文物收藏单位将馆藏文物赠与、出租或者出售给其他单位、个人。”

10.3.2.4 文物考古发掘的管理

（1）考古发掘的报批

《文物保护法》规定：“一切考古发掘，都必须履行报批手续”。具体要求如下：

● 从事考古发掘的单位，为了科学研究进行考古发掘，应当提出发掘计划，报国务院文物行政部门批准；对全国重点文物保护单位的考古发掘计划，应当经国务院文物行政部门审核后报国务院批准。国务院文物行政部门在批准或者审核前，应当征求社会科学研究机构及其他科研机构和有关专家的意见。

● 需要配合建设工程进行的考古发掘工作，应当由省、自治区、直辖市文物行政部门在勘探工作的基础上提出发掘计划，报国务院文物行政部门批准。国务院文物行政部门在批准前，应当征求社会科学研究机构及其他科研机构和有关专家的意见。

● 进行大型基本建设工程，建设单位应当事先报请省、自治区、直辖市人民政府文物行政部门组织从事考古发掘的单位在工程范围内有可能埋藏文物的地方进行考古调查、勘探。如在考古调查、勘探中发现文物的，由省、自治区、直辖市人民政府文物行政部门根据文物保护的要求会同建设单位共同商定保护措施；遇有重要发现的，由省、自治区、直辖市人民政府文物行政部门及时报国务院文物行政部门处理。

● 在进行建设工程或者在农业生产中，任何单位或者个人发现文物，应当保护现场，立即报告当地文物行政部门。文物行政部门接到报告后，如无特殊情况，应当在24h内赶赴现场，而且可以报请当地人民政府通知公安机关协助保护现场。

● 非经国家文化行政管理部门报国务院特别许可，任何外国人或者外国团体不得在中华人民共和国境内进行考古调查和发掘。

（2）出土文物管理

《文物保护法》对出土文物的管理规定如下：考古调查、勘探、发掘的结果，应当报告国务院文物行政部门和省、自治区、直辖市人民政府文物行政部门。考古发掘的文物，应当登记造册，妥善保管，按照国家有关规定移交给由省、自治区、直辖市人民政府文物行政部门或者国务院文物行政部门指定的国有博物馆、图书馆或者其他国有收藏文物的单位收藏。经省、自治区、直辖市人民政府文物行政部门或者国务院文物行政部门批准，从事考古发掘的单位可以保留少量出土文物作为科研标本。

10.3.2.5　馆藏文物与民间收藏文物的管理

（1）馆藏文物

馆藏文物是指博物馆、图书馆和其他文物收藏单位收藏的文物。对馆藏文物必须区分文物等级，设置藏品档案，建立严格的管理制度，并向文物行政管理部门登记。未经批准，任何单位或者个人不得调取馆藏文物。禁止国有文物收藏单位将馆藏文物赠与、出租或者出售给其他单位或个人。而且，文物收藏单位应通过法定的渠道取得文物，包括购买，接受捐赠、依法交换，以及法律、行政法规规定的其他方式。国有文物收藏单位还可以通过文物行政部门指定保管或者调拨方式取得文物。

（2）民间收藏文物

《文物保护法》对民间收藏文物的管理规定如下：

文物的取得　文物收藏单位以外的公民、法人和其他组织可以收藏通过下列方式取得的文物：依法继承或者接受赠与；从文物商店购买；从经营文物拍卖的拍卖企业购买；公民个人合法所有的文物相互交换或者依法转让；国家规定的其他合法方式。

文物的流通　文物收藏单位以外的公民、法人和其他组织合法收藏的前款文物可以依法流通。但是，国有文物、非国有馆藏珍贵文物、国有不可移动文物中的壁画、雕塑、建筑构件（但是依法拆除的国有不可移动文物中的壁画、雕塑、建筑构件等不属于应由文物收藏单位收藏的除外）、来源不合法的文物不得买卖。

国家对民间收藏文物的权利　国家鼓励文物收藏单位以外的公民、法人和其他组织将其收藏的文物捐赠给国有文物收藏单位或者出借给文物收藏单位展览和研究。国家禁止出境的文物，不得转让、出租、质押给外国人。

文物商店和拍卖企业　除经批准的文物商店、经营文物拍卖的拍卖企业外，其他单位或者个人不得从事文物的商业经营活动。文物商店应当由国务院文物行政管理部门或者省、自治区、直辖市人民政府文物行政管理部门批准设立，文物商店不得从事文物拍卖经营活动，不得设立经营文物拍卖的拍卖企业。依法设立的拍卖企业经营文物拍卖的，应当取得国务院文物行政管理部门颁发的文物拍卖许可证，拍卖企业不得从事文物购销经营活动，不得设立文物商店。同时，禁止设立中外合资、中外合作和外商独资的文物商店或者经营文物拍卖的拍卖企业。

（3）文物出境管理

文物是我国宝贵的财物，因此《文物保护法》规定：国有文物、非国有文物中的珍贵文物和国家规定禁止出境的其他文物，不得出境；但是依照法律规定出境展览或者因特殊需要经国务院批准出境的除外。如文物允许出境，则应当经国务院文物行政管理部门指定的文物进出境审核机构审核，经审核允许出境的文物，由国务院文物行政管理部门发给文物出境许可证，从国务院文物行政管理部门指定的口岸出境。任何单位或者个人运送、邮寄、携带文物出境，应当向海关申报；海关凭文物出境许可证放行。

10.3.2.6　违反《文物保护法》的法律责任

（1）行政责任

违反《文物保护法》的规定，情节尚不严重的，由有关机关给予行政处罚；构成违反治安管理行为的，由公安机关依法给予治安管理处罚。违反法律规定，构成走私行为，尚不构成犯罪的，由海关依照有关法律、行政法规的规定给予处罚。不遵守文物保护的要求，对文物保护造成不利影响的，县级以上人民政府文物主管部门责令改正，没收违法所得，并视情节轻重，并处罚款，对有关机关吊销资质证书。非法进行文物经营活动的，由工商行政管理部门没收违法所得、非法经营的文物，并处罚款。

（2）刑事责任

违反《文物保护法》的规定，情节严重构成犯罪的，应当依法追究刑事责任。盗掘古文化遗址、古墓葬的；故意或者过失损毁国家保护的珍贵文物的；擅自将国有馆藏文物出售或者私自送给非国有单位或者个人的；将国家禁止出境的珍贵文物私自出售或者送给外国人的；以牟利为目的倒卖国家禁止经营的文物的；走私文物的；盗窃、哄抢、私分或者非法侵占国有文物的；应当追究刑事责任的其他妨碍文物管理的行为。

（3）民事责任

违反法律规定，造成文物灭失、毁损的单位和个人，应当依法承担民事责任。

10.4　旅游区（点）质量等级的划分与评定

10.4.1　旅游区（点）质量等级的划分

景区景点是发展旅游业的基础，其品位和质量是吸引旅游者数量多少的重要依据。为了进一步提高我国景区景点的国际形象，实现旅游业的可持续发展，

1999年国家质量技术监督局发布了《旅游区（点）质量等级的划分与评定》（GB/T 17775—1999），2003年国家质量技术监督检验检疫总局发布了《旅游区（点）质量等级的划分与评定》（GB/T 17775—2003）（以下简称《划分与评定》）替代了GB/T 17775—1999。

《划分与评定》规定，旅游区（点）是指具有参观游览、休闲度假、康乐健身等功能，具备相应旅游服务设施并提供相应旅游服务的独立管理区。该管理区应有统一的经营管理机构和明确的地域范围，包括风景区、文博院馆、寺庙观堂、旅游度假区、自然保护区、主题公园、森林公园、地质公园、游乐园、动物园、植物园及工业、农业、经贸、科教、军事、体育、文化艺术等各类旅游区（点）。旅游区（点）质量等级划分为5级，从高到低依此为AAAAA（简称5A）级、AAAA（简称4A）级、AAA（简称3A）级、AA（简称2A）级、A（简称lA）级旅游区。

10.4.1.1　旅游区（点）质量等级划分的条件

旅游区（点）质量等级划分为5级，其划分条件共有12项。12项条件及其主要内容分别是：

旅游交通　包括交通设施、设备、工具等条件。

游览条件　包括位置、功能、引导标志、公众信息资料、导游员、公共信息图形符号、游客公共休息设施等。

旅游安全　包括安全保卫制度及落实、消防、防盗、救护设备、安全防护、紧急救援机制等。

卫生　包括环境卫生、各类场所的卫生条件、餐饮场所的卫生标准、食品卫生、公共厕所及垃圾箱的条件等。

邮电服务　包括邮政、通信设备、公用电话、通信线路、手提电话信号等。

旅游购物　包括购物场所的布局造型、对购物场所的管理、从业人员管理、旅游商品等。

经营管理　包括管理体制、经营管理制度、管理人员、员工形象、旅游总体规划、培训机构、投诉制度等。

资源与环境保护　包括空气质量、噪音质量、地面水环境质量、污水排放、景观和文物保护、环境氛围等。

旅游资源吸引力　包括景区观赏价值、历史、文化、科学价值、物种、资源等。

市场吸引力　包括知名度、美誉度、市场辐射力、主题等。

年接待海内外游客人次　不同等级对年接待海内外旅游者的要求不一样。A级年接待海内外旅游者只需3万人次以上，AAAAA则年接待海内外旅游者须在60万人次以上。

游客抽样调查满意率　不同等级对游客抽样调查满意率的要求也不一样。分为基本满意、满意率较高、满意率高、满意率很高。

10.4.1.2　5A级景区

5A级景区质量等级评定体系，是目前全国旅游景区最高评定标准。被公告为4A级旅游景区一年以上的，方可申报5A级旅游景区。5A级景区在交通、游览、安全、卫生、服务等方面有着严格的规定。5A级标准更注重细节和服务质量，5A级标准中出现比较多的是突出特色与文化气息等字眼，以人为本的服务宗旨和游客满意的服务理念才是贯穿于5A级准则的主线。围绕为游客营造舒适优美的旅游环境，标准制定了许多细则，包括导游员应具有大专以上文化程度，其中本科以上不少于30%，导游（讲解）词科学、准确、有文采；景区消防、防盗、救护等设备齐全完好；厕所设专人服务；保证景区空气质量达一级标准，噪声达到一类标准，污水排放达到规定标准等。2007年5月，国家旅游局公布了第一批5A级景区名单，共66家。

10.4.2 旅游区质量等级的评定

10.4.2.1 旅游景区质量等级评定管理办法

旅游景区质量等级评定工作，依据《划分与评定》及国家旅游局颁布的有关评定细则进行。旅游景区质量等级评定工作，遵循自愿申报、分级评定、动态管理、分类指导的原则。凡在中华人民共和国境内，正式开业从事旅游经营业务一年以上的旅游景区，包括风景区、文博院馆、寺庙观堂、旅游度假区、自然保护区、主题公园、森林公园、地质公园、游乐园、动物园、植物园及工业、农业、经贸、科教、军事、体育、文化艺术等旅游景区，均可申请参加质量等级评定。

旅游景区质量等级评定，是指对具有独立管理和服务机构的旅游景区进行评定，对园中园、景中景等内部旅游点，不进行单独评定。国家旅游局负责旅游景区质量等级评定标准、评定细则的制定工作，负责对质量等级评定标准实施进行监督检查。国家旅游局组织设立全国旅游景区质量等级评定委员会，负责全国旅游景区质量等级评定工作的组织和管理；各省级旅游行政管理部门组织设立本地区旅游景区质量等级评定委员会，并报全国旅游景区质量等级评定委员会备案。根据全国旅游景区质量等级评定委员会的委托，省级旅游景区质量等级评定委员会进行相应的旅游景区质量等级评定工作的组织和管理。

3A级、2A级、1A级旅游景区由全国旅游景区质量等级评定委员会委托各省级旅游景区质量等级评定委员会负责评定，省级旅游景区质量等级评定委员会可以向条件成熟的地市级旅游景区质量等级评定机构再行委托。4A级旅游景区由省级旅游景区质量等级评定委员会推荐，全国旅游景区质量等级评定委员会组织评定。5A级旅游景区从4A级旅游景区中产生，被公告为4A级旅游景区1年以上的方可申报5A级旅游景区。5A级旅游景区由省级旅游景区质量等级评定委员会推荐，全国旅游景区质量等级评定委员会组织评定。

各级旅游景区的质量等级评定工作按照“创建、申请、评定、公告”的程序进行。参加创建质量等级的旅游景区要按照国家标准和评定细则的要求，制定创建计划，明确责任目标，落实各项创建措施。旅游景区在创建计划完成后，进行自检。自检结果达到相应等级标准和细则规定的旅游景区，填写《旅游景区质量等级评定报告书》，并向当地旅游景区质量等级评定机构提出评定申请。经当地旅游景区质量等级评定机构审核同意，向上一级旅游景区质量等级评定机构推荐参加相应质量等级的正式评定。

各级旅游景区质量等级评定机构对所评旅游景区要进行监督检查和复核。监督检查采取重点抽查、定期明察和不定期暗访以及社会调查、听取游客意见反馈等方式进行，全面复核至少每3年进行一次。

10.4.2.2 旅游景区质量等级评定方法

根据旅游区（点）质量等级划分条件确定旅游区（点）质量等级，按照《服务质量与环境质量评分细则》、《景观质量评分细则》的评价得分，并结合《游客意见评分细则》的得分综合进行。

(1)《服务质量与环境质量评分细则》的基本要点

本细则共计1000分。各大项分值为：旅游交通145分；游览210分；旅游安全80分；卫生140分；邮电服务30分；旅游购物50分；综合管理190分；资源和环境的保护155分。5A级旅游区（点）需达到950分，4A级旅游区（点）需达到850分，3A级旅游区（点）需达到750分，2A级旅游区（点）需达到600分，1A级旅游区（点）需达到500分。

(2)《景观质量评分细则》的基本要点

本细则分为资源要素价值与景观市场价值2大评价项目、9项评价因子，总分100分。其中资源吸引力为65分，市场吸引力为35分。5A级旅游（点）需达到90分，4A级旅游区（点）需达到85分，3A级旅游区（点）需达到75分，2A级旅游区（点）需达到60分，1A级旅游区（点）需达到50分。

(3)《游客意见评分细则》的基本要点

旅游景区质量等级对游客意见的评分，以游客对该旅游景区的综合满意度为依据。游客综合满意度的考查，主要参考“旅游景区游客意见调查表”的得分情况。“旅游景区游客意见调查表”由现场评定检查员在景区员工陪同下，直接向游客发放、回收并统计。游客综合满意度总分为100分。旅游景区质量等级游客意见综合得分最低要求为：5A级旅游景区90分；4A级旅游景区80分；3A级旅游景区70分；2A级旅游景区60分；1A级旅游景区50分。

【课堂讨论题】

在国家级风景名胜区，世界自然遗产、国家森林公园张家界核心景区，开山凿石，修建了当今我国垂直上下最高的电梯，引起了社会的广泛关注和讨论。请从法律角度对此进行评价？

【思考题】

1. 什么是旅游资源？它有哪些特点？
2. 什么是风景名胜区？如何理解风景名胜区旅游资源的保护，开发和利用三者之间的关系？
3. 什么是自然保护区？为什么要建立自然保护区？国家对自然保护区的管理有哪些主要法律规定？
4. 何谓森林公园？其设立的主要规定有哪些？
5. 什么是文物？受国家保护的文物范围有哪些？
6. 国家对文物的法律保护分为哪几个方面？哪些文物属于国家所有？文物保护单位分为哪些级别？文物保护单位的迁移、修缮应遵循什么原则？
7. 国家对文物出境有哪些具体的法律规定？
8. 什么是国家地质公园？什么是世界遗产？

【案例分析】

“三孔”文物受损事件的启示

山东曲阜是世界文化名人孔子的故乡。号称“三孔”的孔庙、孔府、孔林是第一批全国重点文物保护单位，并于1994年被列入世界文化遗产名录。对孔子的崇敬，使得鲁国古城曲阜长久地吸引着四面八方的热切目光，牵动着世界各地游客的匆匆步履。但在2000年年底，山东曲阜孔庙、孔林等连续发生文物损坏事件。先是2000年11月孔庙的“元代石碑被气车撞毁”事件，损失无法弥补；2000年12月，负责经营管理的孔子国际旅游股份有限公司在对“三孔”内进行大扫除时，又发生了以水直接冲刷和擦拭古建筑和碑刻事件，造成油漆彩画的直接损失与古建筑、碑刻的隐患，使3处古建筑群的22个文物点不同程度地受损，有的损坏严重。消息传出后，引起了人们的热切关注。

请问：

1. 此事为什么会引起人们的热切关注和有关部门的高度重视？
2. 孔子国际旅游股份有限公司对“三孔”进行经营管理是否合法？为什么？

【本章推荐阅读书目】

风景名胜区管理学．马永立，谈俊忠．中国旅游出版社，2003.

旅游资源管理法规概要．杨文棋．厦门大学出版社，2002.

政策与法规．第5版．国家旅游局人事劳动教育司．旅游教育出版社，2002.

第 11 章

旅游交通管理法律制度

【本章概要】

旅游交通是各类旅游运输企业满足旅游者空间位移的需要，也是保障旅游者顺利完成旅游活动的重要条件。本章阐述了旅游交通运输法规的概念和特征，旅游交通运输法规的调整范围以及我国旅游交通运输法规的基本原则，旅游者和承运人的权利和义务，法律责任等相关内容。

【学习目标】

- 了解旅游交通运输法规的含义和特征；
- 掌握旅游者的权利和义务；
- 掌握承运人的权利和义务；
- 熟悉旅游交通法律责任。

【关键性术语】

交通、旅游交通运输、承运人、旅客、权利义务、法律原则、构成要素 、法律责任。

【章首案例】

飞机颠簸致死亡航空公司来赔偿

刘大妈今年喜逢60大寿。儿女们为给母亲庆祝生日，带刘大妈乘飞机到桂林旅游。刘大妈平时非常注意锻炼身体，生活也比较有规律，所以身体一向很好。可谁料想飞机在飞行中突然发生了剧烈的颠簸，刘大妈顿时感到气短，发虚汗，胸闷。她刚要叫坐在身边的女儿，却眼前一黑，摔倒在机舱里，不省人事了。刘大妈的儿女急忙喊来医务人员帮助抢救。由于刘大妈患的是突发性心脏病，病情比较急，抢救无效而死亡。刘大妈的儿女悲痛欲绝。他们认为飞机在飞行中突然发生剧烈颠簸是导致母亲死亡的直接原因，因此要求航空公司赔偿人民币50万元。

请问： 刘大妈在飞机上死亡与航空公司是否有关？刘大妈的儿女能拿到航空公司50万元的赔偿金吗？

11.1 旅游交通法概述

旅游交通法是国家管理旅游交通运输的法律手段，它对规范旅游交通运输主体行为，调整旅游交通运输市场，实现旅游者的空间位移起着重要的作用。

11.1.1 旅游交通的含义及特点

（1）旅游交通的含义

旅游交通，是指旅游者利用某种交通工具，实现从一个地点到另一个地点的空间转移的过程。旅游交通运输，是指利用一定的载运工具，通过一定的交通线路和交通设施，在约定的期限内，为旅游者提供空间位置转移的经营活动。

（2）旅游交通的特点

季节性 由于受气候、地理位置、节假日等条件的制约，旅游者的旅游活动的需求具有明显的季节性，特别是“假日经济”的到来，这种集中性的旅游消费方式，使旅游交通的季节性特征十分突出。旅游交通产品的季节性极易造成旅游交通运力与旅游需求在时间上的矛盾，因此，加强旅游交通时间的合理布局与调控十分必要。

区域性 由于旅游资源空间的赋存特点以及区域社会经济发展水平的差异，旅游交通空间上的区域性特征也十分突出。旅游交通产品的区域性特点，导致旅游热点地区与温、冷点地区的旅游交通在空间配置上矛盾恶化，因此加强旅游交通空间的合理布局与调控十分必要。

不可储存性 旅游交通产品是无形的服务产品，具有不可储存性特点。不可储存性要求旅游交通部门充分利用现有运力，最大限度地提高客座利用效率，提高经济效益。

可替代性 旅游交通的替代性加剧了旅游交通部门、企业之间的竞争，加大旅游交通的经营难度，诱导行业的不正当竞争，损害旅游者、旅游业经营者的合法权益，扰乱正常的交通秩序。因此，加强旅游交通行业管理力度，规范旅游交通行为势在必行。

11.1.2 旅游交通的主要种类

旅游交通主要由公路、航空、水运和铁路四大现代交通方式构成。

（1）旅游公路交通

以汽车为主要交通工具，以公路为交通线路，主要从事短中程旅游客运。它是世界上最主要的旅游交通方式，承担世界上约50%以上的旅游者运输量。汽车旅游的主要优点是自由灵活、便利高效，有较大的独立性，对自然条件的适应力强。1933年德国修建了世界上第一条高速公路。汽车旅游最主要的缺点是速度不是很快，能耗大，安全性较差，其事故率是4种交通方式中最高的。

（2）旅游航空交通

以民用客机为主要运输工具，以航空交通线为路线，以机场为始终停靠站，主要承担中远程旅客运输。据统计，全世界约有1/3的旅游者使用这种交通方式。航空旅行的主要优点是快速高效、安全舒适、能跨越地面各种障碍（如海岛等）、事故率低；其缺点是只能完成点到点之间的旅行，噪音污染严重。

（3）旅游水上交通

以各类船舶为交通工具，以水运航路为交通航线，以港口码头为始终停靠站，主要用于短途客运和长途水上游览。旅游水上交通方式的主要优点是豪华舒适、价格低廉；其缺点是速度慢、时间长，主要用于度假旅游。

（4）旅游铁路交通

以旅客列车为交通工具，以铁路为交通线路，以铁路客运站为始终停靠站，主要承担中远程旅游者的运输任务。其主要优点是客运量大、费用低、受气候影响小、安全正点；其缺点是铁路很难形成较密的网络、铺设铁轨和购买机车投资大。

11.1.3 我国现行旅游交通法及基本原则

11.1.3.1 旅游交通运输法的含义和我国的旅游交通运输立法

旅游交通运输法是调整旅游交通运输的法律规范的总称。旅游交通运输法是由一系列法律规范构成的，而不是一部法律。它不仅包括国内铁路、航空、公路、内河、沿海及远洋旅客运输等方面的法律规范，也包括旅游景区、景点的的索道等特殊交通工具的法律规范；由于旅游交通运输具有国际性、涉外性，因而有关的国际旅游交通公约、惯例构成一国国内的旅游交通法的一部分。

我国现行的旅游交通运输法律法规主要有：铁路运输方面，颁布了《中华人民共和国铁路法》《铁路旅客及行李包裹运输章程》《旅客意外伤害强制保险条例》《旅客发生急病死亡处理办法》《铁路旅客运输损害赔偿规定》等；公路运输方面，颁布了《中华人民共和国公路法》《公路运输管理暂行条例》《公路汽车旅客运输规则》《道路交通事故处理办法》等；航空运输方面，颁布了《中华人民共和国民用航空法》（以下简称《民用航空法》）《国内民航旅客、行李运输规则》《中国民航旅客、行李国际运输规则》《外国民用航空器飞行管理规则》《民用航空安全保护条例》等；在海上运输方面，颁布了（中华人民共和国海上交通安全法》《海上轮船旅客及行李包裹运送试行规则》《中华人民共和国港口间海上旅客运输赔偿责任限额规定》《进出口船舶联合检查通则》《水路运输管理暂行条例》等。此外，我国的《民法通则》《合同法》中的有关规定，也适用于旅游交通运输领域。

除了国内旅游交通运输立法外，我国还参加了一些国际旅游交通运输公约，其中最主要的是《统一国际航空运输某些规则的公约》（即《华沙公约》）及其补充协定《海牙议定书》《蒙特利尔公约》等。《华沙公约》适用于所有以航空器运送旅客、行李或货物而收取报酬的国际运输，同时也适用于航空运输企业以航空器办理的免费国际运输。该公约比较详细地规定了运输凭证、承运人的责任、损害的性质、承担损害责任的范围、索赔期限、责任限额和计算单位、诉讼管辖、时效等，它是调整承运人和旅客关系的最重要的国际公约。由于《华沙公约》中的各项规定都属于强行规则，凡在公约适用范围以内的运输契约以及缔约国的法律都不得违反该公约中的规定。

11.1.3.2 我国旅游交通运输法规调整的范围

我国旅游交通运输法规调整的对象主要有：

（1）国家旅游交通运输管理部门同旅游交通运输企业的关系

国家旅游交通运输管理部门负责制定行业发展的方针政策，依法对旅游交通运输企业进行监督、指导和协调，旅游交通运输企业在法定范围内自主经营，自负盈亏。

（2）旅游交通运输企业同旅游者之间的权利和义务关系

旅游交通运输企业和旅游者之间的关系本质上是一种合同关系，双方根据旅游运输合同，行使各自的权利，履行相应的义务。

（3）旅游交通运输企业之间以及它们同相关旅游经营者之间的关系

旅游交通运输企业之间以及它们同相关的旅游经营者之间主要是一种业务关系，各方之间的权利和义务应以合同的形式确立。

（4）我国旅游交通运输管理部门同外国旅游交通运输经营者之间的关系

《民用航空法》规定，外国民用航空器的经营人经其本国政府指定，并取得中华人民共和国国务院民用航空主管部门颁发的经营许可证，方可经营有关的国际航班运输。这就使我国交通运输管理部门同外国旅游经营者之间构成了一定的法律关系。

（5）旅游交通运输部门内部的关系

国务院1991年发布的《道路交通事故处理办法》中的一些内容，就是用于调整旅游交通运输企业内部关系的。可见，我国旅游交通运输法规调整的范围，已经涉及了参与旅游交通运输活动的各个方面，旅游交通运输法规的制定和实施对于加强旅游交通事业的管理，明确各主体的权利和义务，解决交通运输纠纷，维护正常的旅游交通运输发挥了积极作用。

11.1.3.3 我国旅游交通法规的基本原则

我国现行旅游交通法规除了规定当事人的权利和义务以外，还确立了统一管理与分级负责、安全运输、计划运输、合理运输、及时运输等5个方面的原则。

（1）统一管理与分级负责的原则

我国旅游交通运输事业实行统一管理与分级负责的原则。我国有关法律法规规定，我国的旅游交通运输事业由铁道部、民航总局、交通部、国家旅游局实行部门管理、分级负责的管理体制。统一管理、分级负责原则的确立，有利于国家对旅游交通运输业的宏观管理，有利于维护旅游交通运输市场的正常秩序。

（2）安全运输的原则

交通安全是旅游者在旅游活动中最关心的事项之一，也是旅游交通最基本的要求，因此安全运输原则成为我国各种旅游交通运输法规的一项基本原则。有关法规对安全运输的措施、承运人的责任、旅客的义务以及运输的各个环节等都作了大量具体的规定，对危害旅游交通运输安全的犯罪行为，规定了惩治措施。为了保证交通运输安全，有关法规还规定了飞机机长、车辆驾驶员等维护航行、行驶安全的责任。

（3）计划运输的原则

计划运输是我国旅游交通运输法规的一项重要原则。它要求旅游交通运输企业根据整个公共交通运输市场的供求关系以及旅游接待部门的预测和安排，对旅游交通运输应从全局出发、综合平衡、保证重点、全面安排，保证交通运输按计划执行，均衡地组织运输。

（4）合理运输的原则

合理运输是指通过科学管理手段，根据旅游流空间流向与流量特征，合理选择各种旅游交通工具，精心编排旅游线路，节省运力，提高经济效益。为了有效地使用各种交通运输工具的运输能力，提高运输效率，交通运输法规对某些对流运输、过远运输、重复运输等作出了某些限定性规定。旅游交通运输部门应当根据这些规定，合理编排旅游线路，使用适当的运输工具，满足旅游者的需求，促进旅游业发展。

（5）及时运输的原则

旅游交通运输的主要任务之一就是在规定的时间内把旅客运送到旅游目的地，这是乘运人的义务和职责。及时运输对提高运输效率，降低成本、保障旅游者合法权益的实现、满足旅游者的需要具有重要的意义。

11.2 旅游交通法律关系主体的权利和义务

乘运人和旅客双方是平等的法律关系主体，各自根据旅游交通的法律法规和客运合同的规定享受权利和义务。

11.2.1 旅游交通法律关系中旅游者（旅客）的权利

（1）享有按规定享有服务的权利

旅客有权享用约定的交通工具，交通运输部门不得擅自改变交通运输的班次、运输起止时间，交通工具的类型、档次等。在交通运输期间，旅客有权享受到交通部门提供的一切免费的或者收费的服务和设施设备。例如，我国《国内民航旅客、行李运输规则》规定：旅客在航空中的膳食由民航安排，在空中免费供应，在地面费用旅客自理。旅客持订妥座位的联程票，在联程站的住宿，由民航安排，费用自理。航班在中途站延误，民航按规定免费向旅客提供饮料、食品。航班不正常时在中途站过夜，民航免费向旅客提供膳宿。因民航原因，航班在始发站延误、取消，民航按规定向旅客免费提供膳宿。另外，在航空运输中旅客发生疾病或受到意外伤害应得到及时的医疗服务；旅客享有民航车辆接送、小件行李物品寄存、行李物品搬运等服务。

（2）享有按规定免费携带行李物品的权利

我国民航、铁路、公路、水运旅客运输对旅客随身携带的行李物品的免费重量有不同的规定，在规定的范围内，旅客享有此项权利，任何人和单位不得干预。

民航规定：每一全票的旅客免费交运行李额为头等舱（包括成人票和儿童票）40kg，公务舱30kg，经济舱20kg。婴儿票无免费行李额。

铁路规定：大人20kg，小孩10kg，外交人员35kg。

公路规定：大人10kg，小孩5kg。

轮船规定：大人30kg，小孩15kg。

（3）享有按规定购买优惠票的权利

客运客票是旅客乘坐旅游交通工具的具有法律效力的凭证。我国民航、铁路、公路、水运的客票分为不同的档次。不同等级的客票的价款不同。对于不同的购票主体，享有不同的购票优惠。我国民航按照乘机对象的不同具体分为成人票、革命残废军人票、儿童票和婴儿票4个类别。革命残废军人按票价的80%购票；年龄满2周岁，未满12周岁的儿童，按成人票价的50%购买儿童票；未满2周岁的婴儿按成人票价的10%购买婴儿票，但该票不提供座位，如需要单独占取座位时，应购买儿童票。成人旅客携带未满2周岁的婴儿超过1名时，超过的人数应购买儿童票，并提供座位。其他交通运输工具是1.1m以下儿童免票，1.1～

1.4m 购买半票，1.4m 以上购买成人票。铁路运输中，1.1m 以下的儿童免票，每个成年可带 2 名，超过部分购儿童票；在公路运输中，1.1m 以下儿童免票，但只能带 1 名，超过部分购儿童票。

（4）按规定退票和变更客票

客票是旅客与旅游交通运输部门构成法律关系的凭证，退票意味旅客提出解除交通运输部门的合同关系。退票对于不同的交通运输工具有不同的规定：如内河航线可在客船开航以前退票；沿海航线非团体票在客船规定开航时间 2h 前退票，团体票在 24h 前退票；火车、汽车非团体票在开车前可办理退票手续，特殊情况也可在开车后 2h 内办理；民航退票要在航班规定起飞前 2h 办理。

退票一般都要按规定收取一定的退票费。

旅客购票后有权按规定办理客票变更手续。如车、船客票可以变更搭乘人，航空客票经民航同意也可变更乘机人（一次为限）；火车还可以中途下车，改换所乘所购客票的日期、班次等。

（5）旅客有权要求承运人保障其人身、行李的安全

保证运输安全，是承运人的一项重要职责。承运人应建立运输安全责任制度，采取一切措施防止交通安全事故的发生。承运人对旅客在运输过程中发生的人身伤亡、行李损失，除依照法律法规可以免除责任的外，都要承担责任。

（6）享有按规定获得赔偿的权利

由于承运人的违约造成的违约责任以及由于承运人的原因导致的旅客人身或财产的损失等侵权行为，旅客享有按规定获得赔偿的权利。

值得注意的是，在旅游交通运输中所引起的违约责任与侵权责任虽均属于民事责任，但两者又有较为明显的区别。首先，违约责任是对旅游交通运输合同当事人约定义务的违反，是对相对权利的侵犯，而侵权责任是对法定义务的违反，是对绝对权利的侵犯；其次，违约责任是在订立旅游交通运输合同时，即已存在的法律关系，而侵权责任是由于侵权行为的发生，而使当事人双方产生法律关系，分别成为债权人和债务人。在旅游交通运输中发生的民事纠纷，往往会同时导致两种责任，受害人可以在两种责任之中任选一项获得赔偿。

11.2.2 旅游交通法律关系中旅游者（旅客）的义务

（1）支付价款提供证件

在购票时按照规定的价格支付相应的客票、行李票价款并按要求提供本人相应的身份证件。如果旅客购买航空客票，则需提供本人的有效身份证件，即本国公民的身份证、外籍旅游者的旅行证、儿童和婴儿的出生证、重病患者的适于乘机证明等。

（2）接受客票、行李票的查验

对无票乘运、超程乘运、越级乘运或者持失效客票乘运的，应当补交票款和乘运人按规定加收的票款，否则，承运人可以拒绝运输。如民航承运人发现上述情况时，在始发站应拒绝其乘机，在经停站应终止其乘机。

（3）接受安全检查及疫情检查

旅客不得随身携带或在行李中夹带易燃、易爆、有毒、有腐蚀性、有放射性以及有可能危及运输工具上人身和财产安全的危险品或者其他违禁物品；如系国际运输，旅客则不得携带国家规定的禁止出境和入境的物品。根据国务院的规定，乘坐国际国内民航班机的旅客，不得携带枪支、弹药或其他凶器乘机；旅客登机前，有关部门可以对其进行人身检查和开箱检查，拒绝检查者不准登机。旅客及行李物品，必要时要接受有关部门的疫情检查，染疫人、染疫嫌疑人要接受相应的处置。

（4）旅客托运行李、包裹时，应当对运输单上填写的各项声明、说明的正确性负责

11.2.3 旅游交通法律关系中运输主体（承运人）的权利

（1）收取运输费用与服务费的权利

承运人向旅客提供交通运输服务，有权要求旅客支付票款或运输费用。如果由于旅客的原因导致的误机、漏乘、错乘、客票遗失、超程乘运、超级乘运等引起客票变更、补票、退票服务，可按照规定合理、合法收取相应的服务费用。

（2）维护运输安全

承运人和有关部门在旅客登上交通工具之前和运送过程中，有权利对旅客及其行李实行安全检查。为了维护旅客的人身、财产安全，以及承运人的利益，对在运输过程中旅客危害运输安全的行为，承运人有权制止。尤其是在航空运输中，对航空运输的安全要求尤为严格，在航空器内，禁止旅客实施危及飞行安全和扰乱航空器内秩序的行为。如在禁烟区吸烟；抢占座位、行李舱（架）；打架、酗酒、寻衅滋事；盗窃、故意损坏或者擅自移动救生物品和设备等。此外，除了便携式录放机、助听器和心脏起搏器以外，未经承运人允许，旅客不得在航空器上使用任何其他电子设备。

（3）在规定的条件下，旅游交通运输主体有拒绝乘运旅客及其行李物品的权利

通常情况下，旅游交通运输主体不得拒绝乘运旅客及其行李物品的权利，否则就构成违约。但是，符合有关法律法规的规定时，旅游交通运输主体有权拒绝乘运旅客及其行李物品。例如旅客无票乘车，不支付票款时，旅游交通运输主体可以拒绝运输；旅客不得随身携带或者在行李中夹带易燃、易爆、有毒、有腐蚀性、有放射性、可聚合物质以及有可能危及运输工具上人身和财产安全的危险物品或者其他违禁物品，旅客坚持携带或者夹带违禁物品，不听劝阻，旅游交通运输主体有权拒绝运输。

我国《国内民航旅客、行李运输规则》规定：无成人陪伴儿童、病残旅客、孕妇、盲人、聋人或犯人等特殊旅客，只有在符合承运人规定的条件下经承运人预先同意并在必要时做出安排后，方予载运，否则可以拒绝乘运；传染病患者、精神病患者或健康情况可危及自身或影响其他旅客安全的旅客，承运人不予承运。

一般说来，法律法规规定旅游交通运输主体有权拒绝运输的情形都是有可能危害到交通运输安全和旅客人身、财产安全的情况，这也是为了保护旅客的利益。非法定理由，旅游交通运输主体不得行使该项权利。

（4）要求旅客赔偿的权利

如果旅客违反旅游运输合同的约定，例如，旅客预定机座，在约定的期限内未能前来购买定座客票，给航空部门造成损失的，承运人有权要求其赔偿。在旅游运输过程中，旅客损害或破坏旅游交通工具、交通设施，旅游交通部门或企业有权要求其赔偿，情况严重的，依法由司法机关处理。

11.2.4 旅游交通法律关系中承运人的义务

(1) 要按照约定的时间和路线运送旅游者

要按照约定的时间和班次运输。《合同法》第299条规定，一是承运人应当按照客票载明的时间和班次运输旅游者；二是要在约定的时间或合理期间内将旅游者安全送达目的地。

承运人应当按照约定或者通常的运输路线将旅客、货物运输到约定地点。承运人未按照约定路线或者通常路线运输而要增加票款或者运输费用的，旅客、托运人或者收货人可以拒绝支付增加部分的票款或者运输费用。

(2) 保证旅客的人身财产安全

《合同法》对此有明确规定：一是承运人在运输过程中，应当尽力救助患有急病、分娩、遇险的旅客。二是承运人应当对运输过程中旅客的伤亡承担损害赔偿责任，但伤亡是旅客自身健康原因造成的或者承运人证明伤亡是旅客故意、重大过失造成的除外。这一规定适用于按规定免票、持优待票或者经承运人许可搭乘的无票旅客。三是在运输过程中旅客自身物品毁损、灭失，承运人有过错的，应当承担损害赔偿责任。旅客托运的行李毁损、灭失的，按照货物运输的有关规定赔偿。

(3) 实施安全检查

承运人和有关部门在旅客登上交通工具之前和运送旅客过程中，有义务对旅客及其行李实施安全检查。发现旅客违反规定携带或在行李中夹带违禁物品的，承运人可以将违禁物品卸下、销毁或送交有关部门。旅客坚持携带或夹带违禁物品的，承运人应当拒绝运输。

(4) 告知义务

旅游交通运输主体有向旅客告知安全运输的注意事项和有关不能正常运输的重要事由，使旅客了解运输过程中出现的各种问题的义务。旅游交通运输主体对可能危及人身、财产安全的情形，应当向旅客作出真实的说明和明确的警示，并说明和标明正确使用或者接受服务的方法以及防止危害发生的方法。

11.3 违反旅游交通法的法律责任

旅游交通运输法律、法规规定法律责任的条款很多，范围相当广泛，按照法律责任的性质可以将其划分为刑事责任、行政责任和民事责任。本节重点讲授航空运输和铁路运输中承运人应承担的民事责任。

11.3.1 合同违约责任

根据《合同法》有关规定，承运人延迟运输的，应当根据旅客要求，安排改乘其他班次或者退票；旅客因自己的原因不能按照客票记载的时间乘坐的，应当在约定的时间内办理退票或者变更手续。逾期办理的，可以不退票款，并不再承担运输义务。有关交通运输部门对此有一些较为具体的规定：

(1) 因民航、铁路运输部门的原因，造成原客运合同不能履行的，承运人应优先安排有关旅客乘坐其他车班次到达目的地。旅客要求退票的，应予退还全部票款。铁路旅客因病在客票有效期内要求退票，且出具医疗单位证明的，应退还全部票款，中途站退还已收票价与乘车区间票价的差额。

（2）旅客自愿变更旅游合同，要求退票的，加收一定比例的退票费。民航旅客购票后要求变更乘机日期、航班、航程，按退票处理（因病且提供医疗单位证明者除外）；要求变更乘机人的只限1次，再次变更的，按退票处理。

（3）民航旅客未按规定办理手续或其旅行证件不合规定而未能乘机的，如要求退票，需加收一定比例的退票费。办妥乘机手续而未能乘机或在经停站过时未能搭乘原航班的，如果是旅客的责任造成的，则机票作废；如果是航班飞行不正常造成的，民航应尽可能安排其乘坐后续班机，如旅客要求退票，在始发站应退还其全部票款，在经停站应退还未使用航段的票款。铁路旅客在中途停车站乘坐其所持车票票面指定的日期、车次，未乘区间的票款不退；在中途站下车，其直达票、卧铺票失效。

（4）涂改、缺损的客票和擅自转让的民航客票无效。

11.3.2 侵权责任

11.3.2.1 民用航空运输中侵权责任的承担

（1）承运人对旅客人身伤亡承担民事责任的条件

《民用航空法》规定："因发生在民用航空器上或者在旅客上、下民用航空器过程中的事件，造成旅客人身伤亡的，承运人应当承担责任；但是旅客的人身伤亡完全是由于旅客本人的健康状况造成的，承运人不承担责任。"根据上述规定承运人对旅客人身伤亡是否承担民事责任的情况包括以下几个方面：第一，承运人承担民事责任的对象是旅客。旅客是与承运人签订了航空运输合同而被送运的人，而不是旅客之外的其他人。通常情况下，旅客即是航空运输客票的持票人；但承运人同意某人不经其出票而登机时，该乘机人员虽不持有客票但仍是旅客。承运人仅对发生在民用航空器内或者在其上、下民用航空器过程中的事件造成旅客的人身伤亡承担责任；对发生在民用航空器内或者在其上、下民用航空器过程中的事件造成旅客以外的其他人的人身伤亡，依《民用航空法》规定，承运人不承担民事责任。第二，承运人承担民事责任的范围仅限于人身伤亡，即旅客的死亡或者肉体上的伤害，而不包括旅客精神上的痛苦。第三，旅客的人身伤亡是因发生在民用航空器上或在旅客上、下民用航空器过程中的事件造成的，且这一事件与旅客的人身伤亡存在着因果联系。这里所称的事件是指发生在民用航空器上或者发生在旅客上、下民用航空器过程中，与航空运输操作或者航空运输服务有关的，造成旅客人身伤亡的任何事情。即包括航空运输过程中发生的航空事故，如飞机坠毁；也包括尚未构成事故的航空事件，例如某旅客在飞机上被劫机者杀害，又如因承运人的受雇人或代理人的不当行为引起的旅客受伤。可见，事件一词含义很广，它是指任何与航空运输有关的事件。第四，承运人的责任期间是"在民用航空器上或者在旅客上、下民用航空器过程中"。凡在该期间以外的事件，造成人身伤亡，承运人不承担责任。

对完全是由于旅客本人的健康状况，即旅客的疾病而造成的旅客人身伤亡，承运人不承担责任；对部分是由于旅客本人的健康状况造成的旅客人身伤亡，承运人应当承担责任。例如，某旅客患有心脏病，飞行中飞机发生剧烈颠簸造成该旅客摔倒，病发身亡，承运人应对该旅客的死亡承担责任。

（2）承运人对旅客随身携带物品的民事责任

《民用航空法》规定："因发生在民用航空器上或者在旅客上、下民用航空器的过程中的事件，造成旅客随身携带物品的毁灭、遗失或者损坏的，承运人应当承担责任。旅客随身携带物品的毁灭、遗失或者损坏完全是由于行李本身的自然属性、质量或者缺陷造成的，承运人不承担责任。"此规定的含义是：承运人应当对因发生在民用航空器上或者在旅客上、下民用航空器过程中的事件，造成旅客随身携带物品的毁灭、遗失或者损坏的，承担责任；旅客随身携带物品的毁灭、遗失或者损坏完全是由于行李本身的自然属性、质量或者缺陷造成的，承运人不承担责任；对部分因旅客随身携带物品本身的自然属性、质量或者缺陷造成的毁灭、遗失或者损坏，承运人仍应承担责任。

（3）承运人对旅客托运行李的民事责任

《民用航空法》规定："因发生在民用航空运输期间的事件，造成旅客的托运行李毁灭、遗失或者损坏的，承运人应当承担责任。"此规定的含义是：承运人应当对发生在民用航空运输期间的事件，造成旅客的托运行李毁灭、遗失或者损坏的，承担责任；如果托运行李的毁灭、遗失或者损坏完全是由于行李本身的自然属性、质量或者缺陷造成的，承运人不承担责任；如果托运行李的毁灭、遗失或者损坏部分是由于行李本身的自然属性、质量或者缺陷造成的，承运人仍要承担责任。

（4）承运人对延误旅客、行李运输的民事责任

《民用航空法》规定："旅客、行李或货物在航空运输中因延误造成的损失，承运人应当承担责任，但是承运人证明本人或者其受雇人、代理人为了避免损失的发生，已经采取一切必要措施，或者不可能采取此种措施的，不承担责任。"依照此规定：承运人只在因延误造成损失时才承担责任，如果延误没有造成任何损失，承运人就不承担责任；如果承运人能够履行其举证责任，证明其本人或者其受雇人、代理人为了避免损失的发生，已经采取一切必要措施，或者不可能采取此种措施的，不承担责任；在旅客运输中，承运人如果不能证明延误是由于天气条件、机械损坏等无法控制的原因造成的，或者不能证明承运人本人或者其受雇人、代理人已经以应有的勤勉，采取了一切合理的、正常的、必要的措施确保航班的正点起飞和准点到达终点，就应当对因延误引起的损失承担责任。

（5）关于国内航空运输承运人的赔偿责任

《民用航空法》第128条规定："国内航空运输承运人的赔偿责任限额由国务院民用航空主管部门制定，报国务院批准后公布执行。"和《国内航空运输承运人赔偿限额规定》（2006年3月28日起施行）的规定，承运人按本规定应当承担赔偿责任的，对每名旅客的最高赔偿金额为人民币40万元；每名离开随身携带物品的赔偿责任限额人民币3000元；对旅客托运行李和运输的货物赔偿责任限额每千克人民币100元。

旅客可以自行决定向保险公司投保航空运输人身意外伤害险。此项保险金额的给付、不得免除或减少承运人应当承担的赔偿金额。

航空运输的诉讼时效为2年，从民用航空器到达目的地点、应到达目的地点或者运输终止之日起计算。

此外，法律允许旅客可以就旅客的人身伤亡及延误事先与承运人书面约定高于行政法规规定的赔偿责任限额。一旦发生了旅客人身伤亡及延误时，承运人即应在约定的赔偿责任内承担责任。

（6）关于国际航空运输承运人的赔偿责任

《统一国际航空运输某些规则的公约》规定，国际航空运输承运人的赔偿责任限额按照下列规定执行：旅客或者托运人在交付托运行李或者货物时，特别声明在目的地点交付时的利益，并在必要时支付附加费的，除承运人证明旅客或者托运人声明的金额高于托运行李或者货物在目的地点交付时的实际利益外，承运人应当在声明金额范围内承担责任。根据《统一国际航空运输某些规则的公约》（又称《蒙特利尔公约》，该公约于2005年7月31日对我国生效），中国民航国际航空运输的赔偿责任限额为：对每名旅客的赔偿责任限额为10万特别提款权（约合13.5万美元）以下的，除非损失是由索赔人或者旅客本人的过错造成或者促成的，航空公司不能免除责任；超过10万特别提款权的部分，除非航空公司证明损失不是由于它自身的过错造成的，或者损失完全是由于第三人的过错造成的，不然的话，航空公司还应承担赔偿责任。

对托运行李或者货物的赔偿责任限额，每千克为17特别提款权。旅客或者托运人在交付托运行李或者货物时，特别声明在目的地点交付时的利益，并在必要时支付附加费的，除承运人证明旅客或者托运人声明的金额高于托运行李或者货物在目的地点交付时的实际利益外，承运人应当在声明金额范围内承担责任。

托运行李或者货物的一部分或者托运行李、货物中的任何物件毁灭、遗失、损坏或者延误的，用以确定承运人赔偿责任限额的重量，仅为该一包件或者数包件的总重量；但是，因托运行李或者货物的一部分或者托运行李、货物中的任何物件的毁灭、遗失、损坏或者延误，影响同一份行李票或者同一份航空货运单所列其他包件的价值的，确定承运人的赔偿责任限额时，此种包件的总重量也应当考虑在内。

对每名旅客随身携带物品的赔偿责任限额为1000特别提款权。

以上规定除赔偿限额外，同样适用于国内航空运输。

11.3.2.2　国内铁路运输中侵权责任的承担

（1）承担范围和限额

2007年9月1日起施行的《铁路交通事故应急求援和调查处理条例》规定，适用于国内铁路旅客运输中（旅客自剪票进站直至到达行程终点出站时止）所发生的旅客人身伤亡及其自带行李损失的赔偿，其人身伤亡及自带行李损失的赔偿限额分别为人民币15万元和2000元。铁路运输企业和旅客可以书面约定高于法定的赔偿责任限额。

赔偿请求的提出与诉讼。旅客或其继承人向铁路运输企业要求赔偿的请求，应当自事故发生之日起1年内提出，铁路运输企业应当自收到赔偿请求之日起30日内答复。如果双方对损害赔偿发生争议，可以向人民法院提起诉讼。

铁路运输企业和旅客可以书面约定高于上述规定的赔偿责任限额。此外，铁路运输企业给付赔偿金，不影响旅客按照国家有关铁路意外伤害强制保险规定获取保险金。

（2）减轻和免除法律责任的条件

由于不可抗力或旅客自身因素造成的损害，可以减轻或免除承运人的责任。铁道部颁发的《铁路旅客运输损害赔偿规定》第4条规定，由于不可抗力或者旅客自身原因造成人身伤亡和自带行李损失的，铁路运输企业不承担赔偿责任。《中华人民共和国民用航空法》和国家民航局颁发的《国内航空旅客、行李运输规则》规定，承运人如能证明旅客死亡、受伤是不可抗力或旅客本人健康状况造成的，或者是由于旅客本人过失或故意行为造成的，可以减轻或免除承运人的责任；旅客随身携带物品或者托运行李的毁灭、遗失或者损坏完全是由于行李本身的自然属性、质量或者缺陷造成的，承运人不承担责任；在旅客、行李运输中，经承运人证明，损失是由索赔人的过错造成或者促成的，应当根据造成或者促成此种损失的过错的程度，相应免除或者减轻承运人的责任；旅客以外的其他人就旅客死亡或者受伤提出赔偿请求时，经承运人证明，死亡或者受伤是旅客本人的过错造成或者促成的，同样应当根据造成或者促成此种损失的过错的程度，相应免除或者减轻承运人的责任。

【课堂讨论题】

违反交通法律的行政责任和刑事责任有哪些？

【思考题】

1. 旅客有哪些主要权利？
2. 承运人有哪些主要权利？
3. 承运人对旅客承担哪些责任？
4. 关于承运人责任免除或减轻有哪些规定？

【案例分析】

突遇大雾难起飞丧失商机谁应赔

张某是广州某公司经理，百忙之中抽出几天时间去哈尔滨旅游。当他正玩得尽兴的时候，公司工作人员打来电话，说有一笔大生意需要他马上赶回去谈判。如果这笔生意能够谈成，公司会赚一大笔钱。张某急忙购买了第二天的机票，准备尽快赶回广州。不料，第二天因降大雾，飞机被迫推迟起飞。眼看就要到手的买卖泡汤了，张某又急又恼。这时，有人建议他向航空运输部门提出索赔。张某一时拿不准，不知这样做有没有根据。

请问：

1. 你认为他人给张某提的建议有法律依据吗？请说明具体的理由。
2. 航空公司在什么情况下给予赔偿？目前的赔偿额度是多少？

【本章推荐阅读书目】

旅游管理法规教程. 向三九. 济南大学出版社，2004.
旅游法与航空法. 张世良. 四川大学出版社，2006.
旅游法规案例精选与解析. 张坚钟 . 中国旅游出版社，2004.

第12章 旅游安全法规制度

【本章概要】

本章主要介绍旅游安全管理的重要意义、特点、方针和我国主要的旅游安全管理法规制度；重点阐述了旅游安全管理机构及职责、旅游安全事故的分类和相应的处理程序及外国旅游者在华旅游期间发生伤亡情况的处理程序；最后介绍与旅游安全管理有关的几个具体规定。

【学习目标】

- 了解旅游安全的重要性及旅游安全的特点；
- 熟悉旅游安全法规制度的概念和旅游安全管理工作的方针；
- 了解我国旅游安全管理体制、原则及相关机构的职责；
- 掌握旅游安全事故处理的程序及主要安全旅游管理的规定。

【关键性术语】

旅游安全、旅游安全管理体制、旅游安全事故、索道安全管理、漂流旅游安全管理、游艺机与游乐设施安全管理。

【章首案例】

大风造成索道支架脱索酿成事故，相关单位和人员是否有责任？

北方某旅行社组织一旅游团到南方旅游，在搭乘某景区索道时，索道沿线突刮大风，造成其一支架脱索，索道自动停车。由于脱索位置显示装置失灵，不能显示脱索位置，该客运索道公司在没有对全部支架检查确认的情况下，再次运行，结果造成钢丝绳在支架上滑动，吊厢刮在支架上脱落，造成2名游客死亡，多名游客受重伤。

请问：

1. 这一旅游安全事故属于什么等级？
2. 相关单位和人员应承担哪些责任？

12.1 旅游安全概述

12.1.1 旅游与安全

旅游安全是指旅游活动中各相关主体的一切安全现象的总称。它包括旅游活动各环节的相关现象，也包括旅游活动中涉及的人、设备、环境等相关主体的安全现象，既包括旅游活动中的安全观念、意识培育、思想建设与安全理论等“上层建筑”，也包括旅游活动中安全的防控、保障与管理等“物质基础”。没有安全，便没有旅游。旅游安全是旅游业的生命线，是旅游业发展的基础和保障。旅游业发展的事实证明，旅游安全事故的出现，不仅影响旅游活动的顺利进行，而且可能带来巨额经济损失；旅游安全事故危及旅游者生命和财产，直接影响社会的安定团结；旅游安全事故还会损害国家的旅游声誉，阻碍旅游业发展。因此，加强旅游安全管理具有重要意义。

12.1.2 旅游安全管理的特点

旅游安全管理工作具有下列主要特点：第一，不安全因素较多，潜在危险大。诱发的原因包括自然原因和人为原因，前者如海啸、火山、地震等自然灾害；后者如旅游企业工作人员或其他人员的过错行为及旅游活动过程中的各种犯罪行为。这些都为安全管理工作增大了难度。第二，旅游安全责任重大。旅游安全事故涉及人的生命、财产和其他合法权益，事故一旦发生，往往给国家造成政治上、经济上的巨大损失，因而旅游安全要求标准高，必须全面预防，突出重点。第三，对安全管理人员的素质要求高。旅游安全管理涉及防火、防暴、防盗，所发生的事故涉及国内、国外，由于旅游者住宿时间短、流动性强、破案时间急，因而要求安全管理人员法制观念强、政策水平高、知识面广、业务能力过硬。

正因为旅游安全对旅游业来说至关重要，所以我国历来十分重视旅游安全工作。国家旅游局、公安部多次发出通知，要求各地采取有力措施，保障旅游者的安全。自1989年以来，国家旅游局先后多次召开全国旅游安全管理工作会议，要求旅游工作人员忠于职守，切实做好旅游安全工作，为我国旅游业的发展做出贡献。

12.1.3 旅游安全管理法规制度

旅游安全管理法规制度，是指国家为保障旅游者的人身、财产安全而制定和颁布，并强制推行的法律规范的总称。目前我国调整旅游安全关系的法律规范主要是行政法规。早在1988年1月28日国家旅游局就发布了《关于切实加强旅游安全工作的紧急通知》，同年6月，国家旅游局、公安部联合发出了《关于进一步加强旅游安全保卫工作的通知》，要求各地采取切实措施保障旅游者的安全。此后，国家旅游局先后制定了《旅游安全管理暂行办法》《旅游安全管理暂行办法实施细则》《重大旅游安全事故报告制度试行办法》《重大旅游安全事故处理程序试行办法》《漂流旅游安全管理暂行办法》《旅游突发公共事件应急预案》；国家旅游局和公安部联合发布了《关于加强旅游涉外饭店安全管理严防恶性案件发生的通知》《关于加强宾馆饭店等旅游设施消防安全工作的通知》；国家技术监督局、建设部、国家旅游局、公安部、劳动部、国家工商行政管理局联合颁布了《游艺机和游乐设施安全监督管理规定》；劳动部颁发《客运架空索道安全运营与监察规定》；国家旅游局和外交部联合发布了《中国公民出境旅游突发事件应急预案》等一系列旅游安全规章制度，各省、自治区、直辖市也先后出台了相关的地方性旅游安全管理法规。这一系列的行政法规使我国的旅游安全管理工作初步纳入规范化和法制化的轨道，使旅游安全管理有法可依，有章可循。

12.2 旅游安全管理体制

12.2.1 概述

《旅游安全管理暂行办法》规定，旅游安全管理工作实行“统一领导，分级管理，以基层为主”的原则。即旅游安全管理工作实行在国家旅游局的统一领导下，各级旅游行政管理部门分级管理的体制。各级旅游行政管理部门在当地政府的领导下，会同有关部门，对旅游安全进行管理。原则要求各级旅游行政管理部门必须建立和完善旅游安全管理机构，扎扎实实地做好旅游安全工作。

12.2.2 旅游安全管理机构及职责

根据《旅游安全管理暂行办法》规定，旅游安全管理机构负有的职责是：指导、督促、检查本地区旅游企、事业单位贯彻执行本办法及国家制定的涉及旅游安全的各项法规的情况；组织、实施旅游安全教育和宣传；会同有关部门对旅游企、事业单位进行开业前的安全设施检查验收工作；督促、检查旅游企、事业单位落实有关旅游者人身、财物安全的保险制度；受理旅游者有关安全问题的投诉，并会同有关部门妥善处理；建立和健全安全检查工作制度，定期召开安全工作会议；参与涉及旅游者人身、财物安全的事故处理。

此外，《旅游安全管理暂行办法实施细则》进一步规定旅游安全管理工作实行在国家旅游管理部门的统一领导下，各级旅游行政管理部门分级管理的体制。并对旅游安全管理工作的职责进行了明确的分工。

（1）国家旅游安全管理工作主要职责

国家旅游行政管理部门在旅游安全管理工作上的主要职责是：制定国家旅游安全管理规章，并组织实施；会同国家有关部门对旅游安全实行综合治理，协调处理旅游安全事故和其他安全问题；指导、检查和监督各级旅游行政管理部门和旅游企事业单位的旅游安全管理工作；负责全国旅游安全的宣传、教育工作，组织旅游安全管理人员的培训工作；协调重大旅游安全事故的处理工作；负责全国旅游安全管理方面的其他有关事项。

（2）县级以上（含县级）地方旅游行政管理部门在旅游安全管理工作上的职责

地方各级旅游行政管理部门在旅游安全管理工作上的职责是：贯彻执行国家旅游局旅游安全法规；制定本地区旅游安全的规章制度，并组织实施；协同工商、公安、卫生等有关部门，对新开业的旅游企事业单位的旅游安全管理机构、规章制度及其消防、卫生防疫等安全设施、设备进行检查，参加开业前的验收工作；协同公安、卫生、园林等有关部门，开展对旅游安全环境的综合治理工作，防止向旅游者敲诈、勒索、围堵等不法行为的发生；参与旅游安全事故的处理工作；受理本地区涉及旅游安全问题的投诉；负责本地区旅游安全管理的其他事项。

（3）基层单位旅游安全管理工作的职责

基层单位指的是旅行社、旅游饭店、旅游车船公司、旅游购物商店、旅游娱乐场所和其他旅游经营企业和事业单位等。旅游安全管理是以“基层为主”的体制，即旅游安全工作如何，关键在基层。作为旅游安全管理工作的基层单位，其安全管理工作的职责是：设立安全管理机构，配备安全管理人员；建立安全规章制度，并组织实施；建立安全管理责任制，将安全管理的责任落实到每个岗位、每个职工；接受当地旅游行政管理部门对旅游安全管理工作的行政管理和检查、监督；把安全教育、职工培训制度化、经常化；培养职工的安全意识，普及安全常识，提高安全技能，对新招聘的职工必须经过安全培训，合格后才能上岗；新开业的旅游企、事业单位，在开业前必须向当地旅游行政管理部门申请安全设施、设备、安全管理机构、安全规章制度的检查验收，检查验收不合格者，不得开业；坚持日常的安全检查工作，重点检查安全规章制度的落实情况和安全管理漏洞，及时消除不安全隐患；对用于接待旅游者的汽车、游船和设施，要定期进行维修和保养，使其始终处于良好的安全技术状况；在运营前进行全面的检查，严禁带故障运行；对旅游者的行李要有完备的交接手续，明确责任，防止损坏或丢失；在安排旅游团队的游览活动时，要认真考虑可能影响安全的诸项因素，制定周密的行程计划，并注意避免司机处于过分疲劳状态；负责为旅游者投保；直接参与处理涉及本单位的旅游安全事故，包括事故处理、善后处理及赔偿事项等；开展登山、汽车、狩猎、探险等特殊旅游项目时要事先制订周密的安全保护预案和急救措施，重要团队需按规定报有关部门审批。

12.3 旅游安全管理方针和旅游安全事故处理

12.3.1 旅游安全管理工作的方针

根据《旅游安全管理暂行办法》规定，为了切实加强旅游安全管理工作，保障旅游者人身、财产安全，旅游安全管理工作实行“安全第一，预防为主”的方针。

“安全第一”是指在旅游活动全过程中，无论是旅游行政管理部门，还是旅游经营单位，或者是旅游从业人员，都必须自始至终把安全工作放在第一位，不得有丝毫懈怠的思想。安全问题是头等重要的问题，不仅影响到旅游业的形象和信誉，也关系到旅游业的生存与发展，关系到经济繁荣和社会稳定。

“预防为主”是指对于旅游活动可能发生的安全事故，旅游行政管理部门、旅游企业和旅游从业人员一定要把预防工作做在先，切不可等到安全事故发生后再去做，防患于未然。这就要求各级旅游行政管理部门、旅游企业和旅游从业人员切实增强旅游安全责任心，建立健全各项旅游安全的规章制度，在实际工作中严格按照旅游安全规章制度去做，增强风险防范意识，切实做到“预防为主”。

旅游安全管理工作的方针既是旅游业发展规律的要求和反映，也是对旅游业发展实践经验的总结与认识。

12.3.2 旅游安全事故的处理

12.3.2.1 旅游安全事故的概念及其分类

根据《旅游安全管理暂行办法》规定，旅游安全事故是指在旅游活动的过程中，涉及旅游者人身、财产安全的事故。旅游安全事故分为轻微、一般、重大和特大事故4个等级。

轻微事故 是指一次事故造成旅游者轻伤，或经济损失在1万元以下者。

一般事故 是指一次事故造成旅游者重伤，或经济损失在1万~10万元者。

重大事故 是指一次事故造成旅游者死亡或旅游者重伤致残，或经济损失在10万~100万元者。

特大事故 是指一次事故造成旅游者死亡多名，或经济损失在100万元以上，或者性质特别严重，产生重大影响者。

另外，1993年4月15日国家旅游局发布的《重大旅游安全事故报告制度试行办法》《重大旅游安全事故处理程序试行办法》对重大旅游安全事故又作了特别的界定：造成海外旅游者人身重伤、死亡的事故；涉外旅游住宿、交通、游览、餐饮、娱乐、购物场所的重大火灾及其他恶性事故；其他经济损失严重的事故。

12.3.2.2 对旅游安全事故处理的一般程序

旅游安全事故发生后，应依照《旅游安全管理暂行办法》及《旅游安全管理暂行办法实施细则》的规定，按下列程序处理。

（1）陪同人员应当立即上报主管部门，主管部门应当及时报告归口管理部门

即事故发生后，导游及现场有关人员应当立即向其所属单位和当地旅游行政管理部门报告。当地旅游行政管理部门在接到一般、重大、特大旅游安全事故报告后，要尽快向当地人民政府报告，对重大、特大旅游安全事故，要同时向国家旅游行政管理部门报告。

（2）要会同事故发生地的有关单位严格保护现场

对事故发生地现场的保护十分重要，因为它直接涉及能否准确地确定事故性质，寻找破案线索，也关系到安全事故的妥善处理。所以，一旦发生旅游安全事故，现场有关人员一定要配合公安或其他有关方面，严格保护事故发生地现场。

（3）协同有关部门进行抢救、侦查

当旅游安全事故发生后，地方旅游行政管理部门和有关旅游企事业单位及人员，要积极配合公安、交通、救护等有关方面，组织对旅游者进行紧急救援，并采取有效措施，妥善处理善后事宜。

（4）有关单位负责人应及时赶赴现场处理

有关单位负责人包括组团社、地接社、旅游汽车公司、事故发生地和组团社所在地旅游行政管理部门的负责人。安全事故发生后，有关旅游企事业单位和当地旅游行政管理部门的负责人，应当及时赶赴现场指挥，并采取适当的处理措施。

12.3.2.3 对重大旅游安全事故处理的程序

对于重大旅游安全事故的处理原则是由事故发生地的人民政府牵头协调有关部门以及事故责任方及其主管部门负责处理，必要时可成立事故处理领导小组。具体按下列程序处理：

（1）报告事故

在重大旅游安全事故发生后，报告单位应当立即派人赶赴现场，组织抢救工作，并及时报告当地公安部门。报告单位如不属于事故方或责任方的主管部门，应按照事故处理小组的部署做好有关工作。

（2）保护现场

在旅游安全事故发生后，公安部门人员尚未进入事故现场，如因现场抢救工作需要移动物证时，应做出标记，并尽量保持事故现场的客观、完整。如有伤亡情况，应立即组织医护人员进行抢救，并及时报告当地卫生部门。与此同时，事

故报告单位应当确认伤亡人员的身份以及保险情况，并进行登记。如有死亡事故，应注意保护好遇难者的遗骸、遗体。对事故现场的行李和物品，要认真清理和保护，并逐项登记造册。

(3) 提供有关证明文件

在伤亡事故的处理过程中，责任方及主管部门负责联系有关部门为伤残者或伤亡者家属提供有关证明文件。

如果伤亡者中有来自海外的旅游者，责任方和报告单位在对伤亡人员核实后，要及时报告当地外事部门及国家旅游局，由当地外事部门或国家旅游局负责通知所属国家驻华使、领馆，而有关组团旅游社及时通知海外旅行社，并及时函电抚慰伤亡者家属。有关接待主管部门要做好伤亡人员家属的接待工作。

12.3.2.4 对特大旅游安全事故处理的程序

根据国务院1989年3月颁布实施的《特别重大事故调查程序暂行规定》的规定，所谓特别重大事故是指造成特别重大人身伤亡或者巨大经济损失以及性质特别严重、产生重大影响的事故。从旅游业来说，特别重大旅游安全事故是指一次事故造成旅游者死亡多名，或经济损失在100万元人民币以上，或者性质特别严重、产生重大影响者。根据《旅游安全管理暂行办法》规定，对特别重大的旅游安全事故的调查处理适用国务院发布的《特别重大事故调查程序暂行规定》。依据这一规定，当特别重大的旅游安全事故发生后，应注意做好以下工作。

(1) 报告事故

特大事故发生单位应立即将发生特大事故的情况报告上级归口管理部门和所在地地方人民政府，并报告所在地的省、自治区、直辖市人民政府和国务院归口管理部门，并且在24h内写出书面事故报告，报送上述部门。如涉及军民两个方面的特大事故，特大事故发生单位在事故发生后，必须立即将所发生特大事故的情况报告当地警备司令部或最高军事机关，并应当在24h内写出事故报告，报上述单位。省、自治区、直辖市人民政府和国务院归口管理部门，在接到特大事故报告后，应当立即向国务院作出报告。

(2) 现场保护

特大事故发生后，事故发生地有关单位在组织抢救的同时必须严格保护好事故现场，特大事故发生地公安部门应当立即派人赶赴现场，做好责任事故现场的保护和证据收集工作。对于特大事故现场的勘查工作，由特大事故发生单位所在地地方人民政府负责组织有关部门进行。

(3) 事故调查

根据《特别重大事故调查程序暂行规定》，特大事故发生后，按照事故发生单位的隶属关系，由省、自治区、直辖市人民政府或者国务院归口管理部门成立特大事故调查组，负责特大事故调查工作。此外，对于某些特大事故，国务院认为应当由国务院调查的，则可以决定由国务院或者国务院授权的部门组织成立特大事故调查组。

12.3.2.5 外国旅游者在华旅游期间发生伤亡情况的处理

(1) 特别注意事项

在重大和特别重大旅游安全事故中，经常会发生外国旅游者伤亡的情况，对于外国旅游者伤亡事故的处理，应当特别注意下列事宜：

● 立即通过外事管理部门通知相关国家驻华使馆和组团单位。

● 为前来了解、处理事故的外国使、领馆人员和组团单位及伤亡者家属提供方便。

● 与有关部门协调，为国际急救组织前来参与对在国外投保的旅游者（团）的伤亡处理提供方便。

● 对在华死亡的外国旅游者严格按照外交部《外国人在华死亡后的处理程序》办理。

（2）《外国人在华死亡后的处理程序》的主要内容

死亡的确定 死亡可分正常死亡和非正常死亡。因年迈或其他病而自然死亡的，属于正常死亡；因意外突发事故死亡的，属于非正常死亡。旅游活动中，外国旅游者在华旅游期间的死亡情况也可分为正常死亡和非正常死亡。

一经发现外国人在华死亡，发现人（包括个人或单位）应当立即报告当地公安局、外事办，并在上述部门同意后通知死者所属的旅游团组负责人。如属正常死亡，善后处理工作由接待单位负责；没有接待单位的（包括零散旅客），由公安机关会同有关部门共同处理。如属非正常死亡，应保护好现场，由公安机关进行取证并处理。一般尸体在处理前应妥为保存（如防腐、冷冻）。

对外通知 一经确定死亡后，根据《维也纳领事关系公约》或双边领事条约的规定，以及国际惯例，外国人在华死亡后应尽快通知死者家属及其所属国家驻华使、领馆。凡属正常死亡的外国人，在通报公安部门和地方外事办后，由接待或聘用单位负责通知死者家属及其所属国在华使、领馆；如死者在华无接待单位，由公安部负责通知。如果死者所属国同我国签订的领事条约有通知时限规定的，按条约规定办；如无此类条约规定，应按《维也纳领事关系公约》的规定和国际惯例尽快通知。

尸体解剖 正常死亡者或者死因明确的非正常死亡者，一般不作尸体解剖。若其死者家属或其所属驻华使、领馆要求解剖，我方可同意但必须要有死者家属或使、领馆官员的书面请求。对于非正常死亡者，为查明死因，需要进行解剖时，由公安、司法机关按有关规定办理。

出具证明 正常死亡，由县级或县级以上医院出具《死亡证明书》。如死者死前曾住院治疗或抢救，应其家属要求，医院可提供“诊断书”或“病历摘要”；非正常死亡，由公安机关或司法机关的法医出具《死亡鉴定书》，为了减少不必要的麻烦，证明书的内容应简单明了，解剖证明书也不必过于详细。交死者家属死者所属使、领馆的《死亡证明书》《死亡鉴定书》《解剖结果证明书》等，应注意与死因相符。对外公布死因要慎重。县级或县级以上的医院出具的“死亡证明”、公安机关或司法机关的法医出具的《死亡鉴定书》，如果死者家属要求办理认证手续（按规定这两种手续无需办理认证），可在直接办理认证的有关外国驻华使、领馆办理。

尸体处理 对在华死亡的外国人的尸体，可在当地火化，亦可将尸体运回其本国。究竟如何处理，应尊重死者家属意愿或在所属使、领馆提出书面请求并签字后进行，骨灰由他们带回或运送回国。如外方不愿意在中国火化，可同意将尸体运送回国。但是，运输手续和费用原则上由外方自理。如果办理手续有困难，接待单位或有关部门可给予必要的协助。

为了做好外方工作和从礼节上考虑，对受聘或有接待单位的死者，在火化或尸体运回国前，可由聘用接待单位为死者举行简单的追悼仪式。如外方要求举行宗教仪式，应视当地条件，安排举行一个简单的宗教仪式。如外方要求将死者在中国土葬，可以以我国殡葬改革，提倡火葬为由予以婉拒。如果外方要求将骨灰埋在中国或撒在中国的土地上，一般亦予以婉拒。若死者为对中国作出特殊贡献的友好知名人士，应报请省级或国家民政部门决定。

骨灰或尸体运输 中国民航国内运输一般不办理尸体运输业务。特殊情况需要向当地民航局提出申请，而且应按照民航运输的规定包装，并提供必要的证明文件。

遗物处理 清点死者遗物应有死者偕行人员，所属使、领馆人在场。如无偕行人员，使、领馆人员又不能到场，可请公证处公证人员到场。遗物必须清点造册，列出清单，清点人员要逐个签字。接收遗物者要开出收据，注明接收时间、地点、在场人员等，签字后办理公证手续。如死者有遗嘱，应将遗嘱拍照或复制，原件交死者家属或所属使、领馆。

善后报告 死者善后事宜处理结束后，聘用或接手单位应写出《死亡善后处理情况报告》，报主管领导单位、外事办、公安厅（局）外交部。内容应包括死亡原因、抢救措施、诊断结果、善后处理情况及外方反映等。

伤亡赔偿 根据《旅游安全管理办法》规定：对于外国旅游者的赔偿，按国家有关保险规定妥善处理。

12.3.3 旅游安全管理的奖惩规定

12.3.3.1 奖励

根据1994年1月22日国家旅游局颁布的《旅游安全管理暂行办法实施细则》第12条、第13条，对在旅游安全工作中作出显著成绩或者有突出贡献的单位和个人，给予表彰。

（1）受奖单位应具备的条件

旅游安全管理制度健全，预防措施落实，安全教育普及，安全宣传和培训工作扎实，在防范旅游安全事故方面成绩突出，一年内未发生一般性事故；协助事故发生单位进行紧急救助，避免出现重大损失，成绩突出；在旅游安全其他方面作出突出成绩。

（2）受奖个人应具备的条件

热爱旅游安全工作，在防范和杜绝本单位发生安全事故方面成绩突出；见义勇为，救助旅游者或者保护旅游者财物安全不受重大损失；及时发现事故隐患，避免重大事故发生；在旅游安全其他方面作出突出成绩。

12.3.3.2 处罚

《旅游安全管理暂行办法实施细则》第12条规定，对在旅游安全管理工作中有下列情形之一者，由各级旅游行政管理部门检查落实，对当事人或当事单位负责人给予批评或处罚。

（1）应予处罚的情况

严重违反旅游安全法规，发生一般、重大、特大安全事故；对可能引发安全事故的隐患，长期不能发现和消除，导致重大、特大安全事故发生；旅游安全设施、设备不符合标准和技术要求，长期无人负责，不予整改；旅游安全管理工作混乱，造成恶劣影响。

（2）处罚的种类

对违反有关安全法规而造成旅游者伤亡事故和不履行《旅游安全管理暂行办法》的，由旅游行政管理部门会同有关部门分别给予直接责任人和责任单位以下处罚：警告、罚款、限期整改、停业整顿、吊销营业执照。触犯刑律者，由司法机关依法追究刑事责任。

12.4　与旅游安全管理有关的几个具体规定

12.4.1　游艺机与游乐设施安全管理

近年来，我国游乐事业发展很快，全国大中型游乐园（场）发展迅速，参加此项游乐活动的人数与日俱增，同时也相应地促进了游艺机制造企业发展。由于游乐行业涉及设计、生产、施工、安装、运营、管理等各个环节，隶属关系比较复杂，一些产品质量低劣，运营管理不善，致使人身伤亡事故屡有发生，引起了社会各界的广泛关注。因此，切实加强游艺机和游乐设施的安全监督管理显得尤为重要。国家技术监督局、建设部、国家旅游局、公安部、劳动部、国家工商行政管理局于1994年4月13日联合颁布实施了《游艺机和游乐设施安全监督管理规定》(以下简称《安全监督管理规定》)。

12.4.1.1　游艺机与游乐设施安全管理的宗旨

《安全监督管理规定》第1条规定：游艺机与游乐设施安全管理的宗旨是保障游艺机和游乐设施安全运行，预防事故的发生，保护游客人身安全，促进游乐事业健康发展。

12.4.1.2　游艺机和游乐设施安全监督管理的机构

《安全监督管理规定》第2条规定：游艺机与游乐设施安全管理的机构为国家游艺机、游乐设施生产和运营的主管部门、公安、劳动、工商行政管理、技术监督等有关部门。它们在各自的职责范围内，负责游艺机和游乐设施安全的监督管理工作。

12.4.1.3　游艺机和游乐设施设计、生产、销售企业的职责

游艺机和游乐设施设计、生产、销售企业的主要职责有：游艺机和游乐设施的设计和生产，必须符合国家《游艺机和游乐设施安全标准》及有关安全要求；生产游艺机和游乐设施的企业，必须经工商行政管理部门核准登记注册，领取营业执照，并在核定的经营范围内开展生产经营活动；生产企业必须有保证产品质量的生产设备、工艺装备、计量检测手段和专业技术人员、熟练工人及计量、检测人员。生产企业采购的原材料、外购件、外协件必须符合质量要求，有合格证明和技术资料标准中规定的关键零部件要经过复检，不得以次充好。生产企业要不断完善质量管理体系；任何单位试制游艺机和游乐设施的新产品，必须由国家

游艺机质量监督检验中心或省级技术监督部门认可的检验单位检验合格，方可做样机试销。新产品样机试运行半年后，方可进行技术鉴定；凡实施工业产品生产许可证管理的游艺机产品，必须符合国家工业产品生产许可证管理的有关规定。未取得生产许可证的企业、事业单位和个人，严禁生产销售游艺机；销售产品时，必须向用户提供产品使用说明书，检查维修说明及图样，产品合格证，规定的备品备件和专用工具等。产品要有正式铭牌，铭牌要有用中文标明的产品名称、生产厂名和厂址。实施生产许可证管理的产品，必须提供生产许可证编号。在设备安装、调试期间，应为用户代培操作、维修人员，做好售后服务。

12.4.1.4 游艺机和游乐设施采购、安装、验收单位的职责

● 游乐园（场）等运营单位，添置游艺机和游乐设施，应当执行进货检查验收制度。进口的游艺机、游乐设施，按商检的有关规定办理。

● 游艺机和游乐设施的运营单位负责提供工程地质资料和气象资料；生产企业负责提供基础施工图纸；施工单位必须按照基础施工图纸施工；生产企业或安装单位对工程基础验收合格后方可安装。

● 游艺机游乐设施安装完毕后，经调试、负荷试验，运转正常，由运营单位的主管部门会同当地公安、劳动、技术监督部门对各项准备工作检查验收后，方可投入运营。游乐园（场）等运营单位之间转卖游艺机、游乐设施，按照本条规定办理。

12.4.1.5 游艺机和游乐设施运营单位的职责

● 游乐园（场）等运营单位，必须有健全的安全管理制度和紧急救护措施。对各项游艺机、游乐设施要分别制定操作规程，运行管理人员守则，定期检查维修保养等制度。操作、管理、维修人员必须经过培训，考试合格后持证上岗。

● 游乐园（场）等运营单位必须建立完整的单机档案和人员培训档案。把设备购置、施工、安装、调试、试验，定期检查和运行过程中出现的问题及处理情况，检修和更换零部件情况，油料情况等，包括图纸和文字材料以及运营管理、操作、维修人员培训、教育、考核情况，全部记录存档备查。

● 各种水上游乐设施，必须认真执行《水上世界安全卫生管理规范》。要配备一定数量经过培训合格，掌握拯溺救生知识与技能的监护救生人员。

● 游乐园（场）等运营单位要对游客进行安全保护的宣传教育，各游艺机项目除在明显位置公布游客须知外，操作、管理人员应及时向游客宣传注意事项，并对安全装置加以检查确认，运行中注意游客动态，及时制止游客的危险行为。

● 游乐园（场）等运营单位对安全管理工作状况，每半年组织一次全面检查和考核，发现问题及时加以解决。游乐园（场）等运营单位，对游艺机和游乐设施，除日检查、周检查、月检查外，必须每年按规定检修一次。在检修时对关键部件，本单位无力检测的，必须委托有资格的技术检验单位进行检验。严禁设备带故障运行。

● 游乐园（场）等运营单位必须建立伤亡事故报告制度。发生人身伤亡事故，应立即停止运行，积极抢救受伤人员，保护现场，报告当地公安机关及有关主管部门调查处理。对事故隐瞒不报，主管部门要追究其领导的责任。

● 游乐园（场）等运营单位，对其园内的游乐设备（包括出租场地、设备承

包、园厂合办等）的运行安全负责任。

12.4.1.6　游艺机和游乐设施安全管理的责任

《安全监督管理规定》第20条规定：凡违反本规定，由游艺机、游乐设施生产和运营的主管部门及公安、劳动、工商行政管理、技术监督部门在各自的职责范围内，根据有关法律、法规予以处理。

12.4.2　客运架空索道安全管理

为了加强客运架空索道的安全监察与管理工作，保障运行过程中的人身安全和设备安全，劳动部于1991年4月16日颁布实施了《客运架空索道安全运营与监察规定》。

客运架空索道的运行实行安全使用许可证制度，客运索道站，须取得安全使用许可证后，方可投入运营。

12.4.2.1　客运架空索道安全运营与监察的机构与职责

客运架空索道《安全使用许可证》的颁发、管理和监督工作，由劳动部门负责。劳动部、机械电子工业部委托的“国家客运架空索道安全监督检验中心”（以下简称“索道安全中心”）承担客运索道设计安全审查、客运索道安全检验及管理操作人员的安全技术考核、培训工作。省级劳动部门负责对安全使用许可证的申请进行预审，当地劳动部门协助省级劳动部门做好日常的安全监督工作。各客运索道站（公司）负责客运索道的安全管理工作。

索道安全中心和省级劳动部门对取得安全使用许可证的单位进行不定期的抽查，抽查时间在半个月前通知索道站。

省级劳动部门派人前往检查大修后的索道设备。

12.4.2.2　客运架空索道安全运营站（公司）的职责

各客运索道站（公司）负责客运索道的安全管理工作。

索道站站长（经理）必须持有劳动部职业安全卫生监督局颁发的索道安全管理资格证书，具备该单位客运索道的专业知识和一定的工作经验，对保证索道的安全运营全面负责。

索道站必须具有根据安全规范所制定的设备操作规程、各种保障安全运行的有关规定，以及各类人员的岗位责任制度。索道站（公司）站长（经理）、技术员、司机、钳工、电工等应接受业务培训和安全知识教育，每2年考核一次。

索道站必须建立专职或兼职的急救队伍，负责在客运索道发生事故时对乘客进行紧急营救。

《客运架空索道安全规范》所规定的检查、调整、救护演习、运行参数、运行持续时间、输送人员数以及所发生的特殊事件，都应记入作业日记。由索道站站长和负责该项工作的人员认可，并建档保存。

索道站（公司）每年要向上级主管部门，省、市（地）劳动部门和索道安全中心提交运行报表或报告，遇特殊事故发生时，要及时提交报告。

新建与改建的客运索道设计应符合《客运架空索道安全规范》的要求，经索道安全中心组织审查同意后才能制造与施工。索道工程竣工后，由索道站向省级劳动部门提出安全使用许可证申请，经省级劳动部门预审同意后，索道站再向索道安全中心提出验收申请，由索道安全中心进行检测验收，检测验收合格报劳动部，发给安全使用许可证后，方准正式运营。

安全使用许可证有限期为2年，有限期从安全使用许可证批准生效之日算起，安全使用许可证期满后，索道仍需继续运营的，应在期满前1个月进行复查，复查合格后，更换新证书。

索道设备大修后，索道站应报告主管部门及省级劳动部门派人前往进行检查。

12.4.2.3 客运架空索道安全运营与监察的罚则

客运架空索道的设计、制造、安装、施工、运营等部门，由于违反国家法令、标准、规范及其他有关规定造成运营时人身伤亡及设备损坏，由劳动部门根据有关规定给予处罚，并追究其领导及当事人的责任，情节严重，触犯刑律的，由司法机关追究刑事责任。

对有下列情况之一的索道，劳动部门可注销其安全使用许可证：① 因设计、制造、管理等问题导致发生重大人身伤亡事故，并在整改期限内达不到要求的；② 经复查或抽查，不符合安全使用许可证发放条件，并在整改期限内达不到要求的；③ 严重违反客运架空索道安全规范的。

对于没有取得安全使用许可证而违反本规定自行投入运营的索道，劳动部门有权责令其停运，并根据有关规定给予处罚。

安全监督检验人员必须奉公守法，认真检验，对于违反规定的，要严肃处理。

12.4.3 漂流旅游安全管理规定

随着旅游业的发展，像漂流等一些高参与性、探险性的旅游项目越来越受到旅游者的欢迎，这些项目往往有更多的不安全因素，法律法规的规范显得尤为重要。

漂流旅游是指漂流经营企业组织旅游者在特定的水域，乘坐船只、木筏、竹排、橡皮艇等漂流工具进行的各种旅游活动。为了加强对漂流旅游的管理，保证漂流旅游者的安全，国家旅游局颁布了《漂流旅游安全管理暂行办法》（以下简称《暂行办法》，1998年4月7日颁布，1998年5月1日实施）。

12.4.3.1 漂流旅游安全管理部门

国务院旅游行政管理部门负责全国范围内漂流旅游活动的安全监督管理工作。县级以上地方人民政府旅游行政管理部门负责本地区内漂流旅游活动的安全监督管理工作。

12.4.3.2 漂流旅游安全管理部门的职责

（1）省级旅游行政管理部门的职责

省、自治区、直辖市人民政府旅游行政管理部门协同有关部门确定组织开展漂流活动的区域和时间，确定漂流旅游工具的类型；应根据当地漂流水域状况和使用漂流工具的情况，制定本地区漂流旅游安全和服务标准，并根据安全和服务标准对经营企业和漂流工具进行检查。对符合标准的企业，发给旅游部门认可的证书，并会同有关部门对其使用的漂流工具进行登记管理。

（2）地方旅游行政管理部门的职责

地方旅游行政管理部门应及时了解漂流水域情况，一旦发生影响漂流旅游安全的如洪水、塌方、河道堵塞等情况，应及时通知企业停止漂流活动，并及时协助有关部门做好旅客疏导和安全工作；应定期对漂流旅游的码头设施和接待设施以及漂流旅游企业的漂流工具进行检查；应审核检查漂流旅游企业的各项安全管理规章制度，对漂流旅游的从业人员进行安全教育和安全培训；在接到事故报告后，应立即将情况向上级旅游行政管理部门报告，并积极配合公安、交通、卫生等部门组织事故调查、伤员的救治和其他善后工作；事故处理结束后，当地旅游行政管理部门责成漂流旅游的经营者整理出事故处理报告，内容包括事故发生的时间、地点、事故原因、伤亡情况及财产损失、经验教训、处理结果等。当地旅游行政管理部门在将事故处理报告核定后，报上级旅游行政管理部门备案；各地旅游行政部门可根据本办法及当地的实际情况制定实施细则，报旅游局备案。

（3）经营漂流旅游的企业的职责

经营漂流旅游的企业应根据旅游安全管理的有关规定及有关部门的规章制度建立健全安全管理规章制度；应设置专门的安全管理机构或确定专人负责安全管理工作；应对从业人员特别是漂流工具操作人员进行旅游服务和旅游安全培训；应保证所提供的漂流旅游服务符合保障旅游者在漂流旅游活动中的人身及财产安全要求。在码头、漂流工具上应放置足够的救生设备。组织旅游者乘坐漂流工具时，应要求旅游者穿救生衣或使用其他救生装备；应保证漂流工具安全可靠，严格遵守核定的载客量，严禁违章操作；应明确告示患有精神病、心脏病、高血压、痴呆病等病症的患者以及孕妇、老人、小孩和残疾人等不宜参加漂流旅游；开展漂流旅游应在有关部门考察核定的、符合安全标准的水域内进行，经营漂流旅游的企业应配合有关部门，保持漂流水域的畅通及航道标志的醒目；由旅游者自行操作漂流工具进行漂流的，经营企业的工作人员应事先将有关注意事项详细告知旅游者，并在容易发生事故的危险地段安排专人负责安全监护；漂流工具的操作人员必须经当地水运管理部门考试合格后方可上岗。上岗前必须由旅游管理部门或经营企业进行旅游服务和旅游安全培训；漂流工具的操作人员应向旅游者宣讲漂流旅游安全知识，介绍漂流工具上的安全设施及使用方法，说明漂流旅游中的安全注意事项和发生意外事故后的应急办法；投入经营使用的漂流工具必须具备下列条件：经有关部门检验，持有载明乘客定额、载重量、适航内容的合格证书。按有关规定选配操作人员。救生设备齐全；已领取旅游部门发放的认可证的经营企业，其漂流工具的买卖、转让、租赁、抵押、报废等须到当地旅游行政管理部门备案；应根据有关规定和当地具体的情况制定意外事故处理预案；一旦发生安全事故，经营漂流旅游的企业应立即采取措施，组织救助，并向当地旅游行政管理部门及其他有关部门报告。

【课堂讨论题】

以熟悉的某个景区或某个旅游项目为例，讨论它存在哪些安全隐患？如何整改？

【思考题】

1. 旅游安全管理的方针和原则是什么？
2. 旅游安全事故的概念及分类。

3. 旅游安全管理机构有哪些?
4. 如何处理各类旅游安全事故?
5. 特大旅游安全事故处理的程序是什么?
6. 游乐园(场)等运营单位在游艺机和游乐设施的运营管理方面的职责有哪些?
7. 索道站(公司)在客运架空索道安全运营方面的职责有哪些?

【案例分析】

游客落水身亡，由谁负责任?

2003年7月，某高校老师杨某准备一家三口前往湘西旅游。为了旅行方便，杨某向上海某旅行社交纳了全部旅游费用，按期成行。按照旅行日程的安排，第四天漂流猛洞河。由于正值汛期，河水较大，波涛汹涌。杨某和妻子坐在最后，女儿坐在竹筏中间。上船前筏工们并没有安排游客穿上救生衣。竹筏行至河中心，风大水急，竹筏在水里直打转转，筏工们手忙脚乱。一个大浪打来，竹筏在水中一个急转，女儿没坐稳，从竹筏掉到河中。杨某急呼救人，并跳进水中救人。一个筏工也跳入水中，帮助救人，其余筏工仍然在筏上，保持竹筏平衡。终因水急浪高，待女儿救上来时，人已死亡。悲愤的杨某及妻子将旅行社告上法庭，要求赔偿20万元。法庭在审理中查明，上海旅行社在接团后，将接团转包给当地旅行社。当地旅行社由于人手紧张，临时招来一批筏工顶班，筏工并没有受过专业培训。筏工缺乏经验，是造成悲剧的主要原因。

请问:

1. 在本案中，旅行社应当和经营漂流旅游的企业采取哪些措施确保游客安全?
2. 本案中发生的事故属于什么等级?

【本章推荐阅读书目】

旅游安全学．郑向敏．中国旅游出版社，2003.
旅游法规．袁正新．中南工业大学出版社，2005.
旅游案例分析与启示．蒋炳辉．中国旅游出版社，2003.

第 13 章

旅游保险法律制度

【本章概要】

本章主要介绍保险的含义，旅游保险的含义、原则及类别，旅游保险合同的含义、构成要素，旅行社责任保险的含义、保障范围、投保标准、保险金额，旅行社责任保险合同的三要素。

【学习目标】

- 了解旅游保险的各个险种；
- 熟悉旅游保险合同的主体——当事人、关系人及客体；
- 掌握旅行社责任保险的投保人、被保险人，保险标的，保险范围及保险金额；
- 熟悉旅游意外保险合同的投保人、被保险人。

【关键性术语】

旅游保险、旅游保险合同、投保人、被保险人、保险标的、保险金额、旅行社责任险。

【章首案例】

游客中途因病死亡，保险公司应当赔付吗？

2003 年 9 月，乙公司与上海甲旅行社签订了上海市出境旅游示范合同，共 39 人参加由该社组织的港、澳旅游，每人的旅游费为人民币 2230 元，并注明“所包含的费用为飞机票、火车票、旅游车票、住宿费、经济型用餐费、门票、导游费和保险”。9 月 22 日，刘老先生一行 39 人一同出游，搭机直飞南下。9 月 25 日，一行人游至澳门时，刘老先生的夫人——刘太太突然在行途中晕倒，当即被送往当地的一家综合医院抢救。当晚 17 时 26 分，刘太太终因医治无效而死于他乡的医院中。澳门特别行政区政府《死亡证明书》载明，直接引起刘太太死亡的原因为高血压导致的颅内出血。刘先生在与当地医院结清了抢救费用人民币 1572. 40 元后，委托殡仪服务公司将刘太太的遗体从澳门运回上海，期间花费人民币 52 041 元。料理完丧事后，刘老先生想起了旅游保险理赔这件事来。

当刘老先生找到上海甲旅行社询问旅游保险理赔相关事宜时，旅行社告诉他，旅游合同上的“保险”二字是指旅行社责任险，是旅行社为了自身利益向中国人民保险公司投的保。该保险的内容是，当旅行社的责任导致游客伤害时，由保险公司进行赔偿，而不是像刘老先生所说的是针对游客在旅游中发生意外而购买的保险。对这一解释刘老先生显然很不满意。

刘老先生认为老伴在旅游中发病旅行社负有不可推卸的责任：旅行社在短短几天内安排的游览景点过多，活动行程又突然改变，使老人疲于奔命，成为惨祸的直接诱因；旅行社不为他们购买意外保险，所以上海甲旅行社对他老伴在保险理赔上遭受的损失负有完全责任。故此，刘老先生将上海甲旅行社和乙公司一起告上法院，要求二被告赔偿原告 30 万元。

本案是因被告未就强制性投保的旅行社责任险和推荐游客购买的旅游意外保险向参与本次旅游活动的游客们作仔细的区分和规范的说明而引发的诉讼。究竟什么是旅游保险？什么是旅游意外保险和旅行社责任保险呢？

13.1 旅游保险概述

随着我国国民消费水平的提高，越来越多的人选择通过外出旅游作为调节生活的一种积极方式，以释放工作、生活中的压力，同时也通过了解和感受大自然的无穷魅力和文化的丰富多彩来获得精神的愉悦。可在旅游活动中，旅游者的合法权益常常遭遇侵害，导致旅游者发生人身、财产损失的案例屡见不鲜。损害出现后，旅游者固然可以通过寻求一定的法律救济方式，追究加害人的法律责任，以适当补偿自己的损失。但问题是，在旅游实践中，并非旅游者遭遇的人身、财产损失都能确认真正的责任人，如旅游意外事故导致的人身、财产损失。因此，另一种解决此类问题的途径——旅游保险就应运而生，它是我国保险业的一个新项目。

13.1.1 旅游保险的特征与原则

13.1.1.1 保险的含义

保险是由保险人建立保险基金，用以补偿意外事故和自然事故造成的财产损失和人身伤亡所造成的经济损失，或因对被保险人死亡或丧失工作能力或在保险期届满给付保险金。保险既具有社会救助性质，同时也是一种合同行为。对于保险这个概念，应该从以下4个方面把握：

（1）保险是一种经济制度

保险是一项分散风险，消化损失的特殊经济制度。它将不幸集中于个人的意外危险以及由该意外危险而产生的意外损失，通过保险而分散于社会大众，使之消化于无形；保险还可以防灾减灾，支持社会生产，安定群众生活，为国家建设聚积资金。

（2）保险是一种法律制度

在《中华人民共和国保险法》（以下简称《保险法》）中，“保险”一词是一个法定概念。《保险法》第2条规定，保险是指投保人根据合同约定，向保险人支付保险费，保险人对于合同约定的可能发生的事故因其发生所造成的财产损失承担赔偿保险金的责任，或者当被保险人死亡、伤残、疾病或者达到合同约定的年龄、期限时给付保险金责任的商业保险行为的法律制度。从法律的角度来看，保险是一种合同或是合同而产生的权利义务关系。对投保人来说，是付出一笔金钱而买进一个“安全”；对保险人来说，是收受一笔金钱而承担一个“危险”。

（3）保险是一种金融活动

保险也特指保险公司的经营活动，根据《保险法》的规定，保险公司是依法设立的，并由国务院监督管理部门进行监督管理的一个金融机构。须依有关特别法设立，其经营活动属于金融活动，须依据金融法的规定进行。

（4）保险是一种投资方式

投保人投保是为了在约定的保险事故发生后或约定的条件满足后，保险公司对自己或自己指定的被保险人的一种赔付，也就是投保人投资的回报，是一种附条件成就的投资行为，也是既有利于投保人，也有利于社会的互助式投资活动。

13.1.1.2 旅游保险概念和特征

（1）旅游保险的概念

旅游保险是指旅游者或旅游经营者（各类旅游企业）根据旅游保险合同的约定向保险人支付保险费，保险人根据旅游保险合同约定的、对在旅游活动过程中发生的旅游事故所造成的旅游者或旅游经营者财产损失承担赔偿责任，或者当事故造成旅游者死亡、伤残时承担赔偿责任的商业保险行为。旅游保险是随着旅游事业的发展而产生的一个新的保险项目。

（2）旅游保险的特征

旅游保险是保险的一种，同其他保险相比较，具有如下特征：

短期性 相对于其他保险而言，旅游保险期限是很短的。有的是以旅行的旅程来计算。近距离的旅行少则几个小时，远距离的旅行多为十几天。有的是以游览景点或游览次数来计算。

财产保险与人身保险相结合 在其他保险中，投保人会根据本人的具体情况和需要选择投保财产险或人身险。但在旅游保险中，财产险和人身险是紧密联系在一起的，旅游投保人可以在一份合同中同时选择财产险和人身险。

强制保险与自愿保险相结合 为了保护旅游者的合法权益，我国法律规定必须投保的旅游保险有旅行社责任险、铁路旅客意外伤害强制保险、轮船旅客意外伤害强制保险。其他险种旅游者或旅行社可以根据自己的意愿自行选择投保，任何单位不得强制他人订立保险合同。

13.1.1.3 旅游保险的原则

旅游保险合同是一项重要的民事法律活动，这种活动必须遵循下列原则：

（1）诚实信用原则

这一原则要求保险双方都必须本着高度诚信的态度对待对方，如投保人应当将标的风险状况如实告知保险人，保险人应当将旅游保险合同的主要内容及责任免除条款向投保人明确说明，对在合同中所作出的约定不随意反悔。

（2）保险利益原则

《保险法》规定：“投保人应当对保险标的具有保险利益。投保人对保险标的没有保险利益的，保险合同无效。”这主要是为有效防范投保时的道德风险，以防止投保人借他人的财产或人身投保，以获取非法利益。

（3）损失补偿原则

在补偿性保险中，被保险人从保险人所得到的赔偿不得超过其受到的实际损失，这是财产保险的一项根本原则。

（4）近因原则

在处理保险赔偿案时，赔偿与给付保险金的条件是保险标的的损失的近因必须属于保险责任，只有当造成事故的直接、有效、起决定作用的原因属于保险责任时，保险人才对事故负赔偿责任。

13.1.1.4 旅游保险的类别

（1）旅游保险类别

依据不同的标准，可将旅游保险划分为以下类别：

以保险范围为标准 可将旅游保险分为狭义的旅游保险和广义的旅游保险。狭义的旅游保险仅指旅游者在游览活动中的保险。广义的旅游保险则包括旅游者的游览观光保险、旅客铁路旅行保险、旅客航空旅行保险、旅客公路旅行保险、旅客水上旅行保险。

以保险标的为依据 可将旅游保险分为旅游人身保险、旅游财产保险和旅游责任保险。以旅游者人身作为保险标的的称为旅游人身保险。以旅游者携带的财产为保险标的的称为旅游财产保险。

以保险责任为标准 可将旅游保险分为旅游意外保险与旅游责任保险。保险人承担自然灾害和意外事故的保险称为旅游意外保险。这类保险通常由旅游者个人投保，但也可由旅游者所在单位投保或由旅游团体投保。保险人承担旅游经营者服务责任的保险称为旅游责任保险。这类保险通常由旅游经营者投保。

以旅游保险成立的方式为标准 可将旅游保险分为强制保险和自愿保险。凡国家法律法规规定的、关系到公共利益和安全责任的保险称为强制保险，它对投保人、保险人均具有强制要求。除此之外的其他保险都属自愿保险，如是否参加保险由投保人自行确定，是否接受投保由保险人确定。

（2）我国目前已有的旅游保险险种

旅游意外伤害保险 旅游意外伤害保险，是指投保人和保险人约定，在旅游过程中被保险人因遭受意外事故直接引起伤残、死亡或其他各种损失时，由保险人向被保险人或受益人给付保险金的保险。旅游意外伤害保险属于人身保险，其标的是被保险人的身体和生命。

依照国家旅游局发布的《旅行社投保旅行社责任保险规定》规定，旅行社必须向旅游者推荐购买旅游意外保险，是否购买旅游意外保险由旅游者自己决定，是一种自愿行为。目前，我国保险公司推出的旅游意外保险主要有以下 2 种：

一是旅客意外伤害保险。这类保险主要为游客在乘坐交通工具出行时提供风险防范服务。游客所购买的车票和船票金额中的5%是用于保险的，每份保险设定的保险金额为 2 万元，其中意外医疗事故金 1 万元。保险期限从检票进站或中途上车上船开始，一直到游客检票出站或中途下车下船。

二是旅游景点人身意外伤害保险。这类保险的保险费极低，游客投保的份额有限制，即每位游客最多只能投保 10 份。保险期限从游客购买保险进入旅游景点和景区时起，直至游客离开景点和景区。

旅游救助保险 这类保险是国内各保险公司普遍开办的险种，游客无论在国内外任何地方遭遇险情，都可拨打电话获得无偿救助。

住宿旅客人身保险 这类保险从旅客入住之日零时起生效，保险期限为 15 天，期满后可以续保。这类保险提供的保障主要有住宿旅客保险金、住宿旅客见义勇为保险金、旅客随身物品遭意外损坏或被盗、被抢、丢失的补偿金。

旅行社责任保险 在 13.2 节中将详细讲述这类保险及其有关的内容。

此外，我国部分保险公司开发的其他旅游保险产品有：中国人寿保险公司推出的“一日游保险”、“国内游保险”、“出境游保险”、“入境游保险”、“住宿旅客平安保险"、"旅游意外保险"；中国平安保险公司推出的"平安短期意外险"、"平安意外卡"、"平安如意卡"、"航空自助保险卡"；太平洋人寿保险公司推出的"世纪行"；民生保险公司推出的"阳光旅程"；美国友邦保险公司推出的"顺意行"等。这些旅游保险产品对游客来说应该是一种保障高、消费低的保险。目前我国旅游保险市场存在的问题主要是：一方面，旅游保险产品相对国外旅游保险先进国家，旅游保险产品还比较单一，随着我国加入 WTO 后外国保险公司逐步进入中国市场，国内保险公司将面临激烈的竞争；另一方面，旅游者购买旅游保险、保险公司推销旅游保险以及旅行社对待旅游投保都比较消极。开发我国旅游保险市场还有大量工作要做。

13.1.2 旅游保险合同

13.1.2.1 旅游保险合同的概念

旅游保险合同是指平等主体的旅游者或旅游经营者等投保人和保险人之间订立的、明确相互权利义务关系的协议。根据旅游保险合同，投保人向保险人交纳保险费，保险人对保险合同范围内约定的事故造成的损失承担赔偿责任。

13.1.2.2 旅游保险合同的形式

旅游保险合同通常以 3 种主要形式出现：

● 由投保人提交投保申请书，保险人签发保险单，2 个文件共同构成旅游保险合同并产生法律效力。

● 由投保人与保险人双方共同签署旅游保险合同。这种合同要求双方当事人必须在合同书上签名、盖章方可生效。

● 旅游交通运输企业出售的客票和旅游景点的参观游览票等也可以兼做旅游保险凭证，但前提条件必须是旅游交通运输企业或旅游景点经营单位与保险人签订了保险合同。

13.1.2.3 旅游保险合同的构成要素

构成旅游保险合同的要素有 3 个，这 3 个要素分别是合同的主体、客体和内容。

（1）旅游保险合同的主体

旅游保险合同的主体是指旅游保险合同的当事人，即保险人、投保人及关系人。

保险人 保险人是保险合同的一方当事人，又称为"承保人"，是指与投保人订立保险合同，并承担赔偿或者给付保险金责任的保险公司。依保险法设立的保险公司有权经营保险业务，其他单位和个人不得经营保险业务。

投保人 投保人是保险合同的另一方当事人，又称为"要保人"，是指与保险人订立保险合同，并按照保险合同负有支付保险费义务的人。投保人可以是法人，也可以是自然人。但无论属于何种情形，投保人对保险标的应当具有保险利益，否则保险合同无效。保险利益是指投保人对保险标的具有的法律上承认的利益，这是保险合同发生法律效力的重要条件。

根据不同的旅游保险种类，投保人可以是旅游经营者，也可以是旅游者个人或旅游团队。

关系人 投保人可以为自己的利益订立旅游保险合同，也可以为他人的利益订立旅游保险合同。并且，旅游保险合同事故发生后的利益可以归属于投保人，也可以归属于其他人，这就使得旅游保险合同产生了第三人，即旅游保险合同的关系人，包括被保险人和受益人。

被保险人是指保险事故发生时，其财产或者人身受保险合同保障，享有保险金请求权的人，无论是旅游人身保险合同或财产保险合同，投保人与被保险人既可以是同一人，也可以是不同的人。

受益人，又称为“保险金受领人”，是指人身保险合同中由被保险人或者投保人指定的享有保险金请求权的人。受益人具有以下法律特征：受益人是由投保人或被保险人指定产生的；受益人享有保险金的请求权；受益人只存在于人身保险合同中，即只有在被保险人发生人身伤亡的情形下，才会产生受益人，由受益人受领保险金；投保人、被保险人或者第三人均可以成为受益人。保险合同中，没有指明受益人的，受益人为被保险人的法定继承人；受益人既不受有无保险利益的限制，也不受有无民事行为能力的限制。

（2）旅游保险合同的客体

旅游保险合同的客体，又称为“保险标的”，是指保险合同双方当事人权利和义务所共同指向的对象。保险标的是确定保险条件、保险金额、计算保险费率和赔偿标准的依据。《保险法》规定，保险标的是指作为保险对象的财产及其有关利益或者人的寿命和身体。因此，保险标的可分为以下两大类：

财产及其有关利益 财产是指现实存在的，并为人们所控制和利用而具有经济价值的生产资料和消费资料，包括动产和不动产。财产保险合同的客体，一般是有形物，但当财产遭受损失时，除了财产本身的经济损失外，还会连带引起各种利益以及责任和信用等无形物的损失，后者也往往成为财产保险合同的标的。

人的寿命和身体 这里所指的人，是指已经出生且具有生命的自然人。旅游人身保险的客体是人的寿命和身体，这种保险标的无法用价值来衡量，因而在订立保险合同时，预先由双方当事人约定保险金额。在人身保险合同中，标的与被保险人的人身往往是合二为一的。旅游人身保险合同通常以意外伤害保险的形式出现。

（3）旅游保险合同的内容

旅游保险合同的内容主要包括以下条款：双方当事人的姓名或名称、住所；保险标的，此条款是保险合同成立的必要条款；保险费及其支付方式；保险金额（保险金额是指保险人承担赔偿或者给付保险金责任的最高限额）；保险责任和免责条款；保险期限；违约责任；解决争议的方式。

13.2 旅行社责任保险制度

为了进一步保障旅游者和旅行社的合法权益，促进我国旅游业的健康发展，国务院旅游行政管理部门根据《旅行社管理条例》和《中华人民共和国保险法〈修正案〉》的有关规定，于2001年5月15日发布了《旅行社投保旅行社责任保险规定》（以下称《责任保险规定》），并于同年9月1日起施行，同时废止《旅行社办理旅游意外保险暂行规定》，不再强制要求旅行社代游客购买旅游人身意外险。

《责任保险规定》的出台完善了旅游保险体系，明确了旅游者、旅行社和保险公司各方的责任范围，并且扩大了对旅行社利益的保护面。它的实施对规范旅游市场，减少旅行社与旅游者之间的纠纷，引导旅行社行业未来的健康发展将起到十分有利的作用。

13.2.1 旅行社责任保险概述

13.2.1.1 旅行社责任保险的概念

旅行社责任保险，是指旅行社根据保险合同的约定向保险公司支付保险费，保险公司对旅行社在从事旅游业务经营活动中，致使旅游者人身、财产遭受损害应由旅行社承担的责任，承担赔偿保险金责任的行为。当发生责任保险事故时，即旅行社造成对旅游者的损害时，由保险人依照《保险法》的规定或保险合同的约定承担旅行社的赔偿责任，直接向该旅游者赔偿保险金。可见，旅行社责任保险不仅可以保障旅行社不因承担损害赔偿责任所受到的利益减损，而且可以保障旅游者及时获得赔偿。

13.2.1.2 旅行社责任保险的性质

《责任保险规定》明确指出，旅行社从事旅游经营活动必须投保旅行社责任保险。可见，旅行社责任保险是一种强制保险，旅行社投保旅行社责任保险是它的一项法定义务。旅行社若不履行这一义务，将受到旅游行政管理部门依法给予的行政处罚，并将承担由此产生的一切法律后果。

13.2.1.3 《责任保险规定》对旅行社投保的具体规定

《责任保险规定》对旅行社投保旅行社责任保险作了要求，规定如下：旅行社必须向在境内经营责任保险的保险公司投保；旅行社应当选择保险业务信誉良好、服务网络面广、无不良经营记录的保险公司投保；旅行社必须与承保保险公司签订书面合同；旅行社采取按年度投保的方式，向保险公司办理本年度的投保手续。

13.2.2 旅行社责任保险合同及其要素

旅行社责任保险合同属于旅游保险合同的一种，其要素包括：

（1）旅行社责任保险合同的主体

保险人 《责任保险规定》中规定，旅行社办理旅行社责任保险，必须向在境内经营责任保险的保险公司办理，而且选择保险业务信誉好、服务网络面广、无不良经营记录的保险公司。这表明保险人的地域范围仅限于我国境内。

投保人 旅行社是旅行社责任保险的投保人。旅行社为了维护自身的经营利益，同时也为了保护旅游者的利益，必须向保险公司投保旅行社责任保险。

被保险人 区别于其他的旅游保险合同，旅行社责任保险合同的被保险人也是旅行社。在保险事故发生后，旅行社的赔偿责任转由保险公司承担。

13.2.2.1 旅行社责任保险合同的客体

旅行社责任保险合同的客体，是指旅行社在从事旅游业务经营活动中，致使旅游者人身、财产遭受的损害应由旅行社承担的民事赔偿责任。《责任保险规定》中规定，旅行社应当对旅行社依法承担的下列责任投保旅行社责任保险：旅游者人身伤亡赔偿责任；旅游者因治疗支出的交通、医药费赔偿责任；旅游者死亡处理和遗体遣返费用赔偿责任；对旅游者必要的施救费用，包括必要时近亲属探望需支出的合理的交通、食宿费用，随行未成年人的送返费用，旅行社人员和医护人员前往处理的交通、食宿费用，行程延迟需支出的合理费用等赔偿责任；旅游者行李物品的丢失、损坏或被盗所引起的赔偿责任；由于旅行社责任争议引起的诉讼费用；旅行社与保险公司约定的其他赔偿责任。

13.2.2.2 旅行社责任保险合同的主要内容

旅行社责任保险合同的主要内容包括以下条款：

● 当事人——承保的保险公司与投保的旅行社的名称、住所；

● 保险期限。旅行社责任保险的保险期限为1年。1年期满后，旅行社可以续保或重新选择保险公司和保险金额投保旅行社责任保险。

● 保险金额及赔偿限额。《责任保险规定》为国内旅行社和国际旅行社分别确定了投保旅行社责任保险的最低保险金额标准，即：国内旅游每人责任赔偿限额为人民币8万元，入境旅游、出境旅游每人责任赔偿限额为人民币16万元；国内旅行社每次事故和每年累计责任赔偿限额为人民币200万元，国际旅行社每次事故和每年累计责任赔偿限额为人民币400万元。

这一规定表明，旅行社投保旅行社责任保险不需按招揽的游客人数逐一投保，而是依以上的最低保险金额标准投保。旅行社可以根据市场经验、组织接待量的大小、自身管理水平和抗风险能力等因素，选择合适的额度投保，以获得更大的保障。

旅行社组织高风险旅游项目可另行与保险公司协商投保附加保险事宜。

● 保险费。

● 免责条款。《责任保险规定》列明下列3种情形不由旅行社承担责任：旅游者在旅游行程中，由自身疾病引起的各种损失或损害，旅行社不承担赔偿责任；由于旅游者自身过错导致的人身伤亡和财产损失，以及由此导致需支出的各种费用，旅行社不承担赔偿责任；旅游者在自行终止旅行社安排的旅游行程后，或在不参加双方约定的活动而自行活动的时间内，发生的人身、财产损害，旅行社不承担赔偿责任。

13.2.2.3 理赔申请

旅行社责任保险合同规定的被保险人和受益人均是合法的理赔申请人。根据《责任保险规定》的规定，投保旅行社责任保险的旅行社既是旅行社责任保险合同的被保险人，也是旅行社责任保险合同的受益人。也就是说，旅行社是责任保险事故的合法理赔申请人。

在保险期限内发生保险责任范围内的事故时，旅行社应当及时取得事故发生地公安、医疗、承保保险公司或其分、支公司等单位的有效凭证，向承保的保险公司办理理赔事宜。

旅行社对保险公司请求赔偿或者给付保险金的权利时效为自旅行社知道事故发生之日起2年内。旅行社在该时效内不行使请求赔偿或者给付保险金的权利，则此项权利自动归于消灭。

在理赔案件发生后，旅行社应当及时将理赔情况报当地旅游行政管理部门备案。

此外，事故发生后，旅行社一方面要及时向有关部门报案，将发生情况通知承保的保险公司，并在保险公司要求的时间内向其提供书面材料；另一方面，旅行社应当采取“积极作为”的方式，尽量避免损失进一步扩大，否则，保险公司对损失扩大部分不承担赔偿责任。

13.2.2.4 旅行社违反《责任保险规定》的责任

● 旅行社违反规定，未投保旅行社责任保险的，由旅游行政管理部门责令限期改正；逾期不改正的，责令停业整顿15～30天，可以并处人民币5000～20 000元的罚款；情节严重的，还可以吊销《旅行社业务经营许可证》。

● 旅行社投保旅行社责任保险的范围和保险金额低于责任保险规定的，由旅游行政管理部门责令限期改正，给予警告；逾期不改正的，可以处人民币5000～10 000元罚款。

● 旅行社违反规定，拒不接受旅游行政管理部门的管理和监督检查的，由旅游行政管理部门责令限期改正，给予警告；逾期不改正的，责令停业整顿3～15天，可以并处人民币3000～10 000元罚款。

【课堂讨论题】

旅游交通意外事故是否能援用旅行社责任保险进行救济？

【思考题】

1. 试述旅游保险合同的主要内容。
2. 旅行社责任险的投保范围有哪些内容？
3. 旅行社责任险的除外责任有哪些内容？

【案例分析】

旅游车辆发生交通事故，要求保险公司同时按旅行社责任保险进行赔付是否正确？

2002年7月27日，烟台某旅行社地接的由北京甲、乙、丙3个国旅联合组织的12人旅游团，在结束蓬莱阁的游览后，乘坐烟台某旅行社租用的烟台开发区丁大酒店中型客车沿206国道由西向东返烟台。18时14分，当该车行至烟汕路34km+258m，蓬莱市大季家方里村路口时，被由东向西驶来的、蓬莱某旅行社地接天津一行33人旅游团而租用的泰安市某旅行社的金龙大客车迎面撞击。之后，金龙大客车驶入路左，将在路南边候车的2名陕西人撞至路南沟内，后撞树停车。中型客车被撞后，又与路南外侧停车候客的一微型面包出租车相撞，由此造成了乘坐中型客车的北京6名游客死亡，1名重伤，其他4名游客及2名路边候车的乘客受伤，三车损坏的特大道路交通事故。

经蓬莱和烟台两级交通警察部门对现场的调查、勘验，认定泰安市某旅行社金龙大客车司机驾车驶入路左措施不当，违反《道路交通管理条例》的有关规定，造成事故，负该事故全部责任。

为做好此次特大交通事故的善后处理，应山东省烟台市旅游质监所的邀约，涉案的四地、6家旅行社总经理和两大保险公司（人保、太保）的5家承保旅行社责任险的保险公司及山东省人保公司均派员赶赴蓬莱，就此事的赔偿事宜进行商讨。各保险公司均认为，此次事故是一次交通意外事故，应按车辆保险的有关规定对受害人进行赔付，而不应列入旅行社责任范畴，故不同意按旅行社责任险进行赔付。旅游部门认为，车辆保险和旅行社责任险是2个不同的险种，理赔事项不能相互取代。

请问：

1. 保险公司的理由是否成立？为什么？
2. 旅游部门要求保险公司同时按旅行社责任保险进行赔付是否正确？为什么？

【本章推荐阅读书目】

旅游法教程. 韩玉灵. 旅游教育出版社，2004.

政策法规与导游职业道德. 汤静. 湖南科学技术出版社，2008.

第 14 章

旅游市场管理法律制度

【本章概要】

本章阐述了反不正当竞争法的原则、不正当竞争行为的表现，旅游经营者的价格行为，旅游税收的种类等。分析了旅游价格的特征及存在的问题，政府部门对违反不正当竞争法、价格法、税法进行的监督和管理及各方违法应承担的法律责任。

【学习目标】

- 了解不正当竞争行为的种类；
- 了解税收的种类；
- 掌握旅游经营者的价格行为；
- 掌握国家对价格的管理；
- 掌握不正当竞争行为的法律责任；
- 掌握税收管理的法律规定。

【关键性术语】

不正当竞争行为、旅游经营者、税收、价格、监督检查、纳税人、税率。

【章首案例】

索尼随身听促销违反《反不正当竞争法》

在索尼中国公司的官方网站上看到一则看似简单的促销活动：只要你在促销活动时间内，通过东方 CJ 购物栏目购买索尼的网络随身听，就有机会得到一台价值 17 888 元的索尼笔记本电脑。从表面上看，这的确是一个很诱人的促销活动，但在这起貌似普通的促销活动背后却涉嫌违法。

该活动是索尼与代理商东方 CJ 家庭购物节目联合促销，而且该活动仅对在东方 CJ 购物的顾客有效。查阅东方 CJ 购物节目的网站，在索尼公布的该活动促销办法里可以很清晰地看出，消费者要参与这个抽奖活动的前提有 2 个：一是必须在东方 CJ 这个索尼代理商那里购买指定的两款索尼产品；二是必须在索尼的网站注册个人资料用来参加抽奖活动。

索尼为该促销活动设下唯一的大奖，并且奖品明码标价：价值 17 888 元的 VAIO 笔记本电脑 VGN－T17C/S 一台。由此可见，该奖品的金额已经远远超出了“抽奖式的有奖销售，最高奖的金额不得超过 5000 元”的法律规定，涉嫌不正当竞争。

（http://www.cnfalv.com 中国法律网 2007－1－5 11：38：18）。

请问：什么是不正当竞争呢？我国《反不正当竞争法》对此有哪些规定？

14.1 反不正当竞争法律制度

14.1.1 反不正当竞争法概述

14.1.1.1 反不正当竞争法的含义

反不正当竞争法是调整在制止不正当竞争行为过程中发生的各种社会关系的法律规范的总称。从一些国家和地区的竞争立法来看，现代竞争法体系应该包括反垄断、反限制竞争和反不正当竞争等内容。但是，由于立法时间、社会制度及国际环境的影响，在立法体例的选定上不同国家的地区差异很大。匈牙利的《反不正当竞争法》和我国台湾地区的《公平交易法》将禁止垄断、反限制竞争和反不正当竞争规定于一部法律之中，对同属竞争范畴的三大类行为进行统一调整。德国和日本对垄断（含限制竞争行为）和不正当竞争行为分别立法，形式上表现为反垄断法和反不正当竞争法以下及其他配套法律并列。其中，德国于1896年制定的《反不正当竞争法》常被看做是世界上第一部专门的反不正当竞争法。

从我国社会主义市场经济的发展水平和立法的实际需要来看，典型意义上的经济性垄断和限制竞争的行为在我国经济生活中并不突出，同时又大量存在着一些亟需加以规范的不正当竞争行为，因此，我国《反不正当竞争法》将不正当竞争行为纳入自己的调整范围。我国反不正当竞争法的调整范围主要是两个方面：一是反不正当竞争法调整的社会关系的主体为经营者，经营者包括所有从事经营商品或者盈利性服务的法人、其他经济组织和个人；二是反不正当竞争法调整的客体为不正当竞争行为。

根据《反不正当竞争法》的有关规定，针对旅游行业的不正当竞争行为，《旅行社管理条例》及其《实施细则》《中国公民出国旅游管理办法》明确规定旅行社不得采取不正当竞争行为从事旅游业务，损害竞争对手。这对规范旅游行业的市场竞争，具有重要的意义。除此之外，一些地方性法规也有相应的规范。

14.1.1.2 《中华人民共和国反不正当竞争法》的原则

正确理解《中华人民共和国反不正当竞争法》（以下简称《反不正当竞争法》）的原则，是贯彻执行《反不正当竞争法》的前提和基础。主要有以下5个原则：

（1）自愿原则

自愿原则是指在市场交易中，经营者和消费者在法律许可的范围内，完全以自己的意志决定自己的交易行为，任何单位和个人不得非法干预。自愿原则是市场交易的一项重要原则，它既是《反不正当竞争法》的基本原则，也是《民法通则》的基本原则。

（2）平等原则

平等原则是指任何参与市场竞争的经营者，无论规模大小、实力强弱、组织形态如何，在竞争中的法律地位一律平等。平等竞争原则主要包括4个方面的内容：主体平等；意思表示平等；权利义务平等；法律保护平等。

（3）公平原则

公平原则是指竞争主体在公平的市场条件下，以符合法律或道德的手段、方法进行自由竞争，以实现其经济利益，各竞争主体在竞争活动过程中都应受到公正合理的待遇。平等是公平的基础和前提，即只有在平等的基础上开展竞争，竞争的过程或结果才称得上是公平的；公平是平等的目标和方向，即平等的努力方向和所追求的价值目标就是公平。

（4）诚实信用原则

诚实信用原则是指竞争主体遵循诚实信用的道德原则开展竞争活动。这里的诚实是指竞争者在竞争中不作虚伪、欺诈的意思表示，不掩盖、隐瞒、歪曲有如实告知义务的事项；信用是指竞争者在竞争中就自己所做出的意思表示真实可靠性向对方当事人和第三人负责，并履行由自己意思表示所约定的各种义务。

（5）遵守公认的商业道德原则

公认的商业道德包括了“自愿、平等、公平、诚实信用”，但“公认的商业道德”可能随着市场的发展而被“确立”。参与竞争的任何竞争主体，都必须遵守竞争的共同规则，都必须依靠自身拥有的经济实力，如技术能力、生产效率、产品质量、优质服务等，与竞争对手进行公平、公正的竞争，不得以自己的竞争自由损害他人的合法利益和社会公共利益，不得以竞争自由为借口违反公认的商业道德。

14.1.2 不正当竞争行为

不正当竞争，是指经营者违反《反不正当竞争法》的规定，损害其他经营者的合法权益，扰乱社会经济秩序的行为。这一定义包括了3层含义：一是不正当竞争的主体是经营者；二是不正当竞争行为具有违法性；三是不正当竞争行为具有社会危害性，即具有损害其他经营者的合法权益，扰乱社会经济秩序的社会危害性。

《反不正当竞争法》第2章列举的不正当竞争行为，是判断经营者在市场交易中的行为是否属于不正当竞争行为的法律依据。但是，由于在现实经济生活中不正当竞争行为的复杂多样性，以及随着经济生活变化还会不断出现其他形式的不正当竞争行为，《反不正当竞争法》不可能将所有的不正当竞争行为全部列举出来，只是列举了各国《反不正当竞争法》中普遍予以禁止的、典型的不正当竞争行为和我国现实经济生活中表现突出、危害严重、迫切需要制止的不正当竞争行为。我国《反不正当竞争法》所规定的行为包括仿冒行为、商业贿赂行为、引人误解的虚假宣传、侵犯商业秘密行为、不正当有奖销售、商业诽谤行为、滥用市场支配地位行为、滥用行政权力限制竞争行为、不正当压价销售行为、搭售或附条件交易和串通投标、招标行为11种，本节对这些不正当竞争行为作简要介绍。

（1）误导消费者的混淆行为

误导消费者的混淆行为是指经营者采取不正当的手段，使自己提供的商品和服务与其他经营者所提供的商品和服务发生混淆，使消费者不容易辨认，因而发生误认的行为。常见的混淆行为有4种：

假冒他人注册商标的行为 商标权又称商标专用权，是指商标所有人依法对自己注册的商标享有的专用权。《中华人民共和国商标法》规定：“经商标局核准注册的商标为注册商标，商标注册人享有商标专用权，受法律保护。”凡未经注册商标所有人许可而使用他人注册商标的，均属于“假冒他人注册商标”的行为，包括未经许可使用与他人注册商标相同的商标和使用与他人注册商标相近似的商标。假冒他人商标的行为属于不正当竞争行为。它不仅扰乱正常的竞争秩序，破坏名牌商声誉，造成名牌产品生产厂家的重大损失，而且侵害消费者的经济利益。因此，反不正当竞争法将其列为不正当竞争行为，明确加以禁止。

与知名商品混淆的行为 根据《反不正当竞争法》第5条规定，擅自使用知名商品特有的名称、包装、装潢或者使用与知名商品近似的名称、包装、装潢的行为属不正当竞争行为。这造成和他人的知名商品相混淆，使购买者误认为是该知名商品。这种行为虽直接侵害知名商品的注册商标，但它对知名商品的生产者、经营者同样侵害；对消费者的利益也造成损害。

侵害他人名称或姓名权的行为 企业名称是一个企业区别于其他企业或社会组织的标志。企业名称和企业的商标一样是一种无形财富，在市场上享有很高声誉的企业名称，会给企业带来巨大经济利益。因此，企业名称权依法受到保护。擅自使用他人的企业名称和姓名，引人误认为是他人的商品，必然会给原企业和当事人的利益造成损失，也会给消费者造成损害。

伪造或者冒用质量标志和产地的行为 在商品上伪造或者冒用认证标志、名优标志等质量标志，伪造产地，对商品作引人误解的虚假表示等，都违反了《反不正当竞争法》的基本原则，属于不正当竞争行为。

（2）商业贿赂行为

《反不正当竞争法》第8条规定："经营者不得采用财物或者其他手段进行贿赂销售或者购买商品。"根据这一规定，构成商业贿赂应同时具备以下3个要件：行为人采用财物或者其他手段实施贿赂；贿赂的目的是为了销售或者购买商品；行贿人是经营者。

在实践中，商业贿赂主要表现为账外暗中给付和收受回扣。《反不正当竞争法》第8条规定："在账外暗中给予对方单位或者个人回扣的，以行贿论处；对方单位或者个人在账外暗中收受回扣的，以受贿论处。"这里的"回扣"是指经营商品时，在账外暗中以现金、实物或者其他方式退给对方单位或者个人的一定比例的商品价款。这里的"账外暗中"是指，这些回扣未在依法设立的反映企业生产经营活动或者行政事业经费收支的财务账上按照财务会计制度如实记载。

（一）商业贿赂与折扣

我国法律虽然没有规定折扣的具体数额，但明确了折扣必须明示入账，即给付和接受折扣的经营者必须如实记载在有关合同、发票和正规的会计账册上。折扣和回扣在形式上很相似，但是两者的性质是截然不同的，折扣原则上是合法的，而回扣均是违法的，两者区别主要在于：(1) 折扣是明示入账，而回扣是账外暗中；(2) 折扣发生在购销买卖当事人之间，只能给交易对方当事人，不能给其经办人员。回扣既可以给交易对方当事人，也可以给对方单位主管人员或经办人员。(3) 给予折扣通常事出有因，而回扣则在所不问。

（二）商业贿赂与附赠

在现实生活中，附赠作为经营者推销商品的一种促销手段是非常多见的，其原则上是合法的。但是，不加控制的附赠或附赠过度同样也会产生对竞争的不利影响，为了确保公平竞争及保护经营者、消费者的合法权益，许多国家的法律对附赠行为都作了相应的限制。在我国，一般禁止经营者之间的附赠行为（除了按商业惯例赠送小额广告礼品外），否则就可能构成商业贿赂行为，但没有对经营者向消费者的附赠行为作出相应的法律限制。

（3）引人误解的虚假宣传

《反不正当竞争法》第9条规定："经营者不得利用广告或者其他方法，对商品的质量、制作成分、性能、用途、生产者、有效期限、产地等作引人误解的虚假宣传。广告的经营者不得在明知或应知的情况下，代理、设计、制作、发布虚假广告。"根据本条规定，虚假或引人误解的广告行为的构成要件包括：实施者是商品经营者或广告经营者，其目的是为了占领市场或者帮助他人夺取市场；在客观上实施了虚假宣传或足以引人误解的不正当宣传；其行为发生在市场经营过程中，不具有市场经营属性的广告或其他宣传不属于《反不正当竞争法》调整范畴；其行为造成或者可能造成竞争对手经济利益上的损失。

（4）侵犯商业秘密行为

《反不正当竞争法》第10条第三款规定："商业秘密是指不为公众所知悉、能为权利人带来经济利益、具有实用性并经权利人采取保密措施的技术信息和经营信息。"根据《反不正当竞争法》第10条第一款以及《关于禁止侵犯商业秘密行为的若干规定》第3条的规定，侵犯商业秘密行为的主要表现形式有以下几种：以盗窃、利诱、胁迫或者其他不正当手段获取权利人的商业秘密；披露、使用或者允许他人使用以前项手段获得的权利人的商业秘密；与权利人有业务关系的单位和个人违反合同约定或者违反权利人保守商业秘密的要求，披露、使用或者允许他人使用其所掌握的权利人的商业秘密；权利人的职工违反合同约定或者违反权利人保守商业秘密的要求，披露、使用或者允许他人使用其所掌握的权利人的商业秘密。第三人明知或者应知前款所列违法行为，获取、使用或者披露他人的商业秘密，视为侵犯商业秘密。

（5）不正当有奖销售

《关于禁止有奖销售活动中不正当竞争行为的若干规定》第2条规定："有奖销售是经营者销售商品或者提供服务，附带性地向购买者提供其他经济上的利益行为。"世界各国对有奖销售都有不同程度的法律约束，以保障这种以奖励、让利为特征的促销手段不至于妨碍竞争的自由与公正。《反不正当竞争法》第13条以及《关于禁止有奖销售活动中不正当竞争行为的若干规定》禁止经营者从事下列有奖销售：欺骗性有奖销售；利用有奖销售的手段推销质次价高的商品；奖金额超过5000元的抽奖式有奖销售。

（6）商业诽谤行为

《反不正当竞争法》第14条规定："经营者不得捏造、散布虚伪事实，损害竞争对手的商业信誉、商品声誉。"《反不正当竞争法》和《旅行社管理条例》都把它列为不正当竞争行为，明确禁止。商业诽谤的构成要件有3个：第一个要件是"捏造和散布虚伪事实"，即对于所散布的言辞拿不出确凿的证据。这种虚伪事实只限于与事实不符。第二个要件是以竞争为目的。"损害竞争对手"。第三个要件是捏造和散布的内容会损害他人的商业信誉或商品声誉。

（7）垄断经营行为

《反不正当竞争法》第6条规定："公用企业或者其他依法具有独占地位的经营者，不得限定他人购买其指定的经营者的商品，以排挤其他经营者的公平竞争。"根据《关于禁止公用企业限制竞争行为的若干规定》，公用企业不得利用自身的优势地位妨碍其他经营者公平竞争，也不得侵害消费者的合法权益。这里所称的公用企业是指涉及公用事业的经营者，包括供电、供水、供热、供气、邮政、电讯、交通运输等行业的经营者。

（8）政府及其所属部门滥用行政权力限制竞争行为

《反不正当竞争法》第 7 条规定：“政府及其所属部门不得滥用行政权力，限定他人购买其指定的经营者的商品，限制其他经营者正当的经营活动；政府及其所属部门不得滥用行政权力，限制外地商品进入本地市场，或者本地商品流向外地市场。”本条是关于滥用行政权力限制竞争行为的禁止性规定。

（9）倾销行为

《反不正当竞争法》第 11 条规定：“经营者不得以排挤竞争对手为目的，以低于成本的价格销售商品。”这是关于不正当压价销售行为的规定。该种不正当竞争行为的构成要件有 2 个：一是经营者以低于成本的价格销售商品；二是压价销售的目的是为了排挤竞争对手。如果有正当理由，不是以排挤竞争对手为目的，低于成本价格销售商品也是允许的。《反不正当竞争法》第 11 条第二款对此作了除外规定，即有下列情形之一的，即使以低于成本的价格销售商品，法律不认定其对于以排挤竞争对手为目的的压价销售行为，如销售鲜活商品；处理有效期限即将到期的商品或者其他积压的商品；季节性降价；因清偿债务、转产、歇业降价销售商品。

（10）搭售或附条件交易

《反不正当竞争法》第 12 条规定：“经营者销售商品不得违背购买者的意愿搭售商品或附加其他不合理的条件。”搭售或附加不合理交易条件的不正当竞争行为，是指经营者利用已获得的经营优势，在与其他市场主体进行交易或提供服务时，违背对方的真实意愿，将不合理的附带条件作为交易成立的前提，从而为己方谋取不正当额外利益的行为。

（11）串通投标、招标行为

《反不正当竞争法》第 15 条规定，投标者不得串通投标，抬高标价或者压低标价。投标者和招标者不得相互勾结，以排挤竞争对手的公平竞争。据此，该行为具体可分为两大类：一是投标者串通投标，抬高或压低标价；二是投标者与招标者相互勾结，排挤竞争对手。串通招标是指在投标活动中，两个以上行为人以协议方式，协调其相互之间的投标事宜及利益分配，从而限制或妨碍竞争的行为。串通投标最基本的特征是排除了投标者之间的竞争，使招标者不能获得理想的价格或价位，得不到竞争利益。投标者与招标者之间的共谋行为，是指投标者与招标者私下串通，使某一或某几个投标者处于有利地位，排斥其他投标者公平竞争的行为。

14.1.3　监督检查部门及职责

根据《反不正当竞争法》第 3 条规定，我国的工商行政管理机关是《反不正竞争法》的主要执法机关，法律、法规规定的其他机关则依照其规定在其职责范围内履行执法职责。《反不正当竞争法》第 17 条对监督检查部门在监督检查不正当竞争行为时，享有的职权作出了明确规定，主要有：

询问权　监督检查机关有权通过询问被检查的经营者、利害关系人、证明人的方式提取辞方面的证据，即被检查经营者的陈述，利害关系人、证明人的证言。询问权还含监督检查机关有权要求上述被询问对象提供证明材料或者与不正当竞争行为有关的其他资料。

查询、复制权 监督检查机关有权查询、复制与不正当竞争行为有关的协议、账册、单据、文件、记录、业务函电等，以提取书证或有关视听资料。

检查财物权 监督检查机关有权检查与不正当竞争行为有关的财物。这一职权包含两层含义：其一，监督检查机关有权对与不正当竞争行为有关的财物进行检查；其二，监督检查机关检查经营者的财物应以其财物具有违法嫌疑为前提条件。

强制措施权 在监督检查不正当竞争行为过程中，监督检查机关有权采取强制性的手段，对违法行为及违法物品加以限制。这一规定具体包含以下内容：监督检查机关可以责令被检查经营者说明商品的来源、数量；可以责令被检查的经营者暂停销售，使违法嫌疑商品停止流通；可以责令被检查的经营者不得转移、隐匿、销毁与不正当竞争行为有关财物，使该财物处于稳定状态。

处罚权 监督检查机关对查证属实、定性为不正当竞争行为的行为人，有权根据具体情况做出罚款、没收违法所得、责令停止违法行为、责令消除影响等处罚。

需要指出的是，监督检查部门的工作人员监督检查不正当竞争行为时，应当出示检查证件，这既是监督检查工作的程序之一，也是监督检查部门工作人员应遵守的义务。

14.1.4 不正当竞争行为的法律责任

法律责任是指由于行为人的违法行为而应当承担的法律后果，不正当竞争行为是经营者违反《反不正当竞争法》的规定，损害其他经营者的合法权益，扰乱社会经济秩序的违法行为，所以，只要实施了各种不正当竞争行为以及与不正当竞争有关的违法行为，就要承担相应的法律责任。根据我国《反不正当竞争法》的规定，不正当竞争行为应承担的法律责任包括民事责任、行政责任和刑事责任等责任形式。

14.1.4.1 不正当竞争行为人应承担的行政责任及刑事责任

经营者假冒他人的注册商标，擅自使用他人的企业名称或者姓名，伪造或者冒用认证标志、名优标志等质量标志，伪造产地，对产品质量作引人误解的虚假表示的，有关监督检查部门应当责令其停止违法行为，没收违法所得，可以根据情节处以违法所得 1 倍以上 3 倍以下的罚款；情节严重的，可以吊销营业执照；销售伪劣商品，构成犯罪的，依法追究刑事责任。

经营者采用财物或者其他手段进行贿赂以销售或者购买商品，构成犯罪的，依法追究刑事责任；不构成犯罪的，监督检查部门可以根据情节处以 1 万元以上 20 万元以下的罚款，有违法所得的，没收违法所得。

公用企业或者其他依法具有独占地位的经营者，限定他人购买其指定的经营者的商品，以排挤其他经营者的公平竞争，省级或者设区的市的监督检查部门应当责令其停止违法行为，可以根据情节处以 5 万元以上 50 万元以下的罚款。被指定的经营者借此销售质次价高商品或者滥收费用的，监督检查部门应当没收其违法所得，可以根据情节处以违法所得 1 倍以上 3 倍以下的罚款。

经营者利用广告或者其他方法，对商品作引人误解的虚假宣传的，监督检查部门应当责令其停止违法行为，消除影响，可以根据情节处以 1 万元以上 20 万元以下的罚款。广告的经营者在明知或者应知的情况下，代理、设计、制作、发布虚假广告的，监督检查部门应当责令其停止违法行为，没收违法所得，并处以罚款。根据《刑法》第222条的规定，广告主、广告经营者、广告发布者利用广告作虚假宣传，情节严重的，处2年以下有期徒刑或者拘役，并处或者单处罚金。

侵犯商业秘密的行为。根据《反不正当竞争法》第25条的规定，监督检查部门得责令停止违法行为，并可根据情节处以1万元以上20万元以下的罚款。根据《刑法》第219条的规定，因侵犯商业秘密给权利人造成重大损失的，处3年以下有期徒刑或者拘役，并处或者单处罚金；造成特别严重后果的，处3年以上7年以下有期徒刑，并处罚金。

商业诽谤行为。根据《刑法》第221条，捏造并散布虚伪事实，损害他人的商业信誉，给他人造成重大损失或者有其他严重情节的，处2年以下的有期徒刑或者拘役，并处或者单处罚金。这说明，商业诽谤在我国被视为严重危害社会经济秩序的行为而被严厉禁止。

垄断经营行为。根据《反不正当竞争法》第23条，对公用企业及其他有独占地位的企业滥用优势限制竞争的行为，工商行政管理机关得责令其停止违法行为，并可根据情节处以5万元以上20万元以下的罚款。

搭售或附加其他交易条件的。根据《反不正当竞争法》第23条，对公用企业的强迫搭售行为，省级或者设区的市的监督检查部门应当责令停止违法行为，监督检查部门应当没收违法所得，可以根据情节处以违法所得1倍以上3倍以下的罚款。

经营者违法进行有奖销售。监督检查部门应当责令其停止违法行为，可以根据情节处以1万元以上10万元以下的罚款。

串通投标、招标行为。《反不正当竞争法》第27条规定："投标者串通投标，抬高标价或者压低标价；招标者和投标者相互勾结，以排挤竞争对手的公平竞争的，其中标无效。监督检查部门可以根据情节处以1万元以上20万元以下的罚款。"投标者或者招标者在串通招标投标时，同时有商业贿赂、侵犯商业秘密等违法行为的，应当一并处罚。《刑法》第223条规定："投标人相互串通投标报价，损害招标人或者其他投标人利益，情节严重的，处3年以下有期徒刑或者拘役，并处或者单处罚款。投标人与招标人串通投标，损害国家、集体、公民的合法利益的，依照前款的规定处罚。"

经营者对监督检查部门责令暂停销售，不得转移、隐匿、销毁与不正当竞争行为有关的财物。有违反行为的，监督检查部门可以根据情节处以被销售、转移、隐匿、销毁财物价款1倍以上3倍以下的罚款。

政府及所属部门违法限定他人购买指定的经营者的商品、限制其他经营者正当的经营活动，或者限制商品在地区之间正常流通的，由上级机关责令其改正；情节严重的，由同级或者上级机关对直接责任人员给予行政处分。被指定的经营者借此销售质次价高的商品或者滥收费用的，监督检查部门应当没收其违法所得，可以根据情节处以违法所得1倍以上3倍以下的罚款。

当事人对监督检查部门作出的行政处罚决定不服的，可以自收到处罚决定之日起15日内向上一级主管机关申请复议：对复议决定不服的，可以自收到复议决定之日起15日内向人民法院提起诉讼；也可以直接向人民法院提起诉讼。

14.1.4.2 不正当竞争行为人应承担的民事责任

经营者违反《反不正当竞争法》的规定，给受侵害的经营者造成损害的，应当承担损害赔偿责任，受侵害经营者所遭受的损失难以计算的，赔偿额为侵权人在侵权期间因侵权所获得的利润；并应当承担受侵害经营者因调查该经营者侵害其合法权益的不正当竞争行为所支付的合理费用。

14.1.4.3 监督检查机关工作人员违法应承担的行政、刑事责任

监督检查不正当竞争行为的国家机关工作人员滥用职权、玩忽职守，构成犯罪的，依法追究刑事责任；不构成犯罪的，给予行政处分。监督检查不正当竞争行为的国家机关工作人员徇私舞弊，对明知有违反《反不正当竞争法》规定构成犯罪的经营者，故意包庇不使其受追诉的，依法追究刑事责任。

14.2 旅游市场价格管理

14.2.1 旅游市场价格特点

价格是价值的货币表现。受价值规律的调节作用，价格围绕着价值上下波动。如果价格过度地偏离价值，便会出现通货膨胀或市场疲软。政府则可以通过政策和法律对市场进行宏观调控，使价格趋于合理和稳定。1997 年 12 月 29 日，第八届全国人大常委会第 29 次会议审议通过了《中华人民共和国价格法》（以下简称《价格法》），该法于 1998 年 5 月 1 日起实施。《价格法》立法的目的是为了规范价格行为发挥价格合理配置资源的作用，稳定市场价格的总水平，保护经营者和消费者的合法权益。促进社会主义市场经济健康发展。

旅游价格与其他商品价格相比，具有以下特点：

（1）综合协调性

旅游产品具有综合性的特点，它的六大要素涉及旅游业中其他部门和其他相关行业，这些要素中任何一个要素价格的调整，都会直接或间接影响到旅游产品的价格。因此，旅游产品的价格相关性强，特别容易受各种要素价格的影响，不易控制，因而，需要对旅游产品的各种要素价格进行协调。

（2）时间波动性

旅游产品的不可储存性，决定了旅游产品在不同的市场环境下价格波动很大。旅游产品的需求具有较强的季节性，价格的季节波动较大。旅游经营者应根据市场的变化科学地、灵活地制定合理的价格。

（3）垄断竞争性

旅游产品的基础是旅游资源，而具有特色和个性的旅游资源是形成旅游产品竞争力的核心，这就决定了旅游价格具有一定的竞争性；旅游市场上不同旅游产品的差异性形成价格上的竞争状态，因而，旅游价格具有垄断竞争性。

（4）多重组合性

旅游价格是旅游产品一次性价值与多次性价值相统一的价格。因为在旅游产品中，某些旅游产品要素的价值是一次性实现的，如餐饮食品、旅游纪念品等；而某些旅游产品要素的价值是多次性实现的，如旅游景点、旅游交通，从而形成

了旅游产品价值的多重组合性特点。

14.2.2 旅游经营者的价格行为

经营者是市场调节价的主体，其价格行为规范与否，直接关系着市场形成价格的合理与否，直接关系到消费者的利益，同时还关系到市场价格秩序与价格总水平的稳定。旅游价格以市场调节价为主，即绝大多数旅游价格由旅游经营者自主定价，旅游经营者的价格行为要符合《价格法》《中华人民共和国价格管理条例》《旅行社管理条例》等法律、法规的要求，在法律许可的范围内灵活定价。

14.2.2.1 经营者定价依据

《价格法》规定，经营者定价应当遵循公平、合法和诚实信用的原则，以生产经营成本和市场供求状况作为定价的依据。经营者应当努力改进经营管理，降低经营成本，为消费者提供价格合理的商品和服务，并在市场竞争中获取合法利润。经营者应当建立、健全内部价格管理制度，准确记录与核定商品和服务的生产经营成本，不得弄虚作假。

14.2.2.2 经营者的权利

《价格法》第11条规定了经营者在价格活动中享有以下基本权利：

（1）自主制定属于市场调节的价格

市场调节价是由经营者自主制定，经营者有权依据生产经营成本和市场供求状况，在市场竞争中合理制定价格，获取合理利润。

（2）在政府指导价规定的幅度内制定价格

政府指导价是双重定价主体的价格，集价格的稳定性和灵活性于一身，在政府规定的幅度内，经营者有权根据有关商品或者服务的社会平均成本变化和市场供求情况，灵活确定商品或服务的价格。

（3）制定属于政府指导价、政府定价产品范围内新产品的试销价格

新产品是在全国范围内过去未生产过的产品或者是在原产品的基础上有实质性改进或创新的产品。在新产品试制阶段，其销售价格为试销价格。由于在此阶段，新产品的生产成本较高，销量较小，所以虽然该产品属于政府定价或政府指导价范围，但试销价格的定价权属于经营者。由企业合理制定新产品的价格对调动企业生产新产品的积极性以及新产品的推广使用，对政府将来制定正式价格具有十分重要的作用。

（4）检举、控告侵犯经营者自主定价权利的行为

经营者自主定价，是经营者参与市场竞争的必要条件。如果经营者的定价权受到侵害，出于维护自身权益的需要，有权向政府价格主管部门或人民法院提起检举和控告。

14.2.2.3 经营者的义务

经营者在定价过程中，在享有权利的同时，也要承担相应的义务，其主要价格义务如下：

（1）遵守国家法律、法规和政策

经营者在经营过程中，遵守国家价格法律、法规、规章和政策，是进行价格活动时应履行的义务。经营者必须自觉地把自己的价格行为规范在法律许可的范围内，有义务执行依法制定的政府指导价、政府定价和法定的价格干预措施、紧急措施。

（2）明码标价

经营者销售的商品、收购商品和提供的服务，应当按照政府价格主管部门的规定明码标价，注明商品的品名、产地、规格、等级、计价单位、价格或服务项目、收费标准等有关情况。

（3）不得实施不正当的价格行为

在经营者定价过程中，不得实施不正当的价格行为，进行不正当竞争，损害销费者和其他合法经营者的正当权益。具体包括：互相串通，操纵市场价格，损害其他经营者或者消费者的合法权益；在依法降价处理鲜活商品、季节性商品、积压商品之外，为了排挤竞争对手或者独占市场，以低于成本的价格倾销，扰乱正常的生产经营秩序，损害国家利益或者其他经营者的合法权益；捏造、散布涨价信息，哄抬价格，推动商品价格过高上涨；利用虚假的或者使人误解的价格手段，诱骗消费者或者其他经营者与其交易；提供相同商品或者服务，对具有同等交易条件的其他经营者实行价格歧视；采取抬高等级或者压低等级等手段收购、销售商品或者提供服务，变相提高或者压低价格；违反法律法规的规定牟取暴利；法律法规禁止的其他不正当价格行为。

14.2.3 国家对价格的管理

价格手段是国家进行市场调节的重要手段，所以，国家有关机关应当依照法律的规定，对价格进行必要的管理。

14.2.3.1 国家调控价格总水平

稳定价格总水平是国家重要的宏观经济政策目标，国家根据国民经济发展的需要和社会承受能力，确定市场价格总水平调控目标，将其列入国民经济发展计划，并综合运用货币、财政、投资、进出口等方面的政策和措施，予以实现。

政府通过建立重要商品储备制度，建立价格调节基金，调控价格，稳定市场。为了适应价格调控和管理的需要，政府价格主管部门应当建立价格监测制度，对重要商品和服务价格的变动进行监测。当重要商品和服务价格显著上涨或者有可能显著上涨时，政府可以对部分价格采取限定差价率或者利润率、规定限价、实行提价申报制度和调价备案制度等干预措施，如果出现市场价格总水平剧烈波动等异常状态时，政府可采取临时在全国或部分地区范围内集中定价权限、部分或全面冻结价格的紧急措施。当规定实行干预措施、紧急措施的情况消除后，应当及时解除这些措施。

14.2.3.2 价格监督检查

县级以上各级人民政府价格主管部门，依法对价格活动进行监督检查。价格主管部门通过行政执法活动，保证价格法律、法规、规章和政策在实践中得以适用，并依照价格法的规定对价格违法行为实施行政处罚。

（1）主管部门的职权

政府的各级价格检查机构是具有依法行使价格监督检查和处理价格违法行为

职权的机构。政府价格主管部门进行价格监督检查时，可以行使下列职权：询问当事人或者有关人员，要求其提供证明材料和与价格违法行为有关的其他资料；查询、复制与价格违法行为有关的账簿、单据、凭证、文件及其他资料，核对与价格违法行为有关的银行资料；检查与价格违法行为有关的财物，必要时可以责令当事人暂停相关营业；在证据可能灭失或者以后难以取得的情况下，可以依法先行登记保存，当事人或者有关人员不得转移、隐匿或销毁。

（2）主管部门的执法行为

国家设专门机构负责价格监督检查工作。经营者必须接受政府价格主管部门的监督检查，应当如实提供价格监督检查所必需的账簿、单据、凭证、文件和其他资料。在进行价格监督检查时，政府部门的价格工作人员不得将依法取得的资料或者了解的情况用于依法进行价格管理之外的任何其他目的，也不得泄露当事人的商业机密。

（3）社会监督

社会价格监督是指广大公众，包括企业内部职工对价格的监督。消费者组织、职工价格监督组织、居民委员会、村民委员会等组织以及消费者均有权对价格行为进行社会监督。政府价格主管部门应当充分发挥群众的价格监督作用。新闻单位有权进行价格舆论监督。

（4）举报制度

任何单位和个人均有权对价格违法行为进行举报。应当对举报者给予鼓励，并负责为举报者保密。

定海出台临时价格干预措施

为抑制价格不合理上涨，维护市场价格稳定，规范企业定价行为，近日，我区出台了《关于重要商品实行调价备案的通知》，决定自2008年1月25日起，对与群众生活密切相关的产品如成品粮及粮食制品、食用植物油、乳制品等商品实行调价备案，主要针对一定规模的生产或经营批发零售的企业，其中定海优宝粮油贸易公司、定海华粮贸易公司以及浙江天天惠超市有限公司3家单位纳入我区调价备案范围。《通知》规定对一次性调高价格4%以上的、10日内连续调高价格累计6%以上的、30日内连续调高价格累计10%以上的企业应当在调价后24h内将调价书面报告送达区物价局进行审核。在实行临时价格干预措施期间，物价部门将加大市场价格检查力度。对不按规定执行价格干预措施以及散布谣言、串通涨价、囤积居奇、哄抬价格等违法行为，将根据《价格法》和《关于对部分重要商品及服务实行临时价格干预措施的实施办法》等有关规定予以严肃查处；对性质恶劣、造成严重后果的典型违法案例，将予以公开曝光。

14.2.4 法律责任

14.2.4.1 经营者的法律责任

根据《价格法》的规定，经营者不执行政府指导价、政府定价以及法定的价格干预措施、紧急措施的，责令改正，没收违法所得，可以并处违法所得5倍以下的罚款；没有违法所得的可处以罚款，情节严重的责令停业整顿。

经营者实施不正当价格行为，进行不正当竞争的，应责令其改正，没收违法所得，可以并处违法所得5倍以下的罚款；没有违法所得的，予以警告，可以并处罚款；情节严重的责令停业整顿，或者由工商行政管理机关吊销营业执照。

经营者因违反《价格法》的行为致使消费者或其他经营者多付价款，应当退还多付部分；造成损害的，应当依法承担赔偿责任。

经营者违反明码标价规定的，责令改正，没收违法所得，可以并处5000元罚款。

经营者被责令暂停相关营业而不停止的，或者转移、隐匿、销毁依法登记保存的财物的，处相关营业所得或者转移、隐匿、销毁的财物价值1倍以上3倍以下的罚款。

拒绝按照规定提供监督检查所需资料或者提供虚假资料的，责令改正，予以警告；逾期不改正的，可以处以罚款。

14.2.4.2 政府及其有关部门的法律责任

地方各级人民政府及其有关部门违反《价格法》规定，超越定价权限擅自制定、调整价格或者不执行法定的价格干预措施、紧急措施的，责令改正并可以通报批评；对直接负责的主管人员，依法给予行政处分。

政府工作人员泄露国家机密、商业机密以及滥用职权徇私舞弊、玩忽职守、索贿受贿，构成犯罪的，依法追究刑事责任；未构成犯罪的，给予处分。

14.3 旅游税收管理

税法是税收的主要法律依据，税收是税法所确定的具体内容。本节主要介绍税收的概念、特征和作用，税法的概念和构成要素，税收法律关系和我国现行的主要税种。

14.3.1 税收的特征

税收是国家为了实现其行使职能的需要，凭借政治权利，按照法律规定的标准，强制地、无偿地取得财政收入的一种形式。税收是政府组织财政收入的工具，是国家宏观经济调控的一个重要杠杆。国家还可以通过税收鼓励或限制商品的进出口，保障对外经济技术贸易的正常开展和对外经济技术交流。

税收作为国家取得财政收入的一种重要方式，具有如下特征：

（1）强制性

税收是国家通过法律规定征收的，法律的强制力构成了税收的强制性。税收是纳税人的法定义务，不依法纳税者要受到法律的制裁。

（2）无偿性

税收收入一律归国家所有，国家以无偿取得的方式获得税款，不再归还纳税人。也不支付任何报酬。

（3）固定性

税收是国家按照法律预先规定的范围、标准和环节征收的。国家税法的相对稳定性，决定了税收也具有相对稳定性，诸如税种、征税对象、纳税人、税率等。

14.3.2 税法的构成要素

税法是国家制定的用以调整国家与纳税人之间在纳税方面的权利和义务关系

的法律规范的总称。税法是国家取得财政收入的重要保障，是国家税务机关对纳税人征税的法律依据，也是纳税人履行纳税义务的准则，其目的是保障国家利益和纳税人的合法权益，维护正常的税收秩序，保证国家的财政收入。我国税法的构成要素包括：

总则 主要包括立法依据、立法目的、附则等项目。

纳税主体 纳税主体又称纳税人，是指一切履行纳税义务的法人、自然人及其他组织。为保证税金的征收，税法中对某些税还规定了代缴义务人，其不直接负有纳税义务，但负有代扣代缴、代收代缴税款的义务，如工资发放单位、出版社等是个人所得税的扣缴义务人。

征税对象 征税对象又称征税客体。主要是指税收法律关系中征纳双方权利义务所指向的物或行为。这是区别不同税种的重要标志。税法中对每种税都规定了具体明确的征税对象。比如，企业所得税的征税对象就是应税所得。

税目 税目是税法中规定征收对象的具体项目，它是征税对象的具体化，表明征税的范围和广度。税法规定税目，可以通过明确征税对象的范围，制定高低不同的税率，从而贯彻国家的经济政策。比如，消费税具体规定了烟、酒等11个税目。

税率 税率是税法中规定征收对象数额之间的比例，是计算应纳税额的尺度。税率高低直接体现国家的经济政策，关系到国家财政收入和纳税人的负担，是税收经杠杆作用的主要体现。

我国现行税率分为3种：① 比例税率。比例税率是指不论征税对象的数额大小，对同一征税对象只规定一个比例的税率，通常用于流转税的征收。比例税率在具体运用上，又可分为单比例税率、差别比例税率、幅度比例税率等。② 累进税率。累进税率是指按照征税对象的数额大小，分为不同的等级，每等级分别规定不同的税率，征税对象数额越大，税率越高。累进税率在具体运用包括全额累进税率、超额累进税率和超倍累进税率3种形式。③ 定额税率。定额税率又称固定税率，是指对单位征税对象规定的税额，而采用百分比的形式的一种特殊税率。如资源税就采用了定额税率。定额税率在具体运用上，又可分为单一定额、地区差别定额、幅度定额、分类分级定额等形式。

纳税环节 纳税环节是税法规定的商品从生产到消费的流转过程中应该加纳税款的环节。商品从生产到消费，往往需要很多环节，确定在什么环节纳税，将直接关系商品价格的高低，税收的管理难易。如流转税在生产和流通环节纳税；所得税在分配环节纳税等。

纳税期限 纳税期限是纳税人应向国家缴纳税款的法定期限。税法针对不同税种的具体情况和特点，分别规定纳税期限，包括按期纳税和按次纳税2种。

减税和免税 减税是对应纳税额少征部分税款，免税是对应纳税额全部免除。减税和免税是税法规定的减轻和免除纳税人纳税负担的鼓励性或照顾性措施。它体现了国家原则性和灵活性相结合的税收政策。

违法责任 违法责任是指税法规定的违反税法的单位和个人应承担的法律责任。这是税法严肃性和强制性的具体体现。

附则 附则一般都规定与该法紧密相关的内容，比如，该法的解释权；该法的生效时间等。

14.3.3 我国现行税收的类型

当前我国现行税收的种类主要有流转税、所得税、财产税、资源税和特定行为税。

（1）流转税

流转税的对象是流转额，即营业额。它分为商品流转额和非商品流转额，计税依据是商品的价格和服务收费，税额是商品价格或服务收费的组成部分。增值税、关税、消费税、营业税，都属于对流转额的课税。

（2）所得税

征税对象是所得额或收益额，是指纳税人的净收益额。税额的多少取决于纳税人的收益额。征税一般以全年所得额或收益额征收，分季（月）预交，年终结清，多退少补。它包括个人所得税、企业所得税、利息税等。

（3）财产税

征税对象是房屋等财产的价值额或租价额，税额只同财产的数量或价值相关，可以就财产的占有征税，也可以就财产的转移征税，因而对限制财产占有，保护合法的财产权益方面有特殊作用。它包括房产税、契税、遗产税。

（4）资源税

资源税是对开发和利用某种自然资源而课征的一种税。资源课税税额的大小与资源的好坏和级差收入大小有直接关系。它通常采取差别税率。资源税有利于对资源的管理和监督，能够起到合理利用国家资源的作用。它包括资源税、城镇土地使用税、耕地占用税等。

（5）特定行为税

特定行为税是对特定行为课征的税收。它具有较强的目的性、鲜明的政策性、因时制宜的灵活性，特别是在抑制各类消费行为方面起着特殊作用。它包括车船使用税、固定资产投资方向调节税、印花税、屠宰税、城市维护建设税等。

14.3.4 税收征收管理

现行的《中华人民共和国税收征收管理法》（以下简称《税收征收管理法》），是由第九届全国人民代表大会常务委员会第21次会议于2001年4月28日修订通过，自2001年5月1日起施行。该法共有总则、税务管理、税款征收、税务检查、法律责任、附则等6章94条。

税收征收管理是国家征税机关依据国家税收法律、行政法规的规定，按照统一的标准，通过一定的程序，对纳税人应纳税额组织入库的一种行政活动，是国家将税收政策贯彻实施到每个纳税人，有效地组织税收收入及时、足额入库的一系列活动的总称。税收征管工作的好坏，直接关系到税收职能作用能否很好地发挥。

14.3.4.1 税务登记

税务登记是税务机关对纳税人的生产经营活动进行登记并据此对纳税人实施税务管理的一项法定制度。它是税务机关加强税收管理的首要环节和基础工作，是纳税双方法律关系成立的依据和证明，也是纳税人必须依法履行的义务。

根据《税收征收管理法》的规定，凡从事生产、经营的纳税人自领取营业执照之日起30日内，持有关证件，向税务机关申报办理税务登记。税务机关审核后发给税务登记证。如税务登记内容发生变化的，自工商行政管理机关办理变更登记之日起30日内或者在向工商行政管理机关申请办理注销登记之前，持有关证件向税务机关申报变更或者注销登记。

税务登记证件必须按规定使用，不得转借、涂改、损毁、买卖或者伪造。

14.3.4.2 纳税申报

纳税申报是纳税人按照税法规定的期限和内容，向税务机关提交有关纳税事项书面报告的法律行为，是纳税人履行纳税义务、界定纳税人法律责任的主要依据，也是基层税务机关办理征收业务，核实应征税款，填写纳税凭证的主要依据。通过纳税申报，有利于纳税人正确计算应纳税额，防止错缴、漏缴，同时也便于基层税务机关掌握税源变化和纳税人的生产、经营状况，加强税务监督。

纳税人必须在法定的或者税务机关依法确定的申报期限内办理纳税申报、报送纳税申报表、财务会计报表以及税务机关依据实际需要要求纳税人报送的其他纳税资料。扣缴义务人应在规定的申报期限内报送代扣代缴、代收代缴税款报告表以及其他有关资料。纳税申报的方式主要有：直接申报、邮寄申报、数据电文。纳税人、扣缴义务人不能按期办理纳税申报或者报送代扣代缴税款报告表的，经税务机关核准，可以延期申报。经核准可以延期申报，应当在纳税期内按照上期实际缴纳的税额或者税务机关核定的税额缴纳税款，并在核准的延期内办理纳税结算。

14.3.4.3 税款征收

税款征收是税收征收管理工作的中心环节，是全部税收征收管理工作的目的和归宿。税务机关依照法律、行政法规的规定征收税款，不得违反法律、行政法规的规定开征、停征、多征或者少征税款。

纳税人未按规定期限缴纳税款的，扣缴义务人未按照规定期限解缴税款的，税务机关除责令限期缴纳外，从滞纳税款之日起，按日加收滞纳税款万分之五的滞纳金。拒绝缴纳滞纳金的可以按不履行纳税义务实行强制执行措施。

纳税人可以依照法律、行政法规的规定向税务机关书面申请减税、免税。减免税的申请须经法律、行政法规规定的减税、免税审查批准机关审批。地方各级政府及其主管部门、单位和个人违反法律、行政法规规定，擅自作出的减税、免税决定无效，税务机关不得执行，并向上级税务机关报告。

14.3.4.4 税收保全措施

税收保全措施是指税务机关对可能由于纳税人的行为或者某种客观原因，致使以后税款的征收不能保证或难以保证的案件，采取限制纳税人处理或转移商品、货物或其他财产的措施。

税务机关有根据认为从事生产、经营的纳税人有逃避纳税义务行为的，可以在规定的纳税期限以前，责令限期缴纳应纳税款；在限期内发现纳税人有明显的转移、隐匿其应纳税的商品、货物以及其他财产迹象的，税务机关应提供其纳税担保。如果纳税人不能提供担保的，经县级以上税务局（分局）局长批准，税务机关可以采取下列税收保全措施：书面通知纳税人开户银行或者其他金融机构暂停支付纳税人的金额相当于应纳税款的存款；扣押、查封纳税人的价值相当于应纳税额的商品、货物或者其他财产。

纳税人在规定期限内缴纳税款的，税务机关必须立即解除税收保全措施；期满仍未缴纳税款的，经县级以上税务局（分局）局长批准，税务机关可以书面通知纳税人开户银行或者其他金融机构从其暂停支付的存款中扣缴税款，或者拍卖所扣押、查封的商品、货物或者其他财产，以拍卖所得抵缴税款。

14.3.4.5 税收强制执行措施

税收强制执行措施是当事人不履行法律、行政法规规定的义务，有关国家机关采用法定的强制手段，强迫当事人履行义务的行为。依照法律规定，从事生产、经营的纳税人、扣缴义务人未按照规定的期限缴纳或者解缴税款，纳税担保人未按照规定的期限缴纳所担保的税款，由税务机关责令限期缴纳，逾期仍未缴纳的，经县级以上税务局（分局）局长批准，税务机关可以采取下列强制措施：书面通知其开户银行或者其他金融机构从其存款中扣缴税款；扣押、查封、拍卖其价值相当于应纳税款的商品、货物或者其他财产，以拍卖所得抵缴税款。税务机关采取强制执行措施的，同时对其未缴纳的滞纳金采取强制执行。

14.3.5 法律责任

违反税法必须承担相应的法律责任。依据法律规定，对违反税法的纳税人、扣缴义务人、税务代理人、税务机关工作人员，追究其经济责任、行政责任或刑事责任，是保障国家财政收入的重要手段，也是税法强制性的集中表现。《税收征收管理法》规定的法律责任主要包括以下几个方面：

14.3.5.1 违反税务管理规定的法律责任

纳税人未按规定期限办理税务登记、变更或者注销登记的；或者未按规定设置、保管账簿或者保管记账凭证和有关资料的；或者未按规定将财务、会计制度或者财务、会计处理办法报送税务机关备查的；未按照规定将其全部银行账号向税务机关报告的；未按照规定安装、使用税控装置，或者损毁或擅自改动税控装置的；纳税人未按规定办理税务登记、证件验证或者换证手续的。由税务机关责令限期改正，逾期不改正的，可以处2000元以下的罚款；情节严重的，处2000元以上1万元以下的罚款。

14.3.5.2 纳税人、扣缴义务人未按规定进行纳税申报、虚假申报的法律责任

纳税人未按规定的期限办理纳税申报的，或者扣缴义务人未按规定的期限向税务机关报送代扣代缴、代收代缴税款报告表的，由税务机关责令限期改正，可以处2000元以下的罚款；逾期不改正的，可以处2000元以上1万元以下的罚款。

纳税人、扣缴义务人编造虚假计税依据的，由税务机关责令限期改正，并处5万元以下的罚款；纳税人不进行纳税申报，不缴或者少缴应纳税款的，由税务机关追缴其不缴或者少缴的税款、滞纳金，并处不缴或者少缴税款50%以上5倍以下的罚款。

14.3.5.3 偷税、欠税、骗税、抗税的法律责任

（1）偷税的法律责任

偷税是指采取伪造、变造、隐匿、擅自销毁账簿、记账凭证、在账簿上多列支出或不列、少列收入的手段，或者进行虚假的纳税申报，不缴或少缴应纳税款的行为。对纳税人偷税的，由税务机关追缴其不缴或者少缴的税款、滞纳金，并处不缴或者少缴的税款50%以上5倍以下的罚款；构成犯罪的，依法追究刑事责任。

（2）欠税的法律责任

欠税是指超过规定的纳税期限或者经税务机关批准的延缓期限，未缴或少缴税款的行为。纳税人欠缴应纳税款，采取转移或者隐匿财产的手段，妨碍税务机关追缴欠缴的税款的，由税务机关追缴欠缴的税款、滞纳金，并处欠缴税款50%以上5倍以下的罚款；构成犯罪的，依法追究刑事责任。

（3）骗取出口退税的法律责任

我国为鼓励出口创汇，对产品出口的，在出口后可凭证明资料退回以前所缴纳的有关税款。企事业单位采取对生产或经营的商品假报出口等欺骗手段，骗取国家出口退款的属违法行为，未构成犯罪的，税务机关应追缴其骗取的退税款，处以骗取税款1倍以上5倍以下的罚款；构成犯罪的，还要追究刑事责任。

（4）抗税的法律责任

抗税是以暴力、威胁方法拒不缴纳税款的行为。对抗税的，由税务机关追缴其拒缴的税款、滞纳金外，依法追究刑事责任。情节轻微，未构成犯罪的，由税务机关追缴其拒缴的税款、滞纳金，并处拒缴税款1倍以上5倍以下的罚款。

14.3.5.4 非法印制发票的法律责任

非法印制发票的，由税务机关销毁非法印制的发票，没收违法所得，并处罚款。按照《中华人民共和国发票管理办法》规定，未按照规定印制发票或者生产发票防伪专用品的，由税务机关责令限期改正，没收非法所得和作案工具，可以并处1万元以上5万元以下的罚款。构成犯罪的，依法追究刑事责任。私自印制、伪造、变造、倒卖发票，私自制作发票监制章、发票防伪专用品的，由税务机关依法予以查封、扣押或者销毁，没收非法所得和作案工具，可以并处1万元以上5万元以下的罚款；构成犯罪的，依法追究刑事责任。

14.3.5.5 税务人员违反税法的法律责任

税务人员应奉公守法，忠于职守，严格按税法的规定进行税收征收管理工作。税务人员在履行职责过程中，如果从事违法行为，会损害纳税人或者国家的经济利益。因此，税法对税务人员的违法行为规定了严格的制裁措施。

税收工作人员的违法行为主要包括：唆使、协助或与纳税人、扣缴义务人勾结的共同违法行为；受贿行为；玩忽职守行为；故意刁难纳税人、扣缴义务人的行为；擅自决定税收的开征、停征或减征、免征、退税、补税的行为。对上述违法行为，应追究行政责任；构成犯罪的，要追究刑事责任。

【课堂讨论题】

我国旅游市场法律制度存在哪些问题？应如何进行完善？

【思考题】

1. 我国《反不正当竞争法》的原则是什么?
2. 不正当竞争行为有哪些?
3. 我国现行税收的类型有哪些?
4. 什么是税收征收管理?
5. 旅游经营者的价格行为包括哪些内容?
6. 国家对价格的管理有哪些内容?

【案例分析】

账外暗中收受和支付回扣的行为

2005 年 4 月 15 日、2005 年 8 月 4 日，原告倍耀科技有限公司与徐州医学院附属医院签订了销售血凝仪和分析仪协议书，分别以 5.6 万美元和 39.6 万元人民币价格成交。该成交价除了血凝仪和分析仪外，还包括联想品牌电脑 1 台、中文报告处理软件 1 套、激光打印机、彩色喷墨打印机等物品。被告建邺工商分局认为原告在与第三人多次谈判过程中，为击败竞争对手，超出血凝仪、分析仪标准套配置范围，以承诺免费赠送电脑、电源、打印机等方式获得交易机会，影响了市场交易秩序。因为电脑、电源、打印机、试剂等是血凝仪、分析仪正常使用需要的设备，原告将其作为赠品赠送而未作为配套设备销售，不符合“折扣”行为构成要件。故原告以附赠的方式销售血凝仪和分析仪的行为，违反了《反不正当竞争法》第 8 条和《关于禁止商业贿赂行为的暂行规定》第 8 条的规定，构成商业贿赂行为，对原告处以没收违法所得 112 050 元、罚款 100 000 元的行政处罚。原告请求法院撤销被告作出的具体行政行为。

请问：原告是否构成商业贿赂?

【本章推荐阅读书目】

旅游管理法规教程. 向三九. 济南大学出版社，2004.
税法. 财政部. 经济科学出版社，2003.
旅游法规案例精选与解析. 张坚钟. 中国旅游出版社，2004.

第 15 章

旅游纠纷与旅游投诉

【本章概要】

本章主要内容包括：旅游纠纷的含义和类别；旅游纠纷解决方式；协商、调解、行政处理、仲裁和诉讼；旅游投诉的特征、条件及范围；旅游投诉管辖；旅游投诉的受理程序。

【学习目标】

- 了解旅游纠纷的含义和类别；
- 掌握解决旅游纠纷的主要途径；
- 掌握旅游投诉的概念及特点；
- 熟悉旅游投诉管理机关及其管辖；
- 熟悉旅游投诉条件与投诉范围；
- 熟悉旅游投诉的受理与处理。

【关键性术语】

旅游纠纷、旅游投诉、协商、调解、行政处理、仲裁、诉讼、旅游投诉管理机关、旅游投诉管辖、旅游投诉受理、处理。

【章首案例】

旅游者应向何处投诉？

游客杨某反映其团 8 人于 2006 年 8 月参加某旅行社组织的千岛湖、桐庐三日游。在旅游途中，游客却被告知本次旅游行程是千岛湖、桐庐二日游。客人投诉至上海市旅游质量监督所，认为旅行社未按合同提供服务，要求旅行社进行赔偿。质监所在收到投诉后通过调查取证，发现游客手中的合同（旅行社开具的发票）上写明为千岛湖、桐庐二日游。根据《旅行社质量保证金赔偿试行标准》的规定，上海市旅游质量监督所不支持游客提出的赔偿要求。

请问：上海市旅游质量监督所能否接受旅游者的投诉？上海市旅游质量监督所不支持旅游者的投诉请求，旅游者还可通过哪些途径要求解决？

15. 1　旅游纠纷

15. 1. 1　旅游纠纷的含义和类别

旅游纠纷是指在旅游过程中，旅游关系的当事人所发生的矛盾和冲突。由于旅游者参加旅游活动所接受服务的综合性，旅游纠纷涉及面广。因为旅游服务包括行、住、食、游、购、娱六大要素，旅游纠纷所涉及的行业相当广泛，如工业、农业、制造业、服务业都有可能被涉及。在本章重点讨论旅游者和旅游经营者之间的纠纷，以及由此引起的旅游者、旅游经营者和国家行政机关之间的纠纷。

在旅游实践中，旅游纠纷主要分为三类：

（1）旅游民事纠纷

一般是指根据调整旅游法律关系的民事法律、法规的规定或旅游合同的约定，旅游者的民事权利以及合同权利受到其他旅游法律关系主体违法行为的侵害或违反，而在旅游者与侵权者或违约者之间所产生的民事纠纷。旅游民事纠纷主要包括：旅游者与旅行社之间的纠纷；旅游者与旅游饭店之间的纠纷、旅游者与旅游景点之间的纠纷等。旅游民事纠纷主要具有以下特点：纠纷的主体之间法律地位平等；纠纷的内容是对民事权利义务的争议；纠纷的可处分性。旅游民事纠纷的主体享有独立处分其民事权利、义务的权力。

在我国，主要用来解决旅游民事纠纷的法律、法规包括《民法通则》《合同法》《民事诉讼法》《旅游投诉暂行规定》等。

（2）旅游行政纠纷

旅游者与相关旅游行政机关之间的行政纠纷，是指根据调整旅游法律关系的行政法律、法规的规定，旅游者的合法权利受到相关主管部门违法行政行为的侵犯，而在旅游者与行政机关之间所产生的纠纷；旅游行政纠纷主要包括：旅游者与旅游行政管理机关的纠纷；旅游者与出入境管理机关的纠纷等。旅游行政纠纷主要具有以下特点：纠纷主体之间存在服从和隶属关系；纠纷的内容是对行政行为合法性的争议；纠纷的不可处分，包括行政机关均不得随意处分行政权力。

我国主要用来解决旅游行政纠纷的法律、法规有《行政诉讼法》《行政复议法》等。

（3）旅游涉外纠纷

旅游涉外纠纷是指客源发生国和旅游接待国之间或者客源发生国企业和旅游接待国企业之间的纠纷。此类纠纷显然具有涉外因素。涉及国家间争议的，其性质属公法范畴；涉及国家间企业争议的，则可能涉及私法范畴。处理的依据是遵循国际条约、国际惯例、双边条约和对等的原则。

15.1.2 解决旅游纠纷的主要途径

在纠纷发生后，当事人、尤其是旅游者，应寻求适当的途径和方法解决权利归属争议，以维护自己的合法权益。根据我国法律、法规的规定，协商、调解、行政处理、仲裁、诉讼是解决纠纷的主要途径；除法律、法规有特别规定外，当事人在纠纷发生后，可以选择上述任何一种方式解决纠纷。

15.1.2.1 协商

协商常称协商和解，它是解决旅游纠纷经常使用的有效的方法之一。发生争议的双方当事人在自愿互谅的基础上，按照有关法律的规定或者合同的约定，直接进行谈判、磋商，自行达成协议，从而解决争议的一种方法。协商在民间叫“私了”，其最大的特点是无需第三者的介入，完全依靠当事人自行解决纠纷。优点为手续简便、方式灵活、便利经济，而且和解解决不会伤害争议各方的感情，有利于双方合作关系的进一步发展。协商适用于合同标的额不大、案情比较简单的争议。鉴于协商的一系列优越性，旅游争议的当事人一般都愿意采用这种方法。

但以协商解决旅游纠纷必须遵守如下原则：

自愿原则 协商的双方当事人任何一方均有拒绝或随时终止协商。任何一方当事人不得强迫对方同自己协商。此外，双方也并非有义务一定要通过协商解决争议。

平等原则 在协商过程中应坚持各方地位平等。在充分磋商、平衡利益、意思表示一致的基础上达成协议。任何一方不得采用欺诈、胁迫等手段使对方勉强接受自己的片面要求。

合法原则 当事人协商的结果不得与法律、法规相违背，不得损害国家利益、社会利益和第三方的利益。否则，协商达成的协议就无效。

因为协商是以自愿为基础解决纠纷的方式，协商在解决旅游纠纷的问题上也存在一定局限性：在争议各方利益分歧严重时，协商往往难以通过；协商的结果在相当程度上取决于协商各方讨价还价的力量和实际需要，力量较弱的一方的利益常常得不到应有的维护；双方达成协议后，如一方故意毁约，协商结果也不能申请强制执行。

15.1.2.2 调解

如果双方当事人未能就纠纷的解决通过协商达成一致，可以考虑借助第三者的力量，即调解。调解是在第三者主持下，通过劝说、诱导，使纠纷当事人在互谅互让的基础上达成协议以解决争议的一种方式。调解和协商的共同之处在于当事人都是在自愿基础上进行的，都需要通过双方同意达成一致意见。两者的区别在于调解中有一个第三者存在并发挥一定的调停、斡旋作用，而协商根本没用第三者的介入。

调解依主持人身份的不同，一般可分为民间调解、仲裁调解和法院调解，但在我国的旅游纠纷解决中还有一种行政调解方式，即当事人要求旅游行政管理部门对他们的争议作出处理决定，而该机构在解决旅游纠纷过程中也采用调解手段，其性质是行政调解。经过旅游行政管理部门的调解，当事人就纠纷解决达成协议时应制作《调解协议书》。《调解协议书》虽不具备民事诉讼中《调解书》所具有的法律效力，但由于是在旅游投诉管理机构主持下达成的，且加盖了机关公章，所以视同为行政裁决。

15.1.2.3 仲裁

（1）仲裁的概念及特征

仲裁又称公断，是指双方当事人通过合意，自愿将有关争议提交给作为仲裁人或公断人的第三者审理，由其根据法律或公平原则作出裁决，并约定自觉履行该裁决所确定的义务的一种制度。而仲裁人或公断人将由当事人共同从仲裁委员会的仲裁员名册中选定。

仲裁作为一种为法律所认可的解决民事纠纷的重要方式，具有以下法律特征：

仲裁具有一裁终局性 仲裁区别于诉讼，诉讼有一审、二审甚至再审阶段，而仲裁实行一裁终局制。仲裁裁决作出后，当事人就同一纠纷再申请仲裁或者向人民法院起诉的，仲裁委员会或人民法院应不予受理。

仲裁具有排斥起诉性 一旦当事人双方在合同中达成合法有效的仲裁条款，或就特定财产争议达成仲裁协议，任何一方在争议发生后，均只能向仲裁机构提起仲裁，而不能向人民法院起诉。如向人民法院起诉，法律另有规定的除外，人民法院应裁定不予受理。

仲裁的结果具有法律效力 仲裁裁决具有强制性法律效力。不经法定程序撤销，一方当事人不履行仲裁裁决的，另一方当事人可以向人民法院申请强制执行。

（2）仲裁协议

《中华人民共和国仲裁法》第4条规定："当事人采用仲裁的方式解决纠纷，应当双方自愿，达成仲裁协议。没有仲裁协议，一方申请仲裁的，仲裁委员会不予受理。"因此，当事人双方自愿达成仲裁协议是启动仲裁程序的前提条件。

仲裁协议是指当事人在合同中订立的仲裁条款和以其他书面方式在纠纷发生前或纠纷发生后达成的请求进行仲裁的协议。

一个合法的仲裁协议应同时具备以下内容：请求仲裁的意思表示；仲裁事项；选定的仲裁委员会。

以下情形之一，仲裁协议无效：所约定的仲裁事项超出法律所规定的仲裁范围；无民事行为能力人或者限制民事行为能力人订立的仲裁协议；一方采取胁迫手段，迫使对方订立仲裁协议的。

15.1.2.4 诉讼

（1）诉讼的概念及特征

诉讼是公力救济的典型方式，是现代法治社会保障公民权利的最后堡垒，是最终的、具有权威性的纠纷处理机制。诉讼的实质是由特定国家机关，在纠纷主体的参与下，处理特定社会纠纷的一种最有权威和最有效的机制。

诉讼是指法院、当事人和其他诉讼参与人，在审理案件的过程中所进行的各种诉讼活动，以及由这些活动所产生的各种诉讼关系的总和。诉讼主要有以下法律特征：

国家强制性 在诉讼中，法院凭借国家审判权确定纠纷主体之间的权利义务关系，并以国家强制力迫使纠纷主体履行已生效判决和裁定。

严格的规范性 诉讼必须严格按照法律规范来进行，一是指诉讼程序的严格规范性；二是指法院的判决以及裁定应严格依法进行。

（2）诉讼的类别

诉讼主要存在3种类别：民事诉讼、行政诉讼和刑事诉讼。本节主要讨论的是旅游纠纷的解决，因此，着重介绍的是民事诉讼和行政诉讼，而并不涉及刑事诉讼。

民事诉讼 民事诉讼是人民法院行使国家审判权审理民事案件，当事人及其他诉讼参与人为解决民事纠纷、保护合法权益而进行的全部活动，以及由此产生的各种关系。旅游者和旅游经营者是具有平等地位的民事主体，发生在双方当事人之间的纠纷属于民事纠纷，在纠纷发生后，旅游者向人民法院提出民事诉讼，要求旅游经营者承担民事责任。

民事诉讼具有以下法律特征：第一，诉讼标的的特定性；第二，双方当事人在诉讼上对抗的特殊性；第三，当事人处分权利的自由性；第四，解决纠纷的强制性与最终性。

根据《民事诉讼法》的规定，旅游者提起民事诉讼应具备法定条件：原告必须是与本案有直接利害关系的旅游者；起诉必须有明确的被告；起诉必须具有具体的诉讼请求、事实和理由；起诉的案件必须属于人民法院受理的民事诉讼的范围和受诉人民法院管辖。

行政诉讼 行政诉讼是指当公民、法人和其他组织认为行政机关的具体行政行为侵犯了其合法权益，依法向人民法院提起诉讼，由人民法院对案件进行裁决的诉讼行为。行政诉讼与民事诉讼的最大差别在于，行政诉讼所处理的诉讼标的是具体行政行为的是否合法性，因此当事人双方不得进行随意处分。

在旅游纠纷发生之后，旅游者和旅游经营者首先向行政机关请求处理，但在认为行政机关的处理方式不正确，或应处理而未处理的，旅游者或旅游经营者可以向人民法院提起诉讼。此时，当事人所针对的是行政机关的具体行政行为，因此所提起的诉讼就是行政诉讼。

（3）最高人民法院关于审理旅游纠纷案件适用法律若干问题的规定

随着旅游业蓬勃发展，旅游人数逐年增多，旅游纠纷案件逐年上升。人民法院也面临着适用法律和统一执法难度加大的难题。旅游合同中的损害赔偿，横跨侵权法与合同法两大领域，同时还涉及众多的行政法规、部门规章。所涉法律规范虽多，但合同法对于旅游合同未作专门规定，司法解释在这一领域也存在空白。随着旅游者维护自身权益意识的增强，社会敏感度较高、法律依据不明确的旅游纠纷案件日渐增多，亟需通过及时制定司法解释加以规范和指引。

2010年9月13日，最高法院审判委员会第1496次会议通过《最高人民法院关于审理旅游纠纷案件适用法律若干问题的规定》，（以下简称《规定》或司法解释）自2010年11月1日起施行。

该《规定》共26条，涉及四个方面。

一是合理界定旅游纠纷案件的受案范围。旅游纠纷司法解释包括旅游者与旅游经营者、旅游辅助服务者之间因旅游发生的合同纠纷与侵权纠纷。制定该司法解释的目的在于解决旅游过程中旅游者权益受到侵害时，由谁来承担责任及承担何种责任的问题。旅游景点经营者与旅游者之间发生的旅游纠纷，可参照该司法解释处理。

二是明确旅游者个人的诉讼权利。在集体旅游中，除合同签字的当事人有权提起诉讼外，未在旅游合同上签字的个人，也可以提起合同之诉。在集体旅游过程中，订立旅游合同的往往是集体推选的代表，而不是每个旅游者单独与旅游经营者签订合同。在这种情况下，如果只准许合同签订人提起诉讼，那么当未签字的旅游者受到损害，而合同签约人又怠于提起诉讼时，旅游者的权利就无法得到保障。因此明确旅游者有以个人名义提起诉讼的权利，对于维护当事人合法权益具有重要意义。

三是全方位维护了旅游者的合法权益。《规定》较为全面地规范了旅游法律关系，明确了旅游者合法权益的保护范围。大到旅游者的人身安全，小到旅游者的行李物品以及证件、护照的安全，司法解释均作出了规定。司法解释明确了旅游者主张霸王条款无效的权利，同时明确了旅游者对于旅游经营者收取的差价费的返还请求权，并且在民事司法解释中第一次明确了对消费者个人信息的保护。对于旅游经营者的转团与挂靠等损害旅游者利益行为的后果与责任，司法解释也作了相关规定。

四是合理界定旅游经营者的责任。支持和促进旅游业的健康发展，是制定这部司法解释的主旨之一。司法解释并未片面强调旅游者利益的维护，无限扩大旅游经营者的责任，而是通过合理界定不可抗力、自由活动期间以及自由行过程中旅游经营者应承担的责任及责任免除条件等方式，对旅游经营者的权益也进行了合理维护。

可见此司法解释在维护旅游者合法权益的同时，人民法院也将通过司法手段，注重维护旅游经营者的生存发展。互利共赢是人民法院审理旅游纠纷案件坚持的基本原则之一，既要维护好旅游者的合法权益，也要维护并促进旅游业的健康发展，两者不可偏废。据悉，人民法院下一步将把旅游者权益的保护纳入更为严格规范的制度架构之中，继续加强对消费者权益保护案件审判工作的调研，适时出台相关司法解释，及时解决侵害消费者权益案件法律适用中的疑难问题。同时，还将充分发挥多元纠纷解决机制的作用，做好矛盾化解工作，加强与消费者协会的沟通和协调，积极主动地邀请旅行社协会、居民委员会、村民委员会、人民调解员、人民陪审员等社会各方力量参与调解，力争案结事了。

15.2 旅游投诉

15.2.1 旅游投诉的概念及特点

（1）旅游投诉的概念

旅游投诉，是指旅游者认为旅游经营者损害其合法权益，请求旅游行政管理部门、旅游质量监督管理机构或者旅游执法机构（以下统称“旅游投诉处理机构”）对双方发生的民事争议进行处理的行为。通过旅游投诉程序，旅游行政管理机关能及时解决旅游纠纷，维护旅游者的合法权益。1991 年 6 月 1 日，国家旅游局制定发布了《旅游投诉暂行规定》，这是我国第一部规定旅游投诉和投诉程序的具有行政法规性质的部门规章。2010 年 1 月 4 日国家旅游局第一次局长办公会议审议通过《旅游投诉处理办法》（后简称《办法》），自 2010 年 7 月 1 日起施行。旅游投诉制度是我国旅游活动中相对完善的一项法律制度，是处理旅游纠纷 5 种方式（协商、调解、投诉、仲裁、诉讼）中最具有旅游特色的一种。

（2）旅游投诉的特征

旅游投诉的主体参与了旅游活动 旅游投诉的主体由 2 个方面组成，即投诉人与被投诉人。旅游投诉的前提是要求投诉人与被投诉人都参与了旅游活动。否则，就不是旅游投诉。

投诉人的合法权益受到了损害 这里所指的损害，既包括财产的损失，也包括人身权利的损害。如果没有损害，则丧失了旅游投诉的基本条件，如果其损害不发生在旅游活动中，其投诉也不在旅游投诉之列。

被投诉人主观上有过错 过错有故意和过失之分。如果其损害是被投诉人的故意或过失所造成，则投诉成立，如果是投诉人自身的原因或由于不可抗力的原因造成的，则投诉不能成立。

投诉机关是旅游行政管理部门 《办法》规定旅游行政管理部门为旅游投诉管理机关。旅游投诉的最高管理机关为国务院旅游行政管理部门，县级以上旅游行政管理部门设立旅游投诉管理机关。

15.2.2 旅游投诉管理机关及其管辖

15.2.2.1 旅游投诉管理机关

旅游投诉管理机关是旅游投诉受理和处理的机关，也是保护旅游投诉者合法权益的机关，《办法》对旅游投诉管理机关的设置、职责等作出了明确规定。

《办法》规定："县级（含县级）以上旅游行政管理部门设立旅游投诉管理机关"。这一规定明确了我国旅游投诉的管理机关是县级（含县级）以上旅游行政管理机关的内设机构，代表旅游行政管理机关处理旅游投诉案件。它是旅游行政管理部门的一个内部工作机构，不具有独立行政机关法人地位，不能以自己的名义作出任何行政行为，所作出的投诉处理决定的后果应当由设立它的旅游行政管理部门承担。依据《办法》，我国的旅游投诉管理机关分为国家旅游投诉管理机关和地方旅游投诉管理机关。

国家旅游投诉管理机关的职责是：制定全国旅游投诉管理的规章制度并组织实施；指导、监督、检查地方旅游行政管理部门的旅游投诉管理工作；对收到的投诉，可以直接组织调查并作出处理，也可以转送有关部门处理；受理对省、自治区、直辖市旅游行政管理部门作出的投诉处理决定不服的复议申请；表彰或者通报地方旅游投诉处理工作，组织交流投诉管理工作的经验与信息；管理旅游投诉的其他事项。

县级以上（含县级）地方旅游行政主管部门设立的地方旅游投诉管理机关的职责是：贯彻执行国家旅游投诉规章制度；受理本辖区内的旅游投诉；受理对下一级旅游投诉管理机关作出的投诉处理不服的复议申请；协助上一级旅游投诉管理机关调查涉及本辖区内的旅游投诉；向一上级旅游投诉管理机关报告本辖区内重大旅游投诉的调查处理情况；建立健全本辖区内旅游投诉管理工作的表彰或通报制度；管理本辖区内旅游投诉的其他事项。

某旅游饭店M为招揽客人，于2007年6月，向众多旅行社发出没有称谓的函告，愿意以7折优惠接待旅游团队食宿。同年9月4日，先后有8家旅行社带团入住该店。当第9家N旅行社即再带团投宿时，被告知客满，无法安排，请另寻他处。导游只得把游客安排在一公共场所后，带另一游客四处联系。2h后，才联系到一家与M相当的饭店，但食宿不能打折，且N旅行社还必须支付游客滞留的空调费、冷饮费及市内交通费。N旅行社为此向M旅游饭店提出赔偿要求，遭到M旅游饭店的严辞拒绝。

请应用所学回答下列问题：（1）双方哪一方立场正确？为什么？（2）如果N一定要坚持赔偿请求，是继续向M请求，还是向消费者协会或者旅游行政主管部门投诉？为什么？

15.2.2.2 旅游投诉管辖

旅游投诉管辖，是指各级旅游投诉管理机关和同级旅游投诉管理机关之间，受理旅游投诉案件的分工和权限。

旅游纠纷一旦产生，对于旅游纠纷的当事人而言，首先面临的是到什么地方去投诉、由哪个具体的旅游投诉管理机关处理问题。这些问题不仅关系到行政机关能否尽职尽责行使权力，既不互相推诿，又不彼此相争，还关系到国家是否及时、有效、准确地追究违法行为的法律责任，也关系到旅游投诉者的权益能否真正实现。因此，旅游投诉管辖在整个投诉制度中占有重要位置。

(1) 级别管辖

级别管辖是指划分上、下级旅游投诉管理机关之间对处理投诉案件的分工和权限。根据《办法》和《全国旅游质量监督所机构组织与管理暂行办法》规定，国家旅游投诉管理机关（即旅游质量监督所，以下简称“质监所”），管辖在全国范围内有重大影响或地方旅游投诉管理机关受理有困难的重大投诉案件，各类旅游质量投诉案件，重大的跨省、自治区、直辖市的旅游投诉，受理对省、自治区、直辖市的旅游行政管理部门作出的投诉处理决定不服的复议申请。

县级（含县级）以上的地方旅游投诉管理机关受理本辖区内的旅游投诉案件，受理对下一级旅游行政管理机关作出的投诉处理决定不服的复议申请，协助上一级旅游投诉管理机关调查涉及本辖区的重大旅游投诉。

(2) 地域管辖

地域管辖亦称区域管辖，是指同级旅游投诉管理机关之间横向划分在各辖区内处理旅游投诉案件的分工和权限，即确定旅游行政管理部门实施其行政权力的地域范围。这个地域范围是根据各级行政区划确定的：省级旅游投诉管理机关在本省行政区域内依法行使管辖权，县级旅游投诉管理机关在本行政区域内依法行使管辖权。

一般来说，地域管辖是以被投诉者所在地的投诉管理机关管辖为原则。同时地域管辖可以以行为地作为确定管辖机关的标准。行为地是指侵权、违约行为发生时行为人所处的地域空间范围。它包括违法行为着手地、经过地、发生地和危害结果发生地，但并不排除在某些情况下以行为发现地或行为人住所地来确定管辖，这样符合处理投诉的效率原则。根据我国的实际情况及旅游的特点，《办法》第5条规定，旅游投诉由旅游合同签订地或者被投诉人所在地县级以上地方旅游投诉处理机构管辖；需要立即制止、纠正被投诉人的损害行为的，应当由损害行为发生地旅游投诉处理机构管辖。

(3) 共同管辖、选择管辖、指定管辖与移送管辖

在处理跨行政区的旅游投诉时，被投诉人所在地、损害行为发生地和损害结果地的投诉管理机关对某一投诉案件均有管辖权，因而产生了共同管辖和选择管辖问题。同一投诉，两个以上投诉管理机关均有管辖权的，称为共同管辖。同一投诉，两个以上投诉管理机关均有管辖权的，投诉人可以从有管辖权的管理机关中选择其中一个管理机关提出投诉，称为选择管辖。指定管辖是指上级旅游投诉管理机关指定下一级旅游投诉管理机关对某一投诉案件进行审理，行使管辖权。上级旅游投诉管理机关指定下一级旅游投诉管理机关对某一投诉案件行使管辖权，是一种具有法律效力的行政行为，应当以书面的方式进行。移送管辖是指旅游投诉管理机关受理投诉后，发现该投诉案件本投诉机关无权管辖的，依法将其送至有管辖权的旅游投诉管理机关审理。受移送的投诉机关，认为受移送的案件依照规定不属于其管辖的投诉案件，应报请上级旅游投诉管理机关指定管辖，不得再移送。

2007年1月10日，游客刘某等4人参加了北京Y旅行社组织的“昆明、大理、丽江、版纳、中缅+森林公园四飞八日游”。在这一行程中，引起游客不满意的焦点问题有两个：一是在昆明和边境城市打洛被安排参观多个玉石珠宝商店，其中含有行程内未约定的商店；二是第四日从西双版纳飞昆明的时间（12:20）与昆明赴大理的火车(22:00)之间有大半天空余，时间安排不合理，且行程计划中未显示有自由活动或自费项目安排。

针对多次参观玉石商店问题，刘某等人当天就通过电话向北京的组团社进行了投诉。经联络协商，地接社导游向游客道歉并退还了自费项目的费用，作为参观计划外购物点的补偿（游客未购物）。刘某等人对此处理结果表示满意。

针对空余半天的问题，北京组团社电话答应在昆明增加两个景点作为补偿，地接社表示只能提供车辆，景点门票费用自理。于是，刘某等人又投诉至云南省旅游局质监所。在省质监所的协调下，双方达成协议，增加翠湖观海鸥和圆通寺两个景点。

回京后，刘某等人到北京市旅游局质监所再次投诉组团旅行社，仍然反映上述问题。向有关部门递交了“行政复议申请书”，申请人为刘某等4人。申请内容是要求对某省级旅游质监所做出的投诉不受理决定进行复议。北京市质监所经过认真研究，决定不予受理该投诉，并致函刘某等人，认为：“游客在云南旅游过程中，发现旅行社存在服务质量问题后，即分别向组团社、云南省旅游质监所进行投诉，地接社导游向游客道歉并退还了相关自费项目的费用，游客对此表示同意；对于第四日旅游行程不合理、空闲时间过长的问题，游客向云南省质监所投诉后，经调解，地接社为游客额外增加两个景点作为补偿，客人接受此调解。综上，就您反映的旅游中出现的服务质量问题，在当地已经得到解决。因此，我所不再重复审理。”

15.2.3 旅游投诉的条件及范围

15.2.3.1 旅游投诉的条件

依据《办法》第10条的规定，向旅游行政管理部门投诉，一般符合以下几个方面的条件：首先，投诉人与投诉事项有直接利害关系；第二，有明确的被投诉人、具体的投诉请求、事实和理由。

旅游投诉一般应当采取书面形式，一式两份，并载明下列事项：投诉人的姓名、性别、国籍、通讯地址、邮政编码、联系电话及投诉日期；被投诉人的名称、所在地；投诉的要求、理由及相关的事实根据。

投诉事项比较简单的，投诉人可以口头投诉，由旅游投诉处理机构进行记录或者登记，并告知被投诉人。

投诉人委托代理人进行投诉活动的，应当向旅游投诉处理机构提交授权委托书，并载明委托权限。

投诉人4人以上，以同一事由投诉同一被投诉人的，为共同投诉。共同投诉可以由投诉人推选1~3名代表进行投诉。代表人参加旅游投诉处理机构处理投诉过程的行为，对全体投诉人发生效力，但代表人变更、放弃投诉请求或者进行和解，应当经全体投诉人同意。

15.2.3.2 旅游投诉的范围

依据《办法》的规定，投诉人可以就下列事项向旅游投诉处理机构投诉：认为旅游经营者违反合同约定的；因旅游经营者的责任致使投诉人人身、财产受到损害的；因不可抗力、意外事故致使旅游合同不能履行或者不能完全履行，投诉人与被投诉人发生争议的；其他损害旅游者合法权益的。

下列情形旅游投诉处理机构不予受理：人民法院、仲裁机构、其他行政管理部门或者社会调解机构已经受理或者处理的；旅游投诉处理机构已经作出处理，且没有新情况、新理由的；不属于旅游投诉处理机构职责范围或者管辖范围的；超过旅游合同结束之日 90 天的；不符合旅游投诉条件的；其他经济纠纷。

15.2.4 旅游投诉的受理与处理

15.2.4.1 旅游投诉的受理

旅游投诉的受理，是指旅游投诉管理机关对投诉案件接受、审理。具体而言，是指有管辖的旅游投诉管理机关，接到旅游投诉者的投诉状或者口头投诉后，经审查认定符合受理条件，予以立案的行政行为。旅游投诉的受理必须遵循一定的程序，以保证旅游投诉处理程序的效率与公正。

《办法》第 15 条规定，旅游投诉处理机构接到投诉，应当在 5 个工作日内作出以下处理：投诉符合本办法的，予以受理；投诉不符合本办法的，应当向投诉人送达《旅游投诉不予受理通知书》，告知不予受理的理由；依照有关法律、法规和本办法规定，本机构无管辖权的，应当以《旅游投诉转办通知书》或者《旅游投诉转办函》，将投诉材料转交有管辖权的旅游投诉处理机构或者其他有关行政管理部门，并书面告知投诉人。

15.2.4.2 旅游投诉的处理

旅游投诉的处理必须遵照法定程序来进行。旅游投诉的处埋程序，是指质监所受理投诉案件后，调查核实案情促进纠纷解决或作出处理决定所必须经过的程序。

旅游投诉处理机构处理旅游投诉，决定立案办理的需填写《旅游投诉立案表》，并附有关投诉材料，在受理投诉之日起 5 个工作日内，将《旅游投诉受理通知书》和投诉书副本送达被投诉人。对于事实清楚、应当即时制止或者纠正被投诉人损害行为的，可以不填写《旅游投诉立案表》和向被投诉人送达《旅游投诉受理通知书》，但应当对处理情况进行记录存档。

被投诉人应当在接到通知之日起 10 日内作出书面答复，提出答辩的事实、理由和证据。投诉人和被投诉人应当对自己的投诉或者答辩提供证据。旅游投诉处理机构应当对双方当事人提出的事实、理由及证据进行审查。旅游投诉处理机构认为有必要收集新的证据，可以根据有关法律、法规的规定，自行收集或者召集有关当事人进行调查。需要委托其他旅游投诉处理机构协助调查、取证的，应当出具《旅游投诉调查取证委托书》，受委托的旅游投诉处理机构应当予以协助。对专门性事项需要鉴定或者检测的，可以由当事人双方约定的鉴定或者检测部门鉴定。没有约定的，当事人一方可以自行向法定鉴定或者检测机构申请鉴定或者检测。鉴定、检测费用按双方约定承担。没有约定的，由鉴定、检测申请方先行承担；达成调解协议后，按调解协议承担。鉴定、检测的时间不计入投诉处理时间。

旅游投诉处理机构应当在查明事实的基础上，遵循自愿、合法的原则进行调解，促使投诉人与被投诉人相互谅解，达成协议。旅游投诉处理机构受理投诉后，应当积极安排当事双方进行调解，提出调解方案，促成双方达成调解协议。

在投诉处理过程中，投诉人与被投诉人自行和解的，应当将和解结果告知旅游投诉处理机构；旅游投诉处理机构在核实后应当予以记录并由双方当事人、投诉处理人员签名或者盖章。

旅游投诉处理机构应当在受理旅游投诉之日起60日内，作出以下处理：双方达成调解协议的，应当制作《旅游投诉调解书》，载明投诉请求、查明的事实、处理过程和调解结果，由当事人双方签字并加盖旅游投诉处理机构印章；调解不成的，终止调解，旅游投诉处理机构应当向双方当事人出具《旅游投诉终止调解书》。调解不成的，或者调解书生效后没有执行的，投诉人可以按照国家法律、法规的规定，向仲裁机构申请仲裁或者向人民法院提起诉讼。

有以下两种情形的，经旅游投诉处理机构调解，投诉人与旅行社不能达成调解协议的，旅游投诉处理机构应当做出划拨旅行社质量保证金赔偿的决定，或向旅游行政管理部门提出划拨旅行社质量保证金的建议：旅行社因解散、破产或者其他原因造成旅游者预交旅游费用损失的；因旅行社中止履行旅游合同义务、造成旅游者滞留，而实际发生了交通、食宿或返程等必要及合理费用的。

【课堂讨论题】

比较旅游投诉与民事诉讼。

演练旅游投诉的过程。

【思考题】

1. 简述协商和调解、诉讼和仲裁的区别。
2. 什么是旅游投诉？它有哪些主要特征？
3. 简述旅游投诉案件管辖。

【案例分析】

旅游者是否可异地投诉？

一游客陈某随旅游团在B市旅游，在一餐厅用餐时，由于地板有水滑倒。当时，该游客只感到脚部轻微疼痛而未在意，继续随团到S市后不久，游客陈某就觉得伤势加重不能行走，他认为这一切都是旅行社引起的，故与旅行社发生了纠纷。

请问：

1. 旅行社要不要承担责任？
2. 游客陈某可以选择什么样的途径来解决这一纠纷？
3. 如果陈某向S市质监所投诉，S市质监所认为陈某是在B市旅游用餐时滑倒，此事与他们无关。请问S市质监所的说法是否正确？为什么？

【本章推荐阅读书目】

旅游法原理与实务．王健．南开大学出版社，1998.

旅游法教程．焦承华．高等教育出版社，1998.

旅游法规教程．孙子文．东北财经大学出版社，1999.

第4篇

旅游业相关法律法规制度

第 16 章

出入境法律法规制度

【本章概要】

本章介绍我国现行规范外国人入出境和中国公民出入境的法律法规。阐述外国人入出境和中国公民出入境所需证件管理制度及管理机关，外国人在中国境内及入出国境和中国公民出入国境及在境外的权利义务。

【学习目标】

- 掌握中国旅游者出入境的权利义务；
- 了解出国旅游管理制度；
- 熟悉外国旅游者入出境的权利义务；
- 了解一关四检制度；
- 掌握中国公民违反出入境管理的法律责任；
- 熟悉外国人违反入出境管理的法律责任。

【关键性术语】

出入境法律法规制度、签证制度、中国旅游者、外国旅游者、一关四检制度、组团社、权利和义务、法律责任。

【章首案例】

境外旅行社的过错，境内旅行社是否应承担责任？

2002 年 8 月，某国际旅行社在获得出境旅游业务经营权后，为尽快开展出境旅游业务，遂与香港一家信誉不甚良好的旅行社建立了业务联系。同年 9 月，该国际旅行社组织了一个 23 人赴新、马、泰三国旅游团，委托该香港旅行社接待，因时间仓促，未与该香港旅行社签订书面协议。该旅游团在顺利完成新加坡、泰国两国的行程后，在马来西亚入境时，由于当地接待社导游疏忽，未办理入境手续，致使该旅游团作为“非法入境”而被扣留 2 天，未完成马来西亚段旅行而直接返回香港。该旅游团回国后，遂向旅游行政管理部门投诉，要求退还旅行费用并赔偿损失。经查，该旅游团投诉事实属实，而该国际旅行社则辩称，违约损害旅游者的事实均发生在境外，应由境外旅行社承担赔偿责任。

请问：损害赔偿责任应由哪家国际旅行社承担？旅行社组织旅游者出境旅游，选择在目的地国家或地区的旅行社，应履行哪些职责？

16.1 中国公民出入境管理

16.1.1 中国旅游者出入境的有效证件

中国公民出入境是指中国公民出入中国的国（边）境，前往目的地国家或地区的行为。而行为合法的前提是中国公民出入境必须提供本人的有效身份证件。这也是世界各国对其本国公民出入境管理的通行做法。

中国公民出入境的有效证件主要包括以下种类：

16.1.1.1 中华人民共和国护照

护照是主权国家发给本国公民出入境和到国外旅行、居留的合法身份证明和国籍证明。护照的英文叫 Passport（意为通过口岸的通行证）。中华人民共和国护照是中华人民共和国公民出入国境和在国外证明国籍和身份的证件。护照是维护国家主权、保护本国公民利益和保障国际正常交往所必备的重要证件。任何组织或者个人不得伪造、变造、转让、故意损毁或者非法扣押护照。

根据《中华人民共和国护照法》（以下简称《中国护照法》）的规定，我国政府现行颁发的护照共有以下 3 种：

（1）普通护照

公民因前往外国定居、探亲、学习、就业、旅行、从事商务活动等非公务原因出国的，由本人向户籍所在地的县级以上地方人民政府公安机关出入境管理机构申请普通护照。

普通护照的颁发对象：主要颁发给出国定居、探亲、访友、继承财产、留学、就业、旅游等因私事出国的中国公民。

（2）外交护照

外交官员、领事官员及其随行配偶、未成年子女和外交信使持用外交护照。

外交护照的颁发对象：主要颁发给中国党、政、军高级官员；全国人民代表大会、中国人民政治协商会议和各民主党派的主要领导人；外交官员、领事官员及其随行配偶、未成年子女和外交信使等。

（3）公务护照

公民因公出国执行公务的持用公务护照。《中国护照法》授权外交部自行规定公务护照的具体类别。外交部将根据《中国护照法》第 9 条规定，2006 年 5 月，外交部下发了《外交护照、公务护照、公务普通护照颁发与管理办法》，其中将因公普通护照从普通护照范围调整到公务护照范围，并更名为公务普通护照。公务护照分为公务和公务普通 2 个类别后，公务护照的颁发范围维持现行做法，公务普通护照颁发范围与因公普通护照的颁发范围相同。

公务护照的颁发对象：主要颁发给各级政府部门县（处）级以上官员；派驻国外的外交代表机关、领事机关和驻联合国组织系统及其专门机构的工作人员及其随行配偶、未成年子女等。

公务普通护照的颁发对象：县、处级（含副县、处级）以下国家公务员和事业单位工作人员；国有、国有控股企业、股份制企业以及其他诚信高、效益好、具有一定规模的外向型企业因公出国人员；国有控股和国有参股金融机构工作人员等。

16.1.1.2 中华人民共和国出入境通行证

中华人民共和国出入境通行证最初是发给因国籍冲突不便持护照的人员入国或者出国时使用的，出境或者入境时收回。近几年来，除了上述情形外，从事边境贸易、参加边境旅游的人员也使用这种证件，主要在毗邻国家边境地区出入，无须签证。《中国护照法》尊重了这种现状，将这种证件以法律形式规定下来，同时考虑到证件使用范围的变化，将其改名为“出入境通行证”。《中国护照法》规定：公民从事边境贸易、边境旅游服务或者参加边境旅游等情形，可以向公安部委托的县级以上地方人民政府公安机关出入境管理机构申请中华人民共和国出入境通行证。

16.1.1.3 中华人民共和国旅行证

中华人民共和国旅行证是代替护照使用的国际旅行证件，与护照具有同等效力。下列人员可申领《中华人民共和国旅行证》：遗失外交、公务、普通护照，需要回国人员；未持用港澳同胞回乡证，需要回内地的香港特区中国公民和澳门特区中国公民；定居海外、未持用台湾居民来往大陆通行证的中国台湾居民；未持用澳门特区有效证件，需返回澳门申请特区护照或旅行证的海外澳门中国公民；其他不能或不便持用护照而需要进入中华人民共和国的中国公民。

16.1.1.4 中华人民共和国香港签证身份书

香港签证身份书由香港特区政府签发给香港特区非永久性居民以及永久性居民中的非中国籍居民。

16.1.1.5 中华人民共和国澳门特别行政区旅行证

澳门特别行政区旅行证由澳门特区政府签发给澳门特区非永久性居民以及永久性居民中的非中国籍居民。

16.1.1.6 签证

我国公民出入我国国（边）境，无须办理我国政府的签证。

16.1.1.7 大陆居民往来台湾通行证

大陆居民须持有效《大陆居民往来台湾通行证》（以下简称《通行证》）及旅游签注（签注字头为L，以下简称“签注”）赴台旅游。

16.1.2 中国旅游者出入境的权利义务

16.1.2.1 中国公民出入境的权利

中国公民出入境的合法权益受中国法律保护，同时也受前往国（地区）法律的保护。中国公民出入境的权利主要有：中国公民出入中国国（边）境无须办理签证；公安机关等对中国公民出境申请应在规定时间答复，不得无故拖延和不批准；中国公民的护照由其本人保存使用，非经法定事由和特定机关不受吊销、收缴和扣押；中国公民的人身自由和人格尊严不受侵犯。

16.1.2.2 中国公民出入中国国境的义务

中国公民出入中国国境的义务主要有：中国公民出入境应办理有效证件；按照有关规定交纳有关证件的工本费及手续费；妥善保管出国的有关证件；在指定的口岸通行，主动出示相关证件并接受检查；遵守中国及前往国国家的法律，尊重当地的风俗习惯；服从旅游团队领队人员的统一管理；按规定期限和规定线路入境，不得无故滞留不归。

16.1.2.3 中国公民禁止出境的规定

2007年1月1日生效的《中国护照法》规定了7种不签发护照的情形，吸收了《公民出境入境管理法》规定的不准出境的部分内容，增加了“不具有中华人民共和国国籍的；无法证明身份的；在申请过程中弄虚作假的”3种情形不签发护照的规定，取消了“正在被劳动教养”的内容。

《中国护照法》规定，申请人有下列情形之一的，护照签发机关不予签发护照：不具有中华人民共和国国籍的；无法证明身份的；在申请过程中弄虚作假的；被判处刑罚正在服刑的；人民法院通知有未了结的民事案件不能出境的；属于刑事案件被告人或者犯罪嫌疑人的；国务院有关主管部门认为出境后将对国家安全造成危害或者对国家利益造成重大损失的。

另外，《中国护照法》规定了：因妨害国（边）境管理秩序犯罪受到刑事处罚的，因非法出境、非法居留、非法就业被遣返回国的，在6个月到3年内，公安机关不签发护照。可见，《中国护照法》的实施为限制非法移民在一定时期申请护照提供了法律依据。

16.1.3 我国公民出国旅游管理制度

16.1.3.1 出国旅游管理概述

为规范旅行社组织中国公民出国旅游活动，保障出国旅游者和出国旅游经营者的权益，2001年12月12日国务院第五十次常务会议通过了《中国公民出国旅游管理办法》（以下简称《管理办法》），2002年5月27日国务院予以公布，2002年7月1日起正式实施。《管理办法》共计33条，对中国公民出国旅游的有关事项作出了明确规定。

中国政府对中国公民出国旅游管理的方针是“有计划、有组织、有控制的发展”。“有计划”是指国家根据全国每年入境旅游的情况，包括旅游创汇额和接待外国旅游者人数，并考虑国内外市场的需求，制订出国旅游的年度计划，确定每年出国旅游的总量规模，以保证旅游业外汇收入的增长大于支出。“有组织”是指在现阶段，国家从国际、国内的实际情况出发，要求公民出国旅游仍以团队形式进行，整团出入国境，不办理散客出国旅游业务。“有控制”是指国家对出国旅游人数实行总量控制和配额管理，并对经营出国旅游业务的旅行社实行特许审批制和总量规模控制。

16.1.3.2 中国公民出国旅游目的地的审批制度

《管理办法》规定，中国公民出国旅游目的地国家和地区，是指经我国政府批准、允许旅行社组织旅游团队前往的国家和地区。它们由国务院旅游行政管理部门会同外交部、公安部等有关部门提出，报国务院批准后，由国务院旅游行政管理部门公布。任何单位和个人不得组织中国公民到国务院旅游行政管理部门公布的出国旅游目的地国家和地区以外的国家和地区旅游。

中国公民出国旅游目的地国家和地区必须符合下列条件：是我国的客源国；在政治上对我国友好；旅游资源有吸引力；具备适合我国旅游者的接待服务设施；对我国旅游者没有歧视性、限制性、报复性政策；能保障我国旅游者的安全，具有良好的可进入性。

2002年下半年由国务院牵头对旅游外部环境进行“打假打非”，尤其是对非法经营出境业务的中介机构、超范围经营的旅行社重拳出击。经北京市旅游执法大队的明察暗访，发现仅北京旅游市场上就有相当一部分的旅游中介机构、外国驻京办事处甚至社会上一些闲散人员等以各种名目如商务、考察、培训等方式变相经营出境旅游，这其中既有到旅游目的地国家的，也有到非旅游目的地国家的。

请问：

1. 我国对境外旅行社在我国设立办事机构有何规定？
2. 如何理解我国开展出国旅游的指导方针？

1983年底，经国务院批准，广东、福建、海南3省开展香港游。这标志着我国有组织的出境游的开始。截至2008年3月，经国务院批准的中国公民出国旅游目的地国家和地区已达136个。另外，我国与几乎所有毗邻国家都开展了边境游。目前，边境旅游方面，与俄罗斯、朝鲜和越南的边境旅游市场开展得较好。

16.1.3.3 组团社的审批制度

组团社是指经国务院旅游行政管理部门批准、特许经营中国公民出国旅游业务的国际旅行社。

旅行社申请经营出国旅游业务，应向省、自治区、直辖市旅游行政管理部门提出申请。省、自治区、直辖市旅游行政管理部门应当自受理申请之日起30个工作日内作出同意或不同意的决定。经审查同意的，报国务院旅游行政管理部门特许批准；经审查不同意的，应当书面通知申请人并说明理由。国务院旅游行政管理部门对经批准取得出国旅游业务经营资格的旅行社应当予以公布名单，并通报外交部、公安部等各有关部门。

任何旅行社未经国务院旅游行政管理部门批准取得出国旅游业务经营资格的，不得擅自经营或者以商务、考察、培训等方式变相经营出国旅游业务。

国务院旅游行政管理部门批准旅行社经营出国旅游业务，应当符合旅游业务发展规划及合理布局的要求。

旅行社申请经营出国旅游业务，应当具备下列条件：取得国际旅行社资格满1年；经营入境旅游业务有突出业绩；经营期间无重大违法行为和重大服务质量问题。

16.1.3.4 中国公民出国旅游总量控制、配额管理制度

针对我国的具体国情，国务院旅游行政管理部门对中国公民出国旅游采取“有计划、有组织、有控制发展”的指导方针，并根据上一年度全国入境旅游的业

绩、出国旅游目的地国家增加情况以及出国旅游的发展趋势，在每年的2月底以前确定本年度组织出国旅游的人数安排总量，并下达省、自治区、直辖市旅游行政部门。

省、自治区、直辖市旅游行政部门根据本行政区域内各组团社上年度经营入境旅游的业绩、经营能力、服务质量，按照公平、公正、公开的原则，在每年的3月底以前核定各组团社本年度组织出国旅游的人数安排。

国务院旅游行政管理部门对各省级旅游行政管理部门核定组团社年度出国旅游人员人数安排及组团社组织中国公民出国旅游的情况进行监督。

16.1.3.5 团队出国旅游管理制度

《管理办法》规定，我国公民出国旅游主要以团队形式进行，且每团派出领队人员。暂不办理零星散客出国旅游。

团队，是指由组团社组织3人以上的出国旅游团。

组团社应当按照核定的出国旅游人数安排组织出国旅游团队，并填写《名单表》。组团社派出的领队人员，无论首次出境或者再次出境，均应当将名字填写在《名单表》中，《名单表》经审核后不得再添人员。组团社应当按照有关规定在旅游团队出境、入境时及旅游团队入境后分别交有关部门查验、留存。《名单表》一式四联，分为：入境边防检查专用联、出境边防检查专用联、旅游行政部门审验专用联、旅行社自留专用联。

组团社组织团队出入境时，应当从国家开放口岸以团队形式整团出入境。族游团队出境时，应当接受边防检查站对护照、签证等有关证件及《名单表》的查验。旅游团队出境前已确定分团入境的，组团社应事先向边防检查总站或省级公安、边防部门备案；旅游团队出境后，因不可抗力或其他特殊原因确需分团入境的，领队人员应当及时通知组团社，组团社应当立即向有关边防检查总站或省级公安边防部门备案。

《管理办法》对经营中国公民出国旅游业务的组团社的职责作了如下规定：

● 组团社应维护旅游者的合法权益。这要求组团社履行下列职责：① 组团社应当向旅游者提供真实可靠的出国旅游服务信息，不得作虚假宣传，报价不得低于成本价。② 组团社经营出国旅游业务，应当与旅游者订立书面旅游合同。旅游合同应当包括旅游起止时间、行程路线、价格、食宿、交通以及违约责任等内容。旅游合同由组团社和旅游者各持一份。组团社应当按合同约定为旅游者提供服务。③ 组团社应当保证所提供的服务符合保障旅游者人身、财产安全的要求，并对可能危及旅游者人身安全的情况，向旅游者作出真实说明和明确警示，并采取有效措施，防止危害发生。④ 组团社及其旅游团队的领队人员应当要求境外接待旅行社按照约定的团队活动计划安排旅游活动，并要求境外接待社不得组织旅游者参与涉及色情、赌博、毒品内容的活动或者危险性活动，不得擅自改变行程、减少旅游项目，不得强迫或者变相强迫旅游者参加额外付费项目。如果境外接待社违反组团社及其领队人员根据此款规定提出的要求时，组团社及领队人员有义务予以制止。

● 组团社应选择信誉良好的境外接待社。组团社组织旅游者出国旅游，应当选择在目的地国家（地区）依法设立且具有良好信誉的境外接待社，并与之订立书面合同，方可委托其承担接待工作。

● 组团社组织团队出国旅游，应当代旅游者办理出国签证等出境手续。

● 组团社应当为出国旅游团队安排专职领队人员。

● 组团社有责任防止旅游者滞留不归。依据《管理办法》的规定，组团社有责任防止旅游者滞留海外不归。对滞留不归的旅游者，团队领队人员应当及时向组团社和中国驻所在国使领馆报告，组团社应当及时向公安机关和旅游行政管理部门报告。组团社有义务协助有关部门处理有关事项。

16.2　外国人入出境管理制度

自20世纪80年代以来，我国入境旅游一直保持快速地增长。为了保护外国人包括外国旅游者在华的合法权益，确保国家的主权和安全，我国制定了关于外国人出入境管理的一系列法律法规，主要有1985年11月22日由第六届全国人民代表大会常务委员会第十三次会议通过并公布的《中华人民共和国外国人入境出境管理法》（以下简称《外国人入境出境管理法》），该法律对外国人入境、出境、居留、旅行等作出了具体规定。为了贯彻这部法律，公安部和外交部于1986年12月27日颁布了《外国人入境出境管理实施细则》。其他适用的相关法律法规还有《中华人民共和国海关法》《中华人民共和国出境入境边防检查条例》等。

16.2.1　外国人入出境管理机关

根据《外国人入境出境管理法》第2条规定："外国人入境、过境和在中国境内居留，必须经中国政府主管机关许可。"这里所说的"中国政府主管机关"就是中国政府主管入出境的管理机关。具体是指：① 中国外交代表机关、领事机关和外交部授权的其他驻外机关。它们是中国政府在国外受理外国人入境、过境申请的机关。② 公安部、公安部授权的地方公安机关和外交部、外交部授权的地方外事部门。它们是中国政府在国内受理外国人入境、过境、居留、旅行申请的机关。

16.2.2　外国人入出境有效证件

外国人入出中国国境，须持有下列有效证件。

16.2.2.1　护照

世界各国的护照种类繁多，但主要分为外交护照、公务护照和普通护照。

护照是外国人入出中国国境的身份证件。外国人的护照由外国人所在国政府授权的特定机关颁发。

16.2.2.2　签证

《外国人出入境管理法》规定，外国人进入中国国境或经过中国国境，须申请签证。

签证是一个主权国家的外交、领事、公安机关或由上述机关授权的其他机关在本国或外国公民所持的护照或其他旅行证件上的签字、盖印，以表示允许其入出本国国境或者经过国境的一项签注式的证明。

签证是一个主权国家为维护本国主权、尊严、安全和利益而实施的一项入出境管理措施。一个国家的公民如果为某一目的希望前往其他国家，除必须拥有本人的有效护照或其他旅行证件外，另一个必备的条件，就是必须获得前往国家的签证。否则，是不可能成行的。当然，有些国家为加强友好交往，在互惠原则的基础上，互免签证手续；也有许多国家之间的双边条约规定，互免签证手续，如欧盟成员国的人员往来无须签证。

签证一般均做在护照或其他身份证件上。未建交国通常将签证做在另页纸上（称“另纸签证”），与护照同时使用。

签证有一定的格式和内容，包括有效期限、有效次数、停留期限、入出境口岸、偕行人员等。

签证的种类有：

● 根据申请人所持护照的性质，签证可分为：外交签证、公务签证和普通签证3种。即对持有外交护照的发给外交签证；对持有公务护照的发给公务签证；对持有普通护照的发给普通签证。

我国现行发给申请入出我国国（边）境的外国人的签证主要有外交签证、礼遇签证、公务签证和普通签证4种。

● 根据出入境情况，签证可分为：出境签证、入境签证、出入境签证以及再入境签证。出境签证，是对持证人出境的许可，如需入境，须再办入境签证。入境签证，即只准许持证人入境，如需出境，须再申办出境签证。出入境签证表明持证人可以出境，也可以再入境。

● 根据出入境事由，签证可分为：移民签证、非移民签证、留学签证、旅游签证、工作签证、商务签证和家属签证等。

● 根据申请人将在前往国停留时间的长短，签证可分为长期签证和短期签证。长期签证是指申请人将在前往国停留3个月以上。申请长期签证不论其访问目的如何，一般都需要较长的申请时间。申请人将在前往国停留3个月以内的签证称为短期签证，申请短期签证所需时间相对较短。

● 根据外国人来中国的事由，在签证上标明相应的汉语拼音字母。有：D字签证，发给来中国定居的人员；Z字签证，发给来中国任职或就业的人员及其随行家属；X字签证，发给来中国留学、进修、实习6个月以上的人员；F字签证，发给应邀来国访问、考察、讲学、经商、进行科技文化交流及短期进修、实习等活动不超过6个月的人员；L字签证，发给来中国旅游、探亲或因其他私人事务入境的人员，其中9人以上组团来中国旅游的发给团体旅游签证；G字签证，发给经中国过境的人员；C字签证，发给执行乘务、航空、航运任务的国际列车乘务员、国际航空机组人员及国际航行船舶的海员及其随行家属；J－1字签证发给来中国常驻的外国记者，J－2字签证发给临时来中国采访的外国记者。

16.2.3 外国旅游者在中国居留、旅行和住宿的规定

16.2.3.1 居留

外国人在中国居留，必须持有中国政府主管机关签发的身份证件或者居留证件。在中国居留1年以上的人员发给外国人居留证，在中国居留不满1年的人员，发给外国人临时居留证。对在华投资数额较大的外国人或同中国的企事业单位进行经济、科技、文化合作的外籍高级管理和科技人才，及其他需要在中国长期居

留的外国人，经中国政府主管机关批准，可以发给永久居留资格的证件（绿卡）。持有 F、L、G、C 字签证的外国人，可在签证注明的有效期限内在中国居留，无须办理居留证件。

对不遵守中国法律的外国人，中国政府主管机关可以缩短其在中国停留的期限或者取消其在中国居留的资格。

16.2.3.2 旅行

根据《外国人入境出境管理法》规定，外国人持有效的签证或者居留证件，可以前往我国规定的对外开放的地区旅行。根据《外国人入境出境管理法》及其《实施细则》规定，外国人前往不对外国人开放的市、县旅行，必须事先向所在市、县公安局申请旅行证，获准后方可前往。申请旅行证时，申请人须履行的手续有：交验护照或居留证件；提供与旅行事由有关的证明；填写旅行申请表。外国人旅行证的有效期最长为 1 年，但不得超过外国人所持签证或居留证件的有效期限。如果要求延长旅行证有效期、增加不对外开放的旅行地点，增加偕行人数，必须向公安局申请延期或者变更。

16.2.3.3 住宿

外国人包括外国旅游者在中国境内的临时住宿，应当依照规定，办理住宿登记。

- 外国人在宾馆、饭店、招待所、学校等企、事业单位或者机关、团体及其他中国机构内住宿，应出示有效护照或者居留证件，填写临时住宿登记表。在非开放地区住宿还要出示旅行证。
- 外国人在中国居民家住宿，在城镇的，须于抵达后 24h 内，由留宿人或本人持住宿人护照、签证和留宿人户口簿到当地公安机关申报，填写临时住宿登记表；在农村的，须于 72h 内向当地派出所或户籍办公室申报。
- 外国人在中国的外国机构或在中国的外国人家中住宿，须于住宿人抵达后 24h 内，由留宿机构、留宿人或者本人持住宿人的护照或居留证件，向当地公安机关申报，并填写临时住宿登记表。

16.2.4 外国旅游者入出境的权利义务

16.2.4.1 外国人入出境的权利

外国人入出境的权利主要有：外国人的人身自由和人格尊严不受侵犯，非经人民检察院批准或人民法院决定，并由公安机关执行，不受限制和逮捕；护照等有关证件不受非法吊销、收缴；依法享有携带行李物品及免税待遇的权利；享有根据双边和多边条约免于签证的权利。

16.2.4.2 外国人入出境的义务

外国人入出中国国境的义务主要有：外国人入出中国国境应当持有效证件，并获得我国政府的签证；在签证有效期内，应当遵守中国法律、法规，不得危害中国国家安全、损害社会公共利益、破坏社会公共秩序；在中国政府指定的口岸和对外开放的口岸入出境，主动出示护照及其他有效证件，自觉接受中国边防检查站、海关等的检查。

16.2.4.3 外国人禁止入境的规定

根据《外国人入出境管理法》及其《实施细则》的规定，有下列情形之一的外国人不得入境：被中国政府驱逐出境、未满不准入境年限的；被认为入境后可能进行恐怖、暴力、颠覆活动的；患有精神病、麻风病、艾滋病、性病、开放性肺结核等传染病的；被认为入境后可能进行走私、贩毒、卖淫活动的；不能保障其在中国所需费用的；被认为入境后可能危害我国的国家安全、社会秩序的。

16.3 出入境检查管理制度

为保证国家安全利益，便利出境、入境人员和交通工具安全顺利通行，在我国对外开放的口岸、机场、国境车站和孔道，以及特许的进出口岸实施“一关四检”的检查制度。“一关”是指海关；“四检”是指对入出我国国（边）境的外国人进行边防检查、安全检查、卫生检疫、动植物检疫。

16.3.1 海关检查

海关是国家的门户，是国家的出入境监督管理机构。国家在对外开放的口岸和海关监管业务集中的地点设立海关。

国务院设立的海关总署统一管理全国海关。

海关检查，是指海关在国（关）境口岸依法对进出国（关）境的货物、运输工具、行李物品、邮递物品和其他物品执行监督管理、代收关税和查禁走私等海关的一项行政管理活动。海关检查的主要目的是维护国家的经济利益和经济秩序，保障国与国之间正常的贸易往来。

海关对入出境人员的行李物品监管的具体规定如下：

- 入出境人员的行李物品（为入出境旅行或居留的需要携带入出境的物品），必须通过设立海关的地点入境或者出境。
- 必须将所带的全部行李物品按海关规定的申报方式如实向海关申报。旅客经由实施“红绿通道”验放制度的海关入出境，应按海关公布的选择“红绿通道”通关的规定选择通道，办理行李物品进出境手续。
- 入出境人员行李物品应以自用（即用于本人、馈赠亲友而非为出售或出租）、合理数量（海关根据入出境目的及时间长短所规定的正常数量）为限，超出自用合理数量的，除另有规定外，海关不予放行。旅客应在海关规定的期限内办理退运手续，逾期由海关依法处理。
- 入出境人员携运《中华人民共和国禁止入出境物品表》所列物品入出境，在海关检查以前主动报明的，分别予以没收或责令退回，并可酌情处以罚款。藏匿不报的按走私罪论处。
- 经海关核准暂时入出境的旅行自用物品，在入出境人员行李物品监管时限内，由入出境人员复带入境或出境。海关按照规定凭担保准予暂时免税放行的其他物品，应由入出境人员在规定期限内，办理出境验放手续或将原物复带出境或入境。
- 来我国居留不超过6个月的旅游者，携带海关认为必须复运出境的物品，由海关登记后放行，旅游者出境时必须将原物带出；旅游者携带的金银、珠宝、钻石等饰物，如准备携带出境，应向海关登记，由海关发给证明书，以便出境时海关凭证核放。入出我国国境的旅游者携带的行李物品符合纳税规定的，应照章纳税。

这里需特别注意海关“红绿通道”的验放制度：“红绿通道”，意即“应税通道和免税通道”，是指海关在入出境口岸设立、以红色标志和绿色标志标明的 2 条通道。这是海关为简化入出境人员行李查验手续、加快放行速度所实行的一种改革措施。

入出境人员选择“红色通道”，意味着入出境人员需办理行李物品验放手续，入出境人员应如实填写申报单，并主动向海关交验有关物品。入出境人员选择“绿色通道”，表明入出境人员没有需办理海关验放手续的物品，符合“绿色通道”通关条件的入出境人员需向海关出示本人护照（或其他有效旅行证件）和身份证。

不按海关规定选择通道或不知如何选择通道的出境人员，应选择“红色通道”通关。

不按海关规定选择通道，属违反海关监管规定的申报不实行为，海关将依法处理。

16.3.2 边防检查

边防检查是指国家通过设在对外开放的港口、机场、国境车站和通道以及特许的进出口岸的边防检查机关即边防检查站，对入出境人员及其行李物品、交通运输工具及其运载的货物实施检查、监督的一种行政管理活动。

实施边防检查是为了维护我国的国家主权和安全，便利出境、入境的人员和交通运输工具的畅通，又禁止非法入出境。

中华人民共和国公安部主管全国的边防检查工作。

边防检查的范围较广，主要针对入出境人员及其行李物品、交通运输工具及其载运的货物实施查验。

（1）对入出境人员的检查

入出境人员应在指定的口岸或对外开放的口岸入出境，认真填写入境、出境登记卡，向边防检查站交验本人的有效护照或其他有效证件，经查验核准后，方可入出境。

（2）对交通运输工具的检查

入出境的交通运输工具离抵口岸时，必须接受边防检查。在交通运输工具最先抵达的口岸进行入境检查；在交通运输工具最后离开的口岸进行出境检查。在特殊情况下，经公安部批准，对交通运输工具的入出境检查，也可以在特许的地点进行检查。

（3）对行李物品的检查

为维护国家安全和社会秩序，边防检查站有权对入出境人员携带的行李物品和交通运输工具载运的货物进行重点检查，有权扣留入出境人员和交通运输工具携带、载运的危害国家安全和社会秩序的各种违禁物品，有权依照有关法律的规定对携带人、载运人进行处理。

16.3.3 安全检查

中国海关和边防检查站为保证入出境人员的生命和财产安全，维护正常的入出境秩序，采用通过安全门使用磁性探测检查、红外线透视检查、搜身开箱检查等方法，对入出境人员进行安全检查，禁止入出境人员携带武器、凶器、爆炸物品。

16.3.4 卫生检疫

卫生检疫是指国家卫生检疫机关在入出境口岸依法对入出境人员、行李物品、交通工具、运输设备等实施的传染病检疫与监督。卫生检疫的目的是防止传染病由国外传入或由国内传出，保护入出境人员与我国公民的健康。

出境、入境的人员应按国（边）境卫生检疫机关的要求，填写健康申明卡，出示某种传染病的预防接种证书、健康证明或者其他有关证件。只有经过检疫，由国境卫生检疫机关许可，方能入出境。

16.3.5 动植物检疫

动植物检疫是指对入出境的动植物实施的疫病和生物变异检查和监督。入出境人员携带动植物过境应主动申报，接受动植物检疫。

动植物检疫的目的是为了保护我国的农、林、牧、渔业生产和人体健康，维护对外贸易信誉，履行国际义务；防止危害动植物的病、虫、杂草及其他有害生物由国外传入或由国内传出。我国在入出境口岸设立了口岸动植物检疫站，负责对入出境的动物、动物产品、植物、植物产品及载运动植物的交通工具等实行检疫。

16.4 法律责任

16.4.1 中国公民违反出入境管理的法律责任

《中国护照法》还规定了伪造、变造护照，持用伪造、变造护照，冒用他人护照，买卖、转让护照，弄虚作假骗取护照等违法情形，规定了罚款、拘留、没收违法所得等处罚种类。特别是《中国护照法》明确规定了对弄虚作假、骗取护照行为，护照签发机关可以收缴护照，同时可以处2000元以上至5000元以下罚款；构成犯罪的，依法追究刑事责任。

16.4.2 外国人违反入出境管理的法律责任

外国人包括外国旅游者，违反《外国人入出境管理法》，有下列情形之一的，县级以上公安机关可以处以警告、罚款或者10日以下拘留处罚；情节严重的，公安部可以处以限期出境或者驱逐出境；构成犯罪的，依法追究刑事责任：非法入出中国国境的；在中国境内非法居留或者停留的；未持有效旅行证件，前往不对外国人开放的地区旅行的；伪造、涂改、冒用、转让入境、出境证件的。

被处罚的人对公安机关的罚款、拘留处罚不服的，自接到通知之日起15日内，可以向上一级公安机关提出申诉，由上一级公安机关作出最后的裁决；也可以直接向当地人民法院提起诉讼。

16.4.3 旅行社违反入出境管理的法律责任

● 组团社有下列情形之一的，旅游行管理部门可以暂停其经营出国旅游业务；情节严重的，取消其出国旅游业务经营资格：入境旅游业绩下降的；因自身原因，在1年内未能正常开展出国旅游业务的；因出国旅游服务质量问题被投诉并经查实的；有逃汇、非法套汇行为的；以旅游名义弄虚作假、骗取护照、签证等出入境证件或者其他入出境的；国务院旅游行管理部门认定的影响中国公民出国旅游秩序的其他行为。

● 任何单位和个人未经批准擅自经营或者以商务、考察、培训方式变相经营出国旅游业务的，由旅游行管理部门责令停止非法经营，没收违法所得，并处违法所得2倍以上5倍以下的罚款。

● 组团社为旅游团队不安排专职领队的，由旅游行管理部门责令改正，并处5000元以上2万元以下的罚款，可以暂停其出国旅游行业务经营资格；多次不安排专职领队的，取消其出国旅游业务经营资格。

● 组团社向旅游者提供虚假服务信息或者低于成本报价的，由工商行政管理部门依照《消费者权益保护法》《反不正当竞争法》的有关规定给予处罚。

● 组团社或者旅游团队领队，对可能危及人身安全的情况未向旅游者作出真实说明和明确警示，或者未采取防止危害措施的，由旅游行政管理部门责令改正，并给予警告；情节严重的，对组团社暂停其出国旅游业务经营资格，并处5000元以上2万元以下的罚款，对旅游团队可以暂扣直至吊销其领队证；造成人身伤亡事故的，依法追究刑事责任，并承担赔偿责任。

● 组团社或者旅游团队未要求境外接待社不得组织旅游者参与涉及色情、赌博、毒品内容的活动，未要求其不得擅自改变行程、减少旅游项目、强迫或者变相强迫旅游者参加额外付费项目，或者在境外接待社违反前述要求时未制止的，由旅游行政管理部门对组团社处以组织该旅游团所收取费用2倍以上5倍以下的罚款，并暂停其出国旅游业务经营资格，对旅游团队领队吊销其领队证。

● 旅游团队与境外接待社、导游及为旅游者提供商品或者服务的其他经营者串通欺骗、胁迫旅游者消费或者向境外接待社、导游和其旅游者提供商品或服务的经营者索要回扣、提成或者收受财物的，由旅游行政管理部门责令改正，没收索要的回扣、提成或者收受的财物，并处索要的回扣、提成或者收受的财物价值2倍以上5倍以下的罚款；情节严重的，吊销其领队证。

● 旅游者在境外滞留不归，旅游团队领队不及时向组团社和中国驻所在国家使领馆报告，或者组团队领队不及时向有关部门报告的，由旅游行管理部门给予警告，对旅游团队可以暂扣其领队证，对组团社可以暂停其出国旅游业务经营资格。

《管理办法》所规定的上述处罚措施是对组团社出国旅游业务行为的进一步约束，同时也可减少组团社自身因违规造成的赔偿成本，有利于组团社形成依法经营的意识，有利于良好的旅游市场秩序的建立，从而推动中国公民出国旅游活动的健康的发展。

【课堂讨论题】

试述“一关四检”的主要内容。

【思考题】

1. 简述护照及其种类。
2. 中国公民出境受到限制的情形有哪几种？
3. 我国对外开放地区是如何分类的？
4. 现阶段我国开展出国旅游业务的指导方针是什么？
5. 开放中国公民出国旅游目的地的条件是什么？

【案例分析】

签证期满是否可延期？

1998年11月19日，韩国人李某，是湖北黄石市某纤维有限公司合资方派来的技术人员，李某所持的是旅游签证，准许停留期限为30天，但李过期13天仍居留在黄石。该市公安局出入境管理科获悉后，对此进行了讯问和核查，本着既维护我国的主权，又有利于发展国际交往的原则，根据有关的规定，对李某作出了罚款1000元的处罚。在李某的申请下，该市公安机关为其重新办理了居留证件。

请问：

1. 中国政府对外国人颁发的签证分哪几种？
2. 我国对外国公民签证的管理有何规定？
3. 公安机关对李某的处罚有依据吗？

【本章推荐阅读书目】

旅游法规. 全国导游人员资格考试教材编写组. 旅游教育出版社，2007.

政策法规. 汤静. 湖南教育出版社，2006.

旅游法规与实务. 姚晓玲. 旅游教育出版社，2002.

第 17 章

食品卫生管理法律制度

【本章概要】

本章主要讲述《食品卫生法》及其法律制度规定，分析食品卫生的特征及其基本要求，全面阐述食品生产经营管理部门的主要职责及其监督管理、食物中毒及其特征处理、违反《食品卫生法》的法律责任等内容。

【学习目标】

- 了解食品卫生的含义及特征；
- 了解食品生产经营管理部门的主要职责；
- 熟悉食品标识制度及其主要内容；
- 掌握食物中毒的含义及特点；
- 了解食物中毒时的处理方法。

【关键性术语】

食品卫生、食品生产、食品标识、食物中毒、法律责任。

【章首案例】

奶粉过期变质，店堂告示免责是否有效

2002 年 10 月 8 日，夏某到某景区旅游时，来到一家旅游用品超市购物。刚进这家超市的大门，“谨慎购买，概不退换”，一块鲜艳的告示牌就映入眼帘。夏某在食品柜台挑选了一袋奶粉，然后又挑选了其他一些日常生活用品。当天下午，夏某在喝奶粉的时候，发现奶粉的包装袋上印着保质期 6 个月，生产日期为 2001 年 3 月 12 日。显然，这袋奶粉已经过了保质期。夏某立刻来到这家超市要求退货。该超市值班经理认为不能退货，因为超市已经以告示的形式向广大顾客声明，而且告示牌放在十分显眼的地方，每位顾客一进门就会发现。夏某认为奶粉过了保质期，已不能食用，超市理应退货，这是常识，任何一家商店都应该这样做。为此双方争执不下。

请问：《中华人民共和国产品质量法》对商品质量有何相关规定？本案中，这家超市应当承担何种义务？如何看待“谨慎购买，概不退换”这一店堂告示的效力？

17.1 食品卫生管理法概述

在旅游业的食、住、行、游、购、娱六要素中，“食”居首位。我国自古就有“民以食为天”的说法，那么，在一定程度上也可以说“旅以食为先”，由此可见“食”在旅游业中的重要性，食品卫生直接关系到人们的身体健康和生命安全。为保证食品卫生，防止食品污染和有害因素对人体的危害，保障人民身体健康，我国于1995年10月30日颁布了《中华人民共和国食品卫生法》（以下简称《食品卫生法》），对食品卫生的监督和管理以法律的形式作出了具体规定。

17.1.1 食品与食品卫生的含义

《食品卫生法》所称的食品，是指各种供人食用或者饮用的成品和原料，以及按照传统既是食品又是药品的物品，但是不包括以治疗为目的的物品。既是食品又是药品的物品，是指依据《中华人民共和国药品管理法》规定的“保健、滋补食品”。如罗汉果、肉桂、薄荷、茯苓等中药材；作为调料的花椒、大料；作为营养强化剂的多种维生素（如钙、铁、磷等）。

根据《食品卫生法》的规定，食品卫生是指食品应当无毒、无害，符合应有的营养要求，具有相应的色、香、味等感官性状。

17.1.2 食品卫生的基本要求

（1）食品首先必须是无毒、无害

食品的无毒、无害，是指食用该食品后不会造成急性或慢性疾病，不构成对人体的危害，或者食物中虽含有极少量有害、有毒物质，但在正常食用情况下，不致危害人体健康。

（2）各种食品应当符合各自的营养要求

不同的食品，其营养要求是不同的，但都包含两层含义：一是各种食品都应具备一定的人体需要的营养成分，一般包括蛋白质、碳水化合物、脂肪、维生素、矿物质和其他可供代谢的有机物；二是食品所含营养成分的消化吸收率和维护人体正常生理功能的作用必须达到一定的标准。

（3）食品应当具有相应的色、香、味等感官性状

相应的色、香、味是指不同的食品虽然都要经过一定的人为加工过程，并且在这个过程之中，它们的色、香、味都会发生改变，但是它们仍然具有各自区别于其他食品的独特的色、香、味等感官性状。

（4）禁止在食品中加入药品

根据《中华人民共和国药品管理法》规定：“药品是指用于治疗、预防、诊断个人疾病或者计划生育，并规定有适应症、用法、用量的医疗用品。”从这项规定可以看出，食品与药品有着严格的区别。“是药便有三分毒”，药物如果加入食品，可能会对大多数消费者造成不良后果，因此，食品中不得加入药物。

17.2 食品卫生基本要求的法律规定

17.2.1 食品生产经营管理部门及其主要职责

17.2.1.1 食品生产经营管理部门

食品生产经营管理部门是指国家各级人民政府的粮食、轻工和商业、农牧、渔业等有关行政管理部门。此外，《食品卫生法》规定在城乡集市贸易中，各级工商行政管理部门负责食品卫生管理工作和食品卫生检查工作。食品生产经营管理部门，要对本系统的食品卫生工作负全面的管理责任。

17.2.1.2 食品生产经营管理部门的主要职责

食品生产经营管理部门的主要职责：食品生产经营企业建筑工程的卫生审查验收；新产品须凭安全证明放行；定型包装食品和食品添加剂，必须有产品说明书或商品标志；食品生产经营者采购食品，应按国家有关规定索取检验合格证或者化验单，销售者必须提供；颁发卫生许可证；对城乡集市贸易的食品卫生管理；对食品生产经营人员的健康检查；对进出口食品的管理。

17.2.2 食品生产经营管理规定

17.2.2.1 食品生产经营企业自身的卫生管理

《食品卫生法》规定："食品生产经营企业应当健全本单位的食品卫生管理制度。配备专职或兼职食品卫生管理人员，加强对所生产经营食品的检验工作。"

17.2.2.2 食品生产经营人员健康的管理

《食品卫生法》规定："食品生产经营人员每年必须进行健康检查；新参加工作和临时参加工作的食品生产经营人员必须进行健康检查，取得健康证明后方可参加工作。凡患有痢疾、伤寒、病毒性肝炎等消化道传染病（包括病原携带者）、活动性肺结核、化脓性或者是渗出性皮肤病以及其他有碍食品卫生疾病的，不得参加直接入口食品的工作。"

17.2.2.3 食品生产经营许可证及食品标识管理

（1）食品生产经营许可制度

《食品卫生法》规定："食品生产经营企业和食品摊贩，必须先取得卫生行政管理部门发放的卫生许可证，方可向工商行政管理部门申请登记：未取得卫生许可证的，不得从事食品生产经营活动。食品生产经营者不得涂改、伪造、出借卫生许可证。"依据上述规定，我国对生产经营食品的企业和食品摊贩实行卫生许可制度。

（2）食品标识管理

《食品卫生法》规定："定型包装食品和食品添加剂，必须在包装标识或者在产品说明书上根据不同产品分别按照规定标出品名、产地、厂名、生产日期、批号或者代号、规格、配方或者主要成分、保质期限、食用或者是使用方法等。食品、食品添加剂的产品说明书，不得有夸大或者虚假的宣传内容；食品包装标识必须清楚，容易辨识，在国内市场销售的食品，必须有中文标识。"食品标识对于维护消费者和生产经营者的利益，对于发展食品生产，促进商品流通，具有非常重要的作用。

《食品卫生法》对食品标识的要求，归纳起来主要有以下几个方面：品名；产地、厂名、生产日期；批号或者代号、规格、配方或者主要成分；保质期限、食用或者使用方法；国内市场销售的要有中文标识。

17.2.2.4 食品生产经营过程的卫生要求

食品生产经营过程必须符合下列卫生要求：保持内外环境整洁，采取消除苍蝇、老鼠、蟑螂和其他有害昆虫及其滋生条件的措施，与有毒、有害场所保持规定的距离；食品生产经营企业应当有与产品品种、数量相适应的食品原料处理、加工、包装、储存等厂房或者场所；应当有相应的消毒、更衣、盥洗、采光、照明、通风、防腐、防尘、防蝇、防鼠、洗涤、污水排放、存放垃圾和废弃物的设施；设备布局和工艺流程应当合理，防止待加工食品与直接入口食品、原料与成品交叉污染，食品不得接触有毒物、不洁物；餐具、饮具和盛放直接入口食品的容器，使用前必须洗净、消毒，炊具、用具用后必须洗净，保持清洁；储存、运输和装卸食品的容器包装、工具、设备和条件必须安全、无害，保持清洁，防止食品污染；直接入口的食品应当有小包装或者使用无毒、清洁的包装材料；食品生产经营人员应当经常保持个人卫生，生产、销售食品时，必须将手洗净，穿戴清洁的工作衣、帽；销售直接入口食品时，必须使用售货工具；用水必须符合国家规定的城乡生活饮用水卫生标准；使用的洗涤剂、消毒剂应当对人体安全、无害。

禁止生产经营下列食品：腐败变质、油脂酸败、霉变、生虫、污秽不洁、混有异物或者其他感官性状异常，可能对人体健康有害的；含有毒、有害物质或者被有毒、有害物质污染，可能对人体健康有害的；含有致病性寄生虫、微生物的，或者微生物毒素含量超过国家限定标准的；未经兽医卫生检验或者检验不合格的肉类及其制品；病死、毒死或者死因不明的禽、畜、兽、水产动物等及其制品；容器包装污秽不洁、严重破损或者运输工具不洁造成污染的；掺假、掺杂、伪造，影响营养、卫生的；用非食品原料加工的，加入非食品用化学物质的或者将非食品当作食品的；超过保质期限的；为防病等特殊需要，国务院卫生行政部门或者省、自治区、直辖市人民政府专门规定禁止出售的；含有未经国务院卫生行政部门批准使用的添加剂的或者农药残留超过国家规定容许量的；其他不符合食品卫生标准和卫生要求的。

17.2.3 食品卫生监督

17.2.3.1 食品卫生监督制度

《食品卫生法》规定："国家实行食品卫生监督制度"，"国家鼓励和保护社会团体和个人对食品卫生的社会监督"，"对于违反本法的行为，任何人都有权检举和控告"。由此可见，国家以立法形式确立了食品卫生监督制度，以法律形式赋予了各级政府的卫生行政管理部门及其他食品卫生监督机构以食品卫生监督权，代表国家行使食品卫生监督管理权，监督管理食品的生产经营行为，保护公民、组织的合法权益，保证《食品卫生法》的贯彻执行。

17.2.3.2 食品卫生监督机构

《食品卫生法》规定，国务院卫生行政管理部门主管全国食品卫生监督管理工作。国务院有关部门在各自的职责范围内负责食品卫生管理工作。县级以上地方人民政府卫生行政管理部门在管辖范围内行使食品卫生监督职责。铁道、交通行政主管部门设立的食品卫生监督机构，行使国务院卫生行政部门会同国务院有关部门规定的食品卫生监督职责。食品卫生检验机构是依照国家食品卫生检验程序和食品卫生标准对送检的样品进行检验并出具检验报告的单位，只对检验结果的可靠性、准确性负责。

食品卫生监督部门的主要职责：进行食品卫生监测、检验和技术指导；协助培训食品生产经营人员，监督食品生产经营人员的健康检查；宣传食品卫生、营养知识，进行食品卫生评价，公布食品卫生情况；对食品生产经营企业的新建、扩建、改建工程的选址和设计进行卫生审查，并参加工程验收；对食物中毒和食品污染事故进行调查，并采取控制措施；对违反本法的行为进行巡回监督检查；对违反本法的行为追查责任，依法进行行政处罚；负责其他食品卫生监督事项。

17.2.4 违反《食品卫生法》的法律责任

违反《食品卫生法》规定，生产经营不符合卫生标准的食品，造成食物中毒事故或者其他食源性疾患的，责令停止生产经营，销毁导致食物中毒或者其他食源性疾患的食品，没收违法所得，并处以违法所得 1 倍以上 5 倍以下的罚款；没有违法所得的，处以 1000 元以上 50 000 元以下的罚款；生产经营不符合卫生标准的食品，造成严重食物中毒事故或者其他严重食源性疾患，对人体健康造成严重危害的，或者在生产经营的食品中掺入有毒、有害的非食品原料的，依法追究刑事责任。

未取得卫生许可证或者伪造卫生许可证从事食品生产经营活动的，予以取缔，没收违法所得，并处以违法所得 1 倍以上 5 倍以下的罚款；没有违法所得的，处以 500 元以上 30 000 元以下的罚款。涂改、出借卫生许可证的，收缴卫生许可证，没收违法所得，并处以违法所得 1 倍以上 3 倍以下的罚款；没有违法所得的，处以 500 元以上 10 000 元以下的罚款。食品生产经营过程不符合卫生要求的，责令改正，给予警告，可以处以 5000 元以下的罚款；拒不改正或者有其他严重情节的，吊销卫生许可证。

违反《食品卫生法》规定，生产经营禁止生产经营的食品的，责令停止生产经营，立即公告收回已售出的食品，并销毁该食品，没收违法所得，并处以违法所得 1 倍以上 5 倍以下的罚款；没有违法所得的，处以 1000 元以上 50 000 元以下的罚款；情节严重的，吊销卫生许可证。违反本法规定，生产经营不符合营养、卫生标准的专供婴幼儿的主、辅食品的，责令停止生产经营，立即公告收回已售出的食品，并销毁该食品，没收违法所得，并处以违法所得 1 倍以上 5 倍以下的罚款；没有违法所得的，处以 1000 元以上 50 000 元以下的罚款；情节严重的，吊销卫生许可证。生产经营或者使用不符合卫生标准和卫生管理办法规定的食品添加剂、食品容器、包装材料和食品工具、设备以及洗涤剂、消毒剂的，责令停止生产或者使用，没收违法所得，并处以违法所得 1 倍以上 3 倍以下的罚款；没有违法所得的，处以 5000 元以下的罚款。

违反《食品卫生法》规定，未经国务院卫生行政部门审查批准而生产经营表明具有特定保健功能的食品的，或者该食品的产品说明书内容虚假的，责令停止生产经营，没收违法所得，并处以违法所得 1 倍以上 5 倍以下的罚款；没有违法所得的，处以 1000 元以上 50 000 元以下的罚款；情节严重的，吊销卫生许可证。违反本法规定，定型包装食品和食品添加剂的包装标识或者产品说明书上不标明或者虚假标注生产日期、保质期限等规定事项的，或者违反规定不标注中文标识的，责令改正，处以 500 元以上 10 000 元以下的罚款。违反本法规定，食品生产经营人员未取得健康证明而从事食品生产经营的，或者对患有疾病不得接触直接入口食品的生产经营人员，不按规定调离的，责令改正，处以5000元以下的罚款。违反本法规定，造成食物中毒事故或者其他食源性疾患的，或者因其他违反本法行为给他人造成损害的，应当依法承担民事赔偿责任。

行政处罚由县级以上地方人民政府卫生行政部门决定。本法规定的行使食品卫生监督权的其他机关，在规定的职责范围内，依照本法的规定作出行政处罚决定。当事人对行政处罚决定不服的，可以在接到处罚通知之日起15日内向作出处罚决定的机关的上一级机关申请复议；当事人也可以在接到处罚通知之日起15日内直接向人民法院起诉。复议机关应当在接到复议申请之日起15日内作出复议决定。当事人对复议决定不服的，可以在接到复议决定之日起15日内向人民法院起诉。当事人逾期不申请复议也不向人民法院起诉，又不履行处罚决定的，作出处罚决定的机关可以申请人民法院强制执行。

卫生行政部门违反《食品卫生法》规定，对不符合条件的生产经营者发放卫生许可证的，对直接责任人员给予行政处分；收受贿赂，构成犯罪的，依法追究刑事责任。食品卫生监督管理人员滥用职权、玩忽职守、营私舞弊，造成重大事故，构成犯罪的，依法追究刑事责任；不构成犯罪的，依法给予行政处分。以暴力、威胁方法阻碍食品卫生监督管理人员依法执行职务的，依法追究刑事责任；拒绝、阻碍食品卫生监督管理人员依法执行职务未使用暴力、威胁方法的，由公安机关依照治安管理处罚条例的规定处罚。

17.3 食物中毒及食物中毒事故处理

17.3.1 食物中毒的概述

食物中毒是指食用了被生物性、化学性有毒有害物质污染的食品或者食用了含有毒有害物质的食品后出现的急性、亚急性食源性疾患。凡食入非可食状态（未成熟水果等）食物、暴饮暴食所引起的急性胃肠炎；因摄入食物而感染的传染病、寄生虫病、人畜共患传染病等食源性疾病、或摄食者本身有胃肠道疾病、过敏体质者食入某食物后发生的疾病，不属于此范畴。不论是一次性还是长期连续摄入“有毒食物”，凡是以慢性毒害为主要特征的也不是食物中毒。

虽然食物中毒的原因不同，症状各异，但一般都具有如下流行病学和临床特征：

- 潜伏期短，一般由几分钟到几小时，食入“有毒食物”后于短时间内几乎同时出现一批病人，来势凶猛，很快形成高峰，呈暴发流行。
- 病人临床表现相似，且多以急性胃肠道症状为主。
- 发病与食入某种食物有关。病人在近期同一段时间内都食用过同一种“有毒食物”，发病范围与食物分布呈一致性，不食者不发病，停止食用该种食物后很快不再有新病例。
- 一般人与人之间不传染。发病曲线呈骤升骤降的趋势，没有传染病流行时发病曲线的余波。
- 有明显的季节性。夏秋季多发生细菌性和有毒动植物食物中毒；冬春季多发生肉毒中毒和亚硝酸盐中毒等。

17.3.2 食物中毒的分类

通常按病原学将食物中毒分为细菌性食物中毒、有毒动植物食物中毒、化学性食物中毒和真菌毒素食物中毒。

(1) 细菌性食物中毒

细菌性食物中毒主要包括：① 感染型食物中毒，包括沙门菌属、变形杆菌属、副溶血性弧菌、致病性大肠菌属、韦氏梭状芽孢杆菌等引起的食物中毒。② 毒素型食物中毒，包括肉毒梭菌毒素、葡萄球菌肠毒素等引起的食物中毒。

(2) 有毒动植物食物中毒

有毒动植物食物中毒主要包括：① 有毒动物中毒，如河豚鱼、有毒贝类、鱼类组胺、动物内脏（过冬的狼和狗肝脏）、腺体（甲状腺等）所引起的食物中毒。② 有毒植物中毒，如毒蕈、木薯、四季豆、发芽马铃薯、新鲜黄花菜、生豆浆等引起的食物中毒。

(3) 化学性食物中毒

化学性食物中毒主要包括食物被某些金属、类金属及其化合物、亚硝酸盐、农药等污染，或因误食引起食物中毒。

(4) 真菌毒素食物中毒

真菌毒素食物中毒主要包括食入含有被大量霉菌毒素污染的食物引起的食物中毒，如赤霉病麦、霉变甘蔗等。

17.3.3 食物中毒发生的原因与预防

(1) 食物中毒发生的原因

食物中毒发生的原因主要有：原料选择不严格，可能食品本身有毒，或受到大量活菌及其毒素污染，或食品已经腐败变质；食品在生产、加工、运输、储存、销售等过程中不注意卫生、生熟不分造成食品污染，食用前又未充分加热处理；食品保藏不当，致使食品中亚硝酸盐含量增高、粮食霉变等都可造成食物中毒；加工烹调不当，如肉块太大，内部温度不够，细菌未被杀死；食品从业人员本身带菌，个人卫生不好，造成对食品的污染；有毒化学物质混入食品中并达到中毒剂量。

(2) 食物中毒的预防

在旅游活动中，一旦发生食物中毒，将会给旅游者造成极大的生理及心理伤害，严重的还可能导致旅游者生命危险，因此预防食物中毒事件的发生非常重要。为了帮助世界各国搞好食品卫生，预防食物中毒，世界卫生组织发布了安全制备食品十原则，这就是：① 选择经过安全处理的食品；② 彻底加热食品；③ 立即吃掉做熟的食品；④ 妥善储存熟食品；⑤ 彻底再加热熟食品；⑥ 避免生食与熟食接触；⑦ 反复洗手；⑧ 必须精心保持厨房所有表面的清洁；⑨ 避免昆虫、鼠类和其他动物接触食品；⑩ 使用符合卫生要求的饮用水。

17.3.4 食物中毒事件的处理

根据《食物中毒事故处理办法》规定，发生食物中毒或者疑似食物中毒事故的单位和接收食物中毒或者疑似食物中毒病人进行治疗的单位，应当及时向所在地人民政府卫生行政部门报告发生食物中毒事故的单位、地址、时间、中毒人数、可疑食物等有关内容；县级以上地方人民政府卫生行政部门接到食物中毒或者疑似食物中毒事故的报告，应当及时填写《食物中毒报告登记表》，并报告同级人民政府和上级卫生行政部门。

县级以上地方人民政府卫生行政部门对发生在管辖范围内的下列食物中毒或者疑似食物中毒事故，实施紧急报告制度：中毒人数超过30人的，当于6h内报告同级人民政府和上级人民政府卫生行政部门；中毒人数超过100人或者死亡1人以上的，应当于6h内上报卫生部，并同时报告同级人民政府和上级人民政府卫生行政部门；中毒事故发生在学校、地区性或者全国性重要活动期间的应当于6h内上报卫生部，并同时报告同级人民政府和上级人民政府卫生行政部门；其他需要实施紧急报告制度的食物中毒事故。

任何单位和个人不得干涉食物中毒或者疑似食物中毒事故的报告。县级以上地方各级人民政府卫生行政部门接到跨辖区的食物中毒事故报告，应当通知有关辖区的卫生行政部门，并同时向共同的上级人民政府卫生行政部门报告。

【课堂讨论题】

如何预防旅游者在旅游活动中食物中毒事件发生？

【思考题】

1. 简述食品卫生的含义及特征。
2. 简述食品生产经营管理部门的主要职责。
3. 何谓食品标识制度？其主要内容是什么？
4. 什么是食物中毒？它有哪些特点？
5. 发生食物中毒时，如何处理？

【案例分析】

客人中毒应如何处理？

1999年11月5日中午，某市东亚酒店中餐厅接待了一个来自东北的旅游团用餐。客人用餐后不久，一些人就开始出现恶心、呕吐等不良反应。导游员将此情况立即反映给该酒店经理王某，王经理担心此事传扬出去影响生意，遂找来附近一家无证诊所的医生，为客人治病。但客人病情不见好转。后在导游员的要求下才将这些游客送往临近的大医院，经诊断为食物中毒。该市卫生监督机构接到该医院报告，称有22名游客在食用东亚酒店的鸡蛋馅饺子后5人中毒，2人休克。该市旅游主管部门会同卫生防疫站立即前往该酒店，封存了部分食物，并将鸡蛋馅饺子带回化验。结果发现饺子皮中含有亚硝酸钠为25.1g/kg，饺子馅中含有亚硝酸钠为78.5g/kg。经调查，该店厨师误将亚硝酸钠当作食盐放入饺子馅中造成游客食物中毒。市卫生局依法对该酒店进行了处罚。

请问：

1. 发现客人中毒一般应如何处理？
2. 本案例中，该酒店应受到何种处罚？

【本章推荐阅读书目】

旅游法规教程．韩玉灵．东北财经大学出版社，2004.

旅游法教程．帅建华．湖南大学出版社，2005.

旅游法理论与实务．王莉霞．陕西人民出版社，2005.

第 18 章

娱乐场所管理法律法规制度

【本章概要】

本章主要讲述娱乐场所管理的法律规定，娱乐场所的含义及其经营管理，娱乐场所的设立条件，对娱乐场所及其从业人员的要求，在法律上规范主管部门的监督检查职责。

【学习目标】

- 了解娱乐场所的含义及经营宗旨；
- 了解设立娱乐场所的条件及程序；
- 熟悉娱乐场所禁止的行为；
- 掌握娱乐场所经营管理与治安管理的主要内容；
- 了解涉外旅游定点演出场所的管理规定；
- 熟悉对主管部门及其执法人员的违法处理规定。

【关键性术语】

娱乐场所、管理条例、宗旨、设立条件、经营与治安管理、涉外旅游、法律责任。

【章首案例】

饭店和其他娱乐场所能否开设赌场？

某饭店是一个集餐饮、娱乐、住宿于一体的酒店，由于承包人江某经营不善，饭店处于亏损状态。1996 年下半年开始，该饭店在地下一层开设了一个名为“开心天地”的赌场，开始经营赌博生意，生意渐渐地兴隆起来。江某在经营赌场期间，该酒店的 601 房间长期无偿地供给该市公安局局长于某占用。江某曾多次向于某等十几名党政机关干部行贿，金额高达 200 多万元，江某便在这张关系网的保护下，违法经营赌博生意长达 4 年之久，在人民群众中造成恶劣影响。但法网恢恢，疏而不漏。2000 年 12 月，经省专案组查实，市中级人民法院以江某犯有赌博、行贿罪判处有期徒刑。于某等十几名党政机关干部也受到了应有的法律制裁。

请问： 本案例中该饭店违反了哪些法律规定？《娱乐场所管理条例》对此违规行为的处罚是怎样规定的？

18.1 娱乐场所管理法律法规制度概述

加强娱乐场所的管理，对丰富游客的旅行生活，保障娱乐者的人身和财产的安全，促进社会主义精神文明建设都具有十分重要的意义。为此，国务院于 1999 年 3 月颁布了《娱乐场所管理条例》，并于 2006 年 1 月进行了修改。修改后的

《娱乐场所管理条例》（以下简称《条例》）自2006年3月1日起施行。非娱乐场所经营单位兼营娱乐项目，也应参照《条例》执行。

18.1.1 娱乐场所的含义

娱乐场所，是指向公众开放的、消费者自娱自乐的营业性歌舞、游艺等场所。主要包括：影剧院、录像厅、礼堂等演出放映场所；舞厅、卡拉OK厅等歌舞娱乐场所；具有娱乐功能的夜总会，音乐茶座和餐饮场所；游艺、游乐场所；保龄球馆、旱冰场、桑拿浴室等营业性健身休闲场所等。

18.1.2 娱乐场所经营单位的经营方针

娱乐场所经营管理的宗旨是以加强娱乐场所的管理，丰富人民群众文明、健康的娱乐生活，促进社会主义精神文明建设为宗旨。娱乐场所的经营方向是娱乐场所经营单位应当坚持为人民服务、为社会主义服务的方向，开展文明健康的娱乐活动。

18.1.3 娱乐场所的主管理部门

县级以上人民政府文化主管部门负责对娱乐场所日常经营活动的监督管理；县级以上公安部门负责对娱乐场所消防、治安状况的监督管理。文化行政主管部门、公安机关的工作人员在娱乐场所依法执行公务时，应出示执法证件，文明礼貌，依法办事，不得收取任何费用。

国家机关及其工作人员不得开办娱乐场所，不得参与或者变相参与娱乐场所的经营活动。与文化主管部门、公安部门的工作人员有夫妻关系、直系血亲关系、三代以内旁系血亲关系以及近姻亲关系的亲属，不得开办娱乐场所，不得参与或者变相参与娱乐场所的经营活动。

18.2 娱乐场所的设立

18.2.1 娱乐场所准予设立的条件

（1）设立娱乐场所经营单位应具备的条件

设立娱乐场所经营单位应具备的条件主要包括：有单位名称、住所、组织机构和章程；有确定的经营范围和娱乐项目；有与其提供的娱乐项目相适应的场地和器材设备；娱乐场所的安全、消防设施和卫生条件符合国家规定的标准。外国投资者可以与中国投资者依法设立中外合资经营、中外合作经营的娱乐场所，不得设立外商独资经营的娱乐场所。

（2）设立娱乐场所的地点要求

娱乐场所不得在可能干扰学校、医院、机关正常学习、工作秩序的地点设立；不得设置在文物古建筑和博物馆、图书馆建筑内；不得设置在建筑物地下一层以下；不得毗连重要仓库或者危险物品仓库；不得设置在居民住宅楼内；娱乐场所的边界噪声必须符合国家规定的标准。

娱乐场所的使用面积，不得低于国务院文化主管部门规定的最低标准；设立含有电子游戏机的游艺娱乐场所，应当符合国务院文化主管部门关于总量和布局的要求。

（3）人员要求

《条例》规定，下列人员不得担任娱乐场所经营单位的法定代表人和主管人员，并不得参与娱乐场所的经营管理活动：因犯有强奸罪的；强制猥亵、侮辱妇女罪的；组织、强迫、引诱、容留、介绍卖淫罪的；赌博罪；制作、贩卖、传播淫秽物品罪的；走私、贩卖、运输、制造毒品罪的；洗钱罪的；组织、领导、参加黑社会性质组织罪的；曾被判处有期徒刑以上刑罚的；因犯罪曾被剥夺政治权利的；因吸食、注射毒品曾被强制戒毒的；因卖淫、嫖娼曾被处以行政拘留的。

18.2.2 娱乐场所设立的程序

设立娱乐场所，应当向所在地县级人民政府文化主管部门提出申请；设立中外合资经营、中外合作经营的娱乐场所，应当向所在地省、自治区、直辖市人民政府文化主管部门提出申请。申请设立娱乐场所，应当提交投资人员、拟任的法定代表人和其他负责人没有《条例》规定情形的书面声明，申请人应当对书面声明内容的真实性负责。

受理申请的文化主管部门应当就书面声明向公安部门或者其他有关单位核查，公安部门或者其他有关单位应当予以配合；经核查属实的，文化主管部门应当依据《条例》的规定进行实地检查，作出决定。予以批准的，颁发娱乐经营许可证，并根据国务院文化主管部门的规定核定娱乐场所容纳的消费者数量；不予批准的，应当书面通知申请人并说明理由。有关法律、行政法规规定需要办理消防、卫生、环境保护等审批手续的，应及时办理。

文化主管部门受理娱乐场所设立申请应当依法进行公示，通知申请设立的娱乐场所所在地居民委员会或者村民委员会以及附近的学校、医院、机关、危险化学品仓库等利害关系人派人参加听证，并向社会公告听证的时间、地点等事项，积极受理有关人员报名参加听证。文化主管部门应当依照《行政许可法》的有关规定组织听证，本着方便当事人的原则，在工作方式上可以探索与公安、工商、卫生、环境保护等部门建立听证联席会议制度，统筹安排听证事宜。对利害关系人或者其他有关人员没有报名参加听证的行政许可事项，由文化主管部门依法作出决定。申请人取得娱乐经营许可证和有关消防、卫生、环境保护的批准文件后，方可到工商行政管理部门依法办理登记手续，领取营业执照。娱乐场所取得营业执照后，应当在15日内向所在地县级公安部门备案。

娱乐场所改建、扩建营业场所或者变更场地、主要设施设备、投资人员，或者变更娱乐经营许可证载明的事项的，应当向原发证机关申请重新核发娱乐经营许可证，并向公安部门备案；需要办理变更登记的，应当依法向工商行政管理部门办理变更登记。

18.2.3 娱乐场所活动内容的管理

国家倡导弘扬民族优秀文化，禁止娱乐场所内的娱乐活动含有下列内容：违反宪法确定的基本原则的；危害国家统一、主权或者领土完整的；危害国家安全，或者损害国家荣誉、利益的；煽动民族仇恨、民族歧视，伤害民族感情或者侵害民族风俗、习惯，破坏民族团结的；违反国家宗教政策，宣扬邪教、迷信的；宣扬淫秽、赌博、暴力以及与毒品有关的违法犯罪活动，或者教唆犯罪的；违背社会公德或者民族优秀文化传统的；侮辱、诽谤他人，侵害他人合法权益的；法律、行政法规禁止的其他内容。

娱乐场所的经营管理必须做到：任何单位未经文化行政主管部门、公安机关、卫生行政管理部门审核合格，并领取营业执照，不得从事娱乐场所经营活动；娱乐场所经营单位不得涂改、转借、出租营业执照，不得将娱乐场所转包他人经营；娱乐场所提供的各种娱乐项目、服务项目等的收费，必须明码标价；游艺娱乐场所不得设置使用有赌博功能的电子游戏机机型等；歌舞娱乐场所不得接待未成年人；娱乐场所从业人员在营业时间内，应统一着装并佩戴工作标志；歌舞娱乐场所聘请文艺表演团体或个人从事营业性演出的，应当符合国家有关营业性演出管理的规定；从业人员应当遵守职业道德和卫生规范，诚实守信，礼貌待人，不得侵害消费者的人身和财产权利。

18.2.4　对从业人员的要求

娱乐场所及其从业人员不得实施下列行为，不得为进入娱乐场所的人员实施下列行为提供条件：贩卖、提供毒品，或者组织、强迫、教唆、引诱、欺骗、容留他人吸食、注射毒品；组织、强迫、引诱、容留、介绍他人卖淫、嫖娼；制作、贩卖、传播淫秽物品；提供或者从事以营利为目的的陪侍；赌博；从事邪教、迷信活动；其他违法犯罪行为。娱乐场所的从业人员不得吸食、注射毒品，不得卖淫、嫖娼；娱乐场所及其从业人员不得为进入娱乐场所的人员实施上述行为提供条件。

18.3　娱乐场所经营管理和治安管理

18.3.1　娱乐场所的经营管理

《条例》规定，娱乐场所提供娱乐服务项目和出售商品，应当明码标价，并向消费者出示价目表；不得强迫、欺骗消费者接受服务、购买商品。娱乐场所及其从业人员与消费者发生争议的，应当依照消费者权益保护的法律规定解决；造成消费者人身、财产损害的，由娱乐场所依法予以赔偿。

《条例》规定：歌舞娱乐场所不得接纳未成年人。除国家法定节假日外，游艺娱乐场所设置的电子游戏机不得向未成年人提供。娱乐场所也不得招用未成年人。

《条例》还规定，娱乐场所应当在营业场所的大厅、包厢、包间内的显著位置悬挂含有禁毒、禁赌、禁止卖淫嫖娼等内容的警示标志和未成年人禁入或者限入标志。标志应当注明公安部门、文化主管部门的举报电话。

18.3.2　娱乐场所的治安管理

（1）娱乐场所的安全保障

娱乐场所经营单位应当建立健全各项安全制度；按照国家有关规定，配备保安人员。保安人员必须经县级以上地方人民政府公安机关培训，经培训并取得资格证书的方可上岗。娱乐场所的从业人员应当持有居民身份证。其中，外地务工人员还应当持有暂住证和务工证明。外国人及其境外人员在娱乐场所就业的，应当按照国家有关规定，取得外国人就业许可证书。

（2）娱乐场所巡查制度

娱乐场所应当建立健全巡查制度，确定专人负责、参加，组织巡查人员培训考核，制订突发事件应急预案。娱乐场所巡查人员应当对娱乐场所随时进行专项巡视和检查，实时了解掌握娱乐场所情况，及时发现和消除治安、安全隐患，维护娱乐场所正常秩序，保障娱乐场所正常经营及公共安全，发现、制止违法违规活动并向文化主管部门、公安部门报告。

（3）娱乐场所禁止的行为

严禁娱乐场所经营单位及其人员组织、强迫、引诱、容留、介绍他人卖淫；开设赌场、赌局；引诱、教唆、欺骗、强迫他人吸毒、注射毒品；进行封建迷信活动；贩卖、传播淫秽书刊、影片、录像带、录音带、图片及其他淫秽物品；提供以营利为目的的陪侍，或者为进入娱乐场所的人员从事上述活动提供方便条件的；严禁进入娱乐场所的人员在娱乐场所卖淫、嫖娼、吸毒；贩卖、传播淫秽书刊、影片、录像带、录音带、图片及其他淫秽物品；从事淫秽、色情或者违背社会公德的活动和封建迷信活动，或者从事以营利为目的的陪侍。

（4）对从业人员及进入娱乐场所的人员的要求

凡发现在娱乐场所实施违禁行为的，必须予以制止，并立即向当地公安机关报告；任何人不得在娱乐场所内打架斗殴、酗酒、滋事；不得调戏、侮辱妇女；不得进行扰乱娱乐场所正常经营秩序的活动；任何人不得非法携带枪支、弹药、管制刀具和爆炸性、易燃性、放射性、毒害性、腐蚀性物品进入娱乐场所；歌舞娱乐场所容纳的消费者不得超过核定人数。

（5）涉外旅游定点演出场所的管理

涉外旅游定点演出场所的管理应自觉遵守文化、旅游行政管理部门的各项管理规定，并接受其监督和指导。涉外定点演出场所不得以给导游回扣、低价倾销等不正当经营方式招揽客源，导游人员和经营、服务人员也不得以任何借口，索要小费和收受回扣；为涉外旅游团队演出的单位和个人，必须持有文化行政管理部门核发的营业性演出许可证；旅游涉外定点演出的节目，不得含有法律禁止的内容，要能为游客提供中英文节目单、英文报幕或者中英文字幕显示屏等服务；涉外定点演出场所的票价应当按物价管理部门的有关规定执行，并将票价的规定及变动情况报当地文化、旅游行政管理部门；演出场所的初、中、高级管理人员在场所获得涉外定点演出资格后的规定期限内取得全国旅游企业岗位职务培训证书，服务人员应当取得上岗证书；涉外旅游定点演出场所必须建立接待旅游团队（散客）的登记制度，并每半年将演出计划、经营统计、人员变化情况报送当地文化和旅游行政管理部门。

18.3.3 娱乐场所的监督管理

文化主管部门、公安部门和其他有关部门的工作人员依法履行监督检查职责时，有权进入娱乐场所。娱乐场所应当予以配合，不得拒绝、阻挠。文化主管部门、公安部门和其他有关部门的工作人员依法履行监督检查职责时，需要查阅闭路电视监控录像资料、从业人员名簿、营业日志等资料的，娱乐场所应当及时提供。

文化主管部门、公安部门和其他有关部门应当记录监督检查的情况和处理结果。监督检查记录由监督检查人员签字归档。公众有权查阅监督检查记录。文化主管部门、公安部门和其他有关部门应当建立娱乐场所违法行为警示记录系统；对列入警示记录的娱乐场所，应当及时向社会公布，并加大监督检查力度。

文化主管部门、公安部门和其他有关部门应当建立相互间的信息通报制度，及时通报监督检查情况和处理结果。任何单位或者个人发现娱乐场所内有违反本条例行为的，有权向文化主管部门、公安部门等有关部门举报。文化主管部门、公安部门等有关部门接到举报，应当记录，并及时依法调查、处理；对不属于本部门职责范围的，应当及时移送有关部门。

上级人民政府文化主管部门、公安部门在必要时，可以依照本条例的规定调查、处理由下级人民政府文化主管部门、公安部门调查、处理的案件。下级人民政府文化主管部门、公安部门认为案件重大、复杂的，可以请求移送上级人民政府文化主管部门、公安部门调查、处理。

文化主管部门、公安部门和其他有关部门及其工作人员违反本条例规定的，任何单位或者个人可以向依法有权处理的本级或者上一级机关举报。接到举报的机关应当依法及时调查、处理。娱乐场所行业协会应当依照章程的规定，制定行业自律规范，加强对会员经营活动的指导、监督。

18.4 法律责任

●《条例》规定，擅自从事娱乐场所经营活动的，由工商行政管理部门、文化主管部门依法予以取缔；公安部门在查处治安、刑事案件时，发现擅自从事娱乐场所经营活动的，应当依法予以取缔。以欺骗等不正当手段取得娱乐经营许可证的，由原发证机关撤销娱乐经营许可证。

娱乐场所实施上述禁止行为的，由县级公安部门没收违法所得和非法财物，责令停业整顿3~6个月；情节严重的，由原发证机关吊销娱乐经营许可证，对直接负责的主管人员和其他直接责任人员处1万元以上2万元以下的罚款。

●《条例》规定，有下列情形之一的，由县级公安部门责令改正，给予警告；情节严重的，责令停业整顿1~3个月：照明设施、包厢、包间的设置以及门窗的使用不符合本条例规定的；未按照本条例规定安装闭路电视监控设备或者中断使用的；未按照本条例规定留存监控录像资料或者删改监控录像资料的；未按照本条例规定配备安全检查设备或者未对进入营业场所的人员进行安全检查的；未按照本条例规定配备保安人员的。

●《条例》规定，有下列情形之一的，由县级公安部门没收违法所得和非法财物，并处违法所得2倍以上5倍以下的罚款；没有违法所得或者违法所得不足1万元的，并处2万元以上5万元以下的罚款；情节严重的，责令停业整顿1~3个月：设置具有赌博功能的电子游戏机机型、机种、电路板等游戏设施设备的；以现金、有价证券作为奖品，或者回购奖品的。

● 娱乐场所指使、纵容从业人员侵害消费者人身权利的，应当依法承担民事责任，并由县级公安部门责令停业整顿1~3个月；造成严重后果的，由原发证机关吊销娱乐经营许可证。娱乐场所取得营业执照后，未按照本条例规定向公安部门备案的，由县级公安部门责令改正，给予警告。

●《条例》规定，有下列情形之一的，由县级人民政府文化主管部门没收违法所得和非法财物，并处违法所得1倍以上3倍以下的罚款；没有违法所得或者违法所得不足1万元的，并处1万元以上3万元以下的罚款；情节严重的，责令停业整顿1～6个月：歌舞娱乐场所的歌曲点播系统与境外的曲库连接的；歌舞娱乐场所播放的曲目、屏幕画面或者游艺娱乐场所电子游戏机内的游戏项目含有本条例第13条禁止内容的；歌舞娱乐场所接纳未成年人的；游艺娱乐场所设置的电子游戏机在国家法定节假日外向未成年人提供的；娱乐场所容纳的消费者超过核定人数的。

●《条例》规定，有下列情形之一的，由县级人民政府文化主管部门责令改正，给予警告；情节严重的，责令停业整顿1～3个月：变更有关事项，未按照本条例规定申请重新核发娱乐经营许可证的；在本条例规定的禁止营业时间内营业的；从业人员在营业期间未统一着装并佩带工作标志的。

● 娱乐场所未按照本条例规定建立从业人员名簿、营业日志，或者发现违法犯罪行为未按照本条例规定报告的，由县级人民政府文化主管部门、县级公安部门依据法定职权责令改正，给予警告；情节严重的，责令停业整顿1～3个月。娱乐场所未按照规定悬挂警示标志、未成年人禁入或者限入标志的，由县级人民政府文化主管部门、县级公安部门依据法定职权责令改正，给予警告。娱乐场所招用未成年人的，由劳动保障行政部门责令改正，并按照每招用1名未成年人每月处5000元罚款的标准给予处罚。

● 因擅自从事娱乐场所经营活动被依法取缔的，其投资人员和负责人终身不得投资开办娱乐场所或者担任娱乐场所的法定代表人、负责人。娱乐场所因违反规定，被吊销或者撤销娱乐经营许可证的，自被吊销或者撤销之日起，其法定代表人、负责人5年内不得担任娱乐场所的法定代表人、负责人。

● 娱乐场所因违反规定，2年内被处以3次警告或者罚款又有违反本条例的行为应受行政处罚的，由县级人民政府文化主管部门、县级公安部门依据法定职权责令停业整顿3～6个月；2年内被2次责令停业整顿又有违反本条例的行为应受行政处罚的，由原发证机关吊销娱乐经营许可证。

● 娱乐场所违反有关治安管理或者消防管理法律、行政法规规定的，由公安部门依法予以处罚；构成犯罪的，依法追究刑事责任。娱乐场所违反有关卫生、环境保护、价格、劳动等法律、行政法规规定的，由有关部门依法予以处罚；构成犯罪的，依法追究刑事责任。娱乐场所及其从业人员与消费者发生争议的，应当依照消费者权益保护的法律规定解决；造成消费者人身、财产损害的，由娱乐场所依法予以赔偿。

● 国家机关及其工作人员开办娱乐场所，参与或者变相参与娱乐场所经营活动的，对直接负责的主管人员和其他直接责任人员依法给予撤职或者开除的行政处分。文化主管部门、公安部门的工作人员明知其亲属开办娱乐场所或者发现其亲属参与、变相参与娱乐场所的经营活动，不予制止或者制止不力的，依法给予行政处分；情节严重的，依法给予撤职或者开除的行政处分。

● 文化主管部门、公安部门、工商行政管理部门和其他有关部门的工作人员有下列行为之一的，对直接负责的主管人员和其他直接责任人员依法给予行政处分；构成犯罪的，依法追究刑事责任：向不符合法定设立条件的单位颁发许可证、批准文件、营业执照的；不履行监督管理职责，或者发现擅自从事娱乐场所经营活动不依法取缔，或者发现违法行为不依法查处的；接到对违法行为的举报、通报后不依法查处的；利用职务之便，索取、收受他人财物或者谋取其他利益的；

利用职务之便，参与、包庇违法行为，或者向有关单位、个人通风报信的；有其他滥用职权、玩忽职守、徇私舞弊行为的。

【课堂讨论题】

娱乐场所的哪些违法经营活动对社会危害极大?

【思考题】

1. 简述娱乐场所的含义及宗旨。
2. 简述设立娱乐场所的条件与程序。
3. 娱乐场所禁止的行为有哪些?
4. 娱乐场所经营管理与治安管理的主要内容是什么?
5. 如何管理涉外旅游定点演出场所?
6. 简述《娱乐场所管理条例》中对主管部门及其执法人员的违法处理规定。

【案例分析】

歌厅老板陈某等人共同组织他人卖淫应如何处置?

市电影公司工人陈某伙同无业人员董某和崔某合伙开办了一家歌厅，并以此为掩护播放淫秽录像，共同组织他人卖淫，获取暴利。陈某对此进行了策划，商定由陈、董负责招集卖淫人员，由崔某寻找嫖娼人员。自1998年4~10月间，陈某等人数次组织于某、洪某等8名妇女卖淫，获得卖淫款人民币8600元。1998年11月，当陈某又找来于某、洪某并让她们向某公司2名经理卖淫时，洪某说自己可能染上了性病，陈某表示无所谓，仍积极怂恿于某、洪某与他人进行卖淫嫖娼活动。公安机关根据举报将陈某等人抓获后，经检查洪某患有严重淋病，而于某已染上了艾滋病，造成数名嫖娼者被感染。

请问：

1. 歌厅老板陈某等人的行为是否违法，应如何处置?
2. 国家对娱乐场所从业人员及进入娱乐场所人员有什么要求?

【本章推荐阅读书目】

旅游法规教程．韩玉灵．东北财经大学出版社，2004.
旅游法教程．帅建华．湖南大学出版社，2005.
旅游法理论与实务．王莉霞．陕西人民出版社，2005.

第5篇 国际旅游法律制度

第19章

国际旅游业立法概况

【本章概要】

本章主要介绍了有影响的全球性旅游发展规范，以及部分发达国家的旅游立法概况。

【学习目标】

- 了解全球性重要的旅游会议和重要旅游会议的政策导向；
- 掌握旅游权利、可持续发展规范旅游和世界旅游宣言；
- 熟悉部分发达国家的旅游立法。

【关键性术语】

全球性旅游规范、马尼拉世界旅游宣言、旅游权利法案、可持续旅游、旅游伦理规范、全国旅游政策法规、法国旅游办公室。

【章首案例】

《民权法案》不管辖现在被称为住宿加早餐一类的住宿设施，即拥有5间客房以下的设施，业主自己也住在里面。这个豁免条款被称为“墨菲夫人寄宿处条款”，此条款允许在家里接待过往的旅游者的业主保留选择谁睡在家里的权力。

上述条款告诉我们在世界各国旅游立法中，不但要保护旅游者的消费权利，还要让旅游经营者拥有充分的自由选择的发展空间。美国法案把墨菲夫人寄宿处列为豁免机构，体现法律管辖范围的例外，对发展中国家旅游立法有借鉴意义，即充分利用已有的社会资源，让有限的资金投入重点旅游项目的发展，墨菲夫人寄宿处为社区参与旅游提供一条良好的途径。

请问：那么，世界发达国家对旅游立法有哪些主要内容呢？为了国际旅游业的健康发展，有哪些达成共识的国际旅游规范呢？

19.1　全球性旅游发展规范

全球性旅游规范，是指各主权国家在遵循国际法原则的前提下，就其所适用的旅游法律规范由缔约国按照共同协商、共同信守的原则缔结法律、法规的行为。全球性旅游发展规范是在国际性和区域性的旅游组织召开的旅游会议中逐步形成和发展的，对世界旅游发展起到指导性的作用。日益受到各国普遍认同和赞许，为各国旅游业发展和制定法律规范指引方向。由于国际上没有共同的旅游立法机构，订立的旅游法律规范多不具有国家强制推行的法律规范的硬定性特征，而是以公约、条约、协定等形式出现，而且其适用范围仅限于缔约国和承认其法律规范的参与国。本章根据需要，选取有代表性的公约、协定作简单介绍。

19.1.1 马尼拉世界旅游宣言

19.1.1.1 马尼拉会议

（1）会议主题

1980年9月27日~10月10日在菲律宾召开的世界旅游会议，有107个国家的代表团和91个观察员代表团参加了会议。大会的目的在于阐明旅游的真正含义和旅游所起的作用，肯定了旅游在世界和平与安全方面的积极贡献，发表了有名的《马尼拉世界旅游宣言》（以下篇称《马尼拉宣言》）。本次会议全面地提出了旅游权利、旅游环境、国内旅游地位等问题，为旅游业的平等、健康发展指明了方向。

（2）《马尼拉世界旅游宣言》

在1980年的马尼拉世界旅游会议上发表。《马尼拉宣言》提出旅游是人们的一种积极休息和娱乐方式，既能够强烈地表达人的本性，又为巩固世界和平作出了贡献；肯定了人们休息和旅游的权利，提倡实行带薪旅游；指出旅游在国民经济和世界贸易中的作用；提出国内旅游与国际旅游并重的主张；要求各国加强对旅游资源的保护，等等。《马尼拉宣言》为世界旅游业在较长时期的发展奠定了基础。

19.1.1.2 墨西哥会议

世界旅游组织于1982年8月21~27日在墨西哥的阿卡普尔科城召开会议，79个国家的代表团和57个观察员代表团出席了本次会议。会议以决议的形式将旅游纳入联合国第三个国际发展战略；提出“旅游作为保护和平，以及各国人民相互尊重的纽带和了解世界追求真理的工具，必须充满真实性”；认为会议是贯彻《马尼拉宣言》的原则和标准的一个重要步骤；会议在众多的领域进行了讨论和总结，最终形成了《阿卡普尔科文件》。本次会议是马尼拉会议的延续和深化，明确了旅游教育对旅游发展的作用，对促进旅游教育的发展起到了积极作用。

19.1.2 旅游权利法案

19.1.2.1 索菲亚会议

1985年9月17~26日，世界旅游组织第六次一般性全体大会在保加利亚索菲亚举行。会议肯定旅游在各国人民生活中的重要性，确认了世界旅游组织在旅游发展中的中心和决定作用，在《世界人权宣言》的基础上重申：“人人有权休息和娱乐”，包括“合理地限制工时和定期带薪休假”，通过了《旅游权利法案》和《旅游者守则》。本次会议是对全球有组织性旅游活动的回顾和总结，从根本上为旅游业的发展创造了条件。

19.1.2.2 旅游权利法案

（1）旅游权利法案基本内容

《旅游权利法案》是于1985年9月17~26日在保加利亚索菲亚召开的世界旅游组织大会上通过。法案共9条，基本内容：强调每个人休息娱乐的权利和带薪旅游的权利，并在维护这一权利的基础上，保障东道国人民、旅游从业人员、旅游供应商、旅游服务机构的权利，各国政府应当为上述权利的实施制定切实可行的政策。

世界旅游组织通过的规范性文件对其成员方国内相关立法发挥重要影响，甚至有借鉴作用。而世界旅游组织通过的规范性文件多种多样，迄今为止主要有《海牙旅游宣言》《海牙旅游宣言附录》《旅游权利法案》《旅游者守则》《阿卡普利科文件》《马尼拉世界旅游宣言》等，那么一国进行相应立法时，应该借鉴哪些规范性文件呢？这取决于规范性文件的内容和性质，可以说通过对上述文件性质和内容的分析，我们认为《旅游权利法案》应是我国旅游基本立法可借鉴的资源。

（2）旅游权利法案国际地位

《旅游权利法案》从国际法视角来看，它不是一种“建议”，而是一种法律声明，在很大程度上可以视为国际旅游的一般原则和规则。对其这种性质由以下论证作支撑，首先，从《旅游权利法案》产生来看，该法案是1985年世界旅游组织第六次全体大会通过的，当时，世界旅游组织在制定国际旅游规则时，已不仅仅停留在价值取向和旅游政策导向上，而侧重于规定旅游主体权利义务方面。因此，各成员国在表决通过这一法案时，已不像以前通过规定价值取向和政策示范的“宣言”一样仅将其视为“建议性”的规定而投票，而是作为法律意见来表达看法，这样如果经过多数投票赞成的话，我们可以将其视为法律声明而认为其在一定程度上具有国际习惯法性质，这一点我们可以借助于前国际法院院长T·埃利亚斯论证联大决议的国际法性质之方法来予以分析。他认为“对以必要的多数票通过的特定决议，投赞成票的国家因同意且不得翻悔而应受其约束。由于弃权不是反对，投弃权票的国家也应因默认和默示同意而受其约束。投反对票的国家，也应由于民主原则而受约束，只要投票确实是自由和公正，决议获得法定多数通过，多数国家的观点应占支配地位。借助这一方法，分析《旅游权利法案》，因为它是世界旅游组织全体大会通过的，所以，对成员国的相关立法是有重大作用的，至少应该被成员国旅游立法吸纳其科学规则。其次，从《旅游权利法案》的内容上来看，它涉及旅游者的权利和义务、对成员国旅游政策和法制的要求，以及旅游工作者、旅游供给商及旅游服务机构的一些设立条件和要求。尽管从表面上来看，它在一定程度上带有宣告性质，但它确是确定权利和义务之规范。它表明了世界旅游组织对成员国制定旅游法律法规时应尊重《旅游权利法案》的期望。这样，作为在国家实践中不断得到证明的期望，通过习惯的形成将成为约束各国行为的规则。所以，《旅游权利法案》可能对各成员国的行为提供规则，为此各国在制定相关旅游法律法规时，应尽可能地做到与法案的要求一致，进而使成员国行为符合世界旅游组织的期望。

正是《旅游权利法案》的法律声明性质，使得世界区域性旅游组织和各成员国旅游立法都对法案的一些规范进行了吸收，如日本和欧盟。日本制定旅游基本法确定旅游政策目标时，就将“发展国家旅游并普及正常的国民观光旅游，加强国际友好、发展国民经济、提高国民生活水平和帮助改变日本各地区之间存在的各种差距。”作为一国旅游立法目标。这在很大程度上与《旅游权利法案》第3条第二款：“各国应该把旅游政策纳入地方、地区、国家和国际的各级总体发展规划，扩大双边和多边旅游合作，其中包括同世界旅游组织的合作。欧盟依据《马斯特里赫特条约》制定“共同体旅游准则”以保障开放边界实行自然人自由流动也打上了《旅游权利法案》中“促进旅游自由”条款之烙印。

19.1.2.3 巴厘会议

1996年9月24~27日，第二届“议会和地方政府：旅游政策制定者”国际会议在印度尼西亚的巴厘岛举行。有来自72个国家的分别代表议会、地方政府、国家旅游行政管理部门的旅游业界人士参加了会议。会议讨论了从物质、精神和智力等方面改善本国福利水平的旅游发展政策；指出旅游不再仅仅是一项休闲活动，已经成为重要的人类需要；认为旅游可以跨越人种、种族、宗教和社会文化方面的差异，增进人们的关系，有助于推动全球和平进程。

19.1.3 撒马尔罕宣言

乌兹别克斯坦尽力以自己的旅游资源潜力来吸引众多的以旅游业为职业的人的注意力。正是为了这个目的乌兹别克斯坦于1993年作为一个独立的国家成了世界旅游组织的成员国。1994年，在世界旅游组织和乌兹别克总统的倡导下，当年10月世界旅游组织首次在此召开了会议，世界旅游组织发表《撒马尔罕宣言》，正式启动“丝绸之路计划”。1994年10月5日在乌兹别克斯坦撒马尔罕通过。《撒马尔罕宣言》主要就丝绸之路沿线的旅游开发与管理，向政府、旅游业界、旅游者、当地居民及国际组织发出呼吁。沿丝绸之路旅游的《撒马尔罕宣言》号召对此感兴趣的国家积极参加曾经是古代商贸和文化国际交流的交通要道——经过1000年考验的丝绸之路上古迹的复兴工程。中国、埃及、希腊、意大利、韩国、日本、俄罗斯以及中亚、高加索地区、西亚等地19个国家或地区参与了这项旨在加强合作，塑造、推广跨国界旅游产品的计划。随着新“丝绸之路”的贯通，丝绸之路必将成为世界上最具文化内涵和消费价值的旅游产品之一。

19.1.4 首届欧亚经济论坛旅游分会主题

由上海合作组织、联合国亚太经社理事会和中国国家开发银行主办，博鳌亚洲论坛协办、西安市人民政府承办的“首届欧亚经济论坛”于2005年11月10~11日在中国西安举行。10日下午举行旅游分会。会议的议题，包括复兴丝绸之路对该地区经济、旅游和社会发展的意义，以及建立旅游互利、互信合作，联合推动丝绸之路的旅游资源。丝绸之路的旅游交通和安全的保障，签证和通关的便利，促进丝绸之路沿线国家和城市的旅游投资。代表们谈到一些具体政策的做法，来给大家提供一些信息，来了解如何进一步的合作，如何合作这样的一些情况。联合国开发署正在进行这方面的合作——提高旅游开发的质量，保证任何一种开发都是可持续的，不仅仅是对于环境而言，而且对于当地社会的影响，以及对于当地的经济而言。这样一种开发应该是基于市场的，而且应该是具有市场意识的。还要进行一些共同旅游业的营销活动，建议一些相应的计划，我们还在设计一个非常微妙的问题，关于跨境便利化的问题，如果游客跨境到了另外一个地区，他应该能够超过2~3个国家进行旅游。

19.1.5 旅游可持续发展规范

19.1.5.1 海牙会议

1989年4月10~14日，世界旅游组织和荷兰议会联合会在荷兰海牙举行旅游大会。大会认为促进个人和团体的旅游、旅行和访问，有利于促进成员国之间的相互了解、发展国际合作和维护世界和平；提出要考虑发展中国家在旅游方面的特殊问题；发表了《海牙旅游宣言》。本次会议突出了旅游质量、旅游安全、旅游规划的重要性，为现代旅游发展奠定了基础。是国际旅游的可持续发展的前奏。

19.1.5.2 国际旅游的可持续发展

随着国际旅游业的不断发展，可持续发展理论的不断深入，国际旅游业可持续发展的问题，亦日益成为全球瞩目的焦点问题之一。

（1）国际旅游可持续发展的界定

国际旅游可持续发展是以可持续发展原则作为理论基础的，是可持续发展原则在国际旅游业中的具体化。可持续发展原则之所以运用到国际旅游业中，是由旅游业自身的特征所决定的，即旅游业是一个资源产业，一个依靠自然禀赋和社会遗赠的产业，一个以资源和环境为基础的产业。1992 年世界环境与发展大会通过的《21 世纪议程》宣称，旅游业应该成为经济和环境持续发展的组成部分。当前，可持续发展战略作为全球性纲领，已分别载入了各国的《21 世纪议程》。《中国 21 世纪议程——中国 21 世纪人口、环境与发展白皮书》的全面实施表明，追求经济、社会和生态环境的协调、持续发展，已成为我国经济和社会发展模式的唯一选择。1995 年 9 月，党的十四届五中全会提出了国民经济和社会发展的“九五”计划和 2010 年远景目标，把“可持续发展”作为重要的指导思想和战略方针。1999 年 3 月，朱镕基总理所作的《政府工作报告》和中央人口、资源、环境工作座谈会均明确指出，促进我国经济和社会的可持续发展，必须在保持经济增长的同时，控制人口增长，保护自然资源，保持良好的生态环境。

依据可持续发展理论，可以将国际旅游业可持续发展界定为：既满足当代人的旅游需求，又不损害子孙后代满足其旅游需求能力；既满足发达国家国民的旅游需求，又不损害并积极致力于开发发展中国家国民的旅游需求；既促进国际旅游业不断增长，又有利于全球自然生存环境质量和保护水平不断提高的发展。1990 年在加拿大召开的全球 90 年代国际大会较为全面地阐述了旅游业可持续发展目标体系的 5 个方面：① 增进人们对旅游所产生的环境效应和经济效应的理解，强化其生态意识，也就是说，促使人们认识到旅游对经济、社会和环境的影响。大力推广和开发生态旅游，发挥旅游对社会经济的积极作用，防止旅游对生态环境的负面效应，以避免全球性或地区性的环境污染、资源破坏和生态退化。② 促进旅游的公平发展，即促进国家与国家之间、区际之间和代际之间旅游业获得平等发展的机会。所有国家，不论大小、强弱、贫富，都应对其本国旅游业的开发与利用享有永久的主权，在发展旅游业的同时为未来旅游业的发展创造良好的条件，打下良好的基础。③ 改善旅游接待地区的生活质量，即通过促进旅游接待地区的经济发展提高当地的生活水平，以便为旅游者提供高质量的生活环境。④ 向旅游者提供高质量的旅游经历，即对构成旅游业的六大要素，行、游、住、食、购、娱等行业规定明确的行业标准甚至国际标准，建立国际旅游质量服务体系认证制度，全面提高旅游业的服务质量和水平，使旅游者能够体会旅游所带来的物质和精神享受，以此带动国际旅游业的发展。⑤ 保护未来旅游开发赖以生存的环境质量，即正确理解旅游业开发与自然环境、旅游资源的密切关系，认识旅游和自然生态环境对旅游业发展的基础性作用，建设性而非破坏性地开发和利用当代自然资源和人文资源，旅游业的开发不应仅局限于当代，更要着眼于未来，为旅游业的未来开发创造良好的、必要的外部环境。

（2）国际旅游可持续发展的特点

国际旅游可持续发展的实质是要求国际旅游与人文、自然等人类生存环境融为一体，以协调、平衡和统一两者之间的关系；在全球范围内实现经济发展目标与社会进步目标的协调统一，充分发挥国际旅游业对于全球社会经济环境综合协调发展的促进作用。国际旅游可持续发展原则概括起来，主要有以下几个方面的特征：

全球性或国际性 由于国际旅游是一种跨国经济社会交流活动，因而其国际性的特征表现得尤为突出，相应地，其可持续发展也不例外。旅游资源，特别是自然资源是全人类的共同财产，是全人类赖以生存和发展的前提和基础，它不仅是民族的，也是世界的，世界各国都有保护旅游资源的共同义务。国际旅游业可持续发展的实现需要全人类的共同努力。

系统性 国际旅游业是全球社会系统的有机组成部分，与系统的其他部分既相互独立，又相互依存。旅游的持续发展离不开其他系属要素的支持，同时亦受到其他诸多因素的制约，旅游业可持续发展是一个系统工程，需要政治的、经济的、社会的和法律的制度或系统保障。

公平性 公平性强调本代人之间的公平、代际间的公平、区际公平以及公平分配有限的旅游资源，特别是公平分配不可再生的旅游资源，在未找到替代性资源以前尽可能地延续旅游资源的生命周期，避免不可再生资源的过早枯竭或灭绝而对于可再生的旅游资源的分配、开发和利用，应尽可能维持在保证其再生能力的限度之内。

资源性 即将旅游资源的价值核算纳入旅游经济体系之中，改变旅游资源无价和低价的状况，发挥旅游资源的经济效益，保证旅游资源的持续利用。旅游资源的开发潜力和可利用程度是旅游业发展的基本前提，旅游业的发展对人文和自然遗产等旅游资源具有极强的依赖性，因此，应针对旅游资源的不同类别与属性差别，协调资源开发，保护与人类旅游需求之间的关系，科学规划、合理开发利用并保护好珍贵的旅游资源。

持续性 持续性强调旅游资源的开发和旅游业的发展应在生态系统的承载能力之内，保持生态生命支持系统和生物多样性，保证可再生资源持续利用同时使不可再生资源的消耗保持在最小的限度之内，为此，必须对旅游的发展确定速度和规模的限度，反对为满足本代人需求和为谋求短期及局部利益而掠夺或开发利用全球旅游资源。旅游业可持续发展以旅游环境容量为基础。所谓旅游环境容量是指一定时期、一定条件下某一区域内的旅游环境所能承受的人类活动作用的极值。它是旅游环境系统本身所具有的自我调节的量度，是旅游环境系统和旅游开发的结合环节。只有找到环境容量的一个最优值域并将全球旅游开发利用控制在值域之内，方能保证旅游环境系统正常地发挥自我调节功能，从而实现国际旅游业的可持续发展。

19.1.5.3 旅游可持续发展规范

1978年，国际环境和发展委员会首次在文件中正式使用可持续发展的概念，并将其定义为："在不牺牲未来几代人需要的情况下，满足我们这代人的需要"。

此后，可持续发展成为全球经济、文化、社会等发展的共同主题，其定义也达百余种之多。1987 年，联合国世界环境与发展委员会在《我们共同的未来》中，将可持续发展定义为："既满足当代人的需求，又不对后代人满足其自身需求的能力构成危害的发展"。世界旅游组织对旅游业的可持续发展极为关注，先后形成了如下主要规范：

（1）里约宣言原则和项目下的可持续旅游

1992 年 6 月联合国环境与发展会议在巴西里约热内卢举行，全球 100 多位国家的首脑共同签署了具有里程碑意义的《里约环境与发展宣言》简称《里约宣言》。会议的组织者鉴于旅游业在可持续发展中扮演的中心、决定性角色，确立了旅游对人与自然和谐共处、旅游对地球生态的维护、国际旅游贸易的可持续发展、利用旅游业为妇女创造就业等 12 条原则。

（2）《可持续旅游发展宪章》

1995 年 4 月 24 ~ 28 日，在西班牙加那利群岛的兰沙罗特岛举行可持续旅游发展会议。会议上通过发表了《可持续旅游发展宪章》。《可持续旅游发展宪章》提出了与旅游可持续发展相联系的自然、文化等要素的发展目标和原则；指出旅游发展必须考虑生态环境的承受能力，符合当地经济发展状况和社会道德规范；可持续发展的基本原则，是在全世界范围内实现经济发展目标与社会发展目标相结合。在充分肯定旅游资源对旅游发展所起作用的基础上，提出可持续发展主张。以后可持续发展主张成为旅游发展的指导思想。

会议发表了《可持续旅游发展行动计划》（Plan of Action for Sustainable Tourism Development）。计划对今后围绕旅游业可持续发展所需做的工作作了明确规定，如通过旅游发展计划与国家环境政策的协调程度、旅游在保护文化遗产中的作用、旅游供给质量等 6 个方面评价旅游对全球可持续发展所作出的贡献；以可持续发展为原则制订旅游发展规划；采取积极措施发挥旅游业参与者的作用；优先发展小岛屿、沿海地区、高山地区、历史名城等。

（3）《关于旅游业的 21 世纪议程》

《21 世纪议程》是出席联合国环境与发展大会的 182 个国家政府在 1992 年 6 月14 日通过的一个综合性的行动纲领。作为第一个取得了国际上一致赞同的环境与发展的文件，《21 世纪议程》提供了一个保证地球从现在到 21 世纪有个可持续发展的未来蓝图，并提出了一个实现更加可持续发展的战略。与此相对应，1997 年 6 月，世界旅游组织、世界旅游理事会与地球理事会联合制定了《关于旅游业的 21 世纪议程》，明确提出了旅游业可持续发展应将居民作为关怀对象，强调各旅游活动主体之间相互协同的重要性。

（4）《发展中小岛国与其他岛屿可持续旅游国际会议总结报告》

1998 年 10 月 25 ~ 28 日，来自全球 40 个岛屿国家、国际和区域组织以及其他一些相关国家的代表在西班牙兰萨罗特会议上通过。报告共分两大部分，从国家、区域和国际 3 个层面上分析了发展中小岛国和岛屿可持续旅游发展存在的关键问题，从战略高度提出了解决这些问题的方法。

（5）海南会议

海南会议于 2000 年 12 月 6 ~ 8 日在中国海南三亚的凯莱酒店召开。会议由世界旅游组织和联合国环境规划署主办，联合国教科文组织和中国国家旅游局、海南省人民政府协办。来自亚太地区 23 个国家的 100 多名代表及 7 个政府间组织的代表参加了会议。

会议主要就亚太地区岛屿旅游业的可持续发展进行了研讨。认为旅游是岛屿的主要经济活动，但由于岛屿的规模较小，无论从环境还是从社会角度而言，都非常脆弱，如果旅游业不进行适当的规划、开发和管理，这种脆弱性将使得以旅游业为基础的岛屿经济在长期的可持续发展方面存在风险。

19.1.6 旅游伦理规范

19.1.6.1 《关于禁止有组织的性旅游的宣言》

针对日益泛滥的性旅游活动，1995年10月17~22日在埃及开罗的世界旅游组织第十一届大会上通过了《关于禁止有组织的性旅游的宣言》。该宣言提出，性旅游活动违反了旅游在增进和平、人权、相互理解、尊重所有民族和文化及可持续发展方面的基本目的，要求旅游目的地国和客源国政府要采取措施予以制止。

19.1.6.2 《全球旅游伦理规范》

1999年10月1日在智利圣地亚哥的世界旅游组织第十三届大会上通过了《全球旅游伦理规范》。该规范在1997年召开的伊斯坦布尔会议上就已经起草，1998年10月7日在波兰的克拉科夫会议中进行了讨论，1999年4月在纽约召开的可持续发展委员会第七次会议上，征求了与会代表的意见。

该规范从伦理的角度确立了包括休闲、商业、文化、宗教或健康目的的基本规范，重视旅游对客源国和目的地国环境、经济和社会，尤其是对当地居民和土著居民的积极和消极影响，强调建立负责任的、可持续的旅游秩序的重要性。

19.2 部分发达国家旅游立法简介

由于旅游活动几乎涉及各方面，所以世界上旅游法律法规特别多，形成了一个法律规范群。要形成这个法律规范群，有2点值得注意：首先，从地位而言，基本法占主导地位。基本法规定了宗旨、原则、目标、政策、权利和义务总关系等根本性准则。这好比一张鱼网有了纲，纲举才能目张，也就是说，有了基本法，其他法律法规的制订就有了依据、方向和准则。由于旅游业的相关性与连带性给旅游业的管理工作带来许多困难，为了克服这些困难，使旅游涉及行业都能清晰地明确自己的权利和义务，各旅游发达国家都相继制定了各自专门的旅游法律规范。旅游发达国家的旅游业起步较早，旅游立法也比较早，如1963年日本制定了《旅游基本法》（昭和38年6月20日法律第107号颁布）；1966年巴西制定了《联邦共和国旅游组织法》（1966年11月18日法律第55号颁布）；1967年韩国制定了《旅游振兴法》（1967年2月28日法律第1896号颁布）；1969年英国制定了《旅游发展法》（1969年6月25日颁布）；1979年美国制定了《全国旅游政策法》（1979年5月8日颁布）；1979年墨西哥制定了《墨西哥旅游法》（1979年12月29日颁布）等。随着国际旅游业的发展和在各国经济中的作用越来越重要，世界各国都倾向于制定法律，对在国际旅游中的行为和关系加以规范和调整，以促进和保障国际旅游业的健康发展。本节重点介绍美国、德国、法国、西班牙、日本等国的旅游立法情况，希望能为中国旅游立法提供借鉴。

19.2.1 美国的旅游立法

美国是一个市场机制比较成熟的国家，政府对市场的干预相对较小。即便如此，政府对旅游的影响依然能够感受得到。美国政府主要是通过财政政策和货币政策来影响旅游经济的，如当旅游经济过热时，政府采用增加税收、提高利率、减少支出的办法，来抑制包括旅游在内的经济活动的增长。相反，则采用减少税收、降低利率、增加支出（甚至是财政赤字）的办法，来刺激包括旅游在内的经济活动的开展。

19.2.1.1 全国旅游政策法综述

全国旅游政策制定建立内阁级的协调委员会和一个非牟利公司作为实施全国旅游政策的执行机构，1979 年 5 月 8 日在美国参议商业、科学和交通委员会坎农先生提出了关于法案的报告，一经美利坚合众国参议院和众议院在国会开会通过便援引为“全国旅游政策法”。

1979 年美国颁布了旅游基本法《全国旅游政策法》，其法第一编中，就表述了美国发展旅游业的作用和目的，提出了可持续旅游目标的明确要求；第二编中则关于全国旅游政策委员会的机构设立、职责和权利等内容，为国会提交财政年度报告和向州政府、企业、美国旅行游览发展公司报告旅游工作和政策导向；第三编中关于建立一个非牟利公司即美国旅行游览发展公司替代原美国旅游局的职责。此外，美国还制定有《野外旅游条例》《原始风景河条例》《移民法》等单向旅游相关法律。

19.2.1.2 美国制定旅游基本法的目的

美国的《全国旅游政策法》是美国旅游政策总原则的法律化。制定该法的目的，是要在联邦政府、州和地方政府以及其他有关公众和私人组织之间建立一种合作，采取一切切实可行的办法和措施，包括财政和技术援助，来执行全国旅游政策。这个法案是美国全国贯彻执行旅游政策总原则的有力保证。该法明确表述美国发展旅游业的目标是：① 促使旅游业和娱乐业为繁荣经济、充分就业和平衡国际收支作出更大贡献；② 使美国和外国居民普遍能够享有在美国旅游、娱乐的机会和好处，保证现今和将来的世世代代享有足够的旅游和娱乐资源；③ 促进个人成长、健康、教育和跨文化间对美国地理、历史和民族的鉴赏；④ 为了增进国际了解和友好，鼓励个人按照移民法、公共卫生保护法和有关商品进口法，自由而受欢迎地到美国旅行；⑤ 促进旅游访问美国的游客提供完善和可靠服务质量；⑥ 消除国际旅游业务经营障碍；鼓励行业竞争，提供旅游者最大限度的选择；促进个人支付方式的便利化；⑦ 维护国家的历史和文化；在发展和利用资源、保护环境等注意可持续发展；⑧ 正确统计旅游资料，分析对社会影响，便于企业制定计划；联邦一切支持旅游活动与公众、各地和企业需求相一致。为配合《全国旅游政策法》关于发展美国国际旅游的政策，美国在《移民法》中详细规定了如何给予观光者 B 类签证的内容。

19.2.1.3 全国旅游政策法委员会

全国旅游政策法委员会是协调联邦各部门、各机构和其他单位有关旅游、娱乐和国家文物古迹的政策、计划和问题的主要机关。委员会组成人员：由总统国内事务和政策助理任委员会主席，美国旅行游览发展公司总裁任委员会副主席，交通等11个部长和国务卿、民用航空和州际商业委员会及联邦贸易委员会主席、国际通讯机构和环境保护机构的负责人组成的全国旅游政策法委员会会员。政策法委员会的职责是指导委员会工作人员的各项活动，如研究适当的问题和草拟报告。政策法委员会下设4个政策小组委员会分别是：运输和交通政策小组委员会；经济发展政策小组委员会；能源和自然资源政策小组委员会；卫生、教育和文化政策小组委员会。规定各机构的负责人和代表组成，明确管理权利和职责，发挥各小组委员会在旅游、文化娱乐和文物古迹资源保护的工作指导和政策导向作用。

19.2.1.4 美国旅行游览发展公司

美国旅行游览发展公司是为国会政策宣言而建立一个非牟利公司，以促进旅游事业的正常发展和帮助实施全国旅游政策。该公司不是美国政府机构或事业单位，受本法各项规定的约束，以便它受与本法一致的哥伦比亚特区非牟利公司的约束。公司将有15名董事组成，董事人选由参议院建议和同意，由总统任命。严格规定人员的产生办法、任期、报酬和非政府雇员等。公司的目的和活动：为了达到和实现设立公司的目标和宗旨，公司被授予帮助美国国会、全国旅游政策委员会和旅游业公私营企业。其首要宗旨和活动是制定和实施一个综合性的旅游规则，以促进和鼓励其他国家的居民为了研究、文化、国际会议、娱乐、经商和其他活动到美国来旅行。公司的活动不会与任何州、城市或私人机构的活动相竞争。还包括促进海外旅游发展建立机构，代表政府进行协调及其旅游政策实施情况报告和产业发展计划等职能。各州可以根据实际情况和不违背全美旅游政策法的前提下制定本州的旅游法案，如1998年3月1日加利福尼亚州旅游政策法案。

19.2.1.5 美国太空旅游产业法律要点

2004年10月，有机合成物公司太空船－1的成功飞行使普通旅客进入太空成为可能，私营公司能够提供亚轨道飞行服务，这是很大的进步。2004年12月23日，美国总统布什签署了《2004年商业空间发射修正案》，法案授权联邦航空局（FAA）发放允许私营航天器经营商运送付费游客进入太空的许可证，美国公民有权搭乘私人航天器到太空旅游，而且由个人承担太空旅游费用和风险。目前，国际法及国内法对太空旅游业中的诸多具体问题还未作出详细的规定，构建成熟的法律体系对未来太空旅游业的发展无疑具有非常重要的影响。1984年美国颁布的《商业空间发射法案》及修正案是一个典型的区域性法规，规定了美国政府如何与国内及跨国发射公司分担责任。私营太空旅游业发展最需要解决的问题之一是责任问题，主要包括第三方的责任、游客的责任和《外空条约》下的国家政府的责任。此外，另一个相关问题是保险业如何处理责任索赔。这些问题是私人太空旅游业发展的一大障碍。私人太空旅游业的成功必须依靠一种灵活的法律制度，这种制度应能把载人航天飞行中的所有责任问题都包括在内。在《责任公约》中规定国家必须对其执行的或在其境内进行的所有发射活动负责，未提及规定私营公司的责任问题，这意味着国家要承担由私营或商业公司所造成的航天事故的责任。美国曾在《商业空间发射法案》中作过一些规定，以解决上述问题。美国联邦法律中把责任转移到了私营发射公司，要求这些公司必须取得商业发射许可证，以保证保险费用，这些公司要有能力赔偿由于发射事故而造成的第三方或政府财产损失的资金。美国法律规定，责任保险费的最大值分别是5亿美元（第三方索赔额）和1亿美元（美国政府财产损失额）。不过，这对政府的保护非常有限，因为法律同时规定，如果任何索赔超出了保险所要求的15亿美元，那么超出部分由政府承担。随着太空游客的增多，载人发射的次数也会增加。未来的太空旅游法也应该考虑旅客索赔。在空间法领域里，最重要的国际文件是1967年生效的《关于各国探索和利用包括月球及其他天体在内的外层空间活动原则的条约》（即《外空条约》）。该条约第6条规定了从事发射活动的国家的责任："各缔约国对其（无论是政府部门还是非政府的团体组织）在外层空间（包括月球和其他天体）所从事的活动，要承担国际责任，并负责保证本国活动的实施符合本条约的规定。"而1972年生效的《空间物体所造成损害的国际责任公约》（即《责任公约》），则对国家在外层空间活动中担负的责任进行了更加清楚的阐述。该公约第2、3条规定，发射国应对其所发射的空间物体造成的损害负有赔偿责任；而第4、5条规定，在共同致害时各发射国承担连带及个别责任。可见，按照国际法的规定，国家对外层空间活动要承担主要责任。此外，国家（非某一机构或组织）应该决定是否制定区域性法规，确定进行发射活动的团体应承担的具体责任。

可见，美国在太空旅游产业法中在国际上先行一步，反映立法的前瞻性。同时，在国家公园方面立法也具有很完善的体系，鉴于篇幅限制本处省略。

19.2.2　法国的旅游立法

据法国Challenges网报道（www.chanllenges.fr），1月17日，法国负责消费和旅游的国务秘书吕克·夏岱尔（Luc Chatel）对法国LCI电视台表示，2007年法国吸引国外游客人数将超过8000万，再创新高。继续保持世界第一旅游目的地国的地位。虽然法国吸引国外游客全球第一，但旅游收入仅居第三位，排在美国和西班牙之后。为改变旅游收入落后的状况，法国日前启动了"2020年法国目的地"项目。法国力争成为全欧洲旅游收入最多的国家。

19.2.2.1　法国旅游立法概述

法国是一个旅游大国，远远超过其他旅游发达国家，排名也总在前3位左右。这一结果的取得，一方面得益于法国的客观条件。法国是世界古老的政治和文化中心，旅游资源非常丰富，加上四通八达的交通和各种现代化交通工具、完善的旅游设施和丰富的旅游产品等，吸引了世界各地的游客。但更重要的是，法国政府十分重视旅游政策和措施的制定。如利用法国服装业闻名世界的有利条件，举办各种形式的世界性时装节和时装展；利用巴黎作为世界政治和文化中心之一的优势，举办各种国际会议和参观活动；通过保护塞纳河，在河两岸建立星罗棋布的公园和绿地，以妩媚的河上风光吸引游客休闲度假；通过保护和开发埃菲尔铁塔、凯旋门、巴黎圣母院、爱丽舍宫、凡尔赛宫等古老、宏伟并具有重要历史意义的建筑，开辟历史、文化、名胜游览项目；通过保护和开发卢浮宫、蓬皮杜文化艺术中心等，以世界罕见的各种绘画、雕刻、工艺美术作品和珍宝、金银器皿等，开辟古文化艺术、古珍稀游览项目等。法国是最早立法保护古城遗址的国家。1962年颁布了《马尔罗法》，该法规定将有价值的历史街区划定为"历史保护区"，制定保护和利用规划，纳入城市规划的严格管理。通过这些政策和措施，开发、利用和保护旅游资源，收到了很好的效果。而法国旅游发展更受益于它完善的旅游管理机构，法国旅游办公室在法国旅游业发展中发挥了非常重要的作用，为当地和全国旅游业创造的附加价值为举国公认。

19.2.2.2 法国旅游办公室

法国旅游管理政策和法规较为完善，本节侧重从旅游管理机构来认识法国采取措施的有效性和高效性。法国旅游办公室是法国旅游联盟机构的基本组成单位，它是一个行业组织，属于非政府机构，咨询和接待是它的核心功能。在旅游办公室里，游客可以索取地图或者介绍册，咨询当地景点名胜以及食宿交通等。从图19－1、图19－2我们可以清楚地看到法国旅游办公室在法国旅游管理机构中所处的位置，它是和消费者直接接触的机构，所以，可以说它是法国旅游业的一面绚丽旗帜。每个旅游办公室都设有秘书处和接待处，下属员工人数依其星级水平增加而递增。旅游办公室56%的活动经费来自各级政府的补贴，其余来自当地旅游业的赞助、旅游纪念品的销售收入等。虽然近年来旅游联盟有增加商业化的趋势，试图开发新的经济潜力，但为了维护其旅游咨询的权威形象，商业性的活动不是主流。正是旅游办公室支撑这个庞大机构的根基，它在法国旅游业中发挥了极其重要的作用。研究并借鉴法国旅游办公室管理体制的成功经验，对于推动我国旅游业的可持续发展具有重要意义。

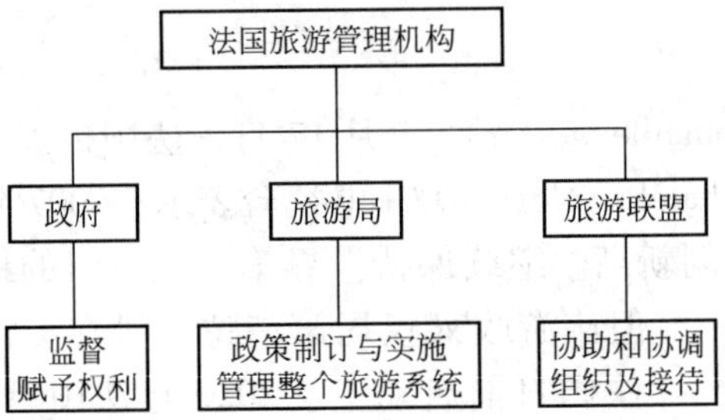

图19－1 法国旅游管理机构组织架构示意图*

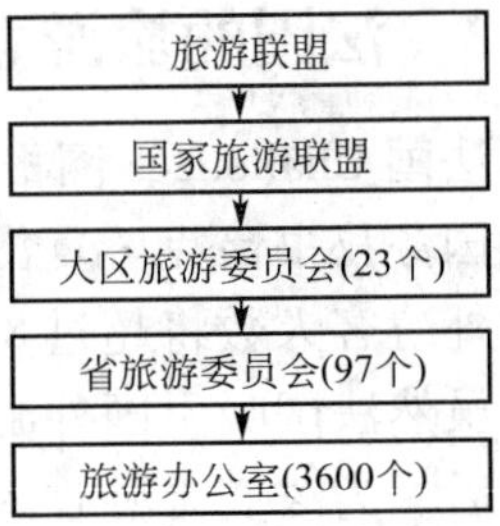

图19－2 旅游联盟结构示意图*

19.2.2.3 法国旅游办公室的功能

法国旅游办公室按所在市镇的大小、开放时间长短、接待人数多少，被分为1～4级，国家负责每5年审核评定一次级别。好的星级对于一个城市来说是一块非凡的招牌，往往是它所在城市的第一形象大使。全法3600个旅游办公室每年接待的游客超过5000万人次，其中一半是当地居民。法国也已经以法律形式规定了市政委员会可以部分或全部委托旅游办公室制订和实施当地的旅游政策以及地区性旅游发展计划，尤其是在制定旅游产品、旅游设施的开发和研究、组织节日庆典与艺术活动等方面。同时，旅游办公室在国家旅游联盟的指导下调查游客需求、搜集旅游资讯，并利用已有网络，发起相邻或同类地区的特色旅游服务项目。另外，法国国家旅游联盟也制订了严格的质量监督与评估标准。如辖区内旅游景点的指示标志是否清晰、统一；旅游咨询是否全面、准确；服务用语是否到位；电话咨询、邮递服务和外语接待是否令人满意等，为旅游办公室的高品质服务提供

* 资料来源：根据 L' organisation institutionnel le du tourisme dans les DOM－TOM：des cas particuliers（Souree Acleurs et Decideurs du tounsme，annuaire du Secretariat d' Etat fran? ais au lourisme 2001）绘制。

了保障。其具体的咨询与接待功能体现在以下几个方面：

城市介绍　提供详尽的该城市及周边景点和卫星城的宣传手册。

当地的活动宣传　在每年的岁尾贴出本地下一年的大事记，提供各种节日庆典活动的详尽信息。

住宿信息　提供市内各级别酒店及景区附近旅店的出租信息。

娱乐　提供本市各种各样的娱乐场所的开放时间。

交通　主要有到周边城市与旅游景点的短程汽车，同时各大租车公司都会在这里注册登记自己公司运输的时间、路线、费用等，以供游客参考。

美食　提供各式各样介绍当地美食的报刊杂志，详细备案了各大菜市场的地址、开放时间、联系人电话以及瓜果蔬禽的种类等，供游客咨询参考。

旅游景点介绍　包括游览当地大致所需时间及报纸、杂志对相关景点的介绍，免费为游客提供精美的双语讲解介绍手册。

体育运动　以各种形式为各种年龄身份的人组织俱乐部，几乎每个法国人都会是几个俱乐部的成员。

邮递服务　将咨询材料邮寄给索取人。

法国旅游办公室管理体制在法国旅游业发展中发挥了积极作用。首先，它作为行业组织，是连接政府和企业的桥梁。面对企业，它协助政府规范企业的行为，贯彻旅游政策、执行相关法律法规，维护旅游业的健康发展；面对政府，它又有权代表企业的利益反映企业的需求，维护企业的合法权益，并提出相关的政策建议。其次，它优化的组织架构不但有利于旅游政策、法规的颁发与执行，有利于调查游客的需求和搜集旅游资讯，而且有利于本地区旅游产品、娱乐设施的开发和研究。再次，其强大的信息咨询功能，使旅游信息的利用率升高。最后，它对外服务和对内管理的标准化与专业化极大地提高了自身的工作效率。

19.2.3　德国的旅游立法

德国还没有旅游基本法，其部分条款出自《民法》，例如旅游合同中的典型合同义务、物品保管法（2005 年 2 月 6 日修改）、函售合同法（2005 年 2 月 6 日修改）等；也有部分单列法规，例如航空法（2005 年 1 月 11 日修改）、饭店法、铁路运输法（2005 年 1 月 11 日修改）、公路运输法（2005 年 3 月 21 日修改）等。近年对部分旅游法规进行修订，融入欧盟一体化进程。本节主要简析开放式的旅游发展政策、介绍最新修订的饭店法和框架，以便窥视德国旅游业法情况。

19.2.3.1　开放式的旅游发展政策

德国采取的是开放式的旅游发展政策，它体现在：一是接纳各国包括各阶层能够接受的旅游文化，如餐馆，不仅采取各种形式提高本国的烹调技术，举办各种大规模的酒会，而且，将其他有特色的烹饪技术引进来，因此，在德国不仅有数量众多的适合各阶层消费的德式餐馆，还有意大利式、西班牙式、土耳其式、中国式、希腊式等各式各样的餐馆；二是外国游客在德国的旅行非常简便，很多国家的公民只要旅行期限不超过 3 个月，可以无须办理签证，外汇可以不受限制地带入和带出。不仅如此，德国还极力在欧洲推行统一的货币制度。1995 年 12 月，欧盟马德里会议终于通过了使用欧元的决议，并于 1999 年 1 月 1 日起在欧盟各国分阶段起用欧元，2002 年 1 月 1 日欧元取代各国货币，更加方便了旅游业的发展。德国有着自由方便的办理出境旅游政策。按照德国法律规定，一般德国公民只要年满16岁即可申领一本护照，凭此可以免签证到欧盟成员国和其他120多个国家和地区旅游。即使德国旅游贸易出现大幅逆差，德国政府也不限制公民出境旅游。

19.2.3.2 《德国饭店法》

《德国饭店法》于1970年5月5日制定，1998年11月20日修订，2003年11月25日新修改。总计30条。其一，对饭店进行界定，本法适用范围规定，需要办理营业执照的饭店类型、内容及拒绝发照的理由；可随时给需要营业执照的单位和个人发布命令，命令也可用于不需要营业执照的饭店，对注销、代理、临时、回收营业执照等作出具体规定。其二，对出售含酒精的饮料进行严格的限定，提供附加服务和内容的时间限定等。其三，聘用人员的条件、方式规定，符合青年劳动保护法；经营者资格的审定等。其四，遵守本法，提供信息和查阅业务文件，按规定向主管部门报告和接受检查。其五，违规处罚规定和法律诉讼程序。这是一部较为完善的饭店管理单行法，为饭店业的健康发展提供有力的保证。

19.2.4 西班牙的旅游立法

西班牙享有“世界旅游王国”美誉。西班牙是一个文明古国，文化氛围浓郁，古迹遍布全国各地，有38处文化和自然遗迹已被联合国教科文组织定为人类文化和自然遗产，数量高居世界第二位。1492年，哥伦布发现新大陆以后，西班牙曾因其殖民活动而有过一段辉煌时期，但自从1588年，其神话一般的“无敌舰队”被英国击溃，尤其是在后来的年代里，未能跟上欧洲工业革命的步伐，经济不断衰落，不仅海外殖民地被其他列强分割，经济也停滞不前。直到20世纪60年代前，西班牙仍以农业为主，50%的人口从事农业，农业产值占国民生产总值的一半以上，而且对外采取闭关锁国的政策。西班牙旅游经济发展到今天，关键在于其得力的旅游政策。

第一，西班牙政府从宏观旅游政策入手，制定全面开放的政策，大量引进资金、技术和设备，支持旅游产业。第二，注重旅游基础设施的建设。到1999年时，全国共有各种旅馆28 000多家，其中星级宾馆近万家，床位113万多张，有各级旅行社4700多个，而西班牙的国土面积只有50万km^2多，人口不到4000万。第三，注重旅游特色项目的开发。西班牙政府重视旅游项目数量的建设，但更重视旅游项目特色的建设，在其不大的国土面积上，分布着各式各样的娱乐场所，如35个狩猎场、48个滑雪场、77个跑马场、86个高尔夫球场等。2002年，西班牙入境旅游人数达5170万人次，旅游收入为355亿欧元，均居世界第二位。目前，旅游业已经成为西班牙三大经济支柱之一，相关就业人口达150万，占就业总人口的10%。

近年来，西班牙政府在加速发展旅游业的同时，非常重视旅游资源的保护，以保障旅游业的长期可持续发展。为此，西班牙政府采取了立法和教育并重的方式，并取得了良好的效果。1992~1999年，西班牙政府先后制定了两个关于增强西班牙旅游竞争力的框架计划，并于1998年制定了《可持续旅游发展纲要》，出台了《旅游与规划》《旅游与环境管理》《旅游与保护自然空间》和《可持续旅游业的培训》等一系列法规。为西班牙的旅游健康发展提供了法律上的保障。

19.2.5 日本的旅游立法

日本是世界最发达的市场经济国家之一，也是世界最大的旅游客源国之一。在旅游发展过程中，日本制定了许多相应的法律法规，建立了较为完备的法律体系，而且根据需要适时地立法和适时地对实施的法律进行修改，为旅游业的顺利发展起到了保驾护航的作用。通过对日本旅游法的分析，希望能为建立我国旅游法律体系，尤其是制定旅游发展的根本大法提供参照。

19.2.5.1 立法的主要内容

旅游法规在日本旅游发展过程中发挥着重要的作用，其中《旅游基本法》是旅游发展的纲要，自颁布以来已经成为指导日本旅游发展的最主要、最基本的法律。该法 1963 年出台后经 1983 年修改一直使用至今。它分为序言、正文和附则三部分，共有 5 章 22 条。该法提出要通过加强基础设施建设和整治环境，完善旅游的各种条件，来增强日本旅游的国际竞争力。

日本旅游基本法确定的政策目标是，发展国际旅游并普及正常的国民观光旅游，加强国际友好、发展国民经济、提高国民生活水平和帮助改变日本各个地区之间存在的各种差距。对此，提出国家在实现上述目标方面所要综合采取的对策主要有：① 促进外国旅游者的来访和提高对外国旅游者的接待水平。② 形成综合的国际旅游区和国际旅游线路。③ 确保观光旅游的安全并为观光旅游者提供更加便捷的条件。④ 为家庭旅游及其他正常的国民大众观光旅游提供方便。⑤ 缓解观光旅游者在某个旅游区的过度集中。⑥ 在不发达地区从事旅游方面的开发。⑦ 保护、培育和开发旅游资源。⑧ 维护旅游区的景观。为了顺利地落实这些对策，法律有专门条款要求地方公共团体在行动上，要求政府在法制方面、财政方面和金融方面协助这些对策的实施。法律还要求政府每年向国会提交旅游状况及政府将要采取旅游对策的相关报告书，并且在听取旅游政策审议会意见的基础上，将希望在下一年采取的措施明确地制作成文件提交国会审议。

对于振兴国际旅游及保护观光旅游者和建设旅游相关设施问题，《旅游基本法》专门辟出 2 章就国家必须综合采取的对策进行了较为具体的规定。强调国家要在促进外国旅游者来访方面加强海外旅游宣传；在提高外国旅游者接待水平方面对住宿设施、餐饮设施、休闲设施、导游设施和其他旅游的相关设施进行整治，并提高翻译导游、旅游中介组织及其他国际旅游相关事业经营者的服务水平，提高旅游土特产品等的质量以及加强介绍日本的产业、文化和家庭生活情况；在形成综合国际旅游区和国际旅游线路方面根据接待外国旅游者的需要就综合建造机场、港口、铁路、公路、停车场、客轮和其他构成旅游基础设施的问题采取必要的措施。同时，还要求国家采取措施，防止在旅游过程中出现意外事故和经营者的不正当行为；普及旅游的相关知识；对名胜古迹、自然纪念物等文化财产和著名自然风景区、温泉及与产业和文化等有关的旅游资源进行保护、培育和开发；对有碍景观的户外广告等相关规则进行整顿。

法律还规定国家和地方公共团体除了在实施政策方面要相互协调之外，还要整顿行政组织，改善行政机构的运营条件并就整顿旅游相关团体问题采取必要的对策，最后一章进一步就运输省设立旅游政策审议会的问题，以及该审议会的权限、组织、任免和工作性质作出了规定。

除旅游基本法之外，日本的旅游法律还有专项法和相关法，它们的内容涉及到日本旅游业发展的各个方面。参照日本的《六法全书》《旅游小六法》《新时代旅游战略》等有关书籍，日本旅游有关的重要法规（包括颁布年代）大致包括以下内容：

● 旅游专项法规。如禁止垄断及确保公平交易法（1947）、国际旅游事业资助法（1949）、关于国际旅游业统计调查的规定（1951）、旅行社法（1952）、翻译导游业法（1952）、国际旅游振兴会法（1959）、旅游基本法（1963）、不合理赠品及不合理表示防止法（1972）、促销国际会议法（1994）、促进外国旅游者访问地区多样化振兴国际旅游法（1997）。

● 旅游相关法规。如国立公园法（1931）、温泉法（1948）、文化财产保护法（1950）、森林法（1951）、博物馆法（1951）、自然公园法（1957）、保护古都历史风情特别措施法（1966）、防止水质污染法（1970）、自然保护法（1972）、有效利用地方传统表演艺术等活动振兴旅游和特定地区工商业法（1992）、节庆法（1992）。

● 旅游开发相关法规。如公有水面填埋法（1921）、国土综合开发法（1950）、国际旅游温泉文化城市建设法（热海、伊东、别府）（1950）、国际文化旅游城市建设法（京都、奈良）（1950）、农地法（1952）、岛屿振兴法（1953）、防沙法（1955）、海岸法（1956）、城市公园法（1956）、自来水法（1957）、下水道法（1958）、地表滑落防止法（1958）、整修住宅用地管制法（1961）、实施综合修建偏僻地区公共设施的特别措施相关法（1962）、河川法（1964）、山村振兴法（1965）、城市规划法（1968）、防止山体滑坡带来危害的相关法（1969）、不发达地区对策紧急措施法（1970）、修建城市公园等紧急措施法（1972）、国土利用计划法（1974）、利用民间力量促进特定设施建设临时措施法（1986）、综合疗养地区整治法（1987）、搞活不发达地区特别措施法（1990）。

● 旅游设施建设经营的相关法规。如食品卫生法（1947）、旅馆业法（1948）、娱乐场所法（1948）、公共浴池法（1948）、色情营业取缔法（1948）、消防法（1948）、国际旅游饭店整顿法（1949）、建筑标准法（1950）、与环境卫生相关的营业标准化法（1957）、建筑物汲取地下水管理法（1962）、旅游设施财团抵押法（1968）、确保建筑物环境卫生相关法（1970）、新国际旅游饭店整顿法（1993）。

● 旅游出入境相关法规。如外汇及外贸管理法（1949）、检疫法（1951）、签证法（1951）、关税法（1954）、关税定率法（1968）。

● 旅游相关交通法。如航空法（1952）、空港建设法（1956）、海上运输法（1949）、港湾法（1950）、岛屿航道建设法（1952）、铁路营业法（1901）、地方铁路法（1920）、出售一周游折扣车票规则（1955）、公路运输法（1951）、公路法（1952）、高速公路国道法（1957）、国土开发汽车干线建设法（1957）、索道规则（1947）、停车场法（1957）。

19.2.5.2 旅游法律体系的特点

（1）体系完整、涉及面广

首先，日本的旅游业非常发达，为了加强对旅游业发展的指导和管理，日本相继制定了许多旅游法规，目前已经形成了完整的旅游法规体系。这一体系是以旅游基本法为基础，以旅游专门法规为主体，以旅游相关法规为补充构成的。

① 旅游基本法是1963年发布的《旅游基本法》，它被称作“旅游法规的母法”或者“旅游行政管理的宪法”，是所有旅游法规的依据。旅游基本法规定了日本旅游业发展的基本方针、旅游基础设施的建设和旅游业发展所要采取的措施，以及旅游资源的开发与保护的重大原则等。② 旅游的专门法规主要包括为规范旅游业发展而专门制定的法律和法规。其中，最为重要的是《旅行社法》《翻译导游业法》《国际旅游振兴会法》及《旅馆业法》等。这些法规主要是针对旅游业有关领域的行业范围、经营活动、行为准则等作出了严格具体的规定，甚至有的法规还专门针对某个组织的设立，它们的主要作用是维护旅游经营者和旅游消费者的利益，使旅游企业能够依法从事经营活动。③ 旅游的相关法规则是从不同的角度对与旅游业发展有关的领域作出了规定，尽管这些法规并非完全是针对旅游业而制定的，但是旅游业的发展也受到这些法规的制约。例如，涉及旅游资源开发的《国立公园法》《文化财产保护法》，涉及旅游开发的《国土利用计划法》《城市规划法》，以及涉及办理出入境手续和交通运输等方面的许多法规都与旅游业的发展与经营有重要的关系。

其次，日本的旅游法规涉及面很宽，涉及的行业多、领域广。据不完全统计，到目前为止，日本的旅游法规和旅游相关法规有近80项，除《旅游基本法》之外，法规涉及到旅行社业、翻译导游业、旅馆业、娱乐业、交通运输业、食品业，涉及到城市规划、国土的利用、自然环境保护、文化资源的保护等，还涉及到旅游资源的开发与保护、旅游业的管理与经营、旅游设施的建造与利用、人员的出入境手续以及旅游业与地区经济的发展等方方面面。除了旅游的专项法规以外，其他旅游相关的法规是不同的政府部门制定与实施的，因此，它们涉及的管理部门就非常多。据悉，日本的旅游相关法规除总理府外，还涉及20个省（部）厅。例如，旅游基础设施方面的法规，铁路交通属于运输省而公路交通却属于建设省、北海道开发厅、冲绳开发厅、国土厅，航空和海上交通则属于运输省、北海道开发厅，冲绳开发厅、国土厅等。再如，环卫设施方面的法规又分别属于厚生省（卫生部）、北海道开发厅、冲绳开发厅、田地厅和建设省等多个部门。实际上，没有哪个产业的发展涉及如此众多的法律和法规。

再次，日本旅游方面出台的法律，很多都随后配以施行规则和施行令等实施细则，也就是说，由法律规定内容，由规则作出解释，由施行令规定具体作法。如“旅行社法”，同时还伴有“旅行社法施行令”和“旅行社法施行规则”，而“旅馆业法”，则伴有“旅馆业法施行令”和“旅馆业法施行规则”等。通过相应的施行规则和施行令，进一步增强了法律的可操作性。

（2）立法的针对性强，并不断得到完善

首先，从日本旅游法规的制定顺序可以看出日本旅游业发展的轨迹。漫长的战争使日本原有的许多基础设施和旅游服务设施——如旅馆饭店、交通设施等受到严重的破坏。战后初期，日本各地生存环境恶劣，卫生条件极差，社会风气不良，许多地方疾病流行，娼妓泛滥，社会秩序混乱。为此，1950年以前制定法规的重点是恢复正常的秩序，整顿环境，改善公共卫生条件，防止疾病流行，整顿社会风气等，这期间有《食品卫生法》《旅馆业法》《色情营业取缔法》等先后出台。而后，到了20世纪50年代，涉及旅游方面的法规主要是相关行业的基本法，它为旅游业的发展打下了法规基础，如《文化财产保护法》《森林法》《博物馆法》《自然公园法》《国土综合开发法》和《公路法》等。同时，为振兴国际旅游业还制定了《旅行社法》《翻译导游业法》和《国际旅游振兴会法》，以及与出入境有关的法规。旅游业经过10多年的发展以后，各个方面的条件都已经成熟，日本在1963年颁布了《旅游基本法》，这个根本大法的出台标志着日本的旅游业已经发展到了一个新阶段。从总体上看，在20世纪60年代以后，日本更重视旅游资源开发和保护方面法规的制定，于是《自然公园法》《城市公园法》《河川法》《自然环境保护法》《国土利用计划法》等相继出台。20世纪80年代以后日本出台的旅游相关法律法规相对要少得多，其重点放在旅行安全、保护消费者利益、旅游促销和旅游区建设等方面，同时对原有的一些法律法规进行了修订和完善。

其次，旅游法规根据情况变化适时进行修改。日本目前使用的旅游专项法规和相关法规有许多是第二次世界大战后不久制定的，但大部分都经过了多次修改，修改的幅度有大有小，有的几乎通篇修改，有的却只修改了一句话或者一个收费项目。例如，1949年制定的《支持国际旅游事业法》、1952年的《翻译导游业法》、1959年的《国际旅游振兴会法》等，尤其像1952年制定的《旅行社法》至今已经使用近50年，在这期间总共修改过12次。当初，日本颁布《旅行社法》时，旨在维护旅行社业的公平交易和促进旅行安全以及为旅游者提供方便。以后，在1982年和1984年，2次对它进行了修改，强化了旅行社与旅游者之间的公平交易、保证旅游者安全和旅行方便的条款。1995年，又一次修改《旅行社法》，使之从根本上变成一个消费者保护法的形式，从而进一步适应日益增多的日本海外旅游者的需要。

19.2.5.3 旅行业法与标准旅行业约款

旅行业法是针对旅行社经营而制定的法律，是指导旅行社业务的根本大法；同时，它也是一部使旅游者免受恶劣经营者侵害的消费者保护法，居日本六法中经济法编下属的运输行业法部类。因其是由国家最高立法机关——国会决定并通过的，故为“国法”。

为了避免在旅游商品的销售过程中，旅行社趁旅游者多为外行，不谙内情，从而谋取不正当利益等现象的发生，日本的国会制定了旨在维护旅游交易的公正性、确保旅游安全和增进旅游者便利的旅行业法，并将注册登记、营业保证金和旅行业协会三大制度以法律的形式确定下来，明确了旅行社经营的必要条件以及在办理旅游业务时必须遵守的原则、必须履行的责任与必须禁止的行为。日本的此类法规早在1952年就已有之，所谓新法是对旧法所做的第八次重大修改，其内容不仅仅指上述属于国法的旅行业法，而且包括了由日本运输大臣受命于国会制定、颁布的新的标准旅行业约款这一法令性文件。

（1）对旅行社注册登记制度的修改

这是旅行业法中继第一章总则之后，于第二章旅行业中规定的第1条法律。旅行社注册登记制度始见于1952年制定的旅行斡旋业法。受当时旅游业的规模所限，注册类别比较单一。到1964年，开始实施海外旅游自由化政策时，也只有旅行社一级的分类，即一般旅行斡旋社与国人旅行斡旋社两种。稍后，随着旅游业的发展，经营内容与方式发生变化，出现了旅行社代理店，因此在1967年修改业法时规定，以旅行社和旅行社代理店两大类别名称进行注册登记。而此番修改，则不仅改变了注册时使用的分类名称，而且明确了其经销或代销包价旅游的范围，并引进了代办（策划代办与普通代办）旅游这一新的经营机制。一般旅行社是可以办理外国人访日旅游、日本人的海外旅游、日本人及外国人的日本国内旅游等所有旅游业务的旅行社。

新制度对旅行社的分类首先是以其是否实施包价旅游来进行的，可以实施海内外包价旅游的归为第1、2种旅行社，其中，只实施国内包价旅游的为第2种，所有不实施包价旅游的旅行社全部归为第3种。目前，在对由旅行社主办的包价旅游投诉较多的情况下，这种注册分类法，既便于对实施包价旅游的第1、2种旅行社进行集中的监督管理与指导整顿，又避免了同一种旅行社行业内部实施包价旅游与不包价旅游两种经营方式并存而导致的越俎代庖现象，从法律上明确各自的业务范围，不给后者以混水摸鱼！非法经营的可乘之机。

与此同时，从法律上将代办旅游（包括策划代办旅游与普通代办旅游）这一经营内容正式纳入旅行社经营业务范围，旨在使旅行社行业适应目前旅游形态与旅游需求多样化与个性化的发展的需要，引导旅行社在与航空公司等的竞争中保持自身优势，重新获得旅游者的信赖。

说起代办，在包价旅游这一商品尚未问世的旅游业早期阶段，日本国内旅行社行业的前身观光导游所，本来就是以此起家的。它们先是在旧国营铁路与私营铁路和车站前为旅游者介绍旅馆，之后发展到按旅游者的要求预订、代办机票和车票，直至1965~1970年，旅行社大量推出便宜、便利又安全的配套产品——包价旅游后，旅行社的代办色彩才逐渐淡薄。时至今日，旷日持久的海外旅游热希望旅行社在提供具体的旅游信息与帮助策划安排旅游计划等方面发挥作用。旅游社必须认清这种形势。

（2）对营业保证金的大幅度提高

旅行业法在第二章里同时作出了对营业保证金的规定，可见营业保证金在业法中的重要地位。它既是日本在旅行社管理方面的重要手段，也是整部业法中最为核心的部分。营业保证金，是令旅行社预先将自已财产的一部分寄存在国家，以备旅游者或运输、住宿部门等在与旅行社的交易中蒙受损失时得到保护。旅行社业者必须寄存营业保证金，注册后不如期履行申办寄存营业保证金手续的旅行社，不得开展旅游业务。

（3）对标准约款的重要增补

旅行业约款是旅行社与参加包价旅游的旅游者之间缔结的办理旅游业务的合同，其中至少要明确办理旅游业务的手续费用、交易过程中金钱的收受与退赔以及旅行社责任等事项，是旅行社和旅游者必须遵守的重要契约。它的雏形始见于1967年第五次修改业法之际，而标准约款的正式导入则是在1982年第七次修改业法之时，它的出现进一步明确了保护消费者权益的宗旨。两者均在旅行业法的第二章中明文规定，而作为实施细则的标准约款则为国会授权于运输大臣制定的省会级（相当于我国的部级）法律件文件。此番修改主要是增补了旅程保证这一重要条款。旅行社向旅游者明确保证对旅游日程方面的变更以变更补偿金的形式承担责任，并具体列出实施细则。

19.2.5.4 日本完善的旅游资源环境保护法律法规体系

日本在旅游法制建设方面已自成体系，早在1963年就制定了《旅游基本法》。在立法活动中，日本注重充分考虑旅游者的重要性，在单项法规和基本法中对旅游者的权利、义务及保护措施都作了比较详尽的规定。第二次世界战后，为了振兴本国经济，率先提出“观光立国”的口号。半个世纪以来，日本注意结合本国国情并积极吸收外国经验，逐步形成了一套以旅游基本法为基础、以多项旅游专项法规为主体、以大量相关法规为补充的相对完整的旅游法规体系。其中与自然公园联系紧密的是旅游资源相关法规体系，如自然公园法、国立公园法等。表19－1是该国旅游资源相关法律的名目与立法时间，从中可窥其旅游法律法规体系。

表19－1 日本旅游资源环境保护相关法律

法律名称	立法时间
国立公园法	1931
自然公园法	1957
自然环境保全法	1972
森林法	1951
文化财产保护法	1950
博物馆法	1951
关于保护古都历史风情的特别措施法	1966
关于利用地区传统技艺举办庆祝活动振兴旅游及特定地区工商业法	1992
节庆法	1992
温泉法	1948
防止水质污染法	1970

资料来源：根据2002年出版《日本六法》等翻译整理。

根据日本国家法律，各都、道、府、县还针对本地区的情况，制定了条例。更具有操作性。以熊本县为实例说明（表19－2）。

表19－2 日本旅游资源环境保护相关法律与熊本县区域旅游资源保护相关实施条例对照表

国家法律	熊本县条例
自然环境保护法	熊本县自然环境保护条例
文化财产保护法	文化振兴基本条例熊本县文化财产保护条例
户外广告物法	熊本县户外广告物条例
自然公园法	熊本县自然保护条例、熊本县都市公园条例、熊本县环境美化条例
濒临灭绝野生动植物物种保护法	熊本县稀少野生动植物物种保护条例
鸟类保护及狩猎法	熊本县景观条例

资料来源：根据日本熊本县2000年环境白皮书翻译整理。

由上可见，日本旅游资源环境保护法律涉及面比较广泛，各都、道、府、县还制定了地方法规、条例。我国旅游资源环境保护法律涉及面较窄，不够完善，地方法规、条例的制定还刚刚开始，导致了执法时难以操作，法律依据不足。

19.2.5.5 日本旅游资源环境保护立法的主要特点

（1）注重旅游资源环境的管理保护和立法建设

日本政府对旅游资源、旅游环境实施管理、保护的体制完善、法律完备，并且具有较高的效率和良好的效果。政府的环境厅、农林水产省、建设省、国土厅、文化厅等部门及其派出机构负责旅游相关政策的制定、执行及旅游资源的开发、管理和环境保护。为了掌握全日本的自然环境及其变化，日本环境厅已经进行了6次全国范围的“自然环境保全基础调查”，被称为“绿色人口普查”，每次普查结果都对旅游相关行政管理产生了很大的影响。在协调旅游开发与资源环境保护的关系方面，《观光基本法》《国土利用规划法》《环境基本法》《自然公园法》《都市公园法》《自然环境保全法》《文化财产保护法》《古都保护法》《森林法》《以维护城市景观为目的的树木保存法》《鸟兽保护法》《温泉法》《海岸法》《都市计划法》《生产绿地法》《市民农园整备促进法》《农地法》和各都、道、府、县的《自然保护条例》等法律、法规发挥着重要的保证作用。

（2）立法体系完整、涉及面广、操作性强

日本的旅游业非常发达，为了加强对旅游业发展的指导和管理，日本相继制定了许多旅游法规，目前已经形成了完整的旅游法规体系。这一体系是以旅游基本法为基础，以旅游专门法规为主体，以旅游相关法规为补充构成的。

- 1963年发布的《旅游基本法》，被称为“旅游法规的母法”或者“旅游行政管理的宪法”，是所有旅游法规的依据。《旅游基本法》规定了日本旅游业发展的基本方针、旅游基础设施的建设和旅游业发展所要采取的措施，以及旅游资源的开发与保护的重大原则等。

- 旅游的专门法规主要包括为规范旅游业发展而专门制定的法律和法规。这些法规有对旅游业有关领域的行业范围、经营活动、行为准则等作出了严格具体的规定，甚至有的法规还专门针对某个组织而设立，其主要作用是保护旅游资源有序、合理地利用开发。

- 旅游的相关法规则是从不同角度对与旅游业发展有关的领域作出的规定。由于旅游产业具有较强的综合性和关联带动作用，故其涉及的相关行业、领域较为广泛，其法律法规涉及的范围也较广。例如，涉及旅游资源保护的《文化财产保护法》，涉及旅游资源开发的《国土利用计划法》《城市规划法》等方面的许多法规。

日本旅游法律规定内容，由规则作出解释，由施行令规定具体作法。如“旅馆业法”，则伴有“旅馆业法施行令”和“旅馆业法施行规则”等。通过相应的施行规则和施行令，进一步增强了法律的可操作性。

（3）立法的针对性强并不断得到完善

首先，从日本旅游法规的制定顺序可以看出日本旅游业发展的轨迹。漫长的战争使日本原有的许多基础设施和旅游服务设施受到严重破坏。战后初期，日本各地生存环境恶劣，卫生条件极差，社会风气不良，许多地方疾病流行，娼妓泛滥，社会秩序混乱。为此，1950年以前制定法规的重点是恢复正常的秩序，整顿环境，改善公共卫生条件，防止疾病流行，整顿社会风气等。这期间有《食品卫生法》《旅馆业法》《色情营业取缔法》等先后出台。到了20世纪50年代，涉及旅游方面的法规主要是相关行业的基本法，它为旅游业的发展奠定了法规基础，如《文化财产保护法》《森林法》《博物馆法》《自然公园法》《国土综合开发法》《公路法》等。

从总体上看，20世纪60年代以后，日本更重视旅游资源开发和保护方面法规的制定，于是《自然公园法》《城市公园法》《河川法》《自然环境保护法》《国土利用计划法》等相继出台。20世纪80年代以后日本出台的旅游相关法律法规相对要少得多，其重点放在旅游区建设和旅游促销等方面，同时对原有的一些法律法规进行了修订和完善。

在借鉴与学习美国和加拿大的先进经验之后，1931年，日本作为亚洲第一个主权国家，专门通过了《国立公园法》。随后的侵华战争和第二次世界大战的全面爆发，导致该项法律难于发挥它应有的效力。战争结束后，日本于1949年通过《国立公园法》修正案，规定在原有国立公园的基础上，准许建立由第二级地方政府——都、道、府、县负责管理的国定公园。由此，日本的国家公园体系有了2种不同类型的自然公园：国立公园和国定公园（后者也被称作准国家公园）。1957年，日本废除原先的《国立公园法》，颁布《自然公园法》，将国立公园纳入《自然公园法》的管理范畴，其法律机制一直沿用至今。

【课堂讨论题】

可持续旅游发展理念在多次国际旅游会议中如何体现？

【思考题】

1. 分析旅游权利法案国际地位。
2. 国际旅游可持续发展的特点是什么？
3. 《关于旅游业的21世纪议程》，如何体现了旅游业可持续发展应将居民作为关怀对象？
4. 美国旅行游览发展公司在美国旅游业发展中充当怎样的角色？
5. 法国旅游办公室的功能是什么？
6. 日本《自然公园法》对我国旅游景区和森林公园管理有何借鉴意义？

【本章推荐阅读书目】

旅游业法律与案例. NORMAN G. COURNOYER. 张凌云，译. 旅游教育出版社，2006.

西方国家旅游法律法规汇编. 杨富斌，王天星. 社会科学文献出版社，2005.

旅游法教程. 帅建华. 湖南大学出版社，2005.

第 20 章

世界贸易组织与旅游

【本章概要】

本章阐述世界贸易组织发展历程，世界贸易组织主要的基本原则；世界留易组织的《服务贸易总协定》以及中国加入世界贸易组织在旅游服务贸易方面的主要承诺；加入世界贸易组织对我国旅游业及法制建设的影响。

【学习目标】

- 了解世界贸易组织；
- 掌握世界贸易组织主要的基本原则；
- 掌握世界贸易组织的《服务贸易总协定》以及中国加入世界贸易组织就旅游服务贸易方面的主要承诺；
- 掌握加入世界贸易组织对我国旅游业及法制建设的影响。

【关键性术语】

世界贸易组织、最惠国待遇、国民待遇、透明度原则、市场准入原则。

【章首案例】

某国2个年轻女子在洛杉矶旅游期间，从被告的房间里被驱逐。一天当她们结束当日行程返回时发现自己租住洛杉矶一家饭店的房间被封住了，她们无法拿到自己的东西和衣服，她们也无法找到其他住处，结果她们不得不在汽车里住了3晚。后来在她们一再要求下，她们被允许回到自己的房间。

两旅游者要求法庭判处洛杉矶这家饭店给予每人500美元的一般性赔偿和每人500美元的惩罚性赔偿。

请问：以此在世界旅游服务贸易中，洛杉矶这家饭店各违反了什么法律原则，法庭应如何处理该案件?

20.1 世界贸易组织简介

世界贸易组织涵盖的内容很广，涉及世界贸易组织的宗旨、机构、性质、职能，多边贸易规则范围，组织的预算和会费原则，组织的决策程序和要求，组织的协议及其附件的修订原则和程序，对成员资格、加入、特定成员之间互不适用多边贸易协议，以及接受、生效和保存、退出等作了程序性规定。

20.1.1 世界贸易组织发展的简要历程

世界贸易组织是多边贸易体制的法律基础和组织基础，它通过规定各国政府所应承担的主要契约义务，规范各国国内贸易立法和规章的制定与实施。同时，它还向各国提供一个场所，使它们通过集体辩论、谈判和裁决来发展贸易关系。“世界贸易组织”的前身是《关税与贸易总协定》（General Agreement on Tariffs and Trade）。世界贸易组织成立于1995年1月1日，是独立于联合国的永久性国际组织。世界贸易组织的总部设在瑞士日内瓦莱蒙湖畔的关贸总部大楼内。世界贸易组织与世界银行、国际货币基金组织一起，并称为当今世界经济体制的“三大支柱”。目前，世界贸易组织的贸易量已占世界贸易的95%以上。现任总干事是帕斯卡尔·拉米，欧盟前贸易委员（法国人），2005年9月任职。

1944年7月，在美国新罕布什尔州的布雷顿森林召开了有44个国家参加的联合国与联盟国家国际货币金融会议，会上提出了建立世界贸易组织的设想。1947年，联合国贸易及就业会议签署了《哈瓦那宪章》，同意成立世界贸易组织，但因美国反对未果。同年，美国发起拟订了《关税与贸易总协定》，作为推行贸易自由化的临时契约，简称《关贸总协定》（GATF）。1986年9月15~20日，在乌拉圭埃斯特角城举行了《关贸总协定》缔约国部长级会议，进行多国贸易谈判，成立了关税、非关税措施、纺织品和服装、农产品、多边贸易协定、补贴与反补贴、与贸易有关的知识产权问题、与贸易有关的投资措施等15个谈判组。决定发动第八轮多边贸易谈判，即“乌拉圭回合”多边贸易谈判。“乌拉圭回合”谈判原定于1990年12月结束，但由于美国和欧共体在就农产品补贴问题的谈判中出现僵局，乌拉圭回合谈判被迫延期。直到1994年4月15日在摩洛哥南部古城马拉喀什举行的《关贸总协定》乌拉圭回合最后一次部长会议上，决定成立更具全球性的世界贸易组织（World Trade Organization），简称“世贸组织”（WTO）。124个参加国家就乌拉圭回合谈判的最后文本和关于建立世界贸易协议问题达成共识。该文本经各国提交各自立法机构批准后，于1995年1月1日正式生效。也就是在这一天，世界贸易组织正式成立。

20.1.2 组织机构和基本职能

20.1.2.1 世界贸易组织的组织机构

世界贸易组织由部长会议、总理事会、部长会议下设的专门委员和秘书处等机构4个层次组成。

（1）部长会议

部长会议是世界贸易组织的最高权力机构，它由所有成员主管外经贸的部长、副部长级官员或全权代表组成。部长会议至少每2年举行一次，具有广泛的权力，其中包括立法权和准司法权；其主要职责是就重大问题作出决策。

（2）总理事会

部长会议休会期间由全体成员代表组成的总理事会代行部长会议的职能。总理事会可视情况需要随时开会，自行拟定议事规则及议程。总理事会下设：货物贸易理事会，负责《1994年关贸总协定》及其他货物贸易协议的有关事宜；服务贸易理事会，监督执行服务贸易总协定及分部门协议的有关事宜；知识产权理事会，监督执行与贸易有关的知识产权协定。这些理事会可视情况自行拟定议事规则，经总理事会批准后执行。所有成员均可参加各理事会。主要履行部长会议在闭会期间的职责，并作为争端解决机构和贸易审议机构发挥作用等。

(3) 各专门委员会

部长会议下设立专门委员会，以处理特定的贸易及其他有关事宜。已设立：贸易与发展委员会；国际收支限制委员会；预算、财务与行政委员会；贸易与环境委员会；区域贸易协定委员会等10多个专门委员会。设在分理事会下的次一级专门委员会或临时性机构（如谈判组、工作组和专家小组等），如货物贸易理事会下属的有关市场准入、农产品、贸易技术壁垒、反倾销、海关估价等委员会，他们分别掌管相应多边协议的执行及有关事务的处理。他们应当行使本协议和多边贸易协议所赋予的各种职责，以及总理事会所赋予的其他职责。在部长会议认为合适的情况下，还可以设立具有此类职责的其他委员会。作为其职能的一部分，贸易与发展委员会应当定期审议多边贸易协议中有利于最不发达成员的特别规定，向总理事会报告，以采取适当行动。各委员会的成员应由所有成员的代表组成。

(4) 秘书处

世界贸易组织成立由一位总干事领导的世贸组织秘书处，负责处理日常事务。总干事由部长会议选定。世界贸易组织秘书处设在瑞士日内瓦，大约有500人。由于WTO的决议是由成员自己作出的，因此秘书处是办事机构，没有作出决议的权力。总干事及全体职员的职责具有完全的国际性质，不受任何成员方政府的指使。

另外，世界贸易组织于1995年11月29日成立了7人仲裁机构上诉法庭，负责对世界贸易组织住址成员之间发生的分歧进行仲裁。

20.1.2.2 世界贸易组织的职能

世界贸易组织的主要职能具体包括：组织实施世界贸易组织负责管辖和各项贸易协定、协议，积极采取各种措施努力实现各项协定、协议的目标，并对所辖的不属于“一揽子”协议下的诸边贸易协议如《政府采购协议》《民用航空器贸易协议》等的执行管理和运作提供组织保障；为成员提供处理各协定、协议有关事务的谈判场所，并为世贸组织多边贸易谈判提供场所、谈判准备和框架草案；解决各成员间发生的贸易争端，负责管理世贸组织争端解决协议；对各成员的贸易政策、法规进行定期审评；协调与国际货币基金组织和世界银行等国际经济组织的关系，以保障全球经济决策的凝聚力和一致性，避免政策冲突。

20.1.3 世界贸易组织的宗旨和目标

20.1.3.1 世界贸易组织的宗旨

在《建立世界贸易组织协定》的序言部分，规定了世界贸易组织的宗旨：提高生活水平，保证充分就业，大幅度稳步地提高实际收入和有效需求；扩大货物、服务的生产和贸易；坚持走可持续发展之路，各成员应促进对世界资源的最优利用、保护和维护环境，并以符合不同经济发展水平下各成员需要的方式，加强采取各种相应的措施；积极努力以确保发展中国家，尤其是最不发达国家，在国际贸易增长中获得与其经济发展水平相应的份额和利益。

20.1.3.2 世界贸易组织的目标

世界贸易组织的目标是建立一个完整的包括货物、服务及与贸易有关的投资和知识产权等更具活力、更持久的多边贸易体系，以包含关贸总协定贸易自由化的成果和“乌拉圭回合”多边贸易谈判的所有成果。

为了有效地实现上述目标和宗旨，世界贸易组织规定各成员国应当通过达成互惠互利的安排，大幅度消减关税和其他贸易壁垒，在国际竞争环境中，消除歧视性待遇，坚持非歧视贸易原则，对发展中国家给予特殊的差别待遇，扩大市场准入程度及提高贸易政策和法规的透明度，以及实施通知与审议等制度。从而协调各成员之间的贸易政策，共同管理全球贸易。

20.1.4 世界贸易组织的主要特点

世界贸易组织是在关贸总协定的基础上建立并形成的一整套较为完备的国际经贸法律规则，与关贸总协定相比，主要有以下几点：

（1）世界贸易组织协定具有法律权威性

世界贸易组织协定要求各国代表在草签后，还须通过立法程序，经本国立法机构批准，才能生效。1994 年 4 月 15 日在马拉喀什会议上，有 7 个国家包括美国、日本因国内立法程序的限制，不能当场草签，直到 1994 年底美国等国家的议会才批准并生效，因而使世界贸易组织协定更具完整性和法律权威性。

（2）世界贸易组织的机构具有正式性

世界贸易组织的成立，改变了关贸总协定临时适用和非正式性的状况，根据其协定，建立起一整套的组织机构，成为具有法人地位的正式国际经济组织。从法律地位上看，它与国际货币基金组织、世界银行具有同等地位，都是国际法主体，其组织机构及有关人员，均享有外交特权和豁免。

（3）世界贸易组织管辖的内容具有广泛性

关贸总协定的多边贸易体制及其所制定的一整套国际贸易规则，适用于货物贸易。世界贸易组织的多边贸易体制，不仅包括已有的和经“乌拉圭回合”修订的货物贸易规则，而且还包括服务贸易的国际规则、与贸易有关的知识产权保护的国际规则、与贸易有关的国际投资规则，这一整套国际规则涉及货物贸易、服务贸易、知识产权保护和投资措施等领域，表明世界贸易组织所管辖内容更为广泛。

（4）世界贸易组织注重权利与义务的统一性

世界贸易组织要求缔约方必须无选择地以“一揽子”方式签署参加“乌拉圭回合”达成的所有协议，因为《乌拉圭回合最后文件》包括了东京回合及其他有关协议的内容，因此，它们是完整的、不可选择的、不可分割的统一体，权利和义务的平衡是在所有协议的基础上达成的，从而加强了缔约方的权利和义务的统一性和约束性，维护了多边贸易体制的完整性。

（5）与有关的国际经济组织决策的一致性

作为世界贸易组织的职能之一，它应协调与国际货币基金组织、世界银行的关系，以保障全球经济决策的一致性。因此，它将与这两个国际组织在决策方面加强合作和协调，为国际经济和贸易的发展创造更为有利的条件。

20.1.5 中国“复关”、“入世”简介

1999年11月15日中美关于中国加入世界贸易组织的双边协议在北京签署，这标志着中国扫清了“入世”的最大障碍。

中国是关贸总协定的创始国之一。新中国成立后，台湾当局非法窃据中国席位。1950年3月，台湾当局宣布退出总协定。1965年又以观察员身份列席总协定会议。1971年，中国恢复在联合国的合法席位后，总协定于1971年11月取消台湾当局的观察员资格。1984年，中国取得总协定正式观察员地位。1986年7月，中国向总协定代表理事会正式提出恢复关贸总协定缔约国地位的申请，开始了15年“复关”的漫漫路程。

1987年7月，一些有关成员国组成的审议中国入关事务的关贸总协定中国工作组成立。1988年2月，关贸总协定中国组举行首次会议。1992年12月9日，关贸总协定中国工作组在日内瓦召开第十二次会议，继续就恢复中国缔约国地位议定书进行实质性谈判，并形成了一份非正式的议定书初步框架。该框架综合了中国和其他缔约方的意见，列出了未来议定书应当处理的9个问题，从而为今后议定书的起草工作奠定了基础。

1993年3月15~17日，关贸总协定中国工作组第十三次会议在日内瓦召开，会议集中讨论了与中国恢复关贸总协定缔约国地位议定书有关的6个具体问题：农业政策、价格政策、外汇分配、贸易制度的统一实施、企业外贸经营权和商品检验标准。

1994年3月15~18日，关贸总协定中国工作组第十六次会议在日内瓦举行，会议审议了中国恢复关贸总协定缔约国地位问题，会议还要求中国起草一份入关议定书草案，在5月中旬前提交讨论。1994年12月7~21日，关贸总协定中国工作组第十九次会议举行。中国与其他缔约方未能就中国成为WTO创始国问题达成协议。

1995年1月1日，世界贸易组织正式成立，134个成员。它取代关贸总协定，负责管理乌拉圭回合一揽子协议的实施，负责管理经济和贸易秩序。1995年5月9日，中断了近5个月的中国复关谈判在日内瓦恢复。1995年7月1日，世界贸易组织总理事会会议决定接纳中国为该组织的观察员。1996年3月22日，世界贸易组织中国工作组举行第一次正式会议。

1997年5月23日，世界贸易组织中国工作组第四次会议在日内瓦举行。会议就中国加入世界贸易组织议定书中关于非歧视原则和司法审议两项主要条款达成协议。

1997年8月1日，世界贸易组织中国工作组第五次会议在日内瓦举行。龙永图宣布了中国政府在进一步降低关税、消除非关税壁垒和取消农产品出口补贴等方面采取的重大步骤。中方的努力得到了一些世界贸易组织成员的积极反应。

1998年4月7日，世界贸易组织中国工作组第七次会议在日内瓦举行。中国提出的一揽子降低关税的方案得到工作组成员的普遍欢迎。它标志着谈判取得了有意义的进展。

1998年7月24日，世界贸易组织中国工作组第八次会议在日内瓦举行。在过去几个月里，中国在服务业方面的谈判取得进展，重点就电信、金融、分销、法律、会计、专业服务领域的开放提出了许多实质性建议。

1999年3月19日，世界贸易组织中国工作组主席吉拉德在日内瓦主持召开了

代表团团长非正式会议，评估目前中国加入世界贸易组织的形势，并对今后的谈判日程作出了安排。

1999年4月10日，中国国务院总理朱镕基和美国总统克林顿就中国加入世界贸易组织问题发表联合声明。双方就中国加入世界贸易组织一揽子协议中的重要组成部分——《中美农业合作协议》达成一致。这是中美两国就世界贸易组织问题达成的第一个协议，被认为是中国加入WTO的前奏。

1999年11月15日签署的中美世界贸易组织双边协议对中国加入世界贸易组织起着关键作用。随后我国还须与23个世界贸易组织成员方进行双边准入谈判。一旦中国工作组完成了对中方贸易体制的审议，而且双边市场准入谈判结束，世界贸易组织成员方2/3多数投票同意，中国就有权签署议定书并加入世界贸易组织。根据有关规定，我国加入世界贸易组织必须经全国人民代表大会的批准，方可生效。因此，中国只能以观察员身份参加1999年11月30日至12月3日的西雅图会议。

2001年12月11日，中国正式加入世界贸易组织，成为其第143个成员。以成员国身份参加新一轮制定多边贸易新规则的谈判，既有发言权，又有投票权，行使权力，发挥作用。

20.2 世界贸易组织主要的基本原则

世界贸易组织适用的基本原则主要来自于1994年的关税与贸易总协定、服务贸易总协定以及历次多边贸易谈判特别是乌拉圭回合谈判达成的一系列协定。因此，世界贸易组织取代关贸总协定之后，继承了关贸总协定的基本原则，并在其所管辖的服务贸易、与贸易有关的知识产权以及与贸易有关的投资措施等新的领域中予以适用并加以发展。世界贸易组织的基本原则是由若干规则和一些规则的例外组成，其中实体规则和程序规则构成了它的基本法律框架，也构成了世界贸易组织的基本原则的根本渊源。主要内容有：非歧视原则（最惠国待遇和国民待遇原则）、市场准入原则（削减并约束关税、取消数量限制等）、互惠原则、公平竞争与公平贸易原则、鼓励经济改革与发展原则、贸易政策法规透明度原则、贸易自由化原则、贸易争端协商处理原则，等等。对旅游服务贸易影响较大的原则有国民待遇原则、最惠国待遇原则、透明度原则、市场准入原则。本节主要要介绍对旅游影响较大的这四项原则。

20.2.1 最惠国待遇原则

所谓最惠国待遇原则，是指世界贸易组织成员一方在货物贸易、服务贸易和知识产权领域给予任何成员或非成员的优惠待遇，必须无条件地给予其他成员方。这一原则的本质是成员内部的平等对待和非歧视性待遇。如果一方成员与另一方成员进行了贸易壁垒减让谈判，那么，谈判结果应适用于所有成员。这是近代文明的体现，也是现实世界的准则。但最惠国待遇原则附加了很多例外，其中对发展中国家实行普遍优惠制，即发展中国家可以从发达国家获得特别的优惠待遇，但它们对发达国家不作相应的减让。最惠国待遇涉及三类国家：一类是“供惠国”，指承担给予最惠国待遇的缔约一方；二类是“最惠国”，指已经或将来取得了供惠国给予优惠待遇的第三国；三类是“受惠国”，指依第三国享有的最优惠待遇而享受该优惠的缔约另一方。条约中所列最优惠待遇的具体条款，称之为最惠国条款。最惠国待遇是国家之间在平等互惠基础上，通过签订双边或多边条约，规定在某些方面给予缔约国的公民或法人最惠国待遇。它是在一国境内外国人法律地位平等的标志。在当今国际关系中，最惠国待遇是国家之间关系正常化的表现。在国际贸易中，最惠国待遇的实质是保证市场竞争机会均等。

最惠国待遇的表现形式：

（1）互惠和非互惠的最惠国待遇

互惠的最惠国待遇是指各缔约国之间相互给予彼此的公民、法人以最惠国待遇。非互惠的最惠国待遇则指缔约国单方面，无须对等地给予对方公民、法人以最惠国待遇，即只有缔约一方承担把给予第三国的优惠同样给予受惠国的义务，而对方并不承担相应的义务，多见于不平等条约。非互惠的最惠国待遇遭到各国人民反对，目前已不多见。

（2）双边和多边的最惠国待遇

双边最惠国待遇，仅适用于缔约双方。即一方享有的最惠国待遇必须通过在双边条约中订立该项条款，才能取得。多边最惠国待遇，指对缔约各方均自动取得相同的最惠国待遇。如关贸总协定各缔约国（获批准参加国）都享有该规定的最惠国待遇。

（3）有条件的和无条件的最惠国待遇

有条件的最惠国待遇，是指在最惠国条款中规定只有受惠国必须像第三国那样，在接受优惠时向授予国提供同等补偿，才能把给予第三国的优惠提供给作为受惠国的缔约对方。无条件的最惠国待遇，是指缔约一方将优惠给予第三国时，也自动无偿地给作为受惠国缔约对方。目前世界各国多采用无条件的最惠国待遇。

（4）有限制的和无限制的最惠国待遇

有限制的最惠国待遇，是指缔约双方将最惠条款中的优惠权利，限制在某些民商经济的一定范围之内。无限制的最惠国待遇，是指授予国给予第三国自然人、法人各方面的民事经济权利，全部给予受惠国。目前世界各国多通行采用有限制的最惠国待遇。

20.2.2 国民待遇原则

所谓国民待遇原则，是指世界贸易组织成员方对其他成员的产品、服务或服务提供者及知识产权所有者和持有者所提供的待遇，不低于本国同类产品、服务或服务提供者及知识产权所有者和持有者所享有的待遇，即“内外竞争，一律平等”。在贸易条约或协议中，缔约方之间相互保证给予另一方的自然人、法人和商船在本国境内享有与本国自然人、法人和商船同等的待遇。这是世贸成员方处理本国与世界贸易组织其他成员方贸易关系必须遵守的基本原则。

国民待遇原则包含3个要点：第一，国民待遇原则适用的对象是产品、服务或服务提供者及知识产权所有者和持有者，但因产品、服务和知识产权领域具体受惠对象不同，国民待遇条款的适用范围、具体规则和重要性有所不同；第二，国民待遇原则只涉及其他成员方的产品、服务或服务提供者及知识产权所有者和持有者，在进口成员方境内所享有的待遇；第三，国民待遇定义中“不低于”一词的含义是指，其他成员方的产品、服务或服务提供者及知识产权所有者和持有者，应与进口成员方同类产品、相同服务或服务提供者及知识产权所有者和持有者享有同等待遇，若进口成员方给予前者更高的待遇，并不违背国民待遇原则。

在法律和条约中规定的国民待遇，有以下显著的特点：

执行国民待遇 一般都是互惠的。各国给予彼此国民、法人以国民待遇，通常以互惠原则为基础。贯彻互惠原则是指在两国民事、经济关系中相互给予对方的国民、法人以一定的对等权利和待遇。其具体内容：当甲国给乙国及其国民、法人以某种优惠时，乙国亦应给甲国的国民、法人以同等的待遇。依互惠原则确定的权利是以国内法和国际条约为根据的，互惠本身并非是一种权利，而是一项国际法原则。该原则不能单独使用，必须与其特定的权利或制度相结合才能发挥其法律效力。

授予国民待遇一般都有特定的范围 国民待遇的授予各国均限于公民人身权、诉讼权、企业经营权、船舶遇难海上人命救助、发明专利、商标注册的申请与保护、财产保护等方面。

下列商事不属于国民待遇的授予范围：沿海贸易、内外航运、内水捕捞作业、货物保险、银行、邮电、通讯、公用事业等领域，世界各国一般都不划为国民待遇之列。

国民待遇的适用都有一定限制 尽管当今世界各国给予外国人国民待遇的范围较为广泛，但各国为了自身的特殊利益，也规定了适用国民待遇的例外。如英国政府规定，不准外国人拥有船舶所有权，不能充任商船船长、总工程师、引水员。美国多数州不准外国人当律师。俄罗斯政府规定，不准外国人担任飞行员、船员、公证员、领事职务等。

20.2.3 透明度原则

（1）透明度原则的含义

所谓透明度原则，是指世界贸易组织成员方应公布所制定和实施的贸易措施及其修改、增补或废除等变化情况，不公布的不得实施，同时还应将这些贸易措施及其变化情况通知世界贸易组织。成员方所参加的有关影响国际贸易政策的国际协议，也在公布和通知之列。世界贸易组织之所以要制定这个规则，就是为了保证贸易环境的稳定性和可预见性。要求各成员将有效实施的有关管理对外贸易的各项法律、法规、行政规章、司法判决等迅速加以公布，以使其他成员政府和贸易经营者加以熟悉；各成员政府之间或政府机构之间签署的影响国际贸易政策的现行协定和条约也应加以公布；各成员应在其境内统一、公正和合理地实施各项法律、法规、行政规章、司法判决等。具体是缔约方有效实施的关于海外对产品的分类或估价，关于捐税或其他费用的征收率，关于对进出口货物及其支付转账的规定、限制和禁止，以及关于影响进出口货物的销售、分配、运输、保险、仓储、检验、展览、加工、混合或使用的法令、条例与一般援引的司法判决及行政决定都应迅速公布。

（2）贸易措施的公布

透明度原则主要内容就体现在贸易措施的公布和贸易措施的通知2个方面。

公布有关贸易措施，是世界贸易组织成员最基本的义务之一。

公布的具体内容包括以下方面情况：产品的海关分类和海关估价等海关事务；对产品征收的关税税率、国内税税率和其他费用；对产品进出口所设立的禁止或限制等措施；对进出口支付转账所设立的禁止或限制等措施；影响进出口产品的销售、分销、运输、保险、仓储、检验、展览、加工、与国内产品混合使用或其他用途的要求；有关服务贸易的法律、法规、政策和措施；有关知识产权的法律、法规、司法判决和行政裁定，以及与世界贸易组织成员签署的其他影响国际贸易政策的协议等。

关于公布的时间，世界贸易组织规定，成员方应迅速公布和公开有关贸易的法律、法规、政策、措施、司法判决和行政裁定，最迟应在生效之时公布或公开，使世界贸易组织其他成员和贸易商及时得以知晓。在公布之前不得提前采取措施，如提高进口产品的关税税率或其他费用；对进口产品或进口产品的支付转账实施新的限制或禁止措施等。个别协议，如《技术性贸易壁垒协议》和《实施卫生与植物卫生措施协议》还要求，在起草有关技术法规和合格评定程序过程中，如果该有关法规和程序与现行国际标准不一致，或没有现行的国际标准，并且将对国际贸易产生重大影响，成员方应留出一段合理的时间（45～60 天），以便其他成员就有关法规和程序草案发表意见。

（3）贸易措施的通知

世界贸易组织对成员方需要通知的事项和程序都作了规定，以保证其他成员能够及时获得有关成员在贸易措施方面的信息。

“乌拉圭回合”的谈判结果，进一步强化了世界组织成员方承担的通知义务，通知的范围从货物贸易扩大到服务贸易和知识产权领域。《关于通知程序的部长决定》作为“乌拉圭回合”一揽子协议的一部分，重申了上述谅解中规定的一般性通知义务，成立了由世界贸易组织秘书处负责的通知登记中心，负责记录收到的所有通知，向成员方提供有关通知内容，并提醒成员方履行通知义务。

20.2.4 市场准入原则

市场准入原则是自由贸易原则和公平竞争原则的前提保证。自由贸易原则，是指通过多边贸易谈判，推动贸易自由化，要求世界贸易组织成员尽可能地取消不必要的贸易障碍，开放市场，为货物和服务在国际间的流动提供便利。它包括以共同规则为基础、以多边谈判为手段、以争端解决为保障、以贸易救济为“安全阀”、以过渡期方式体现“差别待遇”5 个要点。公平竞争原则，是指世界贸易组织成员方应避免采取扭曲市场竞争的措施，纠正不公平贸易行为，在货物贸易、服务贸易和贸易有关的知识产权领域，创造和维护公开、公平、公正的市场环境，保障市场经济在全球范围内顺利运行。通过可预见的市场准入创造市场自由贸易化和公平竞争环境。

可靠的和可预见的市场准入机会的存在主要取决于关税的运用。对于服务贸易，虽然并不存在关税限制，但同样需要贸易条件的可预见性。为满足这种需要，各国政府承诺了初步的义务，其范围包括影响各种服务活动的国内规章。像关税义务承诺一样，这些承诺载入了约束承诺表中，并且将在今后服务会合谈判中得以扩展。

贸易条件的可预见性的关键往往在于各国国内法律、规章和措施的透明度。许多世界贸易组织协议都含有透明度条款，要求在国家层次上进行信息披露。例如，通过在官方报刊上刊登或通过咨询点的方式，或者在多边层次上通过向世界贸易组织进行正式通知的方式进行披露。世界贸易组织许多工作就是审查这些通知。通过贸易政策评审机制对各国贸易政策所进行的日常监督，为同时在国内及多边层次上鼓励透明度提供了进一步的方式。

20.3 世界贸易组织关于服务贸易的基本内容

20世纪90年代以来，世界服务贸易的平均增长率每年都超过了货物贸易，服务贸易额约占全球贸易额的1/4，全球服务业总产值已突破15万亿美元，远远超过了全球工农业总产值。服务贸易作为乌拉圭回合的三大新议题之一，谈判历经坎坷，最终在1993年12月15日达成的包括《建立世界贸易组织协议》《货物贸易总协议》《服务贸易总协议》和《与贸易有关的知识产权协议》在内的一揽子协议中得以诞生，《服务贸易总协议》（GATS）作为《乌拉圭回合多边贸易谈判成果协议最后文本》的一个组成部分，于1994年4月15日在摩洛哥的马拉喀什部长会议上签署，并于1995年1月1日起正式生效，成为世界多边贸易体制的重要内容之一。

20.3.1 服务贸易的概述

20.3.1.1 服务贸易的内涵

关于服务贸易的内涵，《服务贸易总协定》从4个方面对其作了界定：

- 从一参加方境内向任何其他参加方境内提供服务；
- 在一参加方境内向任何其他参加方的服务消费者提供服务；
- 一参加方在其他任何参加方境内通过提供服务的实体的介入而提供服务；
- 一参加方的自然人在其他任何参加方境内提供服务。

20.3.1.2 服务贸易的提供方式

《服务贸易总协定》把服务贸易的提供方式分为4种：一是跨境提供，即从成员方境内向任何其他成员方境内提供的服务；二是境外消费，即一成员方的服务消费者到另一方接受服务；三是商业存在，即成员方的服务提供者在其他成员方境内建立经营企业或专业机构来提供服务；四是自然人移动，即一成员方的服务提供者到其他成员方境内提供服务。

20.3.1.3 服务贸易应遵循的基本规则

（1）服务贸易的市场准入

国际服务贸易的迅速发展，客观上要求各国相互开放服务领域。但各国为了保护本国服务业，对服务业的对外开放采取了诸多限制措施。包括限制服务提供者数量，限制服务交易或资产总值，限制服务业务总数或服务产出总量，限制特定服务部门或服务提供者的雇用人数，要求通过特定类型的法律实体提供服务，限制外国资本投资总额或参与比例，以及国民待遇限制等。这些限制影响服务业的公平竞争、服务质量的提高和服务领域资源的有效配置，不仅对服务贸易本身，而且对货物贸易乃至世界经济发展都构成了重大不利影响。

《服务贸易总协定》要求，成员方为其他成员方的服务产品和服务提供者提供更多的投资与经营机会，分阶段逐步开放商务、金融、电信、分销、旅游、教育、运输、医疗保健、建筑、环境、娱乐等服务领域。在“乌拉圭回合”的谈判中，成员方就服务领域开放作出了承诺，其中发达成员承诺开放的部门占所有服务部门的64%，经济转型成员占52%，发展中成员占16%。成员方还承诺，将就服务部门的贸易自由化继续谈判。世界贸易组织建立以后，成员方先后在电信服务和金融服务方面达成了进一步开放的协议，推进了这2个领域的贸易自由化。

《服务贸易总协定》是在《关贸总协定》基础上形成的监管世界服务贸易的国际性法律文件，分为6个部分，共有29个条款，所适用的服务范围包括任何部门的服务，只为实施政府职能所提供的服务除外。其宗旨是：确认服务贸易在世界经济增长和发展中的重要性日益增加，为在透明和逐步自由化的条件下扩大服务贸易，建立一个关于服务贸易原则和规则的多边框架，以此作为促进所有贸易伙伴经济增长和发展中国家发展的手段。其主要内容是就多边贸易体制下各方在服务贸易领域中应遵循的基本原则。

（2）服务贸易领域的公平竞争原则

在服务贸易领域，世界贸易组织鼓励各成员通过相互开放服务贸易市场，逐步为外国的服务或服务提供者创造市场准入和公平竞争的机会。为使其他成员的服务或服务提供者在本国市场上享有同等待遇，进行公平竞争，《服务贸易总协定》要求成员方实施最惠国待遇，无论有关服务部门是否列入服务贸易承诺表。为在本国市场给其他成员的服务或服务提供者创造公平竞争的环境，《服务贸易总协定》要求成员方提供的国民待遇和市场准入机会，不低于服务贸易承诺表中所作的承诺。

对于本国的垄断和专营服务提供者，《服务贸易总协定》要求成员方保证服务提供者的行为，符合最惠国待遇原则及该成员方在服务贸易承诺表中的具体承诺。如果上述服务提供者直接或间接参与提供其垄断和专营权之外的服务，且有关成员已就该项服务作出承诺，《服务贸易总协定》要求成员方保证服务提供者的行为，不能违背该成员方的具体承诺，即不得滥用其垄断地位，这一规定与《1994年关税与贸易总协定》中有关国营贸易的规定类似。为防止服务提供者的某些商业惯例抑制竞争，限制服务贸易，《服务贸易总协定》要求成员方在其他成员的请求下举行磋商，交流信息，以最终取消这些商业惯例。

（3）服务贸易领域的国民待遇原则

在服务贸易领域，成员方给予外国服务或服务提供者的待遇，不应低于本国服务或服务提供者享受的待遇，但以该成员方在服务贸易承诺表中所列的条件或限制为准，并且在成员方没有作出开放承诺的服务部门，外国服务或服务提供者不享有这种待遇。给予外国服务或服务提供者国民待遇，以成员方的服务贸易承诺表中所诺的国民待遇为准，对成员方没有作出开放承诺的服务部门，不适用国民待遇原则。因此，在服务贸易领域，与最惠国待遇不同，国民待遇不是世界贸易组织成员承担的“一般义务”，而是成员方通过谈判确定的，且对不同服务部门有不同的规定。比如，经过谈判，成员方可以限制其他成员方的律师某些法律服务，限制外资控股的保险公司从事再保险业务。

（4）服务贸易和知识产权领域的最惠国待遇原则

在服务贸易领域，成员方给予任何其他国家的服务或服务提供者的优惠，应立即和无条件地给予任何其他成员方的相同服务或服务提供者。

该原则既适用于服务，也适用于服务提供者；既适用于中央政府采取的影响服务贸易的措施，也适用于地方政府采取的影响服务贸易的措施。不管成员方是否就某个具体的服务部门作出承诺，最惠国待遇原则仍适用于该部门。

但是，服务贸易领域的最惠国待遇原则有其独特之处。它允许各成员方在进行最初承诺的谈判中，将不符合最惠国待遇原则的措施列入最惠国待遇例外清单，附在各自承诺表之后，但这种例外不应超过10年。若一成员方日后要求增加新的不符合最惠国待遇原则的措施，则需得到世界贸易组织至少3/4成员的同意。

20.3.2 服务贸易的范围

20.3.2.1 《服务贸易总协议》（GATS）简介

GATS最后文本由三大部分组成，包括：① 关于国际服务贸易基本原则和纪律准则的框架协议；② 有关单项、具体服务部门特殊规定的附录；③ 各成员提交的承担特定义务的计划表。就GATS框架协议而言，它包括序言和正文两部分。序言确认了服务贸易在世界经济增长和发展中的日益重要性，阐明了GATS的宗旨，即"在透明和逐步自由化的条件下扩大服务贸易，建立一个关于服务贸易原则和规则的多边框架，以此促进所有贸易伙伴经济增长和发展中国家的发展"。为使协议切实可行，序言将其基本准则和目标概括为"对成员方的政策目标给予应有的尊重，在互利的基础上促进所有参加方的利益，并保障权利和义务的总体平衡，通过逐轮回合的多边贸易谈判，尽早在更高水平上实现服务贸易的自由化"。此外，在确认经济发展水平不同和服务贸易管理水平不一的同时，序言明确承认成员方有权为符合其国内政策目标而制定新法规，以对其境内提供的服务进行管理，发展中国家（包括最不发达国家）尤其如此，并希望通过增强发展中国家国内服务的能力、效率和竞争力等手段，促进其更多地参与服务贸易并扩大其出口服务。

正文分为6个部分，总共29条。第一部分（第1条）为"范围和定义"主要就"服务贸易"以及"影响服务贸易的措施"予以界定；第二部分（第2～15条）为"一般责任和纪律"，确立了成员方应遵循的一些基本原则，主要包括最惠国待遇、透明度、发展中国家更多的参与、经济一体化、国内法规、资格承认、垄断及专营服务提供者、商业惯例、紧急保障措施、支付和转让、对保障收支平衡的限制、政府采购、一般例外和补贴等内容；第三部分（第16～18条）是"特定义务的承担"，主要涉及市场准入和国民待遇2个方面；第四部分（第19～21条）为"逐步自由化"，主要规定服务贸易自由化的进程安排和承担特定义务计划表的制订与修改；第五部分（第22～26条）是"制度条款"，主要规定磋商、争端解决和实施、服务贸易理事会、技术合作以及与其他国际组织的关系等；第六部分（第27～29条）为"最后条款，包括利益的拒给、关于重要概念的定义和附录。

GATS包括8个附录，它们分别是：《关于免除第二条义务的附录》《根据本协议自然人流动提供服务的附录》《金融服务的附录》《金融服务附录二》《空中运输服务的附录》《海运服务谈判的附录》《电讯服务的附录》和《基础电讯谈判的附录》。这些附录均为GATS不可分割的整体组成部分，在法律上具有与GATS同样的地位。

在乌拉圭回合多边贸易谈判所达成的一揽子协议中，除GATS文本外，还包括关于服务贸易问题形成的一系列部长决定和宣言，这些决定为一些乌拉圭回合谈判中较为困难的部门作出了继续谈判的安排。它们主要有：《关于GATS中机构安排的决议》《对GATS中某些争端解决程序的决议》《关于服务贸易与环境的决议》《关于自然人流动谈判的决议》《关于金融服务的决议》《关于海运服务谈判的决议》《对基础电讯谈判的决议》《有关专家服务的决议》和《有关金融服务承诺的谅解》等。

20.3.2.2 服务贸易的范围

服务贸易的内容十分广泛。根据关贸总协定乌拉圭回合关于服务贸易谈判时总协定秘书处开列的提交各缔约方参考的服务贸易项目清单上所列，服务贸易涉及150多个项目。包括：① 国际运输，包括卫星发射服务；② 跨国银行和国际性融资投资机构的服务及其他金融服务；③ 国际保险与再保险；④ 国际信息处理和传递；⑤ 国际咨询服务；⑥ 海外工程承包和劳务输出入；⑦ 国际电信服务；⑧ 跨国广告和设计；⑨ 国际租赁；⑩ 售后维修、保养和技术指导等服务；⑪ 国际视听服务；⑫ 国际间会计师、律师的法律服务；⑬ 文教卫生的国际交往服务；⑭ 国际旅游；⑮ 跨国商业批发和零售服务；⑯ 专门技术和技能的跨国培训；⑰ 长期和临时性国际展览与国际会议会务服务；⑱ 国际仓储和包装服务；⑲ 跨国房地产建筑销售和物业管理服务；⑳ 其他官方或民间提供的服务，如新闻、广播、影视等领域。我国政府代表自始至终参加了包括服务贸易在内的乌拉圭回合各项谈判，并在《服务贸易总协定》上签字承诺自己的义务。

20.3.2.3 中国加入世界贸易组织的旅游业开放承诺

在加入世界贸易组织谈判过程中，中国在包括旅游在内的服务贸易方面作出了大量的承诺。“旅游”是服务贸易中的一个大类，之下包括饭店、餐馆及送餐、旅行社、导游服务及其他等4个小项。中国加入世界贸易组织时，只对其中的饭店、餐馆及送餐和旅行社2个小项作出了承诺。在《中华人民共和国加入世界贸易组织议定书》的附件9及《服务贸易具体承诺减让表》中列入了市场准入和国民待遇的初步承诺及限制条件。具体承诺内容如下：

饭店（包括公寓楼）和餐馆及送餐（CPC 641—643）承诺如下：① 市场准入限制承诺：在跨境交付、境外消费方面，没有限制；在商业存在（投资）方面，外国服务提供者可以以合资企业形式在中国建设、改造和经营饭店和餐馆，允许外资拥有多数股权，中国加入世界贸易组织后4年内，取消限制，将允许设立外资独资子公司；在自然人流动方面，除水平承诺（即中国加入世界贸易组织时就本国所有服务部门对外国所作的一般承诺）中承诺的内容和下列承诺内容外，不作承诺：允许与中国的合资饭店和餐馆签订合同的外国经理、专家（包括厨师和高级管理人员）在中国提供服务。② 国民待遇限制承诺：在跨境交付、境外消费、商业存在（投资）方面，没有限制；在自然人流动方面，除水平承诺中承诺的内容外，不作承诺。

20.4 加入世界贸易组织对我国旅游业的影响

20.4.1 对旅行社的影响

(1) 对旅行社业市场开放承诺

利用服务贸易原则进行谈判 充分利用了《服务贸易总协定》有关逐步开放

服务市场的原则，为国内旅游企业争取了分阶段逐步开放的发展环境：利用《服务贸易总协定》中“市场准入”和“国民待遇”不是普遍义务的原则，强调中国公民出境游是一个刚刚起步发展的市场，立即开放将对我国旅游企业、旅游外汇收支平衡等带来一系列压力，因此，最后把出境游列为了国民待遇的例外。在入世承诺中明确：“合资或独资旅行社和旅游经营者不允许从事中国公民出境及赴中国香港、中国澳门和中国台湾的旅游业务，除此之外没有限制”。

旅行社业市场开放承诺 根据中国入世议定书附件9：旅行社和旅游经营者将在6年内逐步取消限制，涉及市场准入限制、国民待遇方面等主要内容。

我国关于旅游服务贸易方面所能采取的政策措施也必须按照承诺表规定。具体在旅行社和旅游经营者的开放方面，减让承诺的主要内容有：① 在市场准入和国民待遇方面，对“跨境交付”、“境外消费”2种交易方式，没有限制。② 在市场准入方面，对“商业存在”有条件限制，即加入世界贸易组织时，符合有关条件（指主要从事度假旅游业务的旅行社；营业收入4000万美元）的外国服务提供者可以在中国政府指定的旅游度假区和北京、上海、广州、西安开办中外合资旅行社；加入后3年内，允许外资在合资旅行社中控股；加入后6年内，允许外商独资旅行社；加入世界贸易组织时，合资旅行社的注册资本应不少于400万元人民币，加入后3年可降为250万元人民币，加入后6年实行国民待遇并取消对合资旅行社设分支机构的限制。在国民待遇方面，限定合资或独资旅行社不能经营中国公民出境游业务。③ 在市场准入和国民待遇方面，对“自然人流动”的交易方式，除水平承诺的内容外，不作承诺。

旅行社业履约进程 国家旅游局和商务部已于2003年6月联合颁布了《设立外商控股、外商独资旅行社暂行规定》，对中国加入世界贸易组织承诺规定期限之前的过渡期内，在中国境内设立外商控股或外商独资旅行社的有关事宜作出规定。

设立外商控股旅行社的境外投资方，是旅行社或者是主要从事旅游经营业务的企业；年旅游经营总额4000万美元以上；是本国（地区）旅游行业协会的会员。设立外商独资旅行社的境外投资方，年旅游经营总额应在5亿美元以上。设立的外商控股或外商独资旅行社，注册资本不少于400万元（2005年改为250万元）人民币。符合条件的境外投资方可在经国务院批准的国家旅游度假区及北京、上海、广州、深圳、西安5个城市设立控股或独资旅行社。每个境外投资方申请设立外商控股或外商独资旅行社，一般只批准成立一家。外商控股或独资旅行社不得经营或变相经营中国公民出国旅游业务以及中国其他地区的人赴中国香港、中国澳门特别行政区和中国台湾地区旅游的业务。

外资进入不限于北京。2003年12月1日，我国首家外资控股旅行社——中旅途易旅游有限公司和首家外商独资旅行社——日航国际旅行社（中国）有限公司同一天在北京开业，比我国加入世界贸易组织时承诺的时间提前了4年。2004年1月1日上海锦江国际BTI商务旅行有限公司在北京、上海、广州同时开业，独资旅行社的设立也将只是时间问题。按照《设立外商控股、外商独资旅行社暂行规定》，外商控股或独资旅行社能够在我国12个国家旅游度假区和北京、上海、广州、深圳、西安5个城市设立，这些城市设立外商独资或控股旅行社的事，均已提上日程。

（2）市场开放对旅行社的影响

加入世界贸易组织将会给我国旅游贸易的发展提供许多难得的机遇。入世意味着我国将进一步加大对外开放的力度，我国与其他国家在商品、技术、管理、金融等方面的交流将更加方便顺畅，这无疑会大大促进我国国际旅游贸易的发展。旅游市场的开放意味着各种限制减少，这使旅游者、高级管理者的流动更加方便。国外竞争者的引入，将改善我国服务业的竞争格局，有利于提高管理水平，降低国际国内旅游的各项费用，对国际旅游者具有很大的吸引力。我们要很好地利用这一机遇，使我国的国际旅游贸易特别是旅行社有一个大的发展，促使我国的服务贸易上一个台阶。

加剧旅行社市场竞争 中国旅行社还面临着联手经营的强势威胁。随着全方位的对外开放，有可能出现一些有实力的外国旅行社，通过设立控股或独资旅行社，并与国内航空公司及国内拥有股份的饭店、商场、餐厅联手经营的方式，实现入境接待“一条龙”服务，以独揽旅游、接待全程利润。例如，原来通过日航旅行北京事务所招来的日本游客达到了2.5万人，这些游客基本上都是交给中国的旅行社接待，而成立独资公司后，大部分游客将由独资公司自己接待。因此，独资旅行社对中国旅行社业的主要影响是参与切分原有的蛋糕。此外，我国旅行社业受地方保护主义和眼前利益的驱动，几乎都是单体经营。国外的旅行社趁我国目前旅行社分立的弱势，挟客源和财力优势，采取各个击破的蚕食策略，争抢入境旅游和出境旅游利润的最大份额。

优化旅行社产业结构 旅游业是一个市场化程度很高的产业，市场运行机制较其他行业健全，计划经济观念的影响较小，这有利于建立更加符合国际规则的运行机制。外商投资旅行社具有多方面的利益优势，将吸引现有旅行社的人才，旅行社行业将出现两极分化，部分旅行社可能被挤出市场。外方客源网络优势与管理优势，在一定程度上左右客源和支付渠道，将我国的国际旅游贸易与整个世界旅游贸易融为一体，促进旅行社企业的优胜劣汰。同时也将促使我国旅游业按国际标准体系、国际惯例和市场需求来组织生产经营，推动旅游企业服务质量的提高和结构的合理调整，提高企业整体素质，推动旅游企业向更高的产业组织结构转化，走上规模的发展道路。

扩大入境客源市场 通过引入外商直接投资，可使中外旅行社通过资产连接形成更为紧密的利益纽带，更好地利用海外旅行社的销售渠道和网络，增强对我国旅游产品的宣传促销力度；开发新的更有针对性和吸引力的产品。另外，海外旅行社有其本身稳定的客源，入境游市场的蛋糕会越做越大。同时，外国旅行社业在企业规模、信息技术、人才、管理经验等方而比我国旅行社有着很大的优势。其雄厚的财力、良好的经营管理、完善的国际营销网络、高水平的服务等方面的优势，抢占我国国内市场，我国旅游业在我国境内的营销中多了一些强有力的竞争对手。

(3) 提高企业经营管理水平

外国旅行社进入中国后，为了弥补其人生地不熟的不足，将以高薪等手段挖走我国旅行社中的优秀人才，包括经营管理人员、销售人员，以及翻译和导游，在一定时期形成人员大规模流动，对中方旅行社造成不利影响。通过与外方旅行社合资，有利于扩大旅行社企业的规模和实力，改变现有旅行社行业存在的“小、散、弱、差”的状况，打破目前一些旅行社的僵化体制，促进我国旅行社企业的体制改革，引入较灵活的经营机制，进一步引入国外较先进的管理和技术，增强服务意识，提高服务质量。国内一部分实力较差、管理效率低下的旅行社的破产将不可避免地成为加入 GATS 的代价。加入世界贸易组织后，大量外国企业进入我国旅游市场，他们以资金和技术输出的方式开展经营，在加剧旅游市场竞争的同时，也会对国内企业产生明显的示范和规范效应。从旅游业自身来看，压力与竞争将促进旅游企业的改革与发展。在巨大的压力下，可以促进国内企业尽快建立现代企业制度及科学的经营机制、用人机制和质量保障机制以应对进一步开放的大环境。

20.4.2 对旅游法制建设的影响

与旅游业紧密相关的法律制度仍然相对滞后。尽管我国国务院、国家旅游局、地方人大、地方政府及地方旅游局等部门陆续颁布了一些有关的法律、法规和文件，对旅游业的发展起了一定的作用，但是，我国还未构建起完整的旅游法律制度。这是我国在加入世界贸易组织后旅游服务贸易领域需解决的问题。

(1) 中国旅行社服务方面的法律完善

引发旅行社业务类型和分类变革 目前对旅游业务的三类划分（入境旅游业务、出境旅游业务和国内旅游业务和对旅行社的两类划分（国际旅行社和国内旅行社）存在的不足日渐明显。其中比较突出的，一是过于原则，不利于旅行社及其投资人根据实际情况和自身所具备的条件进行选择；二是由于业务增减、类别调整，导致旅行社企业名称变动频繁，不利于企业形成稳定的名称、字号和在行业内形成知名企业品牌，不利于旅游相关经营者选择旅行社，也不利于行业管理；三是单纯按照市场范围对旅游业务进行水平划分，人为切断了性质相同和相近的业务之间的联系，不利于旅行社更好地为旅游者提供服务，不利于企业经营和发展。如同样是零售、代理和收客业务，国内旅行社只能为国内旅游者服务，为出境旅游者和入境旅游者服务就属违规。所以，要按照旅行社业务分工的实际状况和客观需要，参照国外的作法，根据业务性质和特点，实行垂直分工与水平分工相结合，细分旅游业务类型，使旅行社及旅行社投资人可以按照规定的条件和程序，向旅游行政管理部门申请一项、多项或各项业务经营权，自主选择旅游业务类型和种类。

旅行社设立行政审批过渡到核准制 按照转变政府职能和工作方式、减少行政审批的要求，根据旅行社行业管理的特性和需要将旅行社设立的审批制改为核准制。核准制符合我国减少行政审批的政府机构改革、转变职能和工作方式的方向，与世界贸易组织规则和市场经济原则关于政府尽可能减少对社会经济活动直接干预的一般要求保持了一致，且具有标准、原则、政策和操作要求的公开性、统一性、规范性和结果的可预见性等优点。可以避免审批原则执行情况和审批政策变动调整的信息披露不充分、不广泛、不及时以及审批时限执行得不严格对旅行社投资的时机把握、效益预期和具体申报等均直接产生不利影响，并直接制约着旅行社行业优胜劣汰的动态运行和发展机制的形成。

旅行社行业管理直接干预转变为间接干预 将旅行社行业管理工作的重点、目标和方式从以审批、控制、检查、监督等直接干预为主转变为以规范、引导、服务等间接干预为主，对旅行社行业运行和发展的直接行政干预，与其他经济领域一样，存在很多不足。在市场经济中，政府在经济活动中的角色已经转变，成为规则的制定者和执行规则的裁判者，企业要成为生产经营活动的完全主体，具有充分的经营管理自主权。政府的主要职责是做企业、其他社会组织和消费者需要、想做但又做不了或做不好的事，而不是以做自己想做的事为主。应只提“管理”，不提由旅游行政管理部门“监督”旅行社。实际上，管理本身就包括检查、监督的内容。

（2）导游服务方面的法律完善

“客源是关键，质量是根本”。导游服务是旅游服务的中心环节，其服务质量是衡量旅游服务质量的重要标准，因此加强导游管理是确保服务质量提高的关键。目前导游人员私拿回扣、索要小费、强迫游客购物、“宰客”及非法“伴游”等歪风邪气依然存在。加入世界贸易组织的游戏规则中没有把导游列入承诺范畴，为此，更有必要完善导游服务方面的法律。

导游服务质量管理有序化 导游服务质量管理首先要让导游人员按导游服务质量标准为游客提供服务，其次应建立和完善对导游服务质量的监控体系，对导游服务质量进行检查并控制导游服务中的偏差。如很多旅行社由导游人员向游客发放《旅游者意见表》，客人可依此对导游人员作出评价。

导游人员管理规范化 我国自2002年1月1日施行的《导游人员管理实施办法》规定：由旅游行政管理部门对导游人员实行计分管理制度和年度审核制度，导游人员必须纳入计分管理和参加年审，并制定相应的奖惩办法。实行严格淘汰制管理，保证导游队伍素质。

确立“以人为本”的管理思想 企业的竞争实质是人才的竞争，因此，如何强化业务技能和加强职业道德教育，提高导游人员综合素质，激励导游人员工作积极性，留住人才，是解决导游变导购，心思在回扣等问题的关键。我国的《导游人员管理条例》规定各级旅游局相应地担负着对导游服务质量进行监督和检查的任务。在导游人员的执业规范方面，以政府行政主管机构为监督检查主体。现在，也有不少旅行社开始注重游客对导游的评价和意见，游客投诉的处理也趋于更加规范有效。

（3）环境保护的可持续发展

我国虽然在旅游法律、法规修改、完善的过程中，开始注意到旅游者权益的保护，但对旅游者义务的规定是一个空白，这种在立法中忽视规范旅游者行为的作法，已经带来了很多的麻烦和问题。许多旅游景点因旅游者素质低，缺乏维护公共旅游场所环境卫生的习惯，随意践踏致使旅游资源受到严重破坏，旅游可持续发展受到了严峻的考验。

环境受法律保护。环境是指影响人类生存和发展的各种天然的和经过人工改造的自然因素的总体。以法保护环境就是对各类环境要素的“管”和“治”。“管”就是国家采取行政、经济、法律、教育、科技等各种手段管理环境，防止环境的污染和破坏，并对造成污染和破坏环境的当事人给予制裁。“治”就是对已经出现的各种污染和环境问题进行治理。我国在环境保护方面已形成了不少法律法规，如在《宪法》中明确规定“国家保护自然资源的合理利用，保护珍贵的动物和植物”及“国家保护名胜古迹、珍贵文物和其他重要历史文化遗产”，“国家保护和改善生活环境和生态环境，防治污染和其他公害”；人大常委会还制定了一系列保护环境的法律，如《环境保护法》《森林法》《水法》《海洋环境保护法》《水污染防治法》《大气污染防治法》和《水土保持法》等。此外，国家和地方还颁布了大量的环境保护的行政法规和地方性法规，为环境保护提供了法律依据。经过30年的改革开放，我国制定的有关环境保护的法律、法规已不算少。但还很不完善、操作起来也很困难，并且大多属于计划经济条件下的产物。下一步主要是根据可持续发展和市场经济规律的要求，加快对原有法律法规的修改完善和新法规的制定，形成一套完整的法规体系。同时要进一步提高执法人员的素质，加大执法力度，完善监督机制，使生态环境保护真正纳入法制化的轨道。

建立环境法规，强化环境管理。同时，要深入开展对宪法、法律、法规的宣传普及工作，做到家喻户晓、人人明白、自觉遵守。要严格执法，对违反法律、法规产生污染和破坏环境的当事人，要根据有关规定给予制裁，不讲情面。只有建立和健全法制体系，才能有效地防治污染、保护环境，促使生态旅游的可持续发展。在世界贸易组织规则的指导下发展我国的国际旅游服务贸易，就急需解决旅游与环境资源保护和争端解决这些问题。

（4）旅游者权益保护完善

旅游者作为旅游法律关系主体的主导地位缺陷 旅游者在法定或约定的范围内有权根据自己的需要进行旅游活动，以实现自己的旅游利益；在这种利益非因自身原因不能实现时，旅游者应得到充分的救济和保护。但目前，我国的旅游法律法规绝大多数规定的都是旅游经营管理以及旅游资源管理问题，对于旅游者合法权益的保护几乎是一片空白。当旅游者与旅游企业之间出现纠纷时，很难保护旅游者的正当权益。如导游缺乏敬业精神，服务不规范，过多安排游客购物，随意取消旅游景点等。《宪法》《消费者权益保护法》和《民法通则》等法律虽然都涉及对公民利益的保护，但规定得很概括，实践中缺乏可操作性。目前特别需要的是单独规定旅游关系当事人权利义务的法律法规。

旅游是公民的一项基本权利 旅游是法律赋予公民的一项基本权利，而且是人权的重要组成部分。世界旅游组织1980年的《马尼拉世界旅游宣言》明确规定，作为人的基本权利，世界各国政府及其地方政府，应当创造条件努力满足其实现，人类个人所从业的单位也应当提供条件满足。1982年为了进一步实施《马尼拉世界旅游宣言》所形成的《阿卡普尔科文件》，就规定了旅游作为人的基本权利的有关内容，例如“为人人能享有旅行和度假的权利，必须呈现必要的国家间的团结，以在将来达到一种均衡的形式，满足各阶层人民尤其是最卑微阶层人民的权利”；“休息的权利正如工作的权利一样，必须得到确认而成为人类幸福的一种基本权利”。这种基本权利随着人类社会发展进步以及世界贸易组织成员的增多，会得到越来越充分的保障和实现。各国普遍公认，人类社会的整体旅游活动会越来越强劲，旅游服务产业是“永远的朝阳产业”。

强调保证服务质量，保护旅游者的权益 在我国诸多的部门立法中，对外国服务和服务提供者尚有大量的限制，其享受的待遇有的不及中国服务和服务提供者的待遇。这是所谓“次国民待遇”；另一方面又存在所谓的“超国民待遇”。国际旅游交易法制化强调的是保证服务质量，保护旅游者的权益，故客源地旅行商在选择中方合作伙伴时，更多的是注重中方旅行社的接待能力和信誉，而不会像以前那样一味追求低廉的价格，并且双方签订的合同有助于交易的长期稳定，这会在一定程度上缓解过度的价格竞争，转向以提高服务质量，增加旅游种类（旅游线路）为内容的正常的非价格竞争。

（5）旅游服务贸易交易法制化对旅游立法的影响

加入世界贸易组织后，有助于我国制定相应的、符合国际惯例的旅游法规，以提高我国旅游业的信誉和国际竞争力，促使其走向市场化和产业化。

以GATS作为世界贸易组织规则、原则的重要组成部分，它所确立的法律框架与规则体系应作为国际法的组成部分，其直接效力实质上涉及到国际法在国内的地位和效力问题，对此，《宪法》没有作出规定，而只是就条约和协定的缔约程序作了规定。《宪法》第89条第9项规定："国务院管理对外事务，同外国缔结条约和决定。"第67条第14项规定："全国人民代表大会决定同外国缔结的条约和重要协定的批准和废除。"第81条规定："中华人民共和国主席根据全国人民代表大会常务委员会的决定，批准和废除同外国缔结的条约和重要协定。"从《宪法》的这些规定来看，我国的条约和协定的缔结活动由国务院具体进行，对于条约和重要协定，国务院缔结后，应由全国人民代表大会批准后生效。一般认为，由于我国条约的缔结和国内法律的制定程序上基本相同，故二者在国内效力也同等。但在国际法与国内法冲突的情况下，该如何选择适用呢？这在《宪法》中没有规定，只是《民法通则》第142条、《民事诉讼法》第238条和《行政诉讼法》第72条作了规定。这些规定表明，凡中国缔结或参加的国际条约同中国法律有不同规定的，适用国际条约的规定，但中国声明保留的条款除外。此外，最高人民法院的司法解释也明确规定了"对我国参加的国际公约，除我国声明保留的条款外，应予优先适用"的原则。因此，加入世界贸易组织后，《服务贸易总协定》（英文简称GATS）的规定优于我国行政法律规范。所以在GATS框架下，保护旅游者合法权益，完善我国旅游立法，适应国际服务贸易交易规则，促进我国旅游业的发展。

【课堂讨论题】

加入世界贸易组织后，我国政府是通过什么政策来调整旅游业的发展的？

【思考题】

1. 世界贸易组织发展的简要历程和主要会议的主题是什么？
2. 世界贸易组织和关贸总协定的不同点是什么？
3. 中国加入世界贸易组织的旅游业开放承诺有哪些？
4. 加入世界贸易组织对我国旅行社有哪些影响？

【本章推荐阅读书目】

世界贸易组织与旅游服务贸易的法律问题. 刘敢生. 广东旅游出版社，2000.
旅游法规概论. 田勇. 华南理工大学出版社，2005.

参考文献

崔巍杨，朝晖．2007．旅游政策法规［M］．北京：电子工业出版社．
陈小君．1999．合同法法学［M］．北京：中国政法大学出版社．
符继红．2004．旅游法概论［M］．北京：科学大学出版社．
方世荣．1999．行政诉讼法案例教程［M］．北京：中国政法大学出版社．
国家旅游局人事劳动教育司．2006．政策与法规［M］．北京：旅游教育出版社．
国家旅游局人事劳动教育司．2002．政策与法规［M］．第5版．北京：旅游教育出版社．
郭鲁芳．2005．旅行社经营管理［M］，大连：东北财经大学出版社．
后智钢，王倩．2000．旅游法规和政策［M］．福州：福建人民出版社．
黄明亮，赵利民．2005．旅行社经营与管理［M］．北京：中国财政经济出版社．
韩玉灵．2003．旅游法教程［M］．北京：高等教育出版社．
韩玉灵．2004．旅游法规教程［M］．大连：东北财经大学出版社．
姜明安．2005．行政法与行政诉讼法［M］．北京：高等教育出版社．
蒋炳辉．2003．旅游案例分析与启示［M］．北京：中国旅游出版社．
焦承华．1998．旅游法教程［M］．北京：高等教育出版社．
焦承华，韩玉灵．2003．政策法规与职业道德［M］．北京：北京燕山出版社．
孔祥俊、张步洪．2000．反不正当竞争法理解与适用［M］．北京：人民法院出版社．
卢世菊．2007．旅游法规［M］．武汉：武汉大学出版社．
刘志新．1997．中国典型案例评析［M］．北京：法律出版社．
刘敢生．2004．旅游服务纠纷精选案例分析［M］．北京：中国旅游出版社．
刘敢生．2000．WTO与旅游服务贸易的法律问题［M］．广州：广东旅游出版社．
罗豪才．1996．行政法学［M］．北京：北京大学出版社．
孟宪刚，刘晓杰．2006．旅游法规简明教程［M］．大连：大连理工大学出版社．
马永立，谈俊忠．2003．风景名胜区管理学［M］．北京：中国旅游出版社．
马怀德．2004．司法改革与行政诉讼制度的完善［M］．北京：中国政法大学出版社．
裴春秀．2004．旅游法实例说［M］．长沙：湖南人民出版社．
宋才发．2006．旅游法教程［M］．北京：知识产权出版社．
孙子文．2002．旅游法规教程［M］．郑州：郑州大学出版社．
孙子文．2007．旅游法规教程［M］．大连：东北财经大学出版社．
段国强．2003．旅游旅游投诉案例与分析［M］．北京：中国旅游出版社．
唐文．2002年．现代酒店管理［M］．北京：企业管理出版社．
湖南省旅游局．2010．旅游法规与职业道德［M］．长沙：湖南科学技术出版社．
王玉宝．2007．旅游法规［M］．北京：中国旅游出版社．
王健．1998．旅游法原理与实务［M］．南京：南开大学出版社．
王健．1999．中国旅游业发展中的法律问题［M］．广州：广东旅游出版社．
魏震铭．2005．旅游法规与实务［M］．北京：中国财政经济出版社．
向三九．2004．旅游管理法规教程［M］．济南：济南大学出版社．

袁正新. 2004. 旅游法规［M］. 北京：机械工业出版社.
袁正新. 2005. 旅游法规［M］. 长沙：中南工业大学出版社.
袁正新. 2010. 经济法理论与实务［M］. 西宁：青海人民出版社.
姚建宗. 2006. 法理学［M］. 北京：中国政法大学出版社.
姚宝荣. 2005. 导游理论与实践［M］. 西安：陕西人民出版社.
姚晓玲. 2002. 旅游法规与实务［M］. 北京：旅游教育出版社.
杨紫煊，徐杰. 2000. 经济法概论［M］. 北京：北京大学出版社.
杨富斌，王天星. 2006. 旅游法案例教程［M］. 北京：知识产权出版社.
杨文棋. 2002. 旅游资源管理法规概要［M］. 厦门：厦门大学出版社出版.
杨铭铎. 2006. 旅游政策与法规［M］. 重庆：重庆大学出版社.
杨富斌，王天星. 2005. 西方国家旅游法律法规汇编［M］. 北京：社会科学文献出版社.
熊文钊. 2000. 现代行政法原理［M］. 北京：法律出版社.
张文显. 2007. 法理学［M］. 北京：法律出版社.
张培民，马军. 2002. 旅游业与法律［M］. 上海：上海交通大学出版社.
张守文. 2004. 税法原理［M］. 北京：北京大学出版社.
张世良. 2006. 旅游法与航空法［M］. 成都：四川大学出版社.
张坚钟. 2004. 旅游法规案例精选与解析［M］. 北京：中国旅游出版社.
张晓，郑玉歆. 2001. 中国自然文化遗产资源管理［M］. 北京：社会科学文献出版社.
周训芳. 1999. 林业政策与法规［M］. 北京：经济科学出版社.
郑向敏. 2003. 旅游安全学［M］. 北京：中国旅游出版社.
赵利民. 2007. 旅游法规教程［M］. 北京：科学出版社.